都市诉讼

李矛·著

DUSHI SUSONG

中国社会出版社
国家一级出版社·全国百佳图书出版单位

图书在版编目（CIP）数据

都市诉讼 / 李矛著. —北京：中国社会出版社，2013.6

ISBN 978 - 7 - 5087 - 4450 - 6

Ⅰ.①都… Ⅱ.①李… Ⅲ.①长篇小说—中国—当代 Ⅳ.①I247.5

中国版本图书馆 CIP 数据核字（2013）第 109466 号

书　　名：都市诉讼
著　　者：李　矛
责任编辑：毛健生
策划编辑：张　磊

出版发行：中国社会出版社　**邮政编码：**100032
通联方法：北京市西城区二龙路甲 33 号新龙大厦
电　话：编辑部：010　66079885
邮购部：010　66081078
销售部：010　66080300　010　66085300
010　66083600
传　真：010　66051713　010　66080880
网　　址：www.shcbs.com.cn
经　　销：各地新华书店

印刷装订：中国电影出版社印刷厂
开　　本：170mm×240mm　1/16
印　　张：25
字　　数：480 千字
版　　次：2013 年 7 月第 1 版
印　　次：2013 年 7 月第 1 次印刷
定　　价：48.00 元

目　录

引　子

中州律师事务所合伙人散伙宴会上，张志勇主任喝高了，离开酒店后，晕晕乎乎地爬上高耸的长堤。

深蓝色的夜幕下，长堤宛若巨蟒行进在大平原上，蜿蜒向朦胧的远方而去。深秋的圆月高悬于澄清的夜空，一副孤寂无奈的模样。焦枯的落叶不时在脚下咔嗒作响，末日已至的秋虫此起彼伏的挽歌声中，夜更显得如墓地样死寂。远处，长堤半环抱的偌大校园阒然无声，少许窗口还亮着几点灯光，仿佛星星一样辽远。

朝夕相处多年的合伙人竟如同陌路，而且还将天各一方——无言的结局？怎么会是这样？眼睁睁地看着自己亲手创办的律师事务所如地震中的大厦轰然坍塌，灰飞烟灭，就像自己胸中熊熊酒精烈焰燃烧过后，留下的只是怆然无限的冰冷灰烬一样。

多年前的那个秋夜恍若眼前，仿佛就是同一天。他顿生感慨，仰脸问天：这就是宿命吗？

那是个什么阵势！他和三位过从甚密的同人聚在一起，庆祝自己的律师事务所终于开张了。美酒佳肴，觥筹交错，场面热烈，高潮迭起，令人热血贲张。此前，他们四人为创办属于自己的合伙制律师事务所，如同地下工作者一样，神神鬼鬼，密谋数月，分析论证，曲折十八弯地付诸行动，唯恐走漏了风声。校方态度暧昧，期期艾艾，白胖如弥勒佛似的校长，显然是不同意，但一直也没放个响屁；市司法局、省司法厅的态度开始亦不十分明确，仅烦琐的手续就让他们花钱受罪脱了几层皮，更别提低三下四托关系找领导了。历经九九八十一难，终修得正果，怎么能不令人振奋，又怎么能不开怀畅饮呢！

赵一明捋胳膊挽袖子，手舞足蹈，双目炯炯，“妈的，小弟我16岁上大学，修了四年English，又苦读三年商法，还远涉重洋，在哥伦比亚法学院完成硕士学业。但堂堂海归硕士，远不如一个走江湖卖艺的泼皮！三位仁兄都在法律顾问处做过兼职律师，想想吧，与妓女并无两样，鸨头说，接客，才能出场，但挣来的血汗钱又被鸨头拿去，悲哀啊！从今以后，彻底告别了法律顾问处这个破庙堂，独闯江湖。是好是坏，都是我们自己的事了。”

话糙理对，他们在法律顾问处做兼职律师代理案件，理论上按案件标的提成，但实际上是顾问处的领导说了算，不同意也没办法。因为不依托顾问处，他们独立办案名不正、言不顺，举步维艰，甚至根本就办不成。

志勇仰脖灌下一杯，“请兄弟们再考虑一下，主任这把交椅我来坐不合适……”

“兄弟无须推辞，再如此就像梁山的宋江，冷了兄弟们的心了。”王丰收举起酒杯，“张主任，虽然我长你一岁，但为兄佩服你的学识，并为你的人格魅力倾倒。来，我再敬你一杯！古有英雄‘桃园三结义’，今有‘豪杰四结盟’啦！”他虽不胜酒力，但因为兴奋，硬是灌下数杯，已成关公模样了。

志勇很看重比自己长一岁的他，沉着稳重自不必说，学问绝对博大精深。虽然是半路出家搞民法，但大脑聪慧，三年不到，就从专攻政治学的讲师晋升为法学副教授了。

刘军举杯，一副视死如归之状，“这交椅非老兄莫属，知名教授，著作等身不说，你本来就是我们的领导嘛！兄弟再敬你一杯，我先干啦！别说是杯水酒，就是毒药我也喝，就当是歃血为盟啦！”

刘军和一明是三年前一起来到中州大学的，比志勇晚六年。他是名牌大学的法学研究生，在刑法学方面造诣颇深，再加之性格刚烈，一出道做兼职律师，就因其泼辣、凌厉的刑事辩护风格，令省、市律师界为之一震。

看他们酒意十足、激情四溢的脸，志勇心中充满万丈豪情，抄起酒杯说：“来，兄弟们，共同举杯！”

这场面不大像高等学府的知识分子所营造，倒像是江湖上喝血酒拜把子的壮烈场景。于是，他联想起《水浒传》中的“七星聚义”，兄弟们踌躇满志地筹划打劫生辰纲，又联想到被罗斯福称之为亚尔古英雄大会的雅尔塔会议，列强们心满意足地瓜分世界。

志勇的妻子白雪对他们创办律师事务所的举动不冷不热地评价：“你放着好好的法律系副主任不干，非要领着所谓的知心朋友办什么律师事务所，在法律顾问处做兼职律师有什么不好！我看你们是这山看着那山高，更像是拉封丹笔下的那头驴，最后必死无疑……”

现在，她的话居然在很大程度上应验了！妈的，虽然没像那头不幸的驴活活饿死，但真要是如那头驴一死了之倒好了！他恨恨地骂了一句，在长堤缓坡的草丛中倒下，燃上一支烟，深深地吸了一口，默默地望着在月光下闪闪烁烁的东去大河。

这条河流淌多少年啦？恐怕在人类没有出现以前就这样流淌了吧，至少据史书记载，早在春秋时，卫国称之为卫水，后又称卫河，一直沿用至今。他儿时就在岸边看天看云，看大帆船看纤夫，在清澈的河水中钓鱼，游泳……不经意间，这么多年就过去了。

中州律师事务所的大旗一经竖起，立即引来各路律师投奔，不久就兵强马壮，人才济济，几个大案下来，声名鹊起。四年后，《中华人民共和国律师法》正式颁布了，这对于中国律师乃至中国法治绝对具有划时代的伟大意义，一明极为抒情地断言：“我们应该牢记1996年5月15日这个黄金一样的日子，八届人大常委会第十九次会议通过了新中国第一部律师的法典，这对于中国律师来讲，无疑是20世纪最激动人心、最富于深远意义的里程碑式的重大事件。”

《中华人民共和国律师法》终于破天荒地将律师定义为：“依法取得律师执业证书，为社会提供法律服务的执业人员。”看似简单的一个定义，但在专业法律人士看来，却如一道耀眼的闪电，照亮了中国法治的长空，套用人类登月第一人阿姆斯特朗的句式就是：对于中国律师不过是一小步，但对于中国的法治却是巨大的飞跃。律师不再是“操两可之说，设无穷之词”的名声很臭的讼师或讼棍，也不再是含混不清的“法律工作者”。其目的不再是“公庭惶悚之下，言辞每多失措”，故须律师代理，同时，“国家多一公正之律师，即异日多一习练之审官”，也不再是，在打击犯罪中起到“公检法人员所不能起到的作用”，而是由国家法律赋予为“尽职尽责地为当事人提供法律帮助的”执业人员。

绵绵延续了几千年的中华民族的历史到了今日，律师终于有了一席之地。

志勇和三位同人因此无不热血奔流，豪气冲天，深感生逢其时，躬逢其盛，如果不甩开膀子大干一番，实在是对不住自己，更是有违天意！

弹指一挥间，风风雨雨十多年就过去了，中州律师事务所由小到大，由弱到强，演绎了一个又一个或悲或喜或啼笑皆非的故事……

第一章

规外求圆，无圆矣；法外求平，无平矣。

——宋祁（北宋　文学家）

基本案情：

程锋到光明大厦更换微波炉，与营业员发生争执，口角过程中，程锋当场昏倒，后经全力抢救无效死亡。

程锋的亲属以光明大厦营业员态度恶劣，引发程锋心脏病复发，对其死亡负有不可推卸的责任为由诉至法院，请求：一、追究当事人的刑事责任；二、赔偿丧葬费及程锋亲属精神损失费100万元；三、在国家级媒体上公开赔礼道歉。

光明大厦代理律师辩称：

一、光明大厦营业员及该大厦无过错，故对程锋的死不负责任；二、程锋的亲属扰乱光明大厦正常经营秩序，造成50万元的经济损失，应由程锋的亲属赔付。

一

一位知名老人因营业员恶语中伤，悲愤交加，痛苦万分倒下，横尸于同样知名的光明大厦柜台前。这一爆炸性新闻以锐不可当之势迅速传遍黄河之滨的省城，顿时风生水起，气象万千。

按说死人的事每天每时都在发生，阿富汗、伊拉克在打仗，轰轰烈烈地死人。我国大地上的矿难、酒驾、大火、泥石流、地震之类的天灾人祸层出不穷，多少无辜的人动辄被砸死、撞死、烧死、淹死，凄惨之状难以描绘。凡此种种，早已不足为奇，尤其是在人们感官对生命日趋麻木的今天。此新闻之所以弄出“孙悟空大闹天宫”样的动静，关键不在于人命关天，而在于死者的身份，正厅级高官——前副市长，卸任后又荣任“消协”主任。他在此位置上，借副市长之余威，以雷霆万钧之势做了几件令众多消费者欢欣鼓舞的大事，包括重处了兜售伪劣商品的两家大型超市、关闭了三家黑工厂，自然成为深得民心的“青天”式人物；再者，他又是被罕见地活活气死，所以吸引人们的眼球自在情理之中。

死者尸骨未寒，报刊就连篇累牍地大肆渲染起来，《无辜老人惨死在光天化日之下》、《恶语不仅伤人还能致人死地》、《店大果然欺人》等，其中《貌似如花少女实则狼心狗肺》一文还引发了对“80后”诸多问题的深度热议，得出“80后”是垮掉的一代、迷惘的一代云云。互联网上的帖子铺天盖地，汹涌如潮，是否由“五毛党”所为也未可知，个个义愤填膺，气势汹汹，雷语滚滚，大有将女营业员绳之以法，将光明大厦踏平，并将其老总推上断头台之势，造成了不如此就不足以平民愤的强烈的笼罩性影响。电视台更是以其技术上的综合优势，冲锋陷阵，不惜血本大肆鼓动，荧屏上的画面确实触目惊心，极具冲击力，大厦正门前赫然一口水晶棺材，花圈挽联层层叠叠，纸钱雪花样飞舞。死者的众亲属披麻戴孝，哭天抢地，悲痛欲绝，其中自然不乏编导精心选取的围观者的特写和采访：义愤填膺地声讨，同情的眼泪横流。年轻的主持人着黑色衣服，漂亮的脸上流动着愁云惨雾，沉重的声调像在追悼会上念悼词，还假装不经意地仰脸凝望灰蒙蒙的天空，令人生出她在巨大的伤痛中无奈的天问印象。背景音乐是《辛德勒名单》的主旋律，这更让人明确感到不仅是人，就连整个城市都沉浸在哀伤欲绝之中了。

21世纪是传媒独步天下的世纪。此言高屋建瓴，绝对经典。

当然，还有一个不可否认的事实是，无论人世间发生什么惊天动地之事件，就是成千上万的人被成批屠杀，身首异处，血流成河，也丝毫改变不了活着的人对生活的欲望，改变不了世界的面目，这就如同地球依然按其自身意愿自转，并绕太阳公转一样。

二

透过浅灰色的薄雾，当然不是自然的水汽凝结而成的诗意的雾，而是人造的各种有毒有害的混合气体，隐约可见黏糊糊鸡蛋黄样的夕阳照旧无精打采地沉到混凝土森林背后之际，郊外中州律师事务所一楼丰收办公室的电视荧屏中，镜头切到记者采访原告代理律师的画面，一位西装笔挺的小个子律师满脸悲愤，像位赴刑场英勇就义的烈士，他口若悬河，旁征博引地指出光明大厦及其营业员应负的法律责任，最后又似谋略深远的将军，异常自信地断言，法庭一定会公平审理，给高度关注此案的民众一个满意的判决。

你只要不呆不傻，自然能听出他的言下之意：原告一定胜诉，而且指日可待。

他雄浑的嗓音在丰收令人印象深刻的办公室回响，这间办公室到处都是引人注目的农作物，形制各异的盆罐中有绿油油的麦子，金灿灿怒放的油菜花，谷苗和玉米苗，窗台上还有两盆豆角，其秧左缠右绕，顺细绳子蹿出窗外。实在不像大律师的办公之地，称植物实验室更合适些。

“噢，这下我明白为什么四海翻腾云水怒了，原来是这家伙代理啊！”一明伸舌头做了个鬼脸，从沙发上抬起身，打了个响指，“妈的，他的介入会使案子更加扑朔迷离，不确定因素大大增加的。”

圆头大耳的丰收一脸不屑，“好在我们对他及其伎俩了如指掌……”

“在法治日益完善的今天，我们有理由相信人民法院会公正审理此案，更期望会有公正的判决，给善良的人们一个满意的结果，给逝去的老人一个迟到的正义，以告慰他的在天之灵。”荧屏中出现天问主持人的大特写，秀美的眼中闪烁的泪光清晰可见。突然，她的嗓音提高了八度，以自杀前最后看这个世界一眼的神态说，“我们将高度关注这一悲惨事件的进展，并作进一步的跟踪报道。”

她的话音未落，荧屏中立马蹦出人神共愤的广告——花里胡哨的画面，震耳欲聋的打击乐，当然还有胡蹿乱蹦的倩女俊男，“隆重推出祖传秘方再加上现代科技制成的神药，包治一切内痔外痔混合痔，药到病除，童叟无欺。如有虚言，天打雷劈。”

“妈的，这电视台已下作到无药可救的地步了！”一明略显疲惫的娃娃相的圆脸上呈现出欲呕之状，就像看到一大坨狗屎，“这群所谓的媒体工作者真像吸足了海洛因，厉害啊！‘五毛党’像是游击队，机动灵活，神出鬼没，毁伤力绝不可小觑，没准就弄成燎原之势；大媒体则像装甲兵团，排山倒海，势不可当，所过之处，摧枯拉朽，片甲不留。一出点状况，他们就欢欣鼓舞，不能自已。但这样做，对不幸的死者又有何益处呢？”他摁遥控器关了电视，起身开灯，“这帮鸟人在假装主持正义的幌子下，心里想的就是一个钱字。”

丰收踱着四四拍方步，大胖脸上流动着得道高人样的似有似无的笑意，右手中三个翡翠色保健球左右腾挪，上下翻飞，很是花哨。对于自己抑制不住的发胖之势，他曾很是伤感地总结，本来一张轮廓有力、十分励志的脸被肥肉糟蹋得不成样子啦！如果我还种地，会是这副尊容吗？看他现在的动态，如果披件袈裟，手中的保健球换成捻珠的话，绝对一位资深住持。但他不是，而是精通法律和诉讼的名声很大的律师，学贯中西的教授，与他面前浑身上下名牌行头的一明一样。

“记得马克思他老人家是如何描述资本的吧？一旦有适当的利润，它就大胆起来。如果有10%的利润，它就保证被使用；有20%的利润，它就活跃起来；有50%的利润，它就会铤而走险；为了100%的利润，它就敢践踏一切人间法律；有了300%的利润，它就敢犯任何罪行，甚至冒绞首的危险；如果动乱和纷争能带来利润，它就会鼓励动乱和纷争。这帮人又何尝不是如此呢？他们绝对比资本厉害得多。死者对他们算什么，亲属的悲痛又算什么？无非都是他们赚钱和出名的工具罢了。”丰收不紧不慢地说。

“共产党的老祖宗一百多年前就看透了资本运作所带来的滔天罪恶，英明哪！”一明笑了起来，“他老人家也做过律师，遗憾的是鲜有什么建树，远没有研究资本的成就大嘛！这就像我，如果不做律师，而是潜心写作，或许能实现我国诺贝尔文学奖零的突破呢！”

“你刚回来，还不是太清楚这个案子的背景。”丰收把保健球倒手，“媒体之所以兴味盎然地抓住这件并不复杂的案子大炒特炒，汹汹言论，十足火力，除其自身不可遏制的表现欲之外，其实并不在案件本身，而是以下三个原因：一是光明大厦团下的一个企业，而集团老总耿昌是著名的大富豪。这年月，人们对有钱人的事，尤其是出了事的，兴致是很浓的，无论是幸灾乐祸也好，嫉妒仇恨也罢；二是死者是位影响很大的人物；三是据志勇讲，市领导在酒桌上就此大发人心不古、世风日下、礼崩乐坏之感慨，痛心疾首陈词，就是再怎么样，也不能恶语相向，把人活活气死吧！”

“看来是黑云压城城欲摧啊！王兄，这次你和张老师身陷危局，未战妙算，有几分胜诉的把握？”一明问。

“如果单从法律角度讲应该没有大的问题。这些天，我和志勇走访当事人，深入现场调查取证，案子的事实非常清楚，当事人的行为，肯定是构不成刑事责任的。即使如此，如果不是志勇做公安方面的工作，他们真的就敢以过失伤害致死把她刑拘了。现在公安虽然撤了出来，但这姑娘受了惊吓，弄得神经兮兮的。你想，网络激荡，翻卷如潮，拍到她身上的板砖之多，足可盖座漂亮的审判厅了。一位20岁的农村姑娘被描绘成冷血杀手，几乎是众口一词地叫嚣吊死她、绞死她，她是个什么感受？目前，讨厌的媒体把十分清楚的事实弄得云山雾罩，糊弄百姓，造成舆论审判的架势，这对法院判案压力很大。现在一些媒体撒谎的本领，就是戈培尔在世也会自叹不如的。更为麻烦的是，主审此案的法官又拒不见我们，尽管志勇约她几次了，其态度现在还难以判断。”丰收摇摇头，“我们基本的辩护思路，如刚才所说，就是当事人无过错。你以为如何？”

“我只是听了大概，不能妄下断语。但我认为，关键就是举证证明营业员和光明大厦均无过错。美国前最高法院法官本杰明·卡多佐在帕斯格拉芙诉长岛火车站的经典判例中，确立了一条侵权的重要原则，这就是，The orbit of the danger as disclosed to the eye of reasonable vigilance would be the orbit of the duty.”

“别放洋屁！”

“对不住，英文太好了，没办法，这就是从小修习英文的结果。中文的准确意思是：‘一个正常的小心谨慎的人所感知的危险范围决定应承担的责任范围。’事实上，我国《民法》中认定侵权的原则也是如此，尽管我国属大陆法系，但此原则为各法系认可。我们必须注意法律渊源方面的国际趋势，判例在英美法系和大陆法系国家的作用确有差别，但学者们一般都同意，这些差别在相当大的程度上被过于夸大了。”

“不愧留美硕士，开口罗马法系，闭口英美判例。”

“这不是留美硕士的问题。你想，我国的法律体系是怎么来的？百年来的中国法制史，很大程度上就是西法东渐的历史嘛！新中国成立后‘全盘苏化’，而苏联的法律基本上抄法国和德国的。改革开放以来，我们又大量吸收欧洲法律的优秀成果，一言蔽之，‘全盘西化’，不研究西方的法律行吗？”

“好了，好了，少给我来花的，关键还要看怎么运用，你对此案有什么具体高见？”

“我回去细看卷后，再向你汇报。已知的证据表明，从法理上不应该有什么问题，但如果幕后推手有行政力量的话，情况就复杂啦！再加上上下其手，任何奇迹都可能发生。我总想，西方法律制度传进中国时干干净净，没有谁告诉我们它是可以用来做交易、搞腐败的，但结果是什么？水土不服，这就像购物卡也是西方舶来品，但为行贿提供了极大的方便一样……”

“自称自己也不知道大脑的内存有多少个G，多少个K，实在是聪明，现在没招了？”丰收打断他的话，“那就静候你的高见了。”

一明抬胳膊看闪亮的劳力士手表，假装一副天真模样，“完了？王兄，小弟刚从遥远的大西北调查取证回来，车马劳顿，风尘仆仆，满身的牛羊肉味尚存，还没洗澡桑拿，就被你传来了，本想是为我接风洗尘呢，万没料到是谈案子！”

丰收一笑，“噢，怠慢吾弟喽，想吃什么？尽管说就是，饭后再洗桑拿不迟，但绝对是素桑拿，不带荤的。”

“这才像大哥的样子嘛。”一明忽闪着明亮眼睛，做了个鬼脸，“海鲜吧。”

“就海鲜。”

一明突然又想起了什么，“No，No，还是西餐吧！近日才闻一种理论，海鲜必须在海边吃才对，因为一经长途运输，海洋生物产生应激反应，自身释放毒素，这种毒素虽说对食客的生命无虞，但味道可想而知！”

“你都吃成精啦！”

“孔老先生教导我们，‘食不厌精，脍不厌细。食饐而餲，鱼馁而肉败，不食……’”

“别贫了，咱们这就走。”丰收长叹一声，“你要知道，人类的堕落是自口欲肇始的。”

“美丽圣洁的夏娃在伊甸园偷吃禁果的那一刻，不幸的序幕就拉开啦！”

三

南湖酒家宽敞雅致的八号包间里，大湖集团的老总耿昌斜靠在椅背上，庞大的身躯如同铁塔，尽管他身着剪裁合体的金色唐装，颇具古风，但大脸上说不清是个什么神情，让人感到像是刚吃了只硕大苍蝇。

“官当大了是厉害，老程退休好些年了，势力还这么邪乎。不在阳世了，在地下还能呼风唤雨。”他欠起身，抄起酒杯，仰脖灌下，“老兄，这破事实在让我心烦，进也不是，退也不是。来硬的吧，李市长那边发话了，不能不给他面子，我还要靠着这棵大树发展呢。放软吧，又不是咱的脾气。难哪！活着难，活得开心顺气更难。我在江湖上走动了这么多年，哪受过这窝囊气？人家当众往脸上抹屎，连个屁也不能放，再这样下去，非把我憋出毛病不可！”

志勇搅拌着碗里的面条，“事态已然这么个局面了，走一步说一步吧，先看中院怎么判？然后再议。你要说难，就想想过去，比你蹲在号里时还难吗？”

“那时年轻，还真不知道难呢，赤条条来去无牵挂嘛！”耿昌宽阔的脸上流动着苦涩的笑意，“法院那边到底怎么样，真的有戏？”

“还没有与主审法官接触，结果很难判断。”

“你一会儿去见的法官据说是才从兰州调过来的。”耿昌眯起眼睛，“她不是坚决不见你吗？又让你去是什么意思，你和她又不熟识？”

“我也在纳闷呢，去了就知道了。”

“妈的，前几天，我托有头有脸的朋友会过她，小娘儿们一副官腔，估计没什么戏。你去看看什么情势，要是有可能，我让朋友先砸给她20万怎么样？当法官的哪个不是‘吃了原告吃被告，原告被告都吃完，还说法律不健全’。”

“不要胡来，情况复杂，你听我的就是了。”

“好，好……”

敲门声打断耿昌的话，他大嘴一咧，蹦出一个字，就像短促的枪声。“进！”

一个穿闪亮黑皮衣、黑脸、高鼻梁上架副肥大墨镜的精干汉子无声地闪进来，他冲志勇一笑，洁白如玉的牙齿很醒目，“张主任好。”

志勇点点头，继续往嘴里吸溜面条。他想，这家伙的举止总是让人联想到轻盈矫捷的猫科动物，这身打扮，怎么看怎么像头黑黢黢的豹子。当然，他知道这头豹子是耿昌的心腹，对外的头衔是大湖集团保卫部部长。

耿昌抬起眼，“老黑，戴他妈的什么墨镜，像个黑社会。”

“耿总，眼有毛病了。”老黑立即摘下墨镜。只见眼皮水肿，两眼通红。

耿昌叹口气，“这些天受累，熬的。来，吃点儿东西。”

老黑电线杆似地立在耿昌身旁，“耿总，他们越来越过啦！把我们大厦前弄得乌烟瘴气，像是鳖翻潭，羊炸群儿。”

耿昌不置可否，端起杯子小呷一口，“噢，我又不是瞎子。”

“耿总，这已经是第12天啦，大厦营业额直线下降，每天都在丢钱哪！您也没句话，龟孙们可是骑在咱们头上屙屎啊！弟兄们受不了这气，要炸了。”老黑愤愤不平。

“知道了。”耿昌用筷子夹起一个海参。

“耿总，您点头，我去摆平。”

“怎么摆平?”耿昌饶有兴致地瞅着海参。

“打蹿！催泪弹、高压水枪都备好了，天一黑就上手。”

“还准备了什么?”耿昌咬了一小口海参。

“我挑了身手不赖的一帮弟兄，肯定把活儿做利索，不留把柄。”老黑一副自有成竹在胸状。

“放屁!”耿昌不轻不重地说，“总他妈的老一套！听着就烦。没一点创意，就不能搞点新鲜的。眼下时兴创新，明白吗？唉，你怎么就没点长进呢!”

“明白，明白，我脑子笨，实在想不出更好的招了。”老黑低声下气地说，“耿总，我是为咱们集团着急啊!”

“老黑啊!”耿昌摇摇头，似笑非笑，“我知道做这路活儿，你是把好手。在部队当了几年特种兵有瘾啦不是?”

“这又不是打仗，土匪火并。”志勇用餐巾纸擦着嘴，厉声说，“老黑，你要稳住他们，万不能把事情搞得乱上加乱了。”

“听张主任的，谁也不能乱动，有气都给我憋着，憋成屁放出来就是了。”耿昌端起酒杯，深深地叹了口气，“现在是法治社会，要用法律手段解决纠纷嘛！你知道不知道?”

老黑颇有几分委屈，“我们大厦的营业员做错什么啦？法治社会就兴当官的欺侮人，法院和当官的伙穿一条裤子，要判我们败了怎么办？丢人现眼不说，还要赔他们钱……”

“好啦，好啦，你还没吃晚饭，陪我喝两杯。张主任有急事，要先走一步。”耿昌的口气像个大领导似的，“你没日没夜盯在那儿，我心疼哪!”

志勇从衣架上取下外衣离开时，心生感叹，耿昌确实变了，像个当代实业家。要是早几年，他定会像老黑一样，早就按捺不住上了江湖手段，直说就是秀肌肉亮块儿，大打出手，刀剑相向了。头破血流缺胳膊少腿的后果属正常，就是横尸几条也在情理之中，哪还容得程锋亲属在他的地盘上示威，而且长达 12 天之久。

四

志勇在酒店大院里一边倒车，一边不耐烦地接手机，“这个案子还正在调查。对，你说得很对，绝不接受采访。根本没有商量的余地，就这样。”他恨恨地关上手机，往仪表盘上一撂，驾车驶出酒店爬满绿色藤科植物的铁艺大门。

他刀劈斧剁的脸很有力度和质感，实在不容易让人想起西装革履的律师，更联想不到文质彬彬的教授。如果在大漠上骑匹马的话，绝对不用化妆，活脱脱一位饱经沧桑的拓疆硬汉；如果伫立在扬帆航行的船首，肯定是一位船长，而且是维京人的海盗船长。

车驶出长长的林荫道，转弯进入大路之际，半明半暗的暮色中，路中央突然出现了一位上着浅色羊绒衫，下穿牛仔裤的苗条女性伸手拦车，细看是电视台法制频道的副主任汪静。他知道此人名气很大，时常游走于政法单位，大案、要案之中其身影频现，所做节目收视率也很高，号称政法记者中的“霸王花”。因在电视台做过法律节目的特邀嘉宾，与这位名记有过两三次泛泛的交往，所以有些印象。看到就她自己，既没有拿话筒，也没有摄像师，就轻点制动，把车停了下来。

她异常果断地拉开前门，径直冲进来，又迅速关上门，唯恐被推下车似的，然后如释重负地一笑，“张主任，电话关机，好不容易打通，你又拒绝采访，见你一次比见皇上还难哪!”

“这不是见到了，有什么紧急公务？居然冒险截车，一是不安全；二是也太失淑女风范了吧。幸亏我知道你是电视台的记者，否则的话，没准会吓出毛病，以为你是车匪路霸放出的美女诱饵呢。”

“有这么严重吗?”她捋了一把披肩发，小鸟样歪头看着他，“你知道我的职业，不是上流社会的淑女贵妇，所以还请你原谅。鉴于你的态度，今天不采访，只是随意聊聊，怎么样?”

“说实话，我很忙，不敢有随便聊聊的奢望，即使面对你这样年轻俏丽的女性。”看她充满期望的脸，他态度生硬不起来，赶她下车的话到了嘴边，却没说出口。他想，面对如此赏心悦目的女性是很难冷若冰霜的，这是正常男人的弱点吧。“给你10分钟，怎么样?”

她嫣然一笑，“由衷地谢谢张主任，但不准说无可奉告。”

“好吧。”他掏出香烟，“你不介意吧?”

“在你的私人空间里，我没权利介意啊!”

看她生动的眼神，他把已经叼在嘴上的烟取下，又慢慢地装了回去。蓦然间，脑海深处居然涌出很多年前的电影《情人》中的片段，也是在轿车里，饰演男主人公的梁家辉问法国少女，不介意吸烟吧？少女点点头。他深感奇异，我怎么会记起这些……

“第一个问题，你认为，你代理的这个案子有几分胜算的可能?”她问。

“我不能妄言结论，这是法官的事情。同时，这和精密的数学不同，不能以数学的概念来判断。”

“这等于什么也没说。第二个问题，能简要谈一下你们的辩护思路吗?”

“完全可以，这就是以事实为依据，以法律为准绳。”

她笑了，显得无奈，“你真该去当外交官。第三个问题，你肯定知道原告方的代理律师吧。”

“当然，知彼知己，方能百战不殆。”

“他已放言，此案你们必败无疑。对此你怎么看?”

“我怎么看？只有走着看。据你掌握的情况来判断，意下如何?”

“我可不敢班门弄斧。”

“你是局外人，说话可以不负责任。”

“我好歹也是法学院的本科生，不过斗胆说一句，你们有点悬。”

“好，时间到，他指了指车上的电子钟。”

“我说话也算数。”她说着就拉开车门。

“现在去哪儿？我可以送你。”

“回台里。”

他发动了车，“顺路，现在除了此案，你想聊什么都成。”

“事实上，我就想聊这个案子，但你又是铁嘴钢牙。不管怎么样，有你这位大律师亲自送我，还真让我感到浩荡皇恩呢！”

他感到她的笑容很调皮，也很好看，猛然间意识到，她身上的某种东西以一种锐不可当的力量，触到了自己内心最深处，激起灵光一闪。这让他颇感怪异，很多年没有这种感觉了。细想，是因为她太过鲁莽的举动还是执拗的劲头，是生动的眼神还是直率的口吻？似乎是，又似乎不尽然，于是，更感莫名了。她并不是一位长相出众、貌若天仙的姑娘，只是位普通的女记者而已嘛！

“你整天都是这样一副生硬的、拒人于千里之外的面孔吗？”她问。

“作为律师，我看到和接触的是纠纷和阴暗面，而不像官员那样是鲜花笑脸，甚至还有你这样的美女环绕左右。你说，我能兴高采烈起来吗？”

“这倒算是一个理由，看我们的现场直播节目了吗？”

“噢，编剧专业，演员敬业，戏剧元素多多，像电视剧——不，一场光天化日之下光明大厦广场上的闹剧再现而已。”

“闹剧？”她冷冷地说，“我们是在唤起民众的同情心，这是眼下社会最缺乏的，而且就像濒危物种越来越少一样。”

“也许你说得对，但此举对于这个案子又有何益处呢？而且你们明显倾向于原告一方。”

“我们只是中立客观地报道事实真相。”

“你们都采访谁？仅是原告一方和不明真相的若干民众，采访被告当事人了吗？采访案发现场的知情人了吗？这就是所谓的事实真相？运动式的宣传而已。‘屁股决定脑袋’，你们屁股下面虽然没有宝座，但头上却有‘无冕之王’的光环，更重要的是有公权力支撑，所以敢于不顾事实猛打猛冲，一溜火星。亏你还修习了4年法律，我可是为你汗颜哪！噢，看来节目是你亲自炮制的？”

“这是我的良心和职责驱使。”

“请恕我直言，除了赚取不明真相民众廉价的眼泪和片刻的愤怒之外，就是对扰乱大厦正常经营秩序的行为火上浇油，符合唯恐天下不乱的构成要件。”

“你居然这么看？”她愤怒了。

“因为你的杰作无论是对不幸的死者还是对本案的尽快解决均徒劳无益，而且还涉嫌借舆论影响法院公正审理。”

“你们律师难道都是特殊材料制成的，如此铁石心肠？”

他咧嘴一笑，“汪主任，你就直言我没心没肺，甚至狼心狗肺也无妨，作为负责任的律师，我首先要从法律角度看证据。”

她恨恨地咬着嘴唇，无语良久后说，“据原告方代理律师武鹏主任讲，你曾在他手下当过兼职律师，是他的弟子？”

“噢，算是吧，而且我在他手下受益匪浅哪！”

“自立门户就忘本啦，跟师父翻脸叫板！”她不无嘲讽地说。

“啧，啧，汪主任发怒啦！”提起这个人，他心头顿时像打翻了五味瓶，说不清是个什么滋味。但确实就是这个人把他带入了律师的行当。于是，他不无揶揄地想，无论怎么样，此公也算是我的开山大师吧。妈的，冤家路窄，这回就要和他对簿公堂了。

五

武鹏绝对是他想忘都忘不了的人，每每记起20多年前的那个清冷的秋夜，就有恍若昨日之感。

那天，他独自在教研室看书，听到敲门，随口说“请进”。一陌生人进来，慢语轻声地问，“你就是张志勇老师吧？”

打量着粗壮敦实、与自己年龄相仿的汉子，深色的西服笔挺，领带扎得规规矩矩，大背头油光闪亮，方脸上写满虔诚，聚光小眼目不转睛地望着自己。他说：“正是，有什么事吗？”

“噢，”他惊叫了一声，神情猛然热烈起来，像是着了火，“这么年轻就是教授了，真该仰望才对啊！”

“副教授。”

“有眼不识泰山，失敬，失敬。”他双手抱拳，放在胸前，用力晃了几下，然后从皮包里掏出名片，弯腰，垂头，双手隔着桌子恭恭敬敬递过来。

志勇想，幸亏这家伙鼻子下面没有小胡子，如果有一撮的话，活脱脱一个小日本。他接过银灰色的精美名片，上面是凸起的金色的隶书字：武鹏　市司法局法律顾问处主任　主任律师。翻过来是花体英文，显得很上档次。这个名字耳熟，他突然记起丰收、一明他们经常提起这位律师界的名人。示意他落座后，狐疑地问：“这么晚了，武主任找我何事？”

他迅速从皮包中取出一本薄薄的书，“张教授的大作我拜读了三遍，很多疑问迎刃而解，确有醍醐灌顶、茅塞顿开之感，一遍比一遍受益深刻啊！”

这本近10余万字的小书，是志勇关于中国民法的一些心得，上个月才出版，只印了3000册，不搞专业的谁会去读。想到自己的研究还有人关注，并大加赞叹，作为常人心里自然欣慰。“拙作，拙作，见解不深不透，还请指教。”

“张教授太过谦啦，书中的研究，在目前中国民法学界绝对是高屋建瓴，博大精深。今天就不打扰了，只是恭请张教授给我题个字，改日再来聆听教诲，更重要的是拜您为师！”

直到这时，志勇才明白他深夜不请自来的目的，“签个名没问题，拜我为师绝对不敢当。”说着翻开书，在书眉上写下“请武鹏主任指正”，然后签了名。

他捧书端详足有30秒，其专注之态，犹如看到了天书，“张教授的手书万千气象，字帖，字帖啊！谢谢，谢谢张教授！”

有了第一次，很快就有了第二次，第三次……每次他都是请教些法律及具体案件中的疑难问题，像个小学生似的，这还真给志勇留下勤奋好学、不耻下问的深刻印象。于是，他也尽自己的所能帮助他，一来二去就熟识了。

春节前夕，他摸到志勇家，并带来了大米、油、烟酒等年货，还把一个信封递到他手里，“不成敬意，不成敬意。”

“武主任，这是干什么？”志勇板起脸来，一是觉得如此就把关系庸俗化了；二是有无功受禄之感。

但武鹏的一番话又让他心安理得了。

“张老师，作为学生来看老师的，带一点过年的礼物在常理之中吧。”他给志勇点上烟，“退一步说，我还代表顾问处感谢您对我们的倾心支持。您想，我时不时来请教您，好几个疑难案子，没您指点迷津，非败诉不可。如果在发达国家，这应该称之为咨询，像您这样的法律专家，每小时的咨询费至少也需一百美金吧。据从美国回来的朋友讲，那里的律师咨询费高得吓人，虽说一寸光阴一寸金，但在美国，寸金难买律师寸光阴。张老师在美国耶鲁做过访问学者，想必不用我多说。”

志勇调侃，“法律在中国也开始值钱啦！”

“改革开放的必然结果嘛！”他说着突然问道，“张老师肯定知道你们法律系有老师做兼职律师代理案子吧？”

志勇当然知道系里的王丰收，以及刚来不久的赵一明和刘军经常在外代理案子，而且还数次撺掇他也如此。但他考虑到系领导甚至是学校领导对此意见很大，称之为不务正业，财迷心窍等，他一直下不了决心。他还知道，丰收他们根本不顾学校的意见，我行我素，并言之凿凿地说，此举不仅理论联系实际，而且有利于教学。

“张老师，学生以为您不能总待在象牙塔里，也应该出来走走，代理一些疑难案件。”武鹏说得很诚恳，也很认真，“我想，这不仅仅是经济利益问题，而是学以致用之事。仅你的名气就能震翻一大批法官、检察官。”

事实上，当时已任法律系副主任的他对此也是有考虑的，但主要是担心一旦接了案子，陷进去，影响教学，不过出来闯一闯的想法日趋强烈。这其中还有一个重要原因就是妻子的冷嘲热讽，“你看丰收他们，大把大把挣钱，你倒好，整天钻在书堆里，现在都什么时代啦!”

眼下武鹏既然主动提出来，他顺水推舟，“请容我再考虑考虑，另外，兼职律师的手续好办吗?”

“别说兼职律师，就是正式律师也不成问题，只要您肯出山，一切包在我身上。”武鹏信誓旦旦地拍胸脯，“学生只是盼老师早下决心。”

就从那时起，他就着了律师的道，乍一进去，真是一片云谲波诡的天地呢，书本上的、法律条文以外的规则让他大开眼界，甚至有种上了贼船行走黑道的感觉。与此同时，对武鹏也有了进一步的认识。他虽然仅是电大法律专业毕业，法学功底平平，充其量也仅仅是泛泛了解而已。但他的脑袋特别灵，敢说敢干，再加之良好的人际关系，确也弥补了法律功底之欠缺。他不仅敢说，而且善于说，嘴上的功夫撼人至深，实在是令志勇叹为观止。活的能说死，死的能说活，睁着眼睛撒谎，脸不变色，就像真的一样。当然，一个人撒谎也并不是什么难事，难的是坚持撒谎，并使之成为常态，这就是不可多得的技能啦。更重要的是，他在政法口，也就是公、检、法、司人脉极旺，无论是领导还是一般的干部好像没有他不认识的，不仅见面熟，而且还能把关系迅速向纵深推进，这种本领并不是每个人都具备的。对于找上门来的当事人，无论是什么性质的案子，也无论是原告还是被告，他的常态总是一副胸有成竹的气象：没问题，这案子我们包啦，胜诉还是有把握的。接着就会问，某某杀人案知道吧？本该枪毙，但经我们辩护，保住了性命。还有我们代理的经济纠纷案，标的4000万元，我们不仅为当事人追回了本金，而且还有巨额利息。他说话的声音不大，也没有什么张扬夸张的迹象，但绝对给人以很踏实的感觉。片刻工夫后，就是他说猪能飞起来，当事人也会深信不疑。用他的话来说就是，先让当事人签了委托书，再让他们付了代理费，往下就好办了。他所言的“好办”，志勇不久就真切地领教了，如果胜诉皆大欢喜，自不必多说；如果败诉，他就会鼓舌摇唇，侃得云山雾罩，天花乱坠，让当事人真切感到是胜诉了，至少也认为自己不吃亏。他真的具有这种神奇的本领，就如同邪教教主或传销头目善于给人洗脑一样。

对于志勇来顾问处做兼职律师，他极为得意，像是觅得举世罕见之宝，见人就眉飞色舞大侃，著名法学教授，省法学会主任委员，民法委员会副主任，检察院、法院专家委员会的专家，现在坐镇我们顾问处等，志勇俨然成了他手中一面大旗，而且还被挥舞得猎猎飘扬，效果是当事人盈门，顾问处的收入成倍提高。当然，凡此种种是志勇逐渐察觉的，这让他记起林肯的名言：“你可以在某些时候欺骗所有的人，也可以在所有的时候欺骗某些人，但不能在所有的时候欺骗所有的人。”同时，看多了武鹏的行径，更是他下决心与同人创办自己的律师事务所的直接原因和巨大动力。

六

志勇一介入这个案子就神经绷紧，深感头皮发麻，这倒不在于案情复杂，也不在于舆论甚嚣尘上，关键是其中高官之死引起市委市政府高度关注，而这一关注直接影响到耿昌的权益能否在法律框架内得到维护。市司法局局长雷鸣直言让他放手此案，至少不要抛头露面，惹领导闹心。他说，分管政法口的领导一提起你们中州所，就像黑瞎子被马蜂蜇了，恼怒不堪，表情很怪。更让他纠结的是，原告方的代理律师，正是诡计多端难以捉摸的武鹏。这位公认的高人对此案的态度似乎是十分明朗：调解。他数次语重心长地对志勇说，张老师，真要上了法庭，结果明摆着，你我两虎相斗，必有一伤。我真不忍看到这样的悲惨局面，以我们的智慧，尤其张老师草深林密的大脑，和解应该不是问题。如果双方握手言和的话，不仅对我们，就是对我们各自的委托人也是大有益处的嘛！

丰收对此说，人不要脸则无敌，一只典型的老狐狸，竟然以老虎自居，他搞狐假虎威这一套才是真正的行家里手。

志勇当然清楚武鹏的所谓调解，这就是让光明大厦至少拿出80万元将此事了结，耿昌当时也基本同意了。事实上，要说调解，最先是由耿昌的朋友——市政府最高长官李市长提出来的，80万，程的亲属就撤诉。但后因原告坚持光明大厦必须在媒体上公开道歉，耿昌下不去了。他说，人家毕竟是死了人的，出些钱是应该的。但不能赔了钱，再坏我集团的名声。这让我的脸往哪儿放，往后生意怎么做，在江湖上怎么混？志勇说，据我和丰收的调查，法律的结论是，不仅一分钱不能出，而是他们赔我们多少的问题。他听这话，像是大白天见了鬼，老兄，咱俩大半辈子了，不是我不相信你，也知道你水平高，打官司有一套，不过这也太离谱了吧？志勇说，道理给你讲清楚了，是调解还是上法庭你来定。他说这话，在很大程度上也属急不择言。但是，从法理和现有的证据来看，应该是如此的。不过问题关键却是法院如何审理，更关键的是政府领导的态度，他心里没个谱。而这两者又实在难以捉摸，这就像难以判断一只正在飞翔的麻雀是公是母一样。

后来志勇又与武鹏经过五个回合的谈判，双方不仅未达成一致，而且越来越呈剑拔弩张之势。事情到了这份儿上，耿昌咬牙跺脚，妈的，不能总这样不死不活地拖着，既然到这一步，活人也不能让尿憋死，撕破脸干了。要是咱们赢了官司，我出代理费50万元；要是输了，我就自认倒霉。志勇说，你就别来这一套了吧，真要是败诉，我们一分钱不要；胜诉，你看着给就是了。

七

晚上8时，志勇和丰收如约来到中院民二庭副庭长袁玫——主审此案审判长的办公室。从上周起，志勇眼看着案子调解越来越没戏，几次打电话或通过法院的朋友与她联系，急于见她一面，面陈案情，催她开庭。更为重要的是打探她对案子的态度，做到胸中有数。但终未如愿，她一是称太忙；二是说无此必要。搞得他心生疑惑，忐忑不安。再加之丰收私下得到的信息是，她与武鹏数次相见，也不知搞了什么见不得人的勾当。这就更让他觉得大有盲人摸象之感，甚至感觉到凶多吉少的不祥兆头。丰收的疑问是，她拒而不见我们是否表明了一种态度呢？

谁知这位未曾谋面的法官龙威难测，在律师界纵横20年的志勇和丰收均没料到，今天下午，她居然主动打电话给志勇，很是客气地约见他，理由是在开庭之前，沟通一下对案子的看法。

这是位气质颇为雅致的女人，看样子也就30多岁，据说还有着法学硕士的背景。志勇感到她具有一种冷艳之美，皮肤雪白，玉洁冰清，高鼻深眼，头发泛黄，不大像纯种东亚人，倒是西亚种的特征显著。他后来得知她是正宗的汉族时，一时还不大相信。但想到历史上五胡乱华，杀得血流成河，还有西域几族大规模奸淫中原女性的悲惨事件（历史教科书对此一般谓之民族大融合），也就不觉得奇怪了。奇怪的是这女人的态度，实在是令阅人无数的他捉摸不透。

她身着法院的制服——藏蓝色毛料西服套裙，大人物一样背着手踱步，白皙的瓜子脸上是若有若无的职业笑意，既不让人感到是拒你于千里之外，又让你觉得很难接近。她的衣着打扮和举手投足，无不显示着她来历神秘和出身高贵，至少不像是江湖或土鳖一类的法官。

她不冷不热地说："来这座城市不足三个月，但二位的大名却如雷贯耳。我研究了你们中州所近年来办的几个案子，很厉害。"

志勇打着哈哈，"袁庭长过奖了，我们只是教书育人之余，混口饭而已。日后还要请你多指教。"

"张主任，客套话就不必多说了，我们都很忙，请简要谈谈你们的思路和证据如何？"

看她一副公事公办的嘴脸，丰收立即言简意赅地从侵权责任方面说了5分钟。她几乎想都没想，脱口而出，"我的意见是再努力调解，不战而屈人之兵，善之善者也。我认为，把官司打赢，使你们的客户满意，当然很好。但不是作律师的最高境界，如果律师发挥作用，不用诉讼而解决当事双方的讼争，握手言和，化干戈为玉帛，才是作律师的最高境界。"

怒火呼地涌上志勇心头，刚才丰收的一番口舌，对这女人来说，就如同向和尚推销梳子！也许她根本就没听。按她的意思，这个案子只能拖着，而且旷日持久。他十分清楚，这一手正是法官对比较麻烦的案子采用的一个屡试不爽的绝招：拖！直把原、被告均拖得精疲力竭，不死不活，没有一点生机，以致渐行渐远渐无声无息才好。但这个案子能拖吗？死者还在殡仪馆的冰柜里冻着，不能入土为安，其亲属情绪越来越激烈。而光明大厦的正常秩序被打乱，员工窝着一肚子火，耿昌也像充气达极限的气球。如果再拖下去，结果实难预料。他记起四年前办的一个医疗纠纷案，法院久拖不决，死者在冰柜里躺了半年之久，其亲属最终按捺不住爆发，手持利斧砍刀杀进医院，酿成血案，一死两重伤一轻伤，结果有三人被判死缓和有期徒刑。

他强压住上蹿的火气，“我们已尽了最大努力，调解确实已无可能了。”

她又转向丰收，“王大律师，你的意见呢？”

他淡淡地答道：“调解只能是与虎谋皮。”

她停下，款款地在皮椅上坐下，拿起桌上的笔，在手中玩弄着，足有一分多钟，又一次完全出乎他俩意料的是，她根本没有坚持，当即就拍了板，“既然如此，那我就尊重两位大律师的意见，开庭审理。”

“就这样定了？”志勇简直不敢相信自己的耳朵了，难道面前这位女法官是从外星来的，不食人间烟火，如此屈尊按律师的意见办？这罕见程度绝对接近公鸡生蛋了。

“还有什么疑问吗？”她或许是看出了两人的疑惑，口气坚定异常地说，“5天后开庭。”

当志勇问及舆论一边倒，民意汹涌，她是否有压力时，她脸上居然浮现出一丝轻蔑的笑容，“教授过虑啦，舞文弄墨的秀才发发牢骚而已，不足挂齿。民意是不理性的，甚至是错误的。同时，民意是激情的，激情过后，大众依然是过他们油盐柴米的日子，沉默的大多数而已。更为重要的是，如果照顾了民意，司法就掉了价，司法的权威何在？”

“袁法官所言甚是！”志勇不由地赞叹。

丰收淡淡地说：“民众对热点的关注确实是有期限的，据一份《网络舆情热点事件的特征与统计分析》，热点议题平均存活的时间也就20天左右而已，然后就会逐渐凉下来，被遗忘，就像什么也没发生过一样。但是，我还是提请袁法官注意，这案子是有些背景的。”

她目光炯炯，看了丰收一眼说：“我很清楚，此案之所以闹得满城风雨，并不完全在于媒体的聒噪，关键是领导的关注。我可以实事求是地告诉两位大律师，原、被告双方都来找过我，也在动用关系上铆足了劲儿，不过这也算不上什么，对我来说是好事，双方动用的关系势均力敌，作为本案的审判长，公正审理就是了。”

素昧平生，一面之交就如此摊牌，很是不符合现行的交往规则，更不符合法官与律师接触的规矩，这实在是令志勇眼界大开。但也头晕，更让他感到心里没谱，就像一位你不了解的人对你要办的事大包大揽没个谱一样。谁知这位貌似特立独行的主儿的真实想法是什么？因为不能只听其言，关键是还要观其行。他从法院朋友口中得知，这女人确实是才从外地调来不足3个月，背景肯定深厚，但详细情况还说不准。

见多识广、老谋深算的丰收也是大晕，一反喜怒不形于色的常态，仰面感慨，好生猛的小女人，一位修炼成精的得道高手，让老夫开眼啦！

八

5天后的上午8时30分，准时开庭，印证了袁玫法官所言不谬。但这仅仅是拉开了序幕，至于如何审理志勇心里依然没谱，如何裁定更是无从判断，他甚至感到像是在森林里迷了路，一时间竟生出无所适从之感。

偌大的法庭内，旁听席上令人想到人满为患这个词，由此可见这件普通民事案子的影响力之巨。当然，这其中媒体功劳可谓大矣！

武鹏西服笔挺，气宇轩昂，一副志在必得的架势。这是他的常态，似乎就没见他有过沮丧的时候，多少年如一日。十几年前，他率先成立了全省第一个合伙制律师事务所——武鹏律师事务所，生意很是火爆，而且长盛不衰，收入就像他本人的学历一样节节攀高，不到5年时间，他就从专科学历而一举拿到法学博士学位啦。

进入法庭之前，武鹏与志勇寒暄，依然是张老师长张老师短的，似乎无可奈何地说，没想到还是闹到法庭上了，这是你我的不幸哪！本来完全可以调解，但大湖集团耿昌老总太固执，我的委托人被逼得毫无退路了。他还真假莫辨地感慨道，现在有钱人为什么都如此偏执呢！不可理喻，不可理喻。其言行无不让人感到他已经胜券在握了。当然，志勇心里明镜，这是他作为律师的一贯的做派，也是他为人的一贯做派。

此时的袁玫身着深色的法袍，衬得面色更显洁白。她威严地扫视法庭，敲响法槌，宣布开庭。

志勇看着她，居然联想到古希腊神话中的正义女神的形象——蒙眼女性，白袍，金冠，左手提天秤，右手持剑。但她能像女神一样不看权势，不偏不倚，敢于用法律之剑快刀斩乱麻吗？

武鹏身旁的女律师首先宣读诉状，她不仅秀色可餐，而且举手投足间还显得十分干练，像位年轻的老手。她的神色沉重异常，长长睫毛下美丽的大眼睛仿佛还噙着泪水，就像是自己失去亲人似的。所以，无论是法官还是旁听席上的众人个个凝神竖耳，整个法庭一片寂静，让人感到如置身千年幽谷之中，只有她略显沙哑的嗓音在审判大厅回响，宛若天籁之声在幽谷中涟漪般散开，余音袅袅。

志勇注意到旁听席上不少女性听众已经流下了眼泪，甚至抽泣。他突然发现一双明亮的眼睛在注视着自己，目光复杂，是汪静。他移开了，看到耿昌和老黑也在听众席上，两人的脸色都很难看。原告代理律师席上，武鹏双手托着下巴，像只蹲踞在暗处的饥饿老鹰，正目光灼灼地左顾右盼，搜寻可供捕获的猎物。

诉状除了法理外，大多是很煽情的话语：一位70岁的老人啊！尊敬的审判长和法官，女士们，先生们，就因这一台小小微波炉，价值不足500元，而财大气粗的光明大厦就看到眼里了？在这朗朗乾坤，和平的阳光下，善良老人竟然被活活气死，含怨离开了这个世界。他在九泉之下能瞑目吗？他的亲属能不悲痛欲绝吗？在我们这个古老的礼仪之邦，文明的发祥地，我们能对如此悲惨的事件熟视无睹吗？每一位善良的人能不寒心吗？我们期待法庭主持正义，公正裁判，给已经去了另一个世界的老人一个满意的回答，让他合上正注视着我们的那双悲愤的眼睛……

丰收不卑不亢地开口了，“在发表观点之前，请允许我们对德高望重的程先生的不幸表示深深的哀悼，生命以这样的方式逝去，我们扼腕痛惜。但是，作为律师，我们要从法律角度作一分析，情感毕竟代替不了法律。”接着从证据、法理阐明当事人和光明大厦对程的死无过错，不应承担责任，并对原告方提起反诉——请求法庭判处：原告方赔偿因扰乱光明大厦正常经营秩序造成的经济损失。

当袁玫宣布法庭质证开始后，丰收不紧不慢地问：“请问武律师，有什么证据可以证明，当事人对于程锋先生之死在主观上有故意和过失吗?”

武鹏不假思索，“当然有，我们就是为此诉至法院的。”

“那请你向法庭举证。”丰收说。

武鹏理直气壮，“被告当事人面对的是一位70多岁的老人，但她气势汹汹地冲着老人大吼大叫：你这么大年纪了，怎么胡搅蛮缠，这么不讲道理，我还要工作，不和你讲了等。如此的语言和态度不仅不符合行业服务规范和常理，更为重要的是直接对老人的心理和情感造成了极大的伤害，进而导致老人旧病复发。据此，你能认为，当事人没有主观故意吗?”他说着，突然转向当事人，小眼目光犀利如刀，就像猛禽窥视一只麻雀，“请你向法庭如实回答，当时是不是这样的态度？是不是这样讲的?”

当事人是位小个子姑娘，她苍白的脸上布满汗珠，但嘴唇却像冻僵了一样，哆哆嗦嗦地说：“我，我，我当时看程先生态度……”

“我只要求你回答是与不是!”武鹏厉声打断她的话。

她憋红了脸，目光充满了无助，半天才嚅嚅地说：“是，是。”

“这就对了。”武鹏得意地扫了志勇一眼。又转向当事人，“我真的不能理解，你竟然对一位老人如此穷凶极恶。现在的年轻人到底是怎么了？难道说我们中华民族尊重老人的美德到你们这一代就终结了?”

志勇看姑娘可怜的样子，心头泛起一丝酸楚。尽管事先告诉她，上法庭也不是什么丢人的事，是什么就说什么，万万不可紧张。尽管他也知道说了用处不大，结果肯定会是如此。姑娘母亲的行为更是让他啼笑皆非，她提着一篮子鸡蛋徒步摸到所里，泪流满面地说："我们农村人没钱送礼，只能送鸡蛋了，听说你们城里人讲究吃野生的……"她还战战兢兢地问："法院会判俺闺女几年？"看老人那张可怜巴巴的脸，他不无悲哀地想，普法这么多年了，民众接受了多少，何时才能有些法律意识呢？

丰收气定神闲瞅着武鹏，"当事人确实有这样的言辞。但是，我们应该搞清楚的事实是，当事人是在什么情形之下才有如此言辞的？"他停顿片刻，"当程先生拿着发票要求更换微波炉时，当事人看了发票后，便和气地对程先生说：对不起，已经超过更换时间两天了，按规定不能更换。程先生一听就很不高兴，他以命令的口吻对当事人说：去把你们的主管经理叫来，我就不信过了两天，他小子就不给我换。此时，当事人仍是和颜悦色地对他说：老人家，请稍等，我打电话。当主管经理在电话中说，他10分钟后过来。她把这一情况对他讲了之后，程先生冲着当事人吼：你去给我找他，就说是程锋来啦。当事人说：对不起，我正忙着，不能离开岗位，你看还有这么多顾客，请你给他打电话。说着拨通电话，并把话筒递给了他。他冲着电话叫喊：我是程锋，你小子跑步过来。什么，你说什么？然后把话筒重重地摔在柜台上，由于用力过猛，话筒就成了这样。"他说着从包里掏出一个塑料袋，打开，取出破成3块的话筒，当庭展示。"他摔了电话后，拍着柜台吼，这些白眼狼，翻脸不认人，要是过去，就是你们老总也得跑步过来。当然，程先生之所以这样的态度，可能是与他长期任领导有关，而且他如此大发脾气也在情理之中。如果他还在副市长的领导岗位或'消协'主任位置上，换一台微波炉这样的小事，还用他亲自来吗？程锋老人面对如此巨大的反差，发脾气也属正常，是可以理解的。但是年轻的当事人不清楚，而且我们也不能要求她理解这些。所以，当事人按规定坚持不给换，程先生更加冲动，言辞更加粗俗。在这样的情形之下，当事人才在态度和言辞上有所失当，所谓的失当，是愤怒之中说出了事实：胡搅蛮缠、不像话。但绝对没有任何污辱性的语言。请问武律师，难道说当事人指出事实也是错误的？是在主观上有故意？事后，被告悔恨万分地说，我不知道老人有心脏病史，如果知道的话，他就是再闹、再骂我也不会说什么的。上述事实均有现场的证人证言，而且还有监控录像。请问武律师，在这个过程中，当事人无论在主观上还是在行为上何错之有？"

武鹏立即回应，"我提醒对方律师注意，这里有个因果关系，当事人态度恶劣，是导致老人病发的直接原因。这你们不能否认吧？"

志勇看到当事人垂头抽泣，瘦弱的肩膀颤抖不停，他突然联想到寒风中枯树枝头孤独的小鸟。

"是程先生极不恰当的态度和行为，才引起了当事人的气愤，这才是前因。什么是前因，什么是后果？从整个过程来看，只要是理智健全的人，应该是一目了然，泾渭分明。”丰收说。

袁玫一言不发，如同塑像般一动不动。

志勇发话了，“我提醒法庭注意，被告当事人的气愤是正常的反应，就像任何正常人受到无端的攻击都有本能反应一样。而且我们也不能强求人人都是虔诚的基督徒，严格按上帝的旨意行事：人家扇你左脸一巴掌，你再把右脸伸过去。况且当事人并不知道，也无任何义务知道程先生有心脏病史。这就导出这样一个必然的结论，当事人主观上无过错，而且也无过失。我们可以设想，假如一个人不小心碰了他旁边的人，使得该人携带的小型炸弹爆炸，并炸死了该人。现在请问，承担责任的应该是谁呢？显然应该是携带炸弹的人，因为前者不经意的举动，根本无法预料到会有如此巨大的危险存在。所以，一个人不可能对其引起的所有伤害均承担法律责任，也不是所有的伤害都能获得法律救济。我国《民法通则》第一百零六条第二款明确将过错作为侵权行为的构成要件，正是过错责任原则的充分体现，如果仅有损害而没有过错，行为人不承担侵权责任。同时，行为人的行为符合法律规定，即使造成损害，不能也不应当承担民事责任。请问武律师，当事人的行为有哪一点违反法律？她仅仅是指出了程先生的态度冲动、语言失当罢了。我国《民法通则》第一百三十一条明确规定：‘受害人对于损害的发生也有过错的，可以减轻侵害人的民事责任，一是部分免除；二是全部免除，只要受害人对于损害的发生存在过错或者故意就可以全部免除行为人的责任。’就本案来讲，程先生是否有过错，不用我赘述，事实已经很清楚了。”

“我提请法庭注意，当事人面对的是一位70岁的老人啊！”武鹏似有满腔悲愤地说，“根据我国民法侵权的原则，行为人用一般人的注意就可以预见，而怠于注意，就存在重大过失。退一万步讲，我国《民法通则》第一百三十二条规定：‘当事人对造成损害都没有过错的，可根据实际情况，由当事人分担民事责任。’所以，我们认为，根据公平责任原则，就本案来讲，被告也应赔偿部分损失。在此我陈述一个最高院的公开的判例：‘甲、乙两人相遇，甲为表示友好，与乙碰一下头，乙当即蹲下，称浑身麻木，送医院不久后死亡，死因是旧病复发。甲并不知道乙患有疾病，其碰头行为也绝无恶意。审理本案的法院对甲并没有适用无过错原则，而是根据公平责任原则判甲赔偿医疗费等费用的40%。’”

“武律师，请你注意，公平责任原则仅适用于当事人均无过错的情况。”丰收说，“就本案来讲，程先生的行为有无过错，法庭自会明辨。”

“关于双方当事人是否有过错的辩论到此为止。”袁玫的口气不容置疑，“现在原告方和被告方是否还有新的证据向法庭提供？”

武鹏快速地眨着眼睛与女律师耳语片刻，女律师说：“我们这里有证据足以证明光明大厦对老人不幸死亡负有责任。当程老发病昏迷时，大厦有电梯，为什么不用？而是由四楼徒步抬下来，延误了抢救时间。据参加抢救的大夫证明：如果大厦工作人员抬老人下楼方法正确的话，是可以挽救老人生命的。但是，他们不是用担架，而是把老人架下楼，这是为什么？据此事实，可以得出这样的结论：大厦是有过错的，也就是说，对老人的死负有不可推卸的责任。”

志勇盯着女律师，“当程先生突然昏倒后，当事人立即用手机拨打了‘120’急救电话，并招呼同事和保安过来，抬起程先生直奔电梯，但一部电梯在八楼，另一部在一楼，又因是星期天，购物的人特别多，为了抢时间，就走了楼梯。至于说抬法或采取的相关措施是否得当，尚须医院进一步证明。退一步讲，就算是从四楼下来，抬法有不恰当之处，也不能据此证明工作人员有过错，因为不能要求任何行业的人都能达到医务人员的专业水平。如果按对方律师的逻辑推导，无论从事什么行业的员工均必须是精通急救的专业人才，而且每个商厦超市等部门都要建立专门医院应急。然而这在现实中是不可能的，谁都无法脱离现实，正如你不能揪着自己的头发飞离地球一样，担架问题亦然。我们总不能要求任何单位和任何行业都必须具备抬担架和专业救护人员的素质吧。”

此时，志勇发现武鹏和女律师已有些气短，他清楚对方手中显然是已经没有重量级的牌啦。但他俩依然困兽犹斗，抓住一些无关大局的枝节做文章纠缠，同时故技重演，一再煽情，借以影响法官的裁判。好在被袁玫果断制止了，她连问了两次武鹏，还有无具体的证据，证明被告当事人和大厦确有过错。

武鹏昂首挺胸，一副凛然之状，“尊敬的审判长，尊敬的法官，关于事实和证据我们刚才已经陈述了，孰是孰非，历历可辨。请合议庭依法秉公裁判。我想重点强调的是，请法庭裁判时一定要充分考虑到民情民意，更要考虑到社会效果。”

志勇太了解他了，衣冠楚楚的武鹏在法庭上就这副德行，永远是铁嘴钢牙，死不认输，而且惯用死缠烂打之法，不把法官搞得意乱心烦，精疲力竭是不会罢休的。他不无担忧地看袁玫。

“武律师，难道说你还要教我如何判案吗？”袁玫直视武鹏，义正词严，“我提醒原告代理律师注意基本常识，这就是：法院是典型的法律适用机关，而不是民意代表机构，任何人都不能干预审判，不仅金钱不能，权力不能，就是公众舆论也不能！”

太棒了！确有正义女神之威啊！志勇情不自禁在胸中发出赞叹，多几位这样的法官当是中国法治之希望！

九

6天后，翘首以待的法院裁定终于下来了：营业员和大厦对于程锋的死不负责任，并责令程锋的亲属从裁定下达之日起，立即将大厦前的棺材抬走，停止聚众起哄。

这样的结果完全出乎了志勇的预想，他万没料到这位袁法官如此干脆利索地结束了一审，办案多年极为罕见。刚获知裁定结果时，让他感到不真实，恍若梦中，这绝对是所设想的最漂亮的结局了。对于他们的反诉——对方扰乱大厦正常经营秩序，造成经济损失，应予赔偿的请求，法庭既未驳回，也未就此有结论。意料之中的是，武鹏不甘心，大肆鼓动程锋的亲属，又向高院上诉，高院经调解不成，重又审理，结果仍不出所料，他们败得更惨，高院不仅维持了中院的判决，而且还支持了志勇他们的反诉：程锋的亲属因扰乱大厦正常的经营秩序，且造成经济损失，赔偿大厦1万元。

眼瞅着没戏，预想要败诉的案子，而且也做好了败诉准备的耿昌，眼看着大获全胜，兴奋得像是吃了摇头丸，拿到终审裁定的当天，宴请志勇和丰收。席间，他摇头晃脑地感慨，这他妈的比我净赚100万都好受！他还很大度地说，他们的1万块钱我怎么能要呢！实话实说，除此之外，我又给了他们30万。对此，志勇很是不以为然，这是你的事，但我要告诉你，此举与法律无关，具体地说，与本案无关了。

丰收说："真不知信誓旦旦铁定胜诉的武鹏接到高院的裁定作何感想？"

耿昌说："估计气得吐血死球啦。"

"王兄，耿昌不知道他的德行，可以理解，你还能不清楚，亏你还在他手下干了几年呢。"志勇说，"肯定是偷着乐呢，反正是把代理费挣到手啦。"

耿昌呷了口酒，说："老兄，真是感谢你们，替我摆平了这桩闹心事！真没想到，法律这玩意儿有时还真是管点用呢。"

志勇小呷一口，"司法局局长可是挨了批评，前天召见我，满腹牢骚，说市领导批评他管不好律师。我说，如果光明大厦败诉了，就是管好律师啦。他还说，法院也挨了批，但院长的托词是，如果判我们败诉，我们肯定上诉，高院如果改判，情况就更被动了。"

"我看关键是要感谢袁法官，这位是从哪儿冒出来的一方神圣？绝对是理想中的法官啊！只是眼下这样的法官如同大熊猫一样稀缺。"丰收说。

"那是，那是，我见过法官多多，不爱钱财的还真没碰上，这女人简直像是神仙。"耿昌仰脖喝干一杯酒，摸着已趋于秃顶的头，"至于说给他们30万，这是市领导的意思，我得罪不起，我还要做生意发展呢。30万对我是什么概念？九牛一毛嘛！再说，一代官司三代仇，冤家宜解不宜结。程锋的大公子也是个人物，他对我说，这次被武鹏耍蒙了，弄得丢人败兴。开始他也不想闹，但那个武鹏撺掇说，案子胜诉没问题，大闹大胜，小闹小胜。一审后，武鹏还是猛烧底火，中院摆不平，但到高院肯定能达到目的。现在大公子明白了，武鹏就是多忽悠代理费。"

"武鹏这家伙欠揍，不说他了。我看你是钱多烧的，就不能捐给'希望工程'或是下岗的贫困职工？他们才需要救助。"志勇虽然嘴上这么损耿昌，但他心里明白，这年月，他们这些成功的民营企业家和握有权力的官员的关系是理不清，剪还乱。常言道："官无商不富；商无官不安。"他和耿昌从小学到高中一直就是同学，而且还一起下放当知青，这么多年来一直保持着良好的关系，自然对他有相当的了解。当年，耿昌辞职下海经商之际，缺钱，他钻天拱地为他筹集，把自家的积蓄都贡献出来了。这种关系，说话自然是直来直去，根本用不着拐弯抹角。

20多年前，耿昌凭着在省政府财政厅当副厅长的舅舅，先开办公司，从沿海倒腾电子表、收录机，后来发展到冰箱、空调等大件，再后来就是汽车、燃料啦。当然，发财的同时，也有马失前蹄之事，曾因投机倒把被扔进了审查站。那时志勇正在读研究生，闻此事，念及同窗和一起当知青的情谊，更想起自己身陷囹圄之时，他冒死给自己送烧鸡的壮举，当夜就从北京蹿回来，找到已干了两年公安的好友陆地，钻天拱地，通过关系摸到审查站，除送去朋友真情外，还给他带了烧饼夹猪头肉。耿昌感动得热泪滚滚，多年来，念念不忘，每每提及这事，就感慨万分，那不是一般的烧饼，是救命的金烧饼啊！

他在那个年月凭着勇气和精明，再加上背靠他舅舅这棵茁壮的大树，掘到了第一桶金，就像英国等欧洲列强在海外掠夺，完成原始资本积累一样。现在越做越大了，但比以往规矩多了，正所谓"仓廪实而知礼节"，发财立品，得志行善，有恒产者有恒心。所以他就理所当然地成为名人，还荣任了市人大代表，再也不是风风火火、打打杀杀、纵横江湖的愣头青了。近些年来，还附庸风雅，读书、练书法，常与文化人士交往，乍看上去，确实有些儒雅之风。并煞有介事地就读于北京大学的"高级总裁班"，每月按规定亲自去听课3天。两年下来，学费50多万，机票、食宿之类费用上百万。但在志勇看来，他除学了些全球化、结构调整、博弈之类的名词之外，未见什么大的变化。但耿昌的心得却是，最大的收获是结交了一批生意上的朋友，值。志勇心里明镜，耿昌读书写字长进不大，倒是对高尔夫球这项起源于牧羊人掷石块，并发展成为绅士运动的项目了如指掌、技艺精进，几近职业水准。

"你知道，我也向社会捐了不少啊！不过老兄说得对，我有几个钱，是应该多做些善事。"耿昌说。

志勇说："这就对了，好好向比尔·盖茨学习。"

耿昌笑了，"我和人家可没一比啊！再说，我还怕捐出的钱被心术不正的王八蛋腐败了呢。"

十

志勇半歪在湖边的青草中，看自己嘴里喷出的青烟缓缓飘散，看春意盎然的田野，碧绿的麦田，金色的油菜花，看远处蜿蜒的黄河长堤，看透明的蓝天，薄纱样的白云，看一棵棵修长、挺拔的白杨孤傲地在春光中随微风招展，再看波澜不惊的阔大水面。看着看着，进入无我之境，眼前晃动着似乎是很久远的生活片段。

那是多少年前的事情了？暮春的空气暖融融的，血红的太阳正慢慢在大河那边的转弯处沉下去，近处的铁路大桥光影分明，越发显得厚重，像饱经沧桑的巨型雕塑，令人想起久远的岁月。流淌不息的河面上涌金跃银，着了火似的。父亲仰面躺在大堤缓坡上，枕着胳膊，跷着二郎腿，半眯眼睛，眺望灿烂的晚霞，塑像样一动不动。自己瞅着纹丝不动的铃铛（装香脂的小铁盒，里面置钢珠，捆在一根插入土里的食指粗的竹竿上，渔线也系在上面），很无聊地揪起一根又一根草，嚼着略微发甜的草茎，想象着水下的鱼儿围绕着数个钓钩上的蚂蚱、蚯蚓转圈，焦急盼着鱼儿快快咬钩，一口吞下才好。那个年龄，耐心是极有限的。突然，在没有任何先兆的情况下，铃铛惊天动地响了起来，竹竿剧烈摇动，大有被拔出之势。他一把揪住尼龙线，跳将起来，将线缠绕在手臂上之际，觉得渔线力有千钧。父亲抬起身，淡淡地说了句，稳住，向后退。然后就点上了一支烟，饶有兴致地作壁上观，还笑眯眯地说，儿子，看你的了，不要急，欲擒故纵嘛！

他立稳脚跟，用吃奶的气力向后拽，形成拔河之势，实在拽不动就放线，并暗下决心，绝不能让爸爸看自己的笑话。不知折腾了多久，鱼终于在河面上露了头，是个大家伙。不过此时它也筋疲力尽了，被拉到了岸边。父亲笑嘻嘻地用抄网将它弄上来，是一条金黄闪亮的鲤鱼，少说也有五六斤。他曾听岸边的渔民讲，1 斤重的鱼在水中有 10 斤的劲。如此说来，他是和五六十斤的力较量。得意的他事后才发现，胳膊上伤痕累累，手掌也磨出了血。那年他 10 岁。

父亲现在老啦，但仍是虎背熊腰，声若洪钟，很难让人联想到大学教师的职业。其实，他不到 30 岁就是历史系的讲师了，但刚 30 岁就被扣上了右派的帽子，直到 20 世纪 80 年代初才被摘掉。重返讲台不到 4 年，评上副教授后，就申请退休了。从此深居简出，与世无争，潜心研究佛教之余，栽花种草，养鱼喂鸟，倒也自得其乐。现已 70 多岁，仍身体康健，精神矍铄。他对儿子从事律师职业很是不以为然，称之为歪门邪道，至少也属于不三不四的行当。你看看中国历史上这类人的名声，简直是坏得不能再坏了。志勇对曰，我看过一些，确实坏得令人心惊肉跳。他虽然这么说，但依然我行我素。时间久了，老父也无可奈何，虽然时不时痛心疾首地唠叨，孽障，孽障啊！会遭报应的。

钓鱼这项活动在志勇看来不亚于当神仙，至少还能意识到自己是个有血有肉的人，而不是一台高速运转的机器——会见当事人、马不停蹄地调查取证、出庭、研究法律、操心所里的各项业务、绞尽脑汁考虑案子、备课授课、辅导研究生，还要按规定像交公粮一样上交发表的论文等，每每做梦都是这些。无休无止，无止无休，如同编好的电脑程序精确运行，总也停不下来一样，而且所有的奔波劳累均是重复已知结果的过程罢了。更为悲惨的是，对此状态，他心里明镜，但就是无力改变，而且他还知道，这种完全丧失了自我的状态，在医学上是精神分裂的临床表现，谓之“人格解体”。

如同草木一秋的短暂人生，就这样恬不知耻地无聊重复着，有他妈的什么意思？了无生趣，简直像头猪，甚至连猪都不如，猪至少吃得香，睡得甜，无忧无虑吧。而自己呢？年轻时，每天似乎都很新鲜的那种感觉没有了，而且再也不会有了，尤其是近几年，内心深处时常涌起无可奈何惶惶然不知所以的感觉。他很是悲哀地准确意识到，这他妈的就是老了吧！

儿时对钓鱼就情有独钟，长大后亦然，但随着岁月的流逝，无论是垂钓方式还是目的均有了质的改变，十多年前就与手竿诀别，更不屑于效率极高的台钓方式，他认为那不是垂钓，而是屠杀。钓鱼已演化成为暂且逃离都市放松身心的唯一方式了，所以他的垂钓之地绝不是方方正正的养鱼池，而是距城区较远的水库、大湖，而且还有越来越远的趋势。仅使用海竿，把钓钩往水中一扔，渔竿置于固定的支架上，然后就静思冥想或读些有趣的书。从形式上看这颇有些“姜太公钓鱼”的意思，但实质上则相去甚远，因为他绝不像姜太公那样，面上玩得花哨，实际则是沽名钓誉。

他看湖对面与他同来的中院刑一庭的李伟庭长，这位仁兄坐得很稳，也像是在看天看云。两人作为钓友10余年了。李伟兼任市钓协的副会长，深谙钓鱼之道，是钓技绝对不在他之下的高手。

来垂钓的途中，聊起光明大厦的案子，李伟一反平日的沉稳持重，冲动地说，你真是洪福齐天，天大的好事让你给撞上了！他问何故。李伟神秘起来，此案的审判长不同寻常，据说，她原是兰州一中院的法官，因与其夫离异，才来到本院的。当然，这并不是问题的核心，核心在于她是市委书记的表妹。志勇听后，似乎悟到她之所以像一位真正法官的原因了。一审裁定下来后，他打电话，约她一起吃顿饭，以表谢意。她却冷冰冰地拒绝了，我只是按法律规定判决罢了。你们在法庭上有理有节，有风采，令人钦佩。

这女人像是天外来客，浑身上下都是谜。这个案子果真如她所说，是法律的胜利吗？无论如何胜诉了，耿昌的权益得到了维护。此刻他暗自庆幸，幸亏碰上明主；否则，这案子的胜负还真是有多个解的难题呢！

十一

远处，一条金色鲤鱼跃出宁静的水面，又一条白鲢跃得更高，宛如银光闪闪的阿拉伯弯刀，距志勇四五米的地方，一条半尺长的越南红也蹿出水面，像一道转瞬即逝的火焰。妈的，向我示威，蔑视我这个好心肠的资深钓翁吗？他在心里笑了，我怎么能以人类罪恶之心度纯洁的鱼儿之腹呢……

“嘿，大律师，好悠闲啊！”

这声音像是从很遥远的地方传来，一时间让他觉得不真实，慢慢弓起身，抬头，是汪静。她的一身行头颇为夺目，蓝黑白相间的海军陆战队式的迷彩服，遮阳帽，一手提着渔竿，一手拿着墨镜。

“汪主任喜欢垂钓？”

“我嘛，至多算是一个初学者。”她眨着眼睛，诡谲一笑，“据说你是位含而不露的钓鱼高手！”

“这你也知道？”

她很有几分得意，“你是名人，我是记者嘛！”

“简直就是福尔摩斯！就是因为你们，这个世界上的隐私越来越少了。”他掏出香烟，停了一下，点燃了。

她席地而坐，“说实话，我对这个案子的判决结果在感情上很难接受！”

“是吗？考虑到你呕心沥血炮制直播节目，而且倾注了我能想象的诸多丰富感情，所以十分理解你的挫折感和失落感，但爱莫能助噢！”

“自作多情了吧？我可没这个奢望。只是想让你知道耿昌那副春风得意状，仿佛只要有钱就可以为所欲为，驰骋天下了。”

“仇富心态，受过高等教育的职业女性也逃不出悠悠几千年的传统啊！耿昌怎么啦？这不是钱的问题，他得到的是公平和正义。”

“公平和正义？真动听。”她一脸不屑，“据说，这个人吃喝嫖赌样样精通。”

“姑且如此，但作为修习 4 年法律的本科生，就是用小拇指也应该想到，这与本案有关吗？作为我来讲，任大湖集团的法律顾问，他付给我钱，我为他提供法律服务，而我又是敬业的。所以，我们只能从法律角度来对待这个案子，尽管我从个人感情上对逝去的程先生抱有深切的同情，但我的天平是法律正义，而非感情公正。”

她咬着眼镜腿，沉思片刻，“我算是明白啦，国外早就有人称：律师是受雇于金钱的枪手或曰法律技工。”

“说得好！实际上，律师业务就是以金钱交易为前提的，法律服务实质上是向他们的客户销售商品，律师与客户之间的关系是契约关系。当然，作为一名律师，一方面要向现行的法律负责；另一方面又要效忠于客户的立场。这就造成一种信义的困难：假如律师有义务忠于客户的立场，真心为客户主张一切，那么他对任何妨碍客户利益的道德原则就不可能同时维护。注意，我说的是道德原则，而不是法律原则。反之，如果律师同时还要考虑道德原则，甚至为道德原则所束缚，那么他履行的法律技工职责及其职业言行就纯属虚伪、误导，仅仅是扮装‘庭吏’而已，即 Officer of the Court，律师在美国的别名——”他突然奇怪自己怎么喋喋不休起来，急忙打住。

“说下去，说下去。我听听你还有什么高论。”

“噢，在蓝天碧水之间，说这些太累了，我看你还是开竿钓鱼吧。在这方面我可以毫不夸张地讲，不仅称得上专家，而且还可以免费给你提供最高级的技术指导。”

“如果你真的是为坏人辩护呢？”她两手托着秀美的下巴，一副思考状，“例如强奸犯、故意杀人犯。”

“天哪，我是来休闲的，不是来接受采访的。”

“我保证，这是最后一个问题。”

看着她一双闪亮的充满期待的眼睛，“好吧，回答最后一个问题。律师从法律角度审视人，眼中没有好人、坏人之分，只有当事人。在一个具体的案件中，律师可能开脱了凶手，有损公共道德，但他的法律服务并没有错。而平等对抗的诉讼程序，须保证被告人享有他所购买、调动的一切法律服务，以便同公诉人代表的政府抗衡，使法庭不枉不纵裁判，即使被告人真是凶手，甚至是恶性犯罪的凶手，律师帮他胜诉获释，挫败了正义。但从法治或程序之治的长远利益来看，也还是值得的，失败了的正义可以在本案之外，重要的是在体制层面维护法律正确实施。所以，律师为坏人辩护，虽然为民众所不齿，但是在促进法治进步和完善。我的回答你还满意吧？”

“还需要消化，太抽象了。人们都说你是位学者型的律师，果不其然嘛！”

“此言差矣！一个小小的法律技工兼教书匠而已。形象地讲，整个法制就像一张网，不能仅仅为了一条鱼就撕破整张网，这样就会使更多的鱼跑掉。”

“有道理，有道理。”她沉吟着，突然问，“风传你们和主审法官有内幕交易？”

“这就纯属无稽之谈了，从法律角度讲，有诽谤的嫌疑，而且我断定是武鹏所言，他嘴里是绝对吐不出象牙的，真要吐出来，也绝对是伪劣假冒。”

“你——”

他身边的渔竿剧烈抖动起来，幅度越来越大。他稳稳站起，从支架上抓起渔竿，姿态潇洒地往后一扬，立马感到势大力沉，知道是个大家伙。于是调整站姿，用绕线轮顺势放线，收线时，耿昌送他的碳钢渔竿成了大弯弓，0.4毫米的德国彩色钓线绷紧，隐隐发出尖啸之声，串串五光十色的晶莹水珠飞离钓线，在阳光中跳跃，闪烁。

她盯着大幅度左右摆动的时紧时松的钓线，两手不由得攥成拳头，转脸看他，塔样伫立，从容不迫地放线收线，不时扬扬渔竿。古铜色的脸在阳光中闪着光，半眯的眼里透出的是潇洒和自信。一时间，她记起海明威的《老人与海》中那位永不言败的孤独老汉。

十几分钟后，水面上泛起一团很大的波浪，露出青色的鱼头，凭丰富的垂钓经验，他断定是条不少于10公斤的草鱼。

“好大的鱼啊！”她拍手欢呼，继而拿起草地上的抄网比画着，一副跃跃欲试之状。

经过一番较量，他终于把鱼拉到了岸边，她急不可待地下抄网，由于用力过猛，抄网撞上鱼头，只见鱼一个大翻身，脱钩，白光一闪，迅速沉入水中，留下一个很大的旋涡，涟漪缓缓散开。

她满面懊恼，像个小姑娘似的，一跺脚，“我真笨，真笨！”

他笑了，“跑得好，跑得好，钓翁之意不在鱼，而在乎山水之间也。这也是在放生，所以，我是失之东隅，收之桑榆嘛！”

她怔了片刻，笑容在脸上绽开。

明媚的春光中，他明确感到，她的笑容极为璀璨。

第二章

程序是正义的蒙眼布。

——柯维尔（美国　法学家、教授）

基本案情：

被告人王建携带凶器，乘坐夏英的出租车，采用持刀威胁行为，对夏英实施抢劫。劫得现金、手机及手表。

公诉机关意见：

王建的行为构成抢劫罪，且数额较大，按《刑法》第二百六十三条规定从重处罚。

被告律师辩护意见：

数额不是较大，应按一般抢劫罪量刑，且被害人、证人有作伪证之嫌疑。

一

中州律师事务所二楼小会议室灯火通明，不大的空间被志勇、丰收还有刘军弄得烟雾缭绕，如同香火旺盛的庙堂。为此，一明常半真不假地抱怨，三杆大烟枪苦小弟久矣！若不是三位仁兄待我不薄，早呈状公堂索赔了。

志勇瞟了一眼墙上的电子钟，已是23点了。“最后一项内容，刘军，把王建案的辩护思路通报一下，看丰收、一明还有什么看法？”

刘军拍拍有棱有角的小平头，把烟蒂摁在烟灰缸里，又燃上一支，狠狠吸了一口，无奈地摇头，“说实话，从目前掌握的证据看，辩护难度很大。”

“你的意思是此案的辩护如同蚊子腿上取肉？”丰收问。

“我与检察官、法官讨论过，还会见了被告，卷也看了，至少从目前掌握的证据来看确实如此。”刘军咧嘴似笑非笑，“主办这个案子的检察官信誓旦旦地称这是铁案，辩护走走过场而已。公诉处的万梅则是冷嘲热讽，你都这身份和名气了，怎么还热衷于作秀呢！”

“考虑到刘兄和万梅处长的关系，她是与你打情骂俏吧。”一明不怀好意地眨着眼，“她见我总是大义凛然的气象，一副共和国检察官的神圣威严面孔，令我心中惕惕！”

“兄弟，你想气死哥哥不成？”刘军说，“我在检察院那儿已经被气得堵心窝火了。”

“这很正常的嘛！”一明表情夸张，“谁能惹得起检察院？他们的权力太大了，在每个诉讼环节都凸显出来，实在是厉害。这是受了苏联遗毒的影响，苏联还有契卡，总让我想起无法无天的捷尔任斯基，他们杀人很随便，法院只是个摆设！我们共和国检察官的潜意识中是这样的观念：我是代表国家公诉的，是在维护国家安全，打击犯罪，而你们律师是为罪犯辩护的，跟罪犯差不了多少，你们的意见算个狗屁。其实法治发达的国家也如此，在美国时，著名教授的经典总结是：检察官经常倾向于把无罪的人说成是有罪的；而律师则倾向于把有罪的人说成是无罪的，所以两者天生就是冤家嘛！”

“好了，好了。”志勇摆摆手，“案子是我听法援中心郑主任介绍案情后，决定接下的。各位不清楚王建家人的无助处境，他们跑了几个律师事务所，不是不受理就是狮子大张口，实在是太不像话了！案子的代理费确实没几个钱，按法援中心规定，农村400元，城区350元，这对我们来说完全可以忽略不计。但我考虑，我们还是应该有些职业操守吧；另一方面，通过这个案件，当然，如果办得好的话，是可以树立我们中州所形象的。所以应当把眼光看得远一些，希望各位理解，尤其是刘军。”

“我的意思是，我们是律师事务所，不是慈善机构。这类不大的刑事案件费时费力，就是办得再好，也等于没收入。眼下毕竟是商业社会，仅靠善良恐怕于事无补，而且无数的历史经验也反证了善的有效性，‘恶有恶报，善有善报’，也只是弱者一厢情愿的希望罢了。”刘军说，“不过，既然你定下来接这个案子，我竭尽全力就是了。在下只是希望张兄再接法援案子时，多为咱们所的利益考虑。事实上，今年我们办的法援案件已超额完成指标数了嘛！”

听刘军这么讲，志勇很是不以为然，他当然明白刘军因为这个案件很不愉快，因为是自己决定接下这个案件后，硬压在他身上的。他更明白的是，近年来，刘军变化太大了，刚出道时，绝对像条仗剑迎风的汉子，路见不平，拔刀相助，无所畏惧，甚至咆哮公堂，像一名充满战斗精神的斗士。然而多年的历练下来，收敛多了，尽管说“江山易改，本性难移”。但在他看来，刘军已是判若两人，不再是条性情刚烈的汉子，很多时候倒像是个身段柔软的妇人啦。事实上，刘军不仅在刑事辩护界，而且在百姓中的名气很大，如日中天，绝对属领军人物，“刘铁嘴”的大名极为响亮，越传越神。律师之所以成名，绝不是靠吹的，而是实战起家，不会浪得虚名。看似必杀无疑的黑社会头子，经他辩护，最终判了死缓；他曾为腐败高官辩护而大闹法庭，二审采纳了他的辩护意见，刀下留人；还因法官不按程序审理，当庭做惊人之举——拂袖而去。令人印象深刻的是，他不接案子便罢，只要接则必达到目的，尽管他私下大发牢骚，成功的背后有多少心酸和见不得人的勾当。但是，他对刑事案子的热情则是越来越低，对于不起眼的一般案件能推则推，大案要案更是避之唯恐不及，抽出时间专攻《民商法》，还时常绝望地抱怨：刑事辩护难度大，风险高，且收入少得可怜，我做“刀尖上的舞者”已经太久太久了，再走下去一定会崩溃的。

当然，他也理解刘军。刑事辩护界广为流传的经典是：如果你要做法律工作，千万不要当律师；如果你要当律师，千万别办刑事案件；如果你要办刑事案件，千万别取证；如果你要取证，千万别取证人证言。如果这一切你都做不到，你就自己去看守所报到吧。刑事辩护律师对悬在自己头上的达摩克利斯剑——《刑法》第三〇六条，实在是害怕，以致战战兢兢，如履薄冰。问题的关键是，这恐惧绝非空穴来风，刘军曾感叹，第三〇六条，就是中国律师的苦难史，自1997年《刑法》修改，增加了第三〇六条以来，被其斩于马下的刑辩律师已数以百计了。

“我和你一起上这个案子，但以你为主。”志勇说，“说实话，我也不是对被告的妻子女儿有什么特别的感情，更不是办这样的案子心情就很愉悦，关键是我们要尽律师的责任。”

刘军立即对上，“我知道，作为律师应该为弱势群体提供法律服务，但此义务不应仅仅是律师嘛！现在律师也是市场化了的，只降低收费标准，肯定削弱律师提供法律服务的积极性。政府才应当为弱势群体埋单，为他们向律师购买法律服务。否则，只让马儿跑，而不让马儿吃草，马儿怎么跑得动呢？说心里话，张兄，我不是非劳你大驾不可，只是这个月课多，手头还有两个案子未结，实在是忙，其他的年轻律师我又信不过，不放心。上次咱们所一位刚出道的律师和我一起出庭辩护，竟敢当庭指责法官。我真不明白他凭什么牛皮，没智慧，又没法学根底，还想横！堂·吉诃德式的傻帽儿一个，这不是伸头等着挨板砖嘛！搞得我很被动，事后直向法官赔礼道歉。而且这年轻律师固执得要命，且智商低下，估计比猴子略高些，我都懒得再去启迪他了。”

“刘兄，应该理解新手啊！”一明笑嘻嘻地说，“都是同行，你一年不费吹灰之力，就赚几十万，甚至上百万，而他的收入或许只有几千元，这时，他就很容易犯极愚蠢的错误。”

“好了，刘军谈案件吧。”志勇挥手，打断一明的话。

刘军又燃上一支烟，翻开案卷。“案子的基本情况是：‘晚上9时，王建酒后携带一把水果刀，租乘夏英的出租车，行至南郊时，他掏出刀顶住夏的胸口，对她实施抢劫，共劫得：现金2000余元、摩托罗拉手机一部、欧米茄手表一块，两件物品价值1.1万元，共计1.3万余元。’抢劫罪是肯定的，关键是看从重情形，如果是2005年以前，对于在公共交通工具上抢劫的认定，至少判他是10年以上。现在虽然小型出租车不在公共交通工具之列，但根据我省的规定，抢劫数额较大的标准，起点是1.2万元，这就意味着至少也要被判10年有期徒刑，就本案而言，判无期也不为过。当然，如果这一切属实的话。另外，当前的大背景对王建也极为不利，一是公安机关正在重点打击‘两抢一盗’犯罪，他正撞在了枪口上；二是该案经媒体大肆渲染，以被害人斗智斗勇、百姓见义勇为擒凶手而传为美谈，检察院为邀功领赏，肯定会以不重判不足以平民愤起诉；三是我会见王建时，他对犯罪的基本事实也认可了，并没有提出什么异议。”

“你计划从何处入手？”志勇问，“在证据方面没有一点可疑之处或漏洞？”

“有一些，但我还未深入。”刘军说，“我尽快吧。”

志勇满心不高兴，他想，刘军介入此案已经有段时间了，至今还没个明确的辩护思路。“那就这样吧，你把有关王建案件所有材料给我留下，我细看后咱们再议。”

一明说：“张兄，你看都午夜时分了，先请我们吃消夜吧。”

丰收咧嘴，“什么时候都忘不了吃。”

一明回敬，“如果忘了这事，人就没戏啦。再说，上天给我一张嘴，第一是让我吃饭；第二是让我说话嘛！”

二

志勇与一明他们到南湖酒家简单吃了点东西，又独自回到办公室，计划把王建案的材料熟悉一下，看到底从哪方面入手辩护。他拿起桌上的电话，打到家里，告诉妻子不回去了。她冷冰冰的嘲讽立即从话筒里潮水样喷涌而出，“幸亏你还想起来打个电话，回来干什么？别自作多情了，以为我在盼你回来？实话告诉你，看见你的嘴脸我就心烦。家又不是酒店驿站，想来就来，想走就走。再说，你的办公室设施齐全，很舒适嘛！”还没等他再说什么，话筒里啪的一声尖厉脆响，如同砸破玻璃，挂断了。他揉着被震得发痒的耳膜，苦笑着放下话筒，心头像是塞了块石头，妻子柳眉倒竖怒目瞪圆摔电话的形象仿佛就在面前，而且栩栩如生，鲜明异常。

近年来，他和妻子的关系虽不能说是恶化到了极点，但别扭得厉害，类似20世纪美、苏“冷战”状态，只是由于某种力量制约，双方尚保持着恐怖的平衡。她的喋喋不休，他尚能理解和忍受；难以忍受的是，她变得越来越无所不通，而且自认为正确无比，颇具女皇风范。对此，他百思不得其解，难道说自己一点正确之处都没有？大的方面不说，就是买些菜回家，她也要唠叨半天，不是菜的质量差就是价格贵。好心好意烧几个菜，她挑刺，不是咸，就是淡，总之是味道远不如从前了等。于是，他不无揶揄地想，这也许与她长期任图书馆副馆长大有关系吧，近水楼台先得月，博览群书，知识越来越渊博，成为百科全书式的大家了！凡事均有主张，而且绝对正确，根本听不得不同意见。更让他不胜其烦的是，她还总要一本正经地征求他的意见，标准程序如下：如他同意，她会说，我说什么是什么，你就没个看法，太不负责任了。如此这般，基本上还算是风平浪静；如稍有异议，动静就大了，她会滔滔不绝地旁征博引，分析论证；如果还不肯就范，那就必是乌云满天、雷霆之怒了。反正最终达到她的意见全面贯彻落实为止。对此他曾心平气和地表明态度，何必呢？你想做什么就做什么，需要我做什么直说就是了。她正色道，夫妻之间要平等协商，难道说你一个男子汉，就心甘情愿做我的傀儡？他无语了。这就是她的协商？她的平等？完全是知识分子的臭毛病，有话不直说，难道如此就显得不含蓄、不委婉，不像知识女性吗？或许坊间段子更有深意：跟恋人讲道理是不想爱了；跟老婆讲道理是不想过了；跟上司讲道理是不想干了。

他点了支烟，信步踱到宽大的阳台上，小憩。

初夏蓝色的夜透明晶莹，月光皎洁，深邃的天幕上繁星闪烁。院子里的两棵苹果树冠已与二楼的阳台持平了，细看，有些枝头凋谢的花瓣尚存，而有些枝头已隐约可见黄豆大小的累累果实了。

这两棵苹果树是中州所购得这幢300多平方米别墅后的第二天，丰收提议栽种的，或许因为他是农民的儿子，而且是在农村长大，刀耕火种的原始本能尚未在他身上消失殆尽的缘故吧。种下苹果树后，他又出于同样的本能，把院子里前后左右的空地开发整理成菜地，大种西红柿、黄瓜和豆角之类的蔬菜，边边角角也不放过，点上苦瓜、丝瓜等。一有空闲就去鼓捣，由于他技能娴熟，确也收获颇丰。他甚至还妄图把前院建个塑料大棚，并声称，如此大家一年四季就可饱餐真正无公害的环保蔬菜了。但因建大棚实在是影响停车，且不美观，所以，他的建议在合伙人会议上未能通过。

一明对此调侃，王兄当初真是应该上农大，学学育种嫁接、立体养殖之类，好让广大农村的庄稼蔬菜高产丰产嘛！丰收很认真地说，高考时报的确实是农大，阴差阳错，弄到政治学专业。第二次改行是自己的原因，现在追悔莫及了。我怎么昏了头，搞什么法律，农业才是中国的根本。但我不能第三次改行了吧，老啦！

那时，他们经过几年的打拼，腰间鼓了起来，不仅购了这幢别墅作为合伙人办公休息之用（原城区的写字楼的13间房子由非合伙律师使用），而且还都拥有了自己的轿车，现在已经更换第二代了。无论怎么说，他们也算是跻身于中国大陆先富起来一族之列吧。当然，比起发达国家律师的收入相去甚远，不说欧美，就是比中国香港也差一大截，中国香港共有6000多名律师，年总收入130亿元，平均每位律师高达200万元之多呢。

他凝望着苹果树，心生感慨，自搬进这幢别墅，6 年又过去啦。少年时，总觉得自己永远不会老，永远年轻，但不经意间已是知天命之年了。现在去殡仪馆参加葬礼的次数越来越多，就像参加同事朋友儿女婚庆典礼一样多，于是他就明白自己非常可怕地老了，而且还将迅速地老下去，步入生命的黄昏……突然感到手指发热，抬手，是香烟燃到过滤嘴了。他摇摇头，自言自语，不仅老了，还多愁善感起来啦！

突然，一道白光在他眼前闪过，定睛一看，那只雪白的大猫蹿上苹果树，蹲伏在树杈上一动不动，绿荧荧的两只玻璃球样的眼窥视着什么。这精灵样的生物其行为之神秘，心理之诡谲，就是对动物专家来说，也始终是个说不清、道不明的谜。古埃及人将其敬为神，一定有极深刻的原因。

盯着它看了良久，它仍一动不动，他心里起了疑问：它在做什么呢？看星星，看月亮，抑或在静思默想，如我一样？它又不是食草动物，半夜三更爬上苹果树做什么呢？

这只猫很神奇，不知从哪里来，也不知它将往哪里去，就是与它有某种心灵感应的律师，最年轻的合伙人陈燕也不知道。有一天，陈燕夜间偶然在院子里发现它莫测的影子，便放了些食物在苹果树下，第二天再看，没了。于是，就时不时就放些食物，甚至还买了高级猫粮。于是，就有了这样令人称奇的场面，它大白天就出现在她面前，一副乖宝宝的样子，她抱它，它也不反对，但就是从不让其他人近前。这事的诡异之处在于，它怎么就知道是她放了食物呢？5 位合伙人尽管智商都很高，但谁也说不清楚，一明的结论近乎下流：我们就干脆相信它是一只雄性的猫吧！而且这畜生很不要脸，极像贪官污吏。看我们陈燕善良，加以利用嘛！

这世上很多的事情只有神清楚。他无奈地想着，转身回到办公桌前，翻开有关王建案的材料……

三

"张老师，你想我们中州所失去主事的人吗？"一位身着浅色风衣清丽的高个子的姑娘推门进来，一脸严峻。"怎么总这样啊！"

"什么意思？"他一惊，抬起头，满脸茫然。

"你呀，什么年龄啦，还这么拼命，想'过劳死'吗？"她更严厉了。

"噢，噢，燕子飞回来了，"他恍然从思考中回到现实，"什么时候到的？"

"一小时前下的飞机。"

"取证情况如何？"他知道，她在协助一明办理一起知识产权的归属案件，由于一明脱不开身，她和一位实习律师去广西取证。

"还算顺利。"她把一鼓鼓的袋子放到茶几上，"累死我了，这是南方的火龙果。我去洗洗，你品尝品尝。”

他走过来，劝住她，“明天再品尝不迟。你旅途辛苦，快去休息。”

“那你也睡，不然我就不走。”她几乎是在下命令。

他拍拍她的肩膀，轻轻抱她一下，“好姑娘，我这就执行你的指示。”

“我一会儿过来看，你再不休息，我就拉闸停电了。”

“好，好。”看她离开，他关好门，仰在皮椅中，心底生起一丝酸涩，并迅速弥漫开来。

她曾是他带的研究生，5年前毕业后留校任教，同时来所里从实习律师做起。一年前，在他的极力举荐下，她有幸成为中州律师事务所的合伙人之一。这位勤奋好学又潇洒靓丽的姑娘，在读研时就对他萌生爱慕之心，说是单相思也罢。他虽有所察觉，但并没在意，女生仰慕自己的老师并不是稀罕之事，就是结婚成家也不鲜见。她拿到学位后，对他仍是一往情深，直至一天夜里在他面前宽衣解带。当然，他也绝非柳下惠式的圣贤，而且还坚定地认为，柳下惠其人不是精神有毛病就是生理有缺陷，要么其事就是假道学人居心不良的演义。之所以有违常理地拒绝了钟情于自己的妙龄姑娘，关键是他固执地认为，毕竟是她的导师，如果顺了她，就有乱了辈分之嫌，这使得他不敢逾越雷池，并坚守下来。自此事之后，他手下的研究生清一色和尚，无一脂粉，此举招致女考生的极大愤怒。他给出的理由是，女性善形象思维，而法学是逻辑的。

偌大的办公室很静，静得虚无，撩人的情形不期然浮现在他眼前，这情形不仅没有随着时间的推移而褪色，而是颇有些奇异地每每就清晰起来。

那是一个狂风暴雨的仲夏之夜，他伏案思考一件民事案件的证据，高度的精力集中状态下，身外的一切全无。直到听到有人喊，张老师，他才发现陈燕立在办公桌旁，她仅穿薄薄的睡衣睡裤。他疑惑地问，怎么回事？她似乎很紧张，雷声好大，我害怕。他站起来，笑了，你受过高等教育，还怕雷声。再说……

他的话没说完，她已纵身扑在他怀中，两条修长洁白的胳膊搂住他的脖子，紧接着乳胸贴过来。他猝不及防，一时间呆了。她又放开他，伸手解开睡衣的扣子，漂亮的乳胸展现在他面前。连胸罩都没戴，是有备而来吗？他这样想着，身体内部猛然激荡起来，家伙不可遏制地蠢蠢大动，憋胀得难受。盯着她通红的脸，渴望的眼睛，直想把她紧紧抱在怀中，更想脱下她的睡衣……有几年没有这事了，每每备受煎熬——与此同时，头脑里轰隆一声巨响，她是我的学生！一日为师，终身为父！难道和自己的女儿……于是他僵住了，片刻，他拉上她的睡衣，两手有些颤抖地系上扣子，扶着她的肩膀，强压着一阵紧似一阵的汹涌冲动，坚定地说：“不能这样，真的不能，你是我的学生。”

她怔住了，嘴唇嚅动，半天才说出：“我，我……你会认为我轻浮，会鄙视我……”

“不会，我理解你。一切都会过去，你还是我的好学生。把这事忘了，只当什么也没发生，好吗?”

她微微仰着脸，泪水在眼眶中打转，最终顺红霞样的面颊滚滚而下。

此时此刻，那张燃烧着激情的通红的脸，雪白的乳房恍若眼前，耳畔回响着雷声、雨声……他的身体发紧了。于是，他燃上一支香烟，重又翻开了王建的案卷。

她现在已经30岁出头了，看样子还没有结婚成家的意思，按当下流行的说法，应属于“剩女”之列。为此，他与她谈过。她说，趁年轻多学多干多赚钱，这事以后再考虑不迟。她这样说，也是这样做的。由于入律师行当时间尚短，她只能单独办些简单的案件，更多的时间是协助志勇他们，志勇主要是让她跟着一明搞公司业务和非诉讼业务。他颇感欣慰的是，她的业务水平与日俱增地提高，前途看好。这或多或少让他心里踏实了些，但接踵而来的不踏实是，他察觉到她与刘军走得越来越近，而刘军是有家室的人了。她还对他说，刘老师对我挺好。这更让他心头泛酸。

四

橘红色的夕阳余晖透过簇簇绿叶，斑斑点点映在宽大的落地窗上，摇曳，跳跃，把本来是固体的大玻璃弄成了水波荡漾的样子，沐浴在光与影中伏案看材料的志勇的肃然神态，令人想起罗丹著名的雕塑《思想者》。听到有人敲门，他头也没抬，不耐烦地说：“请进。”

门开处，身着淡黄色风衣，满面带笑的汪静进来。

志勇摘下花镜，揉了揉又胀又酸的眼，伸了个懒腰，“汪静同志，有何公干，又要采访我?”

她调皮地笑着，“看来你不欢迎我呀！但我们的头头断言：‘政法记者要紧跟中州所的张主任，因为跟着他就会有好新闻。’”

“那你来我们所上班好了。”事实上，他对于任何打断他思考的人都是深恶痛绝的，不发脾气就算是客气了。但现在连他自己都感到奇怪，她不期而至，自己却没有像往常一样怒火中烧。“在现实生活中，找律师的人肯定是有麻烦，天天兴高采烈过日子的人是不会想起律师的。你属特例，这就像林子大了什么鸟都有一样。”

“只要你恩准，我就来上班。只是我水平有限，恐怕不能胜任。”她在他对面坐下，有几分神秘地问，“据法援中心郑主任透露，你们所接了王建的案件?”

他怔了一下，“信息真是灵通，到底是大记者。”

“事前好几个律师事务所不肯接?”

“你这是明知故问，而且你知道，判决之前我不会谈论与案件有关的任何问题。”他扫了一眼墙上造型别致的钟表，“我是边看材料边考虑如何辩护。实不相瞒，这个过程大约已经十几个小时了，现在已经筋疲力尽，该喂喂肚子喽。请问，你怎么来的？”

“什么意思？”

“你计划去哪儿？如果没开车的话，我保证免费送到。”

“下逐客令啦！不过有大律师亲自送我，也算没白来一趟。”她笑得很迷人，“但现在是晚餐时间，我请你吃饭如何？”

墙上小木屋形状的钟表的窗口，钻出很卡通的布谷鸟脑袋，张嘴叫唤，“布谷，布谷……”其声夸张滑稽。

她转过脸，忽闪着眼睛，好奇地瞅着，“大律师还有如此雅兴哪！哎，你还没回应我的邀请呢？”

“你请我？”看她充满期待的眼神，他突然就莫名其妙地改变了主意，“如果你愿意，还是让我表现一下东方男人的风度吧。我请你，附加条件是不谈与案件有关的事，怎么样？”

她笑了，“我很荣幸地接受邀请。”

“喜欢吃什么？”

“你安排就是了。”

“那我们现在就走。”他说这话时，心头仿佛有个声音在回响，我和面前这位姑娘日后一定会发生些什么，一定会的。这让他感到奇怪，怎么会有这种念头呢？

他把车直接开到十几分钟路程的南湖酒家，酒家老板老六是他高中时的同班同学。老六当知青时没能考上大学，回城后接其父的班，进了国营棉纺厂，先当工人，后任车间主任。大约10年前，我国的轻纺工业或许是因国际市场，或许是结构性调整等说不清的原因，突然就不行了。他下岗后找到志勇求助，念及老同学的情分，他自然倾力相助，不仅如此，他还联络同学朋友资助。在他的张罗下，老六在市郊改造了一家倒闭的拖拉机配件厂，开了这家不大不小但颇具特色的酒店，其特色主要就是野生鱼虾、野鸭水鸟之类。距酒店500余米，有个6000余亩的大湖——这座城市的备用水源地之一，其中各类货色多多。老六与其管理站的头头本来就是朋友，再加上又让其入了酒店一股，所以可免费捕捞，但也绝不是明目张胆、大张旗鼓动作，而是晚间下网，凌晨收获。这与当今治理学校幼儿园乱收费颇有相似之处，面上说得天花乱坠，背地里照收不误。

在谈食品心惊肉跳的年月里，自然生长的野生鱼类、禽类对食客的吸引力巨大，10年下来，老六也算是有钱人了。主要创始人之一的志勇自然是常客，一周少说也有个十次八次吧，个人用餐在此，律师事务所招待客人也在此。一则是人熟，或多或少有种回家的感觉；二则是肥水不流外人田嘛。

他和汪静刚走进前厅，服务员和吧台后的经理笑容可掬地和他打招呼，就像迎接回家的亲人似的。他领着汪静轻车熟路，来到八号包间，这里的装饰风格和整个酒店一样，极具家庭氛围，万宝橱里摆着精装本的古典名著，贝多芬的石膏像，墙壁上挂着两幅精美的风景油画，还有一把古旧的小提琴和一具大角羊头骨骼。几乎占了半面墙的落地窗引人注目，几株半人高的向日葵肥厚的叶子几乎伸进来，薄暮中，隐约可见生机勃勃的菜园。这八号包间基本就是他的专用餐厅，没有特殊情况是不对外的。

她把风衣递给服务员，环顾房间，“如此温馨的地方，我居然是第一次发现。”

“你是大记者，自然是吃大餐，看不上这种类似农家院的小地方。”

“看错我了吧，这儿挺好的，有古朴的文化气息呢。”

“先不探讨文化的大问题，你想吃点什么？这酒店硬件虽然不达星级，但各类货色极丰富，厨师手艺精湛，即便你是美食大家，也可满足你的任何要求。”

她正背着手，凝视列维坦的油画《金色的秋天》，画面上透明的阳光穿过云朵照耀在蓝盈盈的小溪上，白桦树的叶子明亮，金黄。她转过来，忽闪着眼睛，“火锅，怎么样？”

“好，点菜吧。”

她随口点了豆腐、木耳、黄花等几样素菜，又看另外一幅，也是列维坦的名画《平静的伏尔加河》，“临摹得真好，几近乱真的程度了。”

“我出高价让美院学生临摹的。”他说着点了牛肉、泥鳅，并吩咐服务员快点。

现在城市的姑娘均把吃素减肥当成了一种时尚，无论胖瘦都在减，大有生命不息，减肥不止的劲头。他想，这实在是误区，何苦要忍饥挨饿呢？她就更没必要了，曲线优美，牛仔裤紧紧包裹着修长笔直的腿，圆圆的臀部十分醒目，鼓鼓的双乳把紧身的浅黄色羊绒衫顶起，显出两个诱人的完美半球形。

其实时尚有时是很害人的，过后才会明白。就像多少年前，中国城市的民众都猛喝鸡血，大饮红茶菌一样，这给儿时的他留下了极为恐怖的印象。再说，亚洲人和欧美人不属同种，要想成为丰乳翘臀性感十足的欧美女性那样，恐怕可能性不大，除非去做整形手术。于是，他蓦然想起一个笑话：一蚊子饿极，见一姐双乳高耸，遂一头扎进，猛叮。结果满嘴硅胶，几乎被噎死。它仰天叹曰：妈的，食品安全太成问题了！

火锅端上来了，是两具精美的酒精炉，冒着热腾腾诱人的香气。

她款款在他对面坐下，“张主任，我只顾自己，你喜欢火锅吗？”

“火锅好哇！你不是谈文化吗？事实上，如果从中国文化传统的渊源讲，火锅不能不说是代表。”他意识到自己心情放松，甚至是有几分愉悦，也许是对王建一案的辩护路径已经形成的缘故吧。

形成并确定辩护路径是个极端艰难的过程，案子中有疑问，就从疑问中发掘证据，从证据中证实疑问，进而使被告人减轻和免除罪责。虽说性格不同的律师也会采用不同的方法，但均需要从事实、情节、证据等方面，严格按法律条文、法理进行分析、综合，从中寻觅出丝丝入扣的逻辑结论，最终形成条分缕析的辩护方案。这一过程经常让他寝食不安，脑仁发涨。

她浅浅一笑，“这倒是高论，我愿洗耳恭听。”

“火锅热气腾腾，表示亲热；火锅圆，表示团圆；用汤水处理，表示以柔克刚；它不拒荤腥，不嫌寒素，山珍海味，豆腐粉条一律可以入锅，表示兼济天下；还有它五味俱全，主料配料各味互相渗透，又表示一种中和之美。更重要的是，它形象直观地体现了‘在同一口锅里吃饭’这样一层深刻含义。所以，专家考证的结论是，火锅是我们远古祖先共火而食的延续。你以为如何？”

她的眼睛睁大了，“真没想到，没想到，严谨有余的大律师对小小的火锅也能阐述出一番文化意义来。”

“献丑啦，我们小酌几杯如何？”他拿起一瓶白酒。

“我还是啤酒吧。”

待服务员给她斟上啤酒，他立即端起酒杯，“谢谢你和我共进晚餐。”

正所谓，一杯下肚，全身放松；两盏入怀，荣辱皆忘。但是若不是身体力行，则很难体验这种妙不可言之境界。他想，妻子对此就百思不得其解，常态是恶语相向，打死我也不理解你为什么要拼命灌黄汤！在一起生活 20 多年啦，还是如此，人与人，甚至夫妻之间真正相互理解之难，由此也可见一斑。

几杯琼浆下去，他渐入佳境，思绪似潺潺小溪，欢快地流淌起来。于是，面前的她越发耐看了。一时间，脑海中竟恍惚显出法国电影明星苏菲·玛索的倩影，梦样的眼睛。不过她与这位明星还真有些相似之处呢，是脸形还是眼睛？鼻子还是嘴巴？据国外科学家的研究表明，男人对女人美貌的判断值与他摄入的酒精量成正比。如是推导，酩酊大醉之际，老母猪也会成为美少女。他想，我可没有这样的体验，看来就是号称科学研究的结论，也不是完全可信的。

或许是啤酒的缘故，或许是火锅的作用，她脸上泛起红晕，光洁的额头渗出一层细小的汗珠，聚拢起棱角分明颇有几分性感的嘴对着一块西红柿吹气降温。就在这一瞬间，他深层的记忆被唤醒，眼前仿佛浮现出了英国电影《苔丝》中苔丝吃草莓的经典画面。

她抬起头，正碰上他过于专注的目光，“我脸上有什么东西吗？”

“噢，”他端起酒杯，小酌一口，“青春时光。”

“你不会醉吧。”她感到他的目光中有别样的意味。

“你看我醉了吗？”

“其实酒是好东西，被人们形容为生命之水、生命之泉，但喝多了会坏事的。”她很认真地说。

“岂止坏事，还能亡国。你是著名的大记者，想必经历过不少酒场饭局吧？”

“有所经历，基本程序一样，互敬互让，花言巧语，黄段子，继而豪言壮语，最后胡言乱语，人不像人，鬼不像鬼，乱作一团。但这样的筵席还会一桌接一桌地开下去。据统计，我国每年的公款吃喝几千个亿，接近一年的军费了。”

“从古至今，概莫能外。不过当今比咱们祖宗的气势相差太远啦！遥想远古，商纣王开天辟地的宏大气魄，以肉为林，以酒为池，划船在酒池里豪饮后，举行男女3000多人的裸体舞会。正所谓，‘作酒池，足以运舟，糟丘足以望七星，一鼓而牛饮者3000人’。你想那是个啥阵势！”

“咱们的祖宗没带好头啊！”

“国外也不乏其例，比如当年沙皇和群臣狂饮中，把芭蕾舞女投入灌了啤酒的游泳池里胡闹，场面也挺壮观嘛。”

“你对饮酒的历史还颇有研究呢？”

“过奖，只是稍有心得而已。”说完，他突然意识到，自己话多，而且还明确地感到，意犹未尽。这是怎么啦？

“勇哥，过来啦。”一身红色运动服的黑大壮汉推门进来，小心地看着他。

“老六，小喝两杯。”他挥着手。

老六在他身边坐下，“这位是……”

“电视台的记者，汪静。”他介绍道，“这位就是这个酒店的老板关建国，小名老六。”

老六与汪静打过招呼后，啧着嘴，“勇哥，你不是不待见火锅，说是下等菜肴，怎么吃起来了？昨天逮了只三斤八两的鳖，现在给你红烧了？”

“留着大人物吃吧，我还怕遭报应呢。”他笑了，“这斤两的鳖估计成精了。”

“看你说的，我们不吃谁吃？要么给你清炖两条半斤重的爬地虎（一种不多见的野生淡水鱼）？也是昨晚逮的，这东西现在也不多见了。”老六说。

“不用忙活了，看汪记者还需要点什么？”他说。

“汪记者，有三十多斤野生花鲢肉做的丸子，味道很棒，来点儿？”老六热情地问。

汪静急忙谢绝，“谢谢，谢谢，我已经饱啦。”

“你们两位都这么秀气。”老六说着，突然想起了什么，一脸惊诧，“勇哥，听说王建被抓了，这么一个老实巴交的小兄弟会掂刀抢劫，打死我也不信！要是人家抢他还靠谱。”他硕大的头摇得像拨浪鼓。

他说：“这要靠证据，不是凭印象。”

老六急切地说：“我还能不了解这位小兄弟，我当车间主任时，他是我手下的修理工，要说修纺织机器绝对是把好手，就是太老实，整日也没句话，三拳打不出个屁。干起活来那个踏实劲，就像《追捕》电影里那个吃了药的横路进二，你不让停，他就一直干。”

“噢，是这样。”他淡淡地说。

“听他老婆说刘军律师为他辩护，你可要让他下功夫哪。”老六说，“他们一家人实在是可怜，看着让人心里难受。”

“你和王建非常熟悉?”汪静问。

“那是，小时一个大院，后来一个厂上班，怎么能……”

“老六，叫人上些主食。晚上我还有事呢。”

“这就去，这就去。”老六意识到什么，站起来，“吃点什么主食?”

“面条怎么样?”志勇问汪静。

“那就面条吧。”她看老六出去后又说，“张主任真是信守诺言，坚决不谈案情，而且也不许别人讲。”

“我没让他讲吗?”他笑了，“我想该吃点主食了嘛!”

五

刘军驾车行驶在滚滚车流中。

副驾驶位置上的志勇一脸沉思，“你说得对，证明抢劫事实的证据，看似十分确凿，无法否认，抢劫财物的价值也有被害人的陈述、被告人的供述、证人证言和价格鉴定书等证据，一切都像是铁板一块。但是，一个出租车司机，而且是位女性，晚上出车居然戴着近万元的手表还有2000多元的现金，这有些不合常理，同时，手表，还有手机现在也没找到。”

刘军说：“被劫的物品在现场被哄抢，公安是怎么鉴定的?案件肯定有问题，现在关键是被告人的态度，他到底说实话了没有?”

“我看这案子绝不像公安和检察院号称的铁案一件。”

“张兄，侦查机关和公诉机关对于侦办、移送法院的案件，在它们看来，哪件不是成竹在胸，铁案在握。而刑辩律师却不识好歹，居然胆敢指出其中的瑕疵、漏洞，甚至办案人员的违法行为，这岂不是自不量力，‘太岁头上动土，老虎嘴边捋须’吗，不治你律师治谁?国人源远流长的办案思维定式就是如此，然而有多少惊天动地的冤案就是这样制造出来的。”

“我认为，只要你愿意，案件一定会有突破，而且能办好。”志勇想，这家伙，不接案子便罢，只要接了，就会身不由已地全力以赴投入，也许是性格使然吧。他做了这么多年的刑辩律师，接触了多少当事人，居然没有一个投诉他的，这说明他办案确实是尽职尽责的，尽管他的牢骚越来越多。

刘军咧咧嘴，“老兄都亲自隆重登场了，我能没压力嘛!不过你也知道，刑事辩护的环境恶劣，赚钱又少，真他妈的没什么干头了。”

“在刑辩方面，你是咱们所的顶梁柱，舍你其谁呢?真要是不想干，也得着手培养接班人哪。”

“难啊!现在有点脑子的，谁还愿意做刑辩律师，除了不谙世事的毛头小子，就像我当年一样。况且我也不能昧着良心把年轻人引向歧途，教唆人家往火坑里跳，这类似逼良为娼的行径嘛!”

“我看事情也不完全如你说的一团糟嘛！应该用发展的眼光看问题，比如律师会见权，一些地方落实得不错，没有警察陪同了，还有阅卷权，检察院也有不小进步。”

“是有进步。”刘军摇摇头，“但我累了，实在是想退出刑辩江湖啦！”

车终于挪出城区，片刻就到了看守所，两人办完手续，在会见室见到了犯罪嫌疑人王建。

铁栅栏那边坐在椅子上的他本来就瘦小，由于橘红色马甲过于宽大，更显得渺小了，就像是小孩穿着成人的衣服。他的面色像白癜风一样惨白，神情憔悴得如霜打后的草，光头，胡子楂倒是很浓密。目光中透出惊恐，但更多的是绝望，犹如落水狗的眼神，让人一时与凶残的抢劫犯罪联系不起来。

还没等他俩问话，他就垂下头，捂住脸哭起来，“刘律师，我该死，我该死，我对不起女儿，对不起老婆，完了，家也完了……”

王建一旁的椅子上，一位扛一级警司衔的警察大腿压二腿，吸着烟，冷冷看着，一声不吭。也许是王建过于瘦小，对比之下，他越发高大，显出警察威猛之风采。

“哭有什么用，冷静点，我今天再次来问你，对起诉书还有什么要说的？”刘军说，“哭就能减轻你的罪行吗？今天我是最后一次向你核实证据，5天后就要开庭了。”

王建抬起头，用戴着手铐的手抹着脸，仰脸盯着天花板，“刘律师，公安、检察院都定了，我还能有什么意见，我还能说什么。”

志勇一巴掌拍在连接栅栏的台面上，打断他的话。此举不仅把他吓了一跳，警察也一哆嗦。之所以如此，是因为凭他的经验断定，他确有难言的冤屈，“王建，你这是什么话，事实就是事实。我告诉你，你确实是犯了罪，但是只应该受到法律规定的处罚。我再告诉你的是，谁说了都不算，只有让证据说话。一定要相信律师，相信法律，更要相信自己，配合我们把事实搞清楚，现在谁也救不了你，只有法律才能救你，明白吗？”

“我明白，明白，你们是为了我好。”他停下来，两眼冒出渴望之光，双手合一，使劲摇晃着作揖，“求求你们，求求了，能给我一支烟吗？”

志勇看一眼警察，见他没反对的意思，于是掏出香烟，抽出一支烟，点燃后递给警察，警察又给了王建。他一把拿过烟，像久未见毒品的瘾君子一样贪婪地大口大口吸着，情绪似乎渐渐平静下来。

尽管已拿到了起诉书，但刘军仍像第一次会见王建时一样，依然没有主动深入案情，而是再次问他向公安坦白交代了什么。志勇一听就明白，这是避免引导被告作虚假供述之嫌疑。

王建抬起头，“公安逼着我说了谎话，现在怎么办？”

刘军并没有问公安如何逼他，只是说：“有两个办法，一是你可以在法庭上讲；二是向检察院讲。你想怎么办?”

王建想了片刻，“我到法庭上说实话。”

刘军说：“那我们就尊重你的意见。”

志勇听着，心中感慨，这家伙办案慎之又慎哪！不像道行浅的刑辩律师那样，先问公安怎么逼，然后直接给当事人答案，你在法庭上讲或者告诉检察院。如此很容易让公安和检察院方面认为律师教唆翻供，没有长期的实战经验和教训积累的律师，会忽略这些细节的。刘军做“刀尖上的舞者”久矣，况且他还有过被刀伤过的惨痛经历。他口气平静地安慰王建，“不要着急，也不用害怕，实事求是，把你作案的过程给我讲一遍，不要放过每一个细节，行吧?”

王建点点头，又回到了那个让他永不会忘记的噩梦般夜晚。

他的女儿考上了重点初中，但必须交15000块钱的择校费。他和妻子是下岗工人，而且还要赡养老人，经济状况可想而知。案发那天晚饭时，他喝了半斤多白酒，又想起哭了好些天的女儿。蒙蒙腾腾之中，他恍惚记得怀揣一把水果刀，出了家门，在一歌厅前拦住一辆普桑出租车。上车后，他说到附近的一家工厂。车行至僻静处，坐在前排的他突然拔出刀，顶着司机的腰，让她把车停下，司机惊恐地把车停在路边。他吼道，把值钱的东西全部掏出来!

司机哆哆嗦嗦从包里把现金翻出来，递给他，100元的纸币有两三张，其余是50元、10元的纸币，然后又把手机递过来，最后脱下手表。当他把所有的东西揣进口袋，开门下车之际，司机突然先他蹿了出去，对迎面步行过来的几个人拼命挥手呼叫，救命！救命啊!

他见状，冲出车向相反的方向狂奔，后面的人大叫着紧追不舍，跑了不足百米，迎面有人拦住了他，只觉得被摔翻在地，拳脚暴风雨般地落在身上。至此，他只有抱头就地打滚儿的份儿了，而且酒劲涌上来，吐得一塌糊涂。后来被揍得半晕的他听到刺耳的警笛声，几名警察把他拖上了车。到了公安局后，他记起劫得的现金只剩下不到200元，手机和手表已不知去向了。

“我说的全是实话，有半点假话，我就是大闺女生的!”王建仰着脸赌咒。

“手机和手表你后来见过吗?”刘军问。

“没有。”王建肯定地说。

“刀呢?”刘军再问

“公安让我看了。”王建说。

“好，就这样吧。”刘军说。

“如果他们在法庭上问我，我也这样说，行吗?”王建问。

“知道什么说什么，记不清就回答记不清，总之要如实回答。”刘军不假思索地答道，他当然明白，绝对不能告知他，应该怎么说，不应该怎么说，如此的话，距教唆翻供就很近了。

“你再看一下会见笔录，没什么问题，就在上面签名，摁手印。”志勇把笔录递过去，“我们相信你说的是事实，如果有假的话，只能害了你自己，明白吧？”

王建签名，摁手印后，把笔录又递出来。

“完了吧？”警察问。

“完了。”志勇说着，隔着栅栏递给他一支烟。

警察打开后门，“来人，把王建带回号房吧。”

进来的警察把王建带出后，留下的警察问：“两位大律师，这个案子你们都来了两次啦，费时费力，收了不少代理费吧？”

志勇淡淡一笑，“说了你也不信，这是法援中心指定的案子，350元。”

警察突然哈哈大笑起来，“相声，你肯定是在说相声。”

“没必要骗你嘛。”志勇说，“你也不会向我借钱，信不信就是你的事啦。”

警察疑惑了，自言自语地说：“有这样的事？”

“王建表现怎么样？”志勇问。

“一般，情绪很低落，有自杀倾向，我们盯得很紧。他要是寻短见死了，我们可就惨喽！很可能就得住进来。”警察说着大摇其首，“这年头警察遭人恨，百姓习惯围观警察打人或带头拆迁，死警察算个球！死就死了，顶多开个追悼会。要是死个未决犯人那就惊天动地啦！不把看守所从上到下查个底朝天才怪呢，不抓不判几名警察肯定是过不去的。你说这是他妈的什么事！我们警察的命就这么不金贵？”

志勇说：“各行有各行的难处吧。”

警察怒气十足地说：“有人的地方就会有人生老病死，看守所这专门关人的地方，你说能死猪跑狗。”

志勇看刘军已整理好了东西，便笑着和警察说声再见，离开会见室。

刘军不冷不热地说：“警察行当薪水不低，但也有这么大的怨气，下岗工人又该如何呢？”

两人上车后。志勇说：“公安、检察院在没有实物的情况下就认定是摩托罗拉手机和劳力士手表肯定有问题，还有为什么认定现金是2000元？”

“他们有受害人的证言，还有王建的口供，似乎已经形成相互印证的证据链嘛！”刘军说，“你也听了，王建对我们的陈述与向公安交代的相去甚远，这就复杂了。”

“你的意思是公安有刑讯逼供的嫌疑？这也是他们的老毛病了，‘棰楚之下，何求而不得’，古人就明白这个道理。”

“但我们也不能以此为突破口，这样做是把公安和检察院逼到墙角的危险举动，而且法院最后也很难采信。”

明明白白的突破口，但就是不能深入，刑辩律师办案的难度由此可见一斑哪！志勇当然清楚，如果从这方面进行辩护，采集证据比登天都难。一般是被告人告诉律师，最多会见时让你看伤痕，然而证据学上的伤痕与刑讯逼供的伤痕又不能直接画等号，公安和检方又不会傻到主动给律师提供证据。于是，法院就会以没有证据为由不予采信。看看法院的刑事判决书就是傻子也会明白，他们对律师和被告刑讯逼供的指控，基本是以“查无实据，予以驳回”。

“现在向法院申请去调查被害人显然也不是好办法。”志勇说。

“绝对不是好办法。”刘军连连摇头，“这样太玄。如果去找被害人，稍有不慎就可能造成唆使作伪证的嫌疑，《刑法》第三百零六条可在等着我们呢；第二效果也不一定就好，如果被害人自圆其说，一口咬死，我们一点办法都没有。所以，我考虑，无论如何不能找被害人。我们只能利用控方现有证据上的不足去辩护，这才是上策。说实话，一想起去找被害人，我就心寒。这就是‘一朝被蛇咬，十年怕井绳’的效应吧。”

他明白刘军说的是实情，一旦调查受害人，其证言发生变化后，侦查机关和公诉机关立即会再找受害人核实。此时，受害人的两次证词肯定有一次是伪证。为什么要做伪证？有两种可能，一是自己的问题；二是律师教唆。于是律师就处于危险之中了。但是律师去找侦查机关和公诉机关已经调查过的受害人、证人取证，是因为有质疑有疑问。既然如此，律师当然是希望受害人或证人与原来说的有变化，没变化找他们干什么？但由此就出现了两难悖论：律师希望有变化，而发生了变化，律师就有嫌疑，那律师还去做什么呢，自投罗网吗？

9年前，刘军为一刑事案的被告人辩护时，找被害人取了证，结果开庭时，被害人推翻了原来的证言。检察院立即以律师引诱被害人做伪证将他刑拘。当时，志勇心急如焚，上下左右据理力争无果。一气之下，利用当时自己任律协副会长之职的便利，冒天下之大不韪，以律协名义，向全市律师事务所下发了停办一切刑事案件的紧急通知。此举如平地一声炸雷，不仅震惊了省城，而且惊动了北京高层。如此一来，毫无过错的刘军才被放出来，但他已结结实实领略了20天的铁窗风情。当然，他这一出乎意料的动作着实惹恼了省司法厅和市司法局，但他早有准备，在下发紧急通知的同时，把辞职书也交了。

“问题是有些复杂，案发现场扭住王建的几个人根本不愿出庭做证，这就很难查实手机和手表的去向了。”志勇说。

“是有些复杂，”刘军说，“这是问题的一个方面，你想，连出庭做证的勇气都没有的证人，你怎能相信他的证词是真实的，又怎能确保他不会言辞反复？这类证人证言有着严重的不稳定性；另一方面，在案发现场，肯定有人将这两件物品据为己有，当然不会出庭做证了。不过，这也是控方证据上的漏洞，没有实物，他们如何做的鉴定？所以，我认为这也是重要的突破口。”

“那我们就按既定计划办吧。”志勇说完，仰在椅背上，怅然叹曰，“刑事辩护的环境是不尽如人意！”

“岂止不尽如人意，是在蹚地雷阵，在万丈悬崖边跳舞啊！”刘军苦笑，“一位知名教授如是评价刑辩律师：低声下气、低三下四、遮遮掩掩，鬼鬼祟祟。”

“但我看你也并非如此嘛!”

刘军拍拍胸口，叹了口气，“在这里，外人看不到的。”

六

刘军驾车进入城乡接合部时，像是来到另一个世界。初夏明亮的阳光下，道路坑坑洼洼，尘土飞扬，各类垃圾遍地，色彩缤纷的塑料袋迎风飞舞。两旁是纷乱破败之相，大部分灰砖建筑陈旧不堪，破壁残垣，础废柱倾，人去楼空。成群的麻雀从黑洞一样的门窗里飞进飞出，还有黑亮的乌鸦在垃圾堆上起落、盘旋，鸣声嘶哑，具有很强的穿透力，令人感到冷冰的不祥之意。

“像是到了非洲郊区的贫民窟。”刘军说，“与城里相比，简直是新旧两重天嘛!”

志勇吸着烟，一副若有所思的样子，“过去这一带全是棉纺织工厂，规模很大，很是红火。南湖酒家的老六过去就是国棉二厂的车间主任，还很是风光呢。”

“此一时，彼一时也。”刘军轻拍了下方向盘。

车窗外出现了很热闹的景象，挖掘机、推土机等大型工程机械冒着滚滚黑烟，战马样嘶鸣着、咆哮着，高扬的钢铁巨臂和凶恶的大挖斗正在对旧房肆无忌惮地开肠破肚。眼前的场景让志勇突然想到屠宰场，像是看到大批无辜的老牲畜正在被杀戮，仿佛还闻到了空气中迎风飘荡的浓浓的血腥味。这显然就是开发，现在中国大陆已成为最大的业主，全世界的建筑师似乎均在受雇之列，据说，世界上60%以上的起重机都集中在了中国。近些年来，大多数国人都经历或正在经历轰轰烈烈的开发运动，多少房屋，甚至是古老的建筑在一夜之间灰飞烟灭，永远成为了记忆。平地猝然冒出的是“维多利亚城”、“佛罗里达阳光小区”和“罗马家园”等不伦不类的东西，而在这些花里胡哨东西的背后，一批又一批富豪雨后春笋般生长出来。

车拐入一条破旧的小街，停下。刘军掏出记事本，看了一眼，“应该就是这儿了。”

两人下车，走近一幢三层的起脊灰砖楼，看它衰败的样子，肯定是20世纪50年代的建筑无疑。两人瞅了油漆斑驳铁牌上的楼号后，走进去。在一条如同洗相片的暗房的走廊里，他俩小心翼翼绕过障碍物，仔细地辨认门牌。昏暗中，一种说不清道不明的凶煞气味直蹿鼻孔，这让志勇突然想起好多年前自己住筒子楼的艰难但又充满幸福的好时光。

刘军停住，敲门。

片刻，门开处，一片光明，王建妻子惊讶得合不拢嘴，“张主任，刘律师，快请进来，快请进来。”

志勇打量着塞满破旧家具，几乎没处下脚的不足15平方米的房间。他想，最值钱的物件恐怕就是14英寸的电视机了，也不知是黑白的还是彩色的，因为没开。看它极为陈旧的款式，显然是已经罕见的黑白电视，能否使用还很难说，但肯定具有文物意义上的价值。

“你们快请坐，我给你们泡茶，家里也没香烟。”她一边歉意十足地说着，一边手忙脚乱地取杯子，提暖水瓶，就像草民见到了皇上。

志勇知道她才30多岁，但她脸上的皱纹和花白如枯草般的头发，看上去像是足有60岁的老婆婆了，而且这张泛黄的脸上写满了苦难和沧桑。他在心里感叹，人穷是老得快！有钱的女人可就不一样了，30多岁还正是黄金好年华呢。他刚坐在方木凳子上，就听到吱吱呀呀的动静，下意识地抬抬屁股，真怕它散了架呢。

“你别忙了，我们来主要是再核实发案那天的具体情况，同时让王建的同事证明他平时的表现。”志勇说，“他们还没过来？”

“快来了。”她把茶杯放到油漆斑驳的茶几上，在他俩对面坐下，仰脸长叹一声，发干的嘴唇哆嗦着，“我，我就是做梦，也想不到他能干出这样伤天害理的事啊！丫头考上了重点初中，要交15000元的择校费。这对我们来说，是一笔大钱，我和王建下岗好些年了，我爸妈，还有王建的爸妈原来都是纱厂的工人，靠低保生活，还要看病吃药，实在是没钱。眼睁睁看着孩子想上个好学校，她也争气考上了。我们愁得吃不下饭，睡不着觉。求爷爷告奶奶，东借西凑，才弄到8000块，像我们这样的下岗工人，人家都不敢借……”说着，眼泪就涌了出来，她抹着泪，“说了你们不信，王建的头发没几天就愁白了。出事的那天晚上，他吃饭时，自己闷闷地喝了半斤二锅头，说憋闷得慌，出去转转，谁知道他会做出这等事来。从那天起，已经二十几天了，去了看守所几次，人家不让见，活不见人，死不见尸，现在也不知他怎么样了。女儿在学校遭白眼，还有同学欺侮她，在背后指指点点，骂她是抢劫犯的女儿……”

一位十二三岁的小姑娘拎着一塑料袋易拉罐和塑料瓶推门进来，王妻强忍住哽咽，“花儿，这两位伯伯是律师，为你爸爸辩护的。”

花儿扔下袋子，扑到王妻怀中，“妈，你别哭了，是我害了爸爸，是我。我不去上重点了，不去了。”片刻，她抬起脸，“伯伯，我爸要住多少年监狱？”

看着泪水斑驳的小脸，志勇心头七上八下，实在不是个滋味。他一向见不得孩子的眼泪，要是成年人倒也罢了。他掏出纸巾为她擦着眼泪，蓦然发现她面颊上有两道不明显的抓痕，“花儿，这伤怎么回事？”

花儿哽咽了，她扬起头，“伯伯，告诉我，我爸要住几年监狱？”

他抚摸着她的脸，“花儿，这要法院判，我们也想让你爸少住几年监狱。”

花儿自言自语地说：“我要是能替爸爸住监狱就好了，是我害了他。”

王妻收拾滚了一地的易拉罐和塑料瓶，“不怕你们笑话，这是花儿捡来卖钱的……”

门又被推开了，王妻急忙介绍挤进来的三个人——都是王建的工友。他们得知志勇和刘军是为王建辩护的律师时，七嘴八舌说了起来，有问王建能判几年；有问王建在看守所挨打了没有；还有问能不能给王建送东西等。其中一位秃顶，下巴很大且高高翘起，很有点像列宁的工友说，听公安的人讲，王建至少也得判10年以上。他们说来问去，有一点是一致的，这就是，说什么也不相信平时老实巴交的王建会去抢劫。

刘军说："既然你们是王建的好朋友，请你们证明王建平时的所作所为，是位守法的公民，行吧？"

他们异口同声地答应了。于是刘军拿出笔和纸，帮他们写证明材料。

一位满脸络腮胡子的汉子问："这有用吗，公安、法院能听你们律师的？"

"他们总得讲理吧。"另一位瞪着两只鼓凸的大眼，"对吧，刘律师？"

刘军说："我们只能为王建据理力争。说实话，他们真要不听，我们也没有更好的办法。"

"妈的，真是衙门朝南开，有理没钱莫进来。"络腮胡子恨恨地说，"他们要讲理的话，哪还会有那么多冤案。张律师，你们要给法官送礼的话，我们弟兄凑钱，哪怕是卖血、卖房子呢。今天我们弟兄先请你们两个好好吃一顿，表示感谢。"

志勇急忙拒绝，说是有事。他们三位立即显得很失望，而且这种失望很深刻。他从这种失望中读出：两人既然不接受吃请，肯定不会尽心办事，天下哪有这样的傻子呢？

当他们写好证明，分别签字画押后，再一次恳求他俩吃顿晚饭。他俩再次谢绝，小心翼翼从昏暗的长廊往外摸，身后传来了愤怒之声，这两个律师，连和我们一起吃饭的意思都没有，让我们怎么相信他们？我看他俩糊弄糊弄就是了……

午时明亮的阳光映照下，几株树皮破裂的毛杨树无精打采，对面依灰楼用各类材料胡乱搭建的形状各异的建筑绝对是真实的贫民窟，满目是败落和破烂，这番景象让志勇突然想起被战火洗劫后的废墟。

"现在的老百姓到底相信什么呢？"志勇胸中郁闷不已。

刘军说："他们的淳朴、善良，都是过去式啦！就像白头宫女诉说遥远的佳话。我有位医院的朋友告诉我，他抢救一误食农药中毒的孩子，孩子的母亲哭天抢地，其要死要活之状令人顿生怜悯之情。但听她哭诉后，朋友心头却不是滋味。她如是号哭：儿啊！大棚里的西红柿打过药，那是让城里人吃的，你怎么就不听娘的话呢！"

穿过一道摇摇欲坠的半截墙，来到垃圾狼藉、坑洼不平的小街上，迎面过来一个山样的高大汉子，面色似铁，一走三晃，穿件四处露肉的20世纪70年代样式的球衣，胸前隐约可见"国棉二厂"的字样，下面是到处开线的牛仔裤，脚上趿拉着拖鞋。他仰着脸，仿佛天上有某种神奇的物件。一头牛犊般大小的黑色藏獒皮毛油光发亮，紧随其后，它倒是走得四平八稳，但目光阴鸷，就像黑道大腕雄视天下。到了车前，汉子扬手猛拍了一下引擎盖，瓮声瓮气低吼：“好车，把10个下岗兄弟杀肉卖了，也不值它一个轱辘。”说着抬腿，对着轱辘就是一脚，其猛烈行为说不清是爱还是恨。

刘军的坐骑明光锃亮，停在这地方确实扎眼，就像小酒馆的破桌上一精美绝伦的盘子，而且里边还是夺目的澳洲大龙虾。

藏獒歪着硕大如斗的脑袋，两眼射出凶光，宽嘴龇出锐利的尖牙，喉咙里翻滚着低沉的咆哮。汉子瞪它一眼，它立即垂下头。

志勇闻到一股劣质酒的浓烈气味，“喝了点儿?”

“小抿八两。”他温柔地抚摸着闪亮的车，像和心爱的姑娘亲热似的，“好车，真他妈的好车!”说完一偏头，昂首而去。

藏獒双目炯炯，狠狠瞪了光鲜的志勇和刘军一眼，扭头随它的主人悻悻而去。

两人坐进车里时，志勇突然问：“你带了多少钱?”

“什么意思?”刘军抬手看表，“我请老兄吃午饭，想吃什么?”

“不是这意思。这母女实在是可怜，小姑娘又要上学，我身上没带多少现金。”

“噢，明白啦，我也没多少。”刘军掏出钱包，“需要救济的人太多了，你管得过来吗?”

“算了，走吧，这不够，还是去银行吧。”

七

开庭是在雨后天晴的上午9时，这时原本该阳光灿烂，碧空如洗，但透过湿乎乎的半蓝半黄的气体看到的太阳却像个锈蚀严重的铜盘子，有点发绿，万里长天是死气沉沉的水泥颜色，就像往常一样。

王建的妻子和女儿早早就来到审判厅前，坐在路边，紧握着旁听证等候。刚开门娘儿俩就进来，坐在旁听席的前排。紧张不安、充满期待地看着辩护席上的志勇和刘军，他俩显然是她母女绝望中的最后一线希望了。

年轻的审判长查明到庭有关人员身份，宣布开庭等程序进行完之后，随着他“将被告人带上法庭”的指令，王建由法警从后侧门带上来，他驼着背，垂着光光的脑袋，在数百双眼睛的注视下，战战兢兢一步步挪向被告席，尽管没戴脚镣，但裤裆里好像有颗定时炸弹的样子。正当人们关注王建之际，王建的女儿突然挣脱母亲，从听众席上径直冲向前去，如入无人之境，她轻松地跳过闪亮的不锈钢隔离链，凄惨而尖厉地大喊一声“爸爸”，纵身扑入他怀中，紧紧抱住了他，“是我害了你，爸爸，我不去上学了，不去了……”

王建身子一软，跪在地上，泪流满面，用戴着手铐的手摸着女儿的头，嘴唇抖动，却没有声音。

法警怔了片刻，才反应过来，上前拉开父女俩。

小姑娘奋力挣扎，哭喊着："放了我爸爸，放了我爸爸，我去住监狱，我去……"

王妻上前拽住女儿，捂住她的嘴，连拖带拉回到座位上，母女俩紧紧抱在一起。

旁听席上一阵骚动，不少人交头接耳。志勇虽面无表情，但心头震颤，孩子可怜啊！昨天，他把1万元钱送给王妻，让给孩子交择校费，她几乎要给他跪下磕头了。

志勇把目光移向王建，只见他苍白的脸上泪痕斑驳，戴手铐的双手微微哆嗦着。他想，从法理讲，被告人有不戴手铐的权利，既然任何人未经审判都是无罪的，那么他当然就有权利在庭审时维持自己的人格、尊严和形象了，但现实和理论并不是一回事。

庭审按常规程序进行，并无多大的波澜。公诉人是两位30岁出头的年轻人，一男一女，男的生着一张硕大的脸，横着很宽，且扁，令人想到蒙古人；女的年轻漂亮，宣读起诉书，其声调有板有眼，最后的结论是：要求法庭按抢劫罪，且数额巨大论处。

刘军宣读辩护意见，关键三点：一是公诉机关指控抢劫数额证据不足，不应该认定；二是指控抢劫的手机和手表的价值缺乏事实依据；三是被告无前科劣迹，属初犯，归案后认罪态度好。鉴于上述三点，不应认定被告人有从重情节，请求法庭从轻判决。

法庭质证开始后，公诉人两只狭长的细眼陡然放光，虎视眈眈，直视王建，"对于我们的指控，还有什么要说的？"

王建手足无措，舔着干涩起皮的嘴唇，嘶哑地说，"我承认我犯了抢劫罪，我承认。但我真的没有见到2000块现金，只有两三百块钱。你说手机是摩托罗拉的，我不知道是什么牌子的，只知道是翻盖的，手表也不知道是什么牌子的。"

公诉人脸色突变，声色俱厉地问："既然如此，那么你当时为什么供认不讳？"

王建猛一哆嗦，像小鸡被掐住了脖子，结结巴巴地说："在公安局时，我害怕……我……在出租车上，见过手表和手机，他们说是什么牌子的就是什么牌子的，我不敢不承认。他们说多少钱就是多少钱，可实际上就是两三百块钱……"

"你为什么要翻供？"公诉人紧追不舍，他还意味深长地扫了刘军一眼。

刘军冷冷地与之对视，恨恨地想，也太急不可待些了吧，刚上来就想挥舞"三〇六棍子"了，就没点新鲜的招数！

"在法庭上我才敢说实话。"王建说，"当时公安说，我们都调查清楚了，你老实坦白才是出路，不老实罪加一等。我没办法才认了，我……"

“你翻供是要负法律责任的，知道不知道？”公诉人大声发问，“你这样意味着什么？罪加一等。”

“天地良心，我现在说的全是实话啊！”王建像是受了天大的冤屈，窄窄的额头上渗出豆大的汗珠。

刘军忍不住了，他冷言道：“公诉人在对被告人进行恐吓，历史上坐堂审案的县太爷还允许犯人喊冤叫屈，难道在当代的人民法庭上，被告人就不能说话了？被告人的陈述是否真实，我们可以通过下面的事实来鉴别。首先，现金数额问题，请问公诉人，凭什么证据认定2000元？”

“被害人陈述，被告人供述，还有证人证言。”公诉人斜梗着几乎与脸等宽的粗脖子，两眼熠熠放光，气壮如牛地吼道，“这难道还不够吗？”

刘军回应：“关于被告人供述、被害人证言的真实性我先姑且不论。现仅就证人证言提出疑问，我申请法庭，让现场见证人出庭做证，因为证人不出庭，不接受控辩双方质证，仅是书面证言的可信性度有多高？”

公诉人立即举手，“反对，证人不愿出庭做证，而法律又没有规定可以强制证人出庭。”

刘军冷笑，“难道还要我给你讲我国的《刑诉法》吗？《刑诉法》第一百四十一条明确规定：证人应当出庭做证。只有4种情况例外，未成年人，身患疾病或行动不便，证言不起直接作用，其他原因。所以，这是具有强制性的规定。”

“请辩护律师说明法律规定了什么样的强制措施，强制证人出庭做证？”年轻的方脸审判长发问了。

“用拘传票传唤可以吧。”刘军说。

审判长不动声色，“我闻所未闻，公诉人反对有效。”

对于审判长公然无视法律的行径，如果几年前，刘军早就勃然大怒了。现在他只是冷眼相对，因为对法官如此举动也在预料之中，所以，他和志勇开庭前就未雨绸缪，制定好了辩护策略。

志勇发言了，“既然如此，我们尊重法庭意见。我现对公诉机关提供的书面证言提出几点疑义。证人证言一：看见被告手拿一沓钱，至少有2000元，往口袋里塞。请问，当时被告人仓皇逃窜，而证人一是在其后追赶，他是从哪个方向看清楚被告人手中的钱的？证言二：看到被告人口袋里掉出一部手机，是摩托罗拉牌子的。我想问的是，这是在夜间，难道证人二是夜光眼？就算如此，再请问，现在这部手机在何处？”

刘军盯着公诉人，“被告人当庭推翻了原来的供述，为什么？经过调查，我们来回答这一问题。当时被告之所以承认，是出于公安的压力，心里惧怕。如果他供认亲手杀死了萨达姆，请问公诉人，你们也相信吗？”

旁听席上一阵哄笑。

刘军接着说：“我们认为，被告在法庭上的供述是真实可信的。请各位设想一下，被告第一次实施抢劫，而且是在醉酒的状态下，有无可能在案发现场很冷静地把劫来的钱作一清点呢？就是惯于实施抢劫的老手也极少有这种可能性。所以，仅凭受害人提供的数额，不能被认定为合法的证据。”

两位公诉人交头接耳。

“请问受害人，你晚上出车为什么要带这么多的现金？”刘军和颜悦色地问。

受害人夏英看上去是位强悍的女人，她理直气壮地瞪刘军一眼，“我就是带了这么多。”

“好。”刘军不动声色地又问，“请问你开出租车多长时间了？”

“6年。”她说。

“很对，你们公司证明，你确有开6年出租车的经历。正因为如此，我对你第一个问题的答案，现在无法判断是真是假。”刘军平静地说，“不过，我们先后走访了8位以上的出租车司机，他们一致说，这年头不安稳，一般身上仅带两三百元，尤其是晚上出车，都是尽可能少带现金。所以我不明白你为什么要带这么多的现金，难道说是计划夜间去大肆购物吗？”

她快速眨着眼睛，底气显然有些不足，但仍一口咬定说：“我带的就是这么多。”

“好，你当然可以这样讲。”刘军不急不躁，“但要法庭认可才能成为有效的证据，你明白吗？”

“我知道是法官说了算。”她冷冷地答道。

审判长脸上掠过一丝不易察觉的笑意。

志勇接上，“我提请法庭注意，令人不能信服的还有手表的情况。我们走访了数位出租车司机，他们众口一词，不相信一位年轻的女司机戴着价值近万元的手表，而且还是出夜车。普遍的做法是，出车，尤其是出夜车，均是尽可能地少带贵重物品，少带现金，这基本已是行业惯例了。所以，从这个角度来看，我们当然有理由怀疑，受害人有伪证的嫌疑。”

审判长法相庄严，“希望受害人在法庭上要实事求是地陈述事实和举证。你的回答是不能令法庭信服的，因为你并没有回答夜间出车为什么带这么多的现金还有价值昂贵的手表。”

她有些恐惧地看一眼审判长，半垂下头，小声说：“我说的都是实话。”

审判长不露声色，“我认定你说谎了吗？”

志勇说：“令人不解的是，案发当时，被害人把这两件物品递给被告后，立即拉开车门，冲出来，大声呼救。我提醒法庭注意的是，在这种情形之下，被告有无时间和可能去看这两样物品的牌子？他的全部想法和行动，只能是如何快速脱身逃跑。更令人不能信服的是，这两件物品在赶来的群众对被告痛打时，于混乱中丢失，至今仍未见到。请问公诉人，为什么就认定手机和手表的价值分别是1200元和8000元呢？难道说，仅凭受害人的陈述，而没有实物就能认定吗？同时，更让人怀疑的是，这两件物品所谓的价值鉴定是如何做的，物品都没有了，如何鉴定？”

公诉人不甘示弱，“关于手表和手机，有受害人的证言、被告人的供述，这还不能构成令人信服的证据吗？”

志勇冷笑，“受害人的证言是否符合事实，是否令人信服？我们相信法庭自会做出判断。至于被告人的供述，我们认为，不经过质证，即使被告认可指控，也不能成为刑事诉讼的证据，如果被告人自称策划了‘9·11’事件，仅此就可以认定他是恐怖分子吗？如果他供述，发功招来了海啸，就可以判他毁坏公私财物吗？”

听众席上一阵笑声。

审判长敲响法槌，“注意法庭秩序，注意法庭秩序。”

志勇接着说：“我们并没有否认这两件物品的存在，问题的关键是这两件物品的价值。这两件物品的价值对于本案的定性影响不大，但对于量刑却是举足轻重的。现在市场上，十几元就可购得一块手表，一两百元也可购得手机，这是常识。”

审判席上的法官全神贯注地听着，审判长还不时用笔记着什么。

公诉人直视刘军，突然说：“被告当庭翻供。这不仅是不认罪伏法的表现，更重要的是，他为什么出尔反尔，这不能不让人联想到辩护律师教唆的可能。”

王建叫喊：“我当时害怕，没有办法啊！”

志勇愤怒了，“这是公诉人无视事实，对辩护律师的无端猜疑。我提醒法庭制止这种卑劣行为。”

审判长说：“请公诉人举证据说明。”

公诉人想了片刻，“被告为什么出尔反尔呢？”

刘军说：“我们有理由怀疑，公安人员在侦查阶段对被告有诱供逼供的行为，但这已不是本案的重点，而且我们也没有计划由此展开为被告人进行罪轻辩护。鉴于至今尚未见到手机和手表，我们认为，公诉机关认定手机和手表的证据不足，仅凭受害人的供述，不能成为对被告量刑的证据，《刑诉法》第四十七条对此有明确规定。据此，我们认为，公诉机关以数额巨大起诉被告人王建的证据不足。”

刘军话音未落，志勇就接上了，“被告人王建之所以犯罪，确实事出有因，是为了他的女儿能上一个好的学校，我们设身处地地想象一下，当我们的儿女遇到这种情形，当我们面对儿女绝望的眼睛，无望的眼泪时，我们会做何感想呢？同时，鉴于被告人一贯遵守法纪，从无违法犯罪记录，案发后又能真诚地认罪悔罪。我们请求法庭对其从轻处罚。”

审判长问公诉人是否还有新的证据。公诉人摇摇头。他又问王建还有什么要说的。

王建低头想了片刻，猛地仰起脸，大声喊道："我在法庭上说的全是实话，如果你们查出有一句假话，就枪毙我，我相信法院！"

八

休庭第三天，志勇得知王建的案子由法院退回检察院补充侦查，虽然结果不知如何，但这意味着他们的辩护基本达到了目的，补充侦查就意味着检察院必须收集新的证据。

于是他们耐心等待着再次开庭，10天过去了，他们没有等到开庭，却等到了判决书。

刘军大步走进志勇的办公室，把判决书重重地摔在桌上，气愤地说："张兄，你看这叫他妈的什么事啊！从法理上讲，不开庭就判决，这个判决是无效的。再看看这份判决书，一方面采纳我们提出的手表和手机价值鉴定证据不足，不能认定的意见；另一方面却根据检察院的公诉意见，认定现金2000元。"

"你见到法官了吗？"志勇一边看判决书，一边问，"他们怎么说？"

"见到了，我说这份判决书水平不怎么样。他说，就这样吧，也算是罚当其罪。他还说，再开庭也不会有什么大的变化，不能一点也不看检察院、公安的面子吧，重在结果嘛！"

志勇翻到判决书的最后，结果是以抢劫罪，判有期徒刑4年，并处罚金3000元。他问："你看这结果如何？"

"结果尚可，只是程序太他妈的胡闹，根本不把我们律师当碟菜。"刘军怒气未消。"居然不开庭就判了。我始终认为，程序正义绝对不是可有可无的理论上的东西，而且实体正义也不可能靠非正义程序来得到。"

"刘兄，消消气，他们理屈词穷之际就硬判，这又不是第一次了。看看现在法院的判决书，对于律师处心积虑的观点之回应，往往是几句格式化的回应，于法无据，查无实据，结论是不予采纳，根本不把律师当人看。程序正义是实体正义之母，这是国际司法界的共识，但我们的司法机关就是不把它看在眼里。"一明放下判决书，拍着他的肩膀，"但具体到本案，我认为辩护目的基本达成了。"

"如果上诉呢？"志勇想了想，"我认为意义不大。"

"意义确实不大，就本案看，王建的确实施了抢劫犯罪，《刑法》规定是三年以上，七年以下，如果没有从重情节的话。现在从结果来看，我们的辩护还是成功的，如果按检察院所起诉的那样，加上手机和手表的价值肯定是超过12000元了，至少也是10年以上。"刘军说，"如果我们就程序不合法上诉，判决结果也不会有什么改动，所以我看没什么实际意义。"

一明说，"这如果在美国话，就大不一样啦，王建很有可能无罪开释呢！辛普森杀妻案：就是最著名的案例。他们遵循的规则是，面条里只能有一只臭虫。

一份证据是非法的，与这份证据相关联的所有证据则都不能被采纳，这就是毒树之果原则，一个果子有毒，则推定整棵树结出的果子均有毒。”

刘军说：“是啊！在辛普森的案件中，倒是做伪证的警察被判了三年。这是一种立于基督教背景之下的司法理念，宁可错放一千，也不能冤枉一个好人。”

一明长叹一声，“美国联邦最高法院大法官弗兰克·富特曾经一针见血地指出：一部美国人的自由史，在很大程度上，就是程序保障史。而我国呢？我看要改变重实体、轻程序的局面，还有很长的路要走啊！几千年来，人类在实体法上并无多少进步，无非是死刑由凌迟、斩首或绞杀变为枪决、电椅或注射。而两百年来的进步，主要是体现在程序上。当然，美国一些学者也承认，根据他们的刑事诉讼程序，有时罪犯会逃脱惩罚，但这是保护无辜者免于错判的代价。”

“事实上，西方国家和我国都有错案，不同的是，我们可能冤枉好人，西方则是放纵了真正的罪犯。任何一个社会都难以做到绝对正义，确保绝对公正，关键的问题是在两者之间的选择，宁可错放一千，也不错判一个是一种选择，宁可错判一千，也不错放一个也是一种选择。在王建这个案子上，我们确实维护了被告的合法权利，判决结果也公正，实体正义得到伸张嘛！”志勇说，“被告的亲属对这一结果如何看？”

“感激涕零，”刘军说，“我……”

门被推开了，王建妻子拉着女儿进来，她怔怔地不知所措，突然跪下，“张主任、刘律师，我代王建给你们磕头了。”说完，咚的一声就是一个响头。

刘军和志勇急忙扶她起来，她扯着女儿说：“花儿，快谢两位大恩人！”

小姑娘带着哭腔说：“谢谢律师伯伯。”说完，就下跪。

一明立即把她抱了起来。

王妻泪流满面，掏出钱，嗫嚅着说：“我把要赔的3000块钱拿来了，请你们一定替我交了，我不敢进法院，一进去腿就软……”

志勇推开，“留着吧，我们交，女儿还要上学呢。你放心，以后花儿的学费我资助。”

她望着志勇，泪水滚滚，“上天有眼，我们娘儿俩真是遇上好人了，遇上好人了……”

第三章

> 人们奋斗所争取的，一切都同他们的利益相关。
>
> ——卡尔·马克思（德国　马克思主义创始人）

基本案情：

天天房地产公司（合资企业）与市开发区土地管理局签订了《国有土地使用有偿出让合同》，合同约定：土地局出让土地给天天公司，公司付土地出让金。天天公司两次将6000万元汇到开发区财政局的账户上，尚有3000万元准备汇去。此时，天天公司发现开发区土地管理局不具备出让土地的资格，要求将已支付的6000万元退回。土地局不仅不退，并要求其余的3000万元按合同到位，否则收回土地，并赔偿因款未到位造成的一切损失。

天天公司诉至法院，请求判处：

一、合同具有欺诈性质，应视为无效合同；二、土地局应退回已汇出的6000万元，并承担由此给原告造成的一切损失。

一

钟表里的布谷鸟伸出头来叫唤，志勇抬头看，傍晚6时20分。他想，一明一向有遵守时间的文明习惯，该过来了。于是合上面前的书，点燃一支烟，十分惬意吸了两口，起身踱到阳台上。

满天落日的余晖把苹果树、爬满栅栏的丝瓜秧、地里的上海青以及院子里的一切都抹上了一层厚厚的橘红色，显出一种浓浓怀旧的情绪。临路的碗口粗的高大香椿树光影分明的枝丫间，几只麻雀跳跃、嬉戏，叽叽喳喳。两只高踞枝头，依偎在一起，很像一幅意境深邃的中国古典画。

“向晚意不适，驱车登古原。夕阳无限好，只是近黄昏。”他在心里叹道，还是古人对生命有深刻的感悟，有雅致的情怀，所以才能有感而发，写出好诗。今天的人不仅写不出好诗，而且根本就没人写诗了。我们的民族曾经是以诗歌为骄傲的民族，但当下写诗，不是显得极傻就是另类，就像同性恋群体很边缘一样。

近来一明忙得很，以致他脸上常有的神情——似笑非笑，似嘲非嘲也消失了，严肃得像位城府极深的官员。一向自信潇洒，从不发愁的他却令人罕见地大摇其头，捶胸顿足，感慨连连，本以为现在这个世界上，能雷住我的事已经全无，但这回却被雷得半晕啦！这对于他是不同寻常的。在志勇印象中，自与他相识，除了他妻子与外国人上床外，还从未见过他如此惶惑。

“计划有改变，他们不过来啦！”一明风风火火冲进来，其阵势像一武士跃马扬鞭杀将进来一样。

他上下打量着他，“什么意思，洪水滔天还是世界大战爆发？”

一明一怔，眨着眼睛，“噢，真要是世界大战就简单了，我立马扛枪上战场保家卫国，还搞什么法律！古罗马法学大家西塞罗的名言是 The wartime attributed to silence（战时法律归于沉寂）。”

“噢，如果是洪水滔天呢？”

“真的是洪水滔天，也还要喂肚子，绝不能当饿死鬼嘛！”一明笑嘻嘻地说，“我们现在就走，国际饭店。”

“不是说好他们过来吗？”

“我弟弟因这事从美国飞过来啦。”

“非去酒店？”

“你呀，我的好哥哥，这是家宴，又不是请客送礼。快走吧，他们恭候你的大驾呢！”

“看来是盛意拳拳，不能拂逆喽！”志勇取下衣架上的外衣。

两人下楼，一明拉着他，“坐我的车，我弟弟，还有我义父均是豪饮，你与他俩绝对棋逢对手，难分伯仲。”

“你让我去当酒缸啊！”

到了院里，一明跑步打开车门，神情顽皮，还夸张地伸手遮住车门上方，“上轿啦！”

40 岁的人啦，还像个孩子！他心里感叹。

两人去见的是天天公司的老总弋云，一明与他一家的关系很是有些历史，而且盘根错节，其渊源可追溯至上两代。

一明的祖父是国民党国防部的一名少将，20 世纪 40 年代末，随溃败的国民党流落到孤岛台湾，这与国军许多高级将领一样，并无离奇之处。关键他离开大陆之际，要事在身，军务紧急，竟然没来得及把 8 岁的儿子带走。当时，这孩子正在上海的叔叔家，因战局急转直下，兵荒马乱，失去了联系。此后30多年，可怜的孩子就一直与其叔叔和婶婶相依为命，直到死也没再见到自己的亲生父母。

孩子的叔叔是一名电力专家，婶婶是上海音乐学院的钢琴老师，两人看多了国民党的腐败无能，不愿背井离乡漂泊海岛，坚持留在了大陆，尽管上海解放前夕，有机会去台湾。日后，他们3人虽然在接连不断的运动中饱受苦难，但好歹还是活了下来。孩子在叔婶精心呵护下，磕磕绊绊中也长大成人了。20世纪60年代末，他近30岁时，才与出身成分（资本家）同样很坏的一位姑娘成婚。那个年代，一个人的出身成分是了不得的大事，绝对主宰并决定命运。大而言之，工人、贫下中农等无产阶级出身的自然是根红苗正，而资本家、地主富农一类的资产阶级则是天生的坏种，当时奉行的是“老子英雄儿好汉，老子反动儿浑蛋”的血统原则。浑蛋也好，好汉也罢，但改变不了人类繁衍的本能。两个苦命的年轻人婚后一年，这个世界上就有了一明，这个小生命刚来到这个世界，苦难就接踵而至，母亲在他的第一声啼哭声中永远闭上了眼睛，父亲因悲伤过度，不到一年就撒手人寰，随爱妻而去了。

“我爸我妈命苦，短暂的一生在屈辱惊恐中度过，两人要多活几年，也能过上有尊严的日子。可惜人的命运如历史一样，没有假如啊!”一明对志勇说起这些不堪回首的旧事时，眼泪汪汪的，“奶奶给我讲过，我妈走后，我爸不思茶饭，天天守着我妈的骨灰盒，晚上睡觉也抱在怀中。他纯粹因为我妈忧郁而死，他甚至都有些恨我了，因为生我，我妈才大出血而去……”

一明在两位老人精心呵护下艰难成长，直到20世纪80年代中期，海峡两岸关系开始缓和，他多舛的命运才突然有了转机。年迈的爷爷、奶奶和姑姑从台湾来到大陆，一明这才石破天惊知道自己居然还有一位当将军的爷爷。老人深感愧对自己的儿子，一心想在孙子身上弥补，坚持要把一明带到台湾，让他过上衣食无忧的生活，接受最好的教育。但一明念及上海的爷爷奶奶对自己恩重如山，哭天抢地宁死不走。老将军无奈之下，留下钱财挥泪而去。一年后，一明到台湾参加爷爷的葬礼时，认识了弋云。他这才知道，弋云和自己的父亲是儿时亲密无间的同窗，弋云的父亲与自己的爷爷是老战友。弋云虽然是很成功的商人，但重情重义，念及这种世交关系，认一明为自己的义子，并在经济上给了他很大的帮助。一明大学毕业到美国留学，就是他从中运作定下来的。一明在美国拿到学位后，极想留在美国，但上海的两位老人让他魂牵梦萦，放心不下，还是回来了。但尽孝不足3年，两位老人就一起平静地离开了这个世界。

弋云挺进大陆搞房地产开发，一直与一明保持联络，从南方转战到中原，他首先想到的就是一明。

现在天天公司计划把开发区土地局以及市政府告上法庭一事，从表面上看，事情本身并不复杂。去年夏末，弋云通过大陆的副总结识了市长，市长向他透露，滨河东区一带已被政府批准为开发区，按国家有关政策，台商在此投资可享受诸多优惠。弋云得知此信息，大喜过望，立即率人进行考察，很快就决定征地150亩，计划开发建房。同年10月，天天公司与开发区土地管理局签订了协议，协议约定：土地局出让150亩土地，使用期70年；天天公司交付土地出让金9000万元。40天后，公司先将6000万元分两次汇到了开发区财政局的账户上，按合同约定，此时可开工了，其余的3000万元6个月之内付清。但开发区却称，因技术性问题，暂缓开工。几次交涉无果，久在商海中打拼的弋云心生疑惑。更为重要的是，他听到一些传言，称此项目背后有机关。于是，便让一明私下打探。一明钻天拱地使出浑身解数，通过各种关系进行查问，结果令他大吃一惊。成立开发区仅有市政府的批文，而未经国务院或省政府批准。所以，开发区土地管理局根本就不具备土地出让资格，进而合同的有效性就值得怀疑。这还在其次，更严重的是，省纪委对违规成立开发区已开始调查了。所以，合同的执行就成了问题。弋云听一明这么一说，立即着急上火。本来下午说好来所里研究对策，但因他儿子从美国赶来，临时改变了计划。

二

一明径直把车开到酒店前，刚停好，就急不可待地蹿出车。志勇看他跑过去与一位身着白色T恤的汉子热烈拥抱，汉子朗声笑着，“两年没见，哥哥还是生龙活虎！”

一明拍着他的宽厚结实的肩膀，“还生龙活虎呢，老啦！弟弟沐浴着大西洋、太平洋两大洋湿润的海风，而我呢，饱经典型的大陆季风吹打，人老得快啊！哎，我来介绍一下，这是我的领导，法学教授，中州律师事务所掌门人，张志勇主任。我弟弟弋天，法学博士，现在美国做律师，弋云老总的公子。”

志勇握着他有力的大手，看着他古铜色生机勃勃的脸，心生感慨，好年华啊！“听一明讲，你在美国纵横捭阖，业绩辉煌，硬是闯出一片属于自己的天地。”

“一般，一般，艰难得很！明哥总说起你，今终得一见，果然英雄气概。”弋天打量着志勇，“据说仁兄率领的团队轰轰烈烈，成就了一番事业。明哥心高气傲，但对你却是敬重有加啊！北京几个著名的律师事务所力邀他加盟，他均回绝了，而追随你鞍前马后。”

“一明高看我了，我只是和兄弟们一起混口饭吃而已，哪敢奢谈成就大事业之类！”志勇笑着说，“你老弟哥伦比亚法学院的法学博士，前途无量。”

“我在美国做律师也是硬挺，美国律师百万，占全世界律师人数的一半以上，竞争激烈残酷如打仗，难哪！”弋天感叹道。

“这就越发显出英雄本色嘛！听一明讲，你坚持10多年了。”志勇说，“美国律师确实多，据资料显示，平均270名美国人就有一名律师，而中国大陆平均1.2万人才有一名律师。”

他们说笑着一同走进金碧辉煌的酒店，在红艳艳旗袍包裹，貌似颇具古风的很是标致的服务员的引领下，来到一豪华的大包间。

弋云迎上来，他身躯挺拔如白杨，着十分合体的白丝绸对襟中式褂子，长发油光发亮，整整齐齐向后大背，看面相也就50岁左右，其实已经60岁开外了。

宾主坐定，弋云首先端起晶莹闪亮的高脚杯，面含微笑，“感谢张主任光临敝人的家宴，我不胜荣幸，我先干为敬！”

几只酒杯碰在一起，弋云稳稳地一口干完，“不成敬意啊，张主任。”

看他喝酒很豪气，再加之直言快语，这让志勇感到他颇有几分绿林做派，而不像印象中的台商那样话语细声慢气，很是工于心计的样子，顿时对他有了好感，饮酒看人品是也。

他们父子俩先是敬酒，然后是志勇回敬，不大工夫，一瓶茅台在热烈的气氛中就下肚了。弋云挥手，服务员又取来一瓶，分别斟上。随着瓶中酒的减少，话就多了起来，先是美国与中国多层次、多角度的比较，再就是家常，话题不知不觉就走入了正题，自然而然，水到渠成。

弋云呷了口酒，“小明，多亏你的慧眼，要是把钱全部打过来，又迟迟动不了工，就置义父于骑虎之势啦。来，咱们父子干一杯。”

一明举举酒杯，小抿一口，满脸是少有的严肃，“义父所言极是，迟迟开不了工本身就是一个很大的问题，更为严重的是，这基本就是个无效合同，后遗症很多。据省委办公厅工作的同学私下透露，这个案子违法证据确凿。咱们自家人不说两家话，我不明白的是，义父在商界驰骋多年，来大陆也近10年了吧，怎么会有如此低级的失误呢？”

问得好。志勇思忖，这样一位成功的台湾商人，犯了如此低级的错误，其中肯定会有深层的原因。

弋云苦涩一笑，“大意啦，‘大意失荆州。’教训哪！”

“义父，有话直说，张主任是我的好大哥。”一明说。

“好，好。”弋云饮了杯中酒，沉思片刻，“在大陆搞房地产，关键是要有政府官员在其中穿针引线，因为他们掌握着第一手信息，也只有他们知道哪块地方开发或准备开发，捷足先登者，才能成事。对此，想必你们也清楚一二。我在大陆几单成功的生意都是这么做下来的，屡试不爽。结识了政府的市长后，我们在他身上下了不小的功夫。”说着，清癯的脸上显出一丝神秘的笑意，“当时，他给我吹风，这块地肯定是要开发的。我们研讨认为，这千载难逢的良机岂能错过。所以马不停蹄，上下动作，拿下了这块地。签订合同时，市长亲自出面，还拍着胸口向我保证，全力支持这个项目。没料想他们竟这样不守规矩。现在如何破局？想听听你们两位的高见。”

一明说："义父所言的功夫我明白，不说也罢。我计划先找土地局，探探它们的态度如何，如果它们合作，事情就有指望；如果不合作，就只能起诉到法院这条路可走了。"

"关键是要尽快。起诉到法院的最终结果会是什么？"弋云问。

"实话实说，情况复杂，因为涉及的均是政府官员，而且还有市长。所以法律以外的不确定因素我们难以把握。"志勇说，"你要有思想准备，当然，如果真的起诉的话，我们会竭尽全力来打这个官司的。"

弋云脸上泛起疑云，"'天下熙熙，皆为利来。天下攘攘，皆为利往。'政府公务员也脱不了这个俗，这可以理解。关键是我听公司的副总们分析，与当地政府打官司很是棘手，因为法院受政府领导，要听政府的。如此状况，这官司怎么打，法院能主持公道吗？"

"不能断言我们的法院不主持公道，而是有些因素的影响。"志勇说。

弋云说："请张主任指教。"

"实事求是地讲，你们副总所言状况确实存在，政府会影响法院的中立裁判。"志勇说，"但是，我们相信地方政府总体是好的，法院也是秉公执法的。不过，我们也应该承认其中是有贪官污吏的。在我们代理的这类行政诉讼案件中，不少都得到了很好的结果，例如我们的委托人有胜过工商局、环保局的记录，还有我们代理村民状告政府违法征地也胜诉了。当然，也有不理想的。所以，具体到我们这个案子，我们不能妄言一定胜诉。"

"我明白了。"一直静听的弋天说，"这让我想起英国哲学家汉密尔顿的名言：谁控制了法官的生存，谁就掌握了法官的意志。"

一明拍着他的肩膀，"一语中的！美国当代法学家德沃金在他的《法律帝国》一书中有这样的经典，'法院是法律的首都，法官是帝国的王侯'。在欧美发达国家，法院和法官也确实享有如此崇高的地位，而目前我们大陆恐怕还有距离，由于历史的原因，大陆的法治之路才走了不到30年光景，尚处于初级阶段，要走的路还远着呢！这方面，台湾比大陆步子快了不少。"

"其实台湾的发展离不开法律，有台湾法律人调侃，台湾经济腾飞，并成为'亚洲四小龙'之一，关键是老蒋带到宝岛三样宝贝：一支军队、一船黄金和一本《六法全书》。"弋天迟疑片刻，"两位哥哥，我有话就直说了，不要见笑。在美国听同行讲，大陆的律师打官司外行，找关系内行，请律师，他先跟你要钱，而且声明是给法官的送礼费。"

"看来，大陆律师在国外名声不佳嘛！我在美国耶鲁法学院做访问学者时，居然不少人士也这样问我。"志勇笑了，"我不敢妄称无此类事情，但我可以说，只是少部分无良律师造成了一粒老鼠屎坏了一锅汤的效应吧。"

弋天端着酒杯，"我在美国还听到过这样一个流传甚广的故事，有个中国人在美国打官司，他问美国律师，我应该给法官送礼吧？律师大惊，万万不可，如此官司必输。中国人说明白了。结果，他派人化装成对方当事人给法官送礼，于是赢了官司。”

大家哄然笑了。

“美国法官极难接触，似乎只有在法庭上才能见到，而在法庭上，法官身着黑袍出场，让你感到这人一定是上帝派来的，神圣而又威严。你不可能产生贿赂他或请他喝酒桑拿之类的想法，也不敢。”一明说，“这就是美国法官在我心中的形象。”

“我在美国多年，对咱们中国大陆的法律不熟悉，帮不上实质性忙，这案子还劳两位哥哥辛苦，速解我父心头大患，拜托啦!”弋天一脸诚恳，“我再敬两位哥哥一杯!”

“弟弟还客气什么，我和张兄为这案子自当义不容辞。”一明说，“但是，实话告诉你，这案子就是熟悉中国法律的我们也深感棘手！在美国，任何问题，最终都会转入法律问题。中国和美国不同的是，问题的解决并不唯一依靠法律。”

弋云迷惘起来，“这不大容易理解。”

“义父，这很复杂，以后慢慢讲吧。现在你和张主任喝几杯，他可是海量!”一明端起弋云的酒杯，递到他手中。

“弋总绝对放心，正如一明所言，我们会竭尽全力办这个案子的。”志勇说。

“也请张主任放心，费用好商量。”弋云与志勇碰杯，“来，为我们的合作，干杯。”

三

开发区土地局局长的办公室很是气派，少说也有50平方米，明光发亮的柚木地板，硕大的办公桌，真皮沙发，占了一面墙的大书柜，醒目的国旗，直径一米有余的地球仪，迎面墙上还悬挂着装裱精美的书法条幅，其上是很见功力的龙飞凤舞的六个大字，“公正廉洁高效”。

一明想，国务院部长的办公室也不过如此吧。

胡姓局长很年轻，30多岁，白胖，脸上横肉显著，秃顶，油光满面，斜靠在皮椅上，吸着烟，听一明和陈燕谈情况的同时，一双极有神的三角眼直往陈燕脸上、身上盯，目光像是正在发情的动物。还不时欠起身，煞有介事地拿铅笔在纸上画着什么，就是这时，他的目光似乎也没离开陈燕。

“噢，你们说完了吧？赵律师、陈律师。”局长撇腔拿调，慢悠悠地问道。然后，端起黑亮的泥壶，含着壶嘴小啜一口后，仍是慢悠悠的一副大官腔，“既然你们说完了，那么，我来谈三点意见。第一，成立开发区是市政府批准的，有红头文件为证。你们说国务院、省政府没有批文，这我不清楚，也不应该清楚，因为我的级别太低，国务院、省政府还管不到我这一级。所以，我还是要听市委市政府的。第二，你们说我们不具备出让土地的资格，签订合同有欺诈行为，这纯属血口喷人。主体资格，你们说没有就没有了？天大的笑话！还有什么所谓的欺诈行为，这更是胡说八道。我们和天天公司的弋总是在友好热烈的气氛中签订合同的。再说，他一次又一次找我们，谁也没有逼他必须签订这份合同嘛！这是在市长的关照之下，我们才向他出让这块土地的。第三，已到账的6000万不仅不退，其余的3000万也必须按合同尽快到位，否则我们就要按合同规定收回土地。因此造成的一切损失我们概不负责。我想，我的意见两位大律师明白了吧？"

妈的，给他说了半天简直就是对牛弹琴。一明在心里骂着，强压怒气，再次向他讲明合同主体不合法，不应该履行时，局长龙颜大为不悦，粗暴地打断他，"我不听你胡搅蛮缠，我的意见已经说得十分清楚了。"

一明急了，"你的意见我们根本就不明白，我明确告诉你，如果你们不退款，我们将起诉到法院。"

局长似笑非笑，一脸的横肉都竖了起来，把泥壶往桌上一撂，阴阳怪气地说："好啊，好啊！想告到哪儿就告到哪儿，你就是告到省里、中央，我还是这意见。现在要去开会，两位大律师请便吧。"说完站起来，拂袖而去，临出门又转过身，瞪着一双精光灼灼的小眼睛，咬着牙说："什么事都能坏到你们律师手里，成事不足，败事有余。我实在是想不明白，我们政府为什么要让律师兴风作浪，实在是不明白！"说完，如跳舞般双脚一拧，甩门而去。

一明和陈燕见此，无可奈何，只好下楼。陈燕气得脸通红，愤愤地说，我们从法律角度给他讲，也不知他的智商能否明白？一明咬牙切齿，妈的，我看这王八蛋是揣着明白装糊涂，真该劈胸揪住这厮暴揍一顿！一个开发区的小局长，你看他架子端得像是个皇上。这权力一旦没有制约，绝对势不可当，人挡杀人，鬼挡弑鬼！

陈燕拍着楼梯栏杆，"哪像是政府官员，绝对就是山大王一个。"

一明愤愤地说："称山大王还真是高看了他，一个泼皮无赖而已。这家伙一脸的赘肉，怎么看，怎么像是杀猪的。"

两人走到车前，一明刚拉开车门，一辆黑色的"路虎"在身旁停下，只见耿昌开门下来，"赵律师，你好啊！来土地局办案？"

"你好，耿总，有个案子找他们的领导了解情况。"一明说。

"找占魁……噢，胡局长吧，看来事办得不怎么样，赵律师脸色不佳啊！"耿昌关切地说。

"真是想举刀砍翻这鸟人！"一明怒气未消。

"啧，啧，赵律师，砍翻怎么行？"耿昌大嘴边挂着笑纹，轻拍一明的肩膀，"律师要按法律办事嘛！我倒是可以给你们协调协调，但现在还有些事情，咱们回头再说。"

老黑在一旁饶有兴致地看着，黑脸上挂着意思不明的微笑。

陈燕驾车驶出土地局的大院时，问："现在怎么办？"

"找游力副市长，他分管土地局。"一明说着拿起手机拨通了电话，副市长不仅接电话，而且同意见他们，这让他感到多少有些意外，想必是胡局长已经向他汇报过了吧。

四

政府的新办公大楼雄伟气派，广场停满了高档车辆，还有保安威风凛凛地巡逻。陈燕仰望大楼说，据说这楼花了十几亿呢。一明冷笑，这说明仆人比主人厉害。俩人来到市政府大楼的前厅，登记时，值班的工作人员看一明的律师证，目光立即警觉起来，斜睨着他俩，像是看到了坏蛋恶棍，但还是憋出塑料样的笑意。

两人走进电梯，陈燕愤愤地说："他们眼里律师都不是好人！"

"还好人呢，在他们眼中根本就是坏人。"一明说，"不过，东西古今，莫不如此，就是在号称法治成熟的美国，律师在民众心目中也很坏，教唆兴讼，诈骗钱财。当然，在美国确实有不少人想当律师，但恨律师的人肯定比想当律师的人多。有一则笑话说，只要有车祸发生，紧跟救护车后面的肯定是律师的车，找生意嘛！伟大的莎士比亚也曾恶狠狠地诅咒，The first thing we should do is to kill, all the lawyers（我们第一件该做的事，就是把所有的律师杀光）。这位堪称不朽的大师，还在其名剧《哈姆雷特》中，借哈姆雷特之口，对死去的律师再来一番嘲讽：哈，又来了一个！这不会是个律师的头颅吧？他的钻牛角尖之弄法手段、他的分毫必争之雄辩、他的诉讼案子、他的契据、他的巧妙诡计现在都哪里去了呢？为什么现在肯让这位鲁莽的家伙用肮脏的铲子来敲他的脑壳子，而不去控告他犯了殴打罪？"

陈燕笑了，"想不到赵老师对莎翁还有如此研究呢！"

俩人在八楼的办公室见到了游力。这位领导看样子与一明年龄相当，洁白挺括的衬衣，深色的领带，白净的脸上流动着高深莫测的笑意，让座，吩咐工作人员上茶，十分客气。到底是官大几级，不仅没有局长的蛮横之气，而且举手投足间颇具绅士之风。一明想，看来真是"神仙好处，小鬼难缠"。他很认真地听了他们的来意之后，态度温和地解释，"此事是经市政府研究定的，至于说省里没批文，市政府正在运作，批文一定会有的。接着又以关心的口吻说，你们再做做弋总的工作，要他相信政府，政府对台商的利益是绝对保护的。现在的具体问题就是，让弋总尽快把其余的钱打过来，否则土地局要收回土地的话，我就不好说话了。他还很是认真地讲，你们是我市著名律师，专业的法律人才，尤其是赵律师还留过学，擅长金融法律事务和公司法律业务，属高端法律人才。两年前，在韩国诉我市铝厂侵权一案中的上乘表现，给我留下深刻的印象。在我市的经济发展中，不仅大有用武之地，而且发展前途无量。所以，要为本市的经济发展做出应有的贡献，而不要做不利于发展的事情。从事法律服务，不仅要考虑到法律效果，而且还要注重社会效果，运用法律为经济发展保驾护航啊。”游副市长口若悬河，滔滔不绝。他俩根本就插不上嘴。一明几次打断他，指出实质性问题，并放言政府不解决就起诉到法院。他却顾左右而言他，从古希腊、罗马的民主政治，论到中国的法治前景。并郑重其事地说，罗马曾三次征服世界，第一次是以武力；第二次以宗教；第三次则是以法律。他问一明，是否了解英国17世纪的“光荣革命”。但不等一明回答，他就阐述起来，“光荣革命”并不是暴力革命，鲜见大规模的社会动荡，为什么？根本原因就在于司法公正，尽管法院本身也有不少弊端，如费用高、效率低下等，但有一个极为明显的优点，那就是公正。而目前，我国的法治与几千年的人治传统相比，属起步阶段，各类问题相当复杂，起诉到法院，那是下策啊。

年轻的秘书开始还认真做着记录，后来可能是被领导的渊博所震撼，只剩下聆听状了。一个半小时过去了，最终，游副市长答应一定亲自过问此事，并叮嘱起诉并不能解决问题，而且对政府有负面影响，要讲大局，回去做好弋总的工作。

一明俩人一头雾水，不得要领，窝着一肚子疑问告辞了。下楼时，陈燕问下步怎么进行。一明耸耸肩，“我做律师这么多年，见过无数官员，但他这号，我还是第一次。这让我想起坊间流行的段子：你跟领导讲法律，领导就跟你讲政治；你跟领导讲政治，领导就跟你要无赖；你跟领导要无赖，领导就要跟你讲法律了。”

“我看他绝对是位有学问的官僚，很难对付啊！”陈燕不无担忧地感叹。

“他完全曲解了行政诉讼，事实上，行政诉讼功能的定位，既有制约政府的内容，同时也有支持政府依法行政的内容。所以，行政诉讼的民告官，绝不能理解为拳击比赛，不是你揍翻我，就是我撂倒你。但他们总是单向定位叫板政府、同政府作对，这是极其片面的恶意理解嘛！”

后来一明了解到这位副市长是研究生学历，专业是国际政治。

再后来，一个月过去了，省里的批文始终未见。这边弋云既不敢再付钱，又开不了工，不上不下，进退两难，真成了骑虎之势，急得心脏病犯了两次。一明硬着头皮又找土地局胡局长理论，他态度大变，不仅没有了蛮横之态，反倒生出几分同情，他对一明说，你是律师，看来也只有起诉到法院了。我只是个办事员，确实无能为力啊！一明好生奇怪，后来明白，这是耿昌协调的结果。再找游力，他根本就不见面，电话也不接了。事情到了这一步，除了起诉之外，别无他途。一明准备诉状时，弋云一再叮嘱，不能把他对市长等人的“功夫”暴露出来，他还要在内地发展呢。一明自然心领神会。

五

诉状递到法院7天后，志勇接到中院行政庭庭长吴越的电话。

吴越6年前带职读研究生时，志勇给他授过课。这位法官当时30岁刚出头，已任副庭长两年了。他既聪明绝顶，又属性情中人，刻苦钻研做学问的劲头，着实给志勇留下深刻的印象。因为现在对知识上下求索的人着实不多见，别说是官员，就是在校的老师和学生也属凤毛麟角啦。吴越对志勇敬重有加，拿到学位后，仍与他保持联系，由于脾气相投，交往密切，俩人在讨论法律和具体案件之余，时不时还小酌几杯，关系相当融洽。

吴越在电话里问他是否有时间，他问何事，吴越说台商弋云诉政府一案。他又问有何见教，吴越说在电话里说不清楚。挂断电话不久，他就驱车赶了过来。

到底还念及师生之谊吧。志勇颇有几分宽慰地想。几句寒暄之后，吴越眨着不大的但很是有神的眼睛，相当委婉地问："张老师，你说这事就没有调解的可能了？"

"很难。不过话又说回来，也有可能，让土地局把钱退给天天公司，事情就两清了。"看他愁云密布的脸，他直来直去地说。

"学生实话实说，你们的诉状我们认真研究了，院领导的意思是再做做你们的工作，撤诉。游副市长也给院长打过招呼了，他的意思是台商的权益一定要维护，但尽可能用行政手段来解决。用法律手段不仅解决不好，而且还有损于政府的形象。"

"撤诉，弋云的6000万怎么办？"

"这就是说，继续履行合同，把应付的3000万打过来，抓紧时间开工。"

"我明白政府的思路，既成事实再说。但是这本身就是不合法的合同，为什么还要履行？再说，据我们得到的消息，是否开工，市政府说话已经不管用了，省领导点头才算数的。"

"发展经济嘛，可以由不合法转变为合法的。"

"我实事求是地告诉你，赵律师已得到确凿的消息，市长已被'双规'了，想必你也有所耳闻吧。"

"张老师眼观六路，耳听八方，一边做学问，一边运筹帷幄打官司，令学生敬仰。但我认为，只要既成事实，政府会维护台商权益的，尽管市长被'双规'了。"

"那我们来分析一下结局吧。有两种可能，其一，惩办几个贪官污吏，这样一来，就会有新的领导，但这种局面仍会给弋云造成极大的麻烦，因为新上任的领导不会给原来的领导擦屁股的。他们会开发新土地或新的项目，这已成为惯例。结果是不把弋云拖死，也会让他不死不活的。你说对吧？其二，如你所说，既成事实，而且又侥幸过关，由不合法变为合法。这有可能，但肯定是一个漫长的过程，绝不会一蹴而就的。几千万趴在那儿，弋云拖不起。退一步讲，从目前的情况看，这种可能性很小，就算是过了关，弋云也是心有余悸，不愿再合作下去了，因为他觉得受了欺骗。情况就是这样。"

吴越面露难色，用手梳着几乎屈指可数的头发，"精辟！老师的分析确实精辟。换句话说，老师铁了心要打这场官司了？"

“不是我，是弋云。如果再不立案，尽快给我们书面通知，我们也只有到高院了。”

吴越咧着不大的嘴巴苦笑，“真的没有其他办法了？我想应该有的。”

“恐怕是难。”

“张老师，学生实话实说，真的要打这场官司，胜负尚在未定之间，因为法律之外的因素多多。如果你们败诉了，你的当事人吃亏先不说，还要坏了你的名声，而且对中州所也很不利。因此，学生请你一定再认真考虑考虑，行吧?”

他当然明白，这是实话，而且在一定程度上也是为了中州所和他的老师着想。但现在的问题是，不上法庭解决此事肯定是遥遥无期，上法庭实在是被逼无奈。“你说的我理解，而且也深思熟虑数遍，如果中院不行，到高院，还有最高法院嘛，走一步看一步，我作为律师，至少要为客户尽心尽责吧，拿人钱财，替人消灾哪。”

“张老师，学生钦佩你！”吴越长叹一声，“律师人格独立，精神逍遥，不必像狗一样看主人的脸色行事，更无须为复杂的人事关系绞尽脑汁，这可是法律人中最为自由自在的职业了。”

“不尽然嘛！有学者如是比喻，律师是司法行政机关散养的土鸡，而其他公、检、法法律人则是笼子里喂饲料的鸭子，两者自由度不同，品种迥异。”他淡淡笑着，“既然你向往律师，那你为何不做呢？凭你的法学功底和实践经验，完全可以成为一名好律师！”

“张老师，做法官，到我这份儿上也不容易。我常想，幸亏我国不像美国，成为法官必须有15年以上的律师执业经历。尽管如此，待我有了坚实的生活保障以及深厚的人脉资源，我肯定会做一名律师的，只是现在时机还不成熟，因为我不想面对失败。”

“法官和律师，各有各的难处。”

“看来我和老师对簿公堂是不可避免了，你说这是什么事！”

“为了避嫌，我不出庭，由赵律师出面。”

“还是老师考虑得周全，不过赵律师也了不得，想到与他对簿公堂，我就心惊肉跳。”

志勇看他脸色，真还有点心惊肉跳之相，大笑，“言过其实，言过其实啦！”

六

一明办公室的布置极为简洁，占据了整整一面墙的高大书柜十分醒目，其中除了大部头的书之外，还有几件古董，一个黑色陶罐引人注目，他如是解释，尽管它看着不养眼，但时代久远，至少5000年了。一尊泥塑头像不仅形似他，更是神似，半眯着眼，似笑非笑，隔着书柜的玻璃冷冷地看着他自己的工作空间。墙上挂着两幅风景油画，办公桌上摆着黑白相片，有他少年时与爷爷奶奶的合影，有他弹奏钢琴的特写，让人感到很生活，不像同行的办公室那样一副严肃的面孔。

陈燕坐在宽大的沙发中，抚摸着怀中一动不动的大白猫，愤愤地说：“如果不是张老师大力运作，法院就真敢拖着不立案，简直太无法无天了！”

一明盯着窗外阴灰的天空，“无法无天还是可以理解的，就像新中国从成立，直到改革开放，30年间只制定了两部法律，《宪法》和《婚姻法》，确实无法，所以无天。30年不用法律治理国家，这虽然很令人匪夷所思，但其中确实有特殊的历史因素。20世纪80年代以来，国家制定了多少法律，但却得不到切实有效的执行，这才让人忧虑啊！”

“现有法律真要能执行到位，社会也就不会有诸多乱象啦！”

“60%到位情况就大不一样了。你想，就这个案子来讲，中院虽然立了案，也计划开庭审理，但我看前景依然莫测。问题不在于法律，而在法律之外。西方的法谚是：法律是不会说话的法官，法官是会说话的法律。我国能如此吗？连职业执法的法官都不敬畏法律，法律规则被执行得面目全非、惨不忍睹也就见怪不怪了。鉴于此，我想，法官应该改为法师，高院的称大法师，最高院是首席大法师，法袍换成道袍，法庭审理就是道场，检察官和律师配合法师一起做法事，然后等正义之神显灵就是了。”

陈燕笑了，她抚摸着怀中一动不动的大白猫，“好在吴越是这个案子的审判长。”

“但我看他没勇气，也不可能行使法律赋予法官的权力。”

这时，办公桌上的电话响了。

大白猫突然一惊，亮晶晶的眼睛盯着陈燕看了几秒，蹿出她的怀抱，跳到沙发靠背上，继而轻盈地跃上窗台，转头深望她一眼，扭身从洞开的窗户中走了。

一明拿起话筒，是中院行政庭书记员的电话，通知去取弋云一案被告的答辩状副本和出庭通知书。他听着电话，一脸嘲讽，问：“按照法律规定，应该是法院送达吧？”

“我们没时间，你还是来取吧，派人来也行！”话筒里传出尖细的不耐烦的女声，口气居高临下，有泰山压顶之势。

陈燕听得一清二楚，她急忙到一明身旁，凑在他耳边小声说：“我这就去。”

一明坚决地摆摆手，“据我所知，国家的《行政诉讼法》尚没修改吧，第四十三条明确规定：人民法院在收到答辩状之日起五日内，将答辩状副本发送原告。你明白吗？开庭通知书参照《民事诉讼法》规定，也应由法院送达。所以，你们应该按法律规定履行送达义务。”

“怎么用这种口气对我讲话？”女声勃然大怒了。

“你想让我用什么口气，谈情说爱的甜言蜜语吗？可惜这不是恰当的时间，更不是恰当的地点。如果你们不送达，我们将不出庭了。”一明也没等对方再说什么，啪的一声把话筒扣在电话上。

陈燕说：“赵老师，别生气，我去法院取就是了。”一明怒气未消，“你也不能去，这不是律师的义务。我真是不明白，一个小小的书记员都敢在律师面前摆出三山五岳的架势，这么牛气！也太欺侮律师了，一个电话，哪怕是书记员的电话都成圣旨了，律师反反复复地往法院跑，一次又一次地去领取本该由法院送达的法律文书，律师的尊严何在？我已经在改变他们这种恶习了。”陈燕说：“你是名律师，可以，我们不敢啊。”一明说：“从小做起，从现在做起。如果律师都这样做了，法院也就不会心安理得地违法了！”

大约半个小时后，吴越打来电话，称赞一明做得对。还很是真诚地说，这是个很不好的习惯，积重难返，慢慢改吧。又过了一个小时，他派人把法律文书送过来了。对此陈燕感叹，名人效应啊！

此案上了法庭，而且开庭审理了两次。第一被告的开发区土地局来了个科长，显然是在应付，作为第二被告的市政府，市一级领导显然不会出庭，而且十几个副秘书长一个没来，仅来了个科长。当然，这也是有法不依的家常便饭了。自1990年行诉法实施的十多年来，真正应该出庭的局长、市长、县长寥若晨星，而且大都是不公开审理，这也是不切实执法的惯例了。用吴越的话说：即使行政负责人出庭应诉又当如何？仅仅是坐在被告席上面对原告而已，如此就能让原告感受到平等？在法官也有与行政级别相对应等级的条件下，一个科级法官，如果面对处级甚至厅级领导，他心里能将他与原告视为平等吗？

从本案的发展趋势来看，正如吴越所言，此案双方谁胜谁负依然尚在未定之中。种种迹象表明，案子搁置起来，不死不活地拖着，主审此案的吴越称，案情复杂，正在调查或者说是核实有关证据。志勇明知这是托词，但也没什么好的办法。事实上，各种证据再清楚不过了，法律规定也很明确，最为关键的几条就像“秃子头上的虱子”，一目了然。

从法律规定和事实看，第一被告并不是国务院和省人民政府批准建立的开发区；第二被告批准成立的开发区，属国务院三令五申清理之列。第一被告在未经国务院和省政府批准成立的情况下，就开始搞土地开发或转让，这是一种违法行为。第二被告明知第一被告没有资格对外签订出让土地的合同，却两次下达文件让第一被告开展此项业务，与原告签订国有土地使用权出让合同。这不是赤裸裸的欺诈行为，又是什么呢？因此，第一被告与原告签订的合同是无效的……

尽管如此，吴越作为审判长就是不做判决。因为，对于上述如此清楚的法律、法规的规定和现有的事实和证据，第一被告辩称，他们是在执行市政府的文件，何错之有？第二被告言之凿凿地称，此项工作省政府已开了会，而且形成了会议纪要，各种手续正在办理之中。

“张老师，咱们换位思考，如果你是本案的审判长，对此如何裁定？”吴越对志勇说，“第一被告的行为确实是执行市政府文件的结果，所以不能简单地认定是违法的行政行为吧；而第二被告的举证也确实属实，因为我们去省政府咨询过。你说应该怎么办？”

“你的意思是就这样拖着？”志勇问。

“就目前的情况来看，也只有静观其变啦。”吴越答道，“张老师，你说我们怎么判？退一万步说，即使我不顾一切判你们胜诉，又能怎么样呢？你想有实际意义吗？法院的判决，如果背后没有政府强制措施来保障，基本就是废纸一张。这在民事、刑事案件中还不明显，但在行政诉讼中问题就来了，判政府输了官司，可具体执行判决的还是政府，这实际上就等于让政府自己惩罚自己，政府为了维护威信，怎么可能低头呢？”

志勇无语，因为他认为吴越的话十分正确，正应了专家们对行政诉讼的经典概括：“立而不审，审而不判，判而不执。”

七

傍晚时分，小雨淅沥，不时有猫叫春的尖厉之声传来。

志勇伫立在办公室的窗前，大口吸着烟，弋云的案子让他心里纠结成一团，理不出个头绪。

猫叫春之声越来越急切，也越来越响亮，其声仿佛把夜撕成了条状，并随风飘扬。志勇想，这公猫为什么现在还不来呢？这只母猫的嗓子非叫破不可。他从小就对猫的性行为感到极其神秘，至今也认为是不解之谜。因为他从未见过猫性交，或许就像其他人也没见过一样。他想，由此看来，或许是这种诡谲的生灵确有保护隐私的意识，如此推论，它就是一种有尊严的、高贵的生物，就像鲸鱼一样，因为人们，甚至是专门研究鲸鱼的科学家至今也从未见过它们交配呢。

办公桌上的电话响起，他过去，拿起听筒，是耿昌的，说是有要事，在南湖酒家等着呢。他想，听他的口气，也确实像是有情况。以他现在的身份，一旦有事，恐怕就是事件级的了。

下楼，发动车，片刻就到了南湖酒家的院子，耿昌的黑色“路虎”已经卧在那里了。他钻出车，看到“路虎”车门打开，老黑下车，“张主任，耿总等你呢。”

志勇看他面色严峻，“发生什么事啦？”

“也没什么吧。”老黑闷闷地说，“我看耿总心情不好，像是吃了炸药。我们也不敢问到底什么事，你劝劝他。”

志勇点点头，进了酒店，到八号包间，耿昌已经叫了几个小凉菜在等候了。

“出什么事了？”他进门就问。

“老兄，坐下，坐下。”耿昌说着，斟上酒，递到他面前，“先小酌一杯。”

志勇看他很是自如，与平时并无两样，便轻抿一口，燃上一支烟，“到底怎么啦，你知道，我忙得很！”

“我知道，忙台商的案子。”他看着志勇，慢条斯理地说，“听朋友讲，李市长这回是栽定了，现在关在外地的看守所。”

“我有所耳闻。”志勇立即明白他见自己的目的了，“他可是你的朋友啊！”

耿昌叹了口气，“你知道，是钱堆出来的朋友。”

“牵扯到你了？”

“外地检察院找我两次啦。”

“什么理由？”

“还不是东区那200亩地。我对你讲过，地是他批的。检察院认为我肯定是给他上供了。妈的，现在刚走手续，就惹上了这破事，败兴！”

“傻子也会这样想。怎么不早点告诉我？”

耿昌笑了，“跟着你老兄，我也懂法了，人家只是问问，还没进入法律程序嘛！”

“现在什么情况？”

“我什么也不说就是了。用你们的行话来讲，没证据，对吧？”

志勇点点头。

“市长这人不赖，收钱办事，讲信用。我可不能做不仁不义的事。再说，这家伙也是老江湖啦，不会往自己身上扣屎盆子的。”

“但愿如此。”

“看来，我人大代表的顶戴还是有用的，至少现在还没有对我动手，我估计他们以后也不敢。”

“还是小心为好，三思而后行。需要我做什么，一句话。另外有异常情况提前告诉我。”

耿昌端起酒杯，“来，这不是提前给你打个招呼嘛，万一有个三长两短，我就全靠你老兄了。”

“你在道上行走多年，要考虑好后路的。绿卡办得怎么样了？”志勇知道，耿昌的儿子去年在美国哈佛毕业后，直接开办了一个科技公司，自然是耿昌投资办起来的。

“儿子打电话说快了，下个星期去美国看一下。”

“要投敌叛国了？”

耿昌笑了，“你知道，我在美国很不习惯。再说，美国的钱可不如中国好赚啊！”

“只是想弄个‘护身符’吧？”

“不弄行吗？我有两位外省的朋友，家产过亿，被抓判了刑，亿万钱财立马就充公了，老婆孩子流落街头啊！”耿昌叹着气，“其实，仔细想想我身边的人，面上都是称兄道弟，亲热得不行，但真要是我出了岔子，我看靠不住，不落井下石，就算烧了高香啦。”

志勇小抿一口，“这世道越来越险恶，人心也越来越难测！”

“传说这次市长案发，是游力副市长暗地做的活儿。有朋友讲，这本来就是他给市长下的套，把他掀翻，自己干市长。还有朋友讲，游力是少有的好官，软硬不吃，不贪不腐。”

“传言不大可信，不过官场上的事，确实是风云变幻，水深无测。”

“我明白老兄的心思，不说了，来喝酒，喝酒。”耿昌端起酒杯，“有钱是好，可烦心事也多，遭人恨。”

志勇想，现在世人已经形成了这样的观念，富必不仁，官必贪赃，而且这种观念似乎还有不可逆转之势。

“想当年，没钱时，睡觉安稳，撂躺就打呼噜，像猪一样。现在不行了，再也不会有这样的好日子啦！”耿昌发起感慨。

“别他妈的得了便宜又卖乖了。”

“老兄，有时想想，现在活得很没劲。我们在农场当知青时，吃个猪头肉就像过大年，那是个啥心情。现在想吃什么就有什么，但觉得很没意思，就像掰开屁眼放屁一样，没劲啊！”耿昌说着停下，问，“台商的案子怎么样了？”

“很棘手，凡涉及政府的案子都如此。”

“明白，明白，我听胡占魁那小子讲，土地局听着牛皮，其实只是办个手续而已，关键是在上面。”

志勇端起杯子，“不说了，烦，来，喝酒！”

八

时间一天又一天前行，夏日的干热渐渐退去，尽管整日窝在空调房间的城市人对此感觉迟钝，甚至麻木，但天气还是不可阻挡地凉了。

时间就是金钱，对于以赚钱为目的的商人来说更是如此。眼睁睁看着一日又一日只出不进，数以万计的钱云烟样散去，就是有座金山也会坐吃山空的。弋云度日如年，望眼欲穿，如坐针毡，最终挺不住燥热攻心，连气带急，血压猛升，不得不住进了医院。他拉着一明的手，绝望之情无以复加，孩子，已到了鬼门关口，生死由命啦！一明心如刀绞，“义父，先安心养病，留得青山在，不怕没柴烧。”

游力代表政府亲自赶到医院看望，他把一束鲜艳欲滴的红玫瑰放好，坐在床头，亲热地拉起弋云的手，关切有加地劝他不能太心急，要静心养病。中国正在转型时期，很多事情比较复杂，“欲速则不达矣！”

看这情形，一明顿时怒气攻心，“游大人，你当然可以气定神闲了，而天天公司要支付贷款利息、员工工资，每日损失数以万计啊！”

游力脸上流动着一丝若有若无的笑意，“赵律师，让我怎么回答你呢？既然你们坚持走法律程序，那么也只有等法院来裁定了。我的考虑是，如果中国当下的问题仅是法律就能全部解决，一切就简单得多了。但现实并不是如此嘛！仅仅靠法律是解决不好全部问题的。当然，人民需要法律，政府需要法治，我也愿意中国的大地上每时每刻都笼罩在法治的天空下。但是，我们还是要脚踏实地，从国情出发嘛！法治观念要在漫长的几千年人治社会的土壤中真正扎下根来，绝非易事，总要有个过程吧。”

妈的，这家伙真是有点学问呢！一明在心里骂道。“据说，市长的案子现在已进入了司法程序，贪官污吏自会受到惩处。但我看就是市长被判了，本案恐怕也难到底。请问游市长，除法律之外，还有什么方法能尽快解决呢？”

“赵律师还是了解国情的嘛！”游力不急不躁，他转向弋云，“弋总，你放心，我会从政府层面做最大的努力，仅走法律程序恐怕是很难解决好此事的。这事背景复杂，况且市长的案子尚未结束。”

病榻上的弋云茫茫然，“游市长，您多费心，无论如何要快，我可实在是拖不起！”

“弋总，你安心调养，我会尽最大的努力，以最快的时间，把这事处理到位的。我们既然是朋友，就要相互信任，我可以负责地讲，此事的最终结果一定会使你满意的。俗话说，好事多磨；西方谚语讲，看谁笑到最后。你放心，有我在，你还担心什么呢！”

弋云看他神态儒雅，谈吐如风，一切尽在掌控之中的大气象，也只有点头了。

时间一天又一天流逝，一明似乎也没了脾气。他说，算是服了，真是服了。弋天数次从大洋那边打来电话，不是催促就是支招，但他仍是不得其门而入。省委的同学私下传来的信息是：尽管检察院批捕了市长，但阻力重重，而且市长拒不认罪，短期内难有实质性的突破，至于与之相关的弋云的案子，自然也就是遥遥无期了。更让他震惊的信息是，游力绝对是个关键人物，在市长案子中，他长袖善舞，上下其手。这下一明真是被雷蒙了。这个案件的事实和证据，就是中学生都能一目了然，但法院就是不判，典型的有法不依，更甚的是，这有法不依之事就是没人管！他作为律师又能怎么样？退一万步讲，就算律师是头猛虎，但面对的却是蜷缩成一团的刺猬，从哪里下嘴呢？

一明深感像是鸟儿坠入一张透明而又结实的大网之中，左右飞不行，上下飞也不行，硬飞，必然要粘在网上，越是挣扎被缠得越紧，灭顶之灾近矣！他颇有感悟地叹曰：“我现在真的理解为什么有当事人舍身炸法院杀法官了，也明白他们为什么要自杀了。”

九

夜已很深了，一明蹿进志勇办公室，硬拉着他去吃消夜，并宣称愁肠百结不能入寐。看他六神无主之状，再加之提这案子确实窝心憋气，便欣然同意，走，一醉解千愁吧！两人来到南湖酒家八号包间，几杯酒下去，一明就满脸涨红，长吁短叹，无奈地耸着肩，“游力这家伙真是个神仙！”

“你想想，一般而言，能坐到副市长这个位置，除先天的良好条件外，其本人也绝非弱智之辈。据耿昌讲，这个游力虽然没有什么背景，但道行不浅，很是有些神秘莫测！”志勇望着落地窗外的满天星星，“据说他除了有一点绯闻之外，是一位为民办实事，清正廉洁的好官员呢！高院的同学向我透露，市长收受贿赂越权批地一事就是他捅上去的。”

“这我倒是听省委的同学讲了。官员有绯闻算什么，就是事实凿凿又怎么样？关键是我觉得他嘴里没真话，而且你根本不了解他想什么，下一步要做什么，这才是最可怕的。”一明放下酒杯，又斟上酒，“美国克林顿的‘拉链门’事件，其实也不是绯闻本身，他被独立检察官斯塔尔紧紧抓住不放手的，并非是其性道德，而是他作为总统被怀疑在应司法传召时，面对大陪审团撒了谎。法治的逻辑是：一个说谎的总统比一个闹绯闻的总统更让人恐惧，也更让司法不可饶恕。启蒙主义的先驱卢梭曾有这样的感慨，Once the law out of power, all against as long as the law no longer has the strength, all the legitimate things are no longer have the strength（一旦法律失去了力量，一切就都告绝望了；只要法律不再有力量，一切合法的东西也都不再会有力量了）。现在的法院，真的让我联想到卡夫卡小说《诉讼》中人物 K 的话：无论从哪个方面说，都是一个毫无意义的机构。一个刽子手就可以代替整个法院。”

“国情如此，西方的法律到我国遭遇水土不服，真正要使法律深入人心肯定要有一个过程，而且是一个漫长的历史过程！”志勇猛地灌下一杯酒。

“国情，国情是什么？”一明愤愤地说，“看看文化人抨击眼下的电视剧就知道了，古装戏中动辄就有披麻戴孝的村姑或是受了天大委屈的走投无路之人，对着县官就是一个响头：‘青天大老爷，冤枉啊！’如此这般，清官经过艰难的调查，总会有令人满意的结果。再如当代反腐题材的故事，总是曲折十八弯，但最终一定会有清官出现，于是云开雾散，贪官污吏受到法律的制裁，人民拍手欢呼。对吧？”

“这确实也是国情的一部分，我们虽有几千年的文化积淀，但没有法治传统，期待清官是正常的，而期待清官的社会，不能说是法治社会，有人说过，跪着的人，才期待清官。纵观历史，国人很像一群蜜蜂，没有蜂王是活不下去的，这就是所谓的‘蜂王幻想’。”

“你想，这些故事的潜台词是什么？”

“清官意识。”

“这当然也不错，依我看是鼓动人们上访嘛！清末法律改革家沈家本曰：有法而不循法，法虽善，与无法等。所以，我考虑，我们不能就这样像傻子一样坐以待毙！”

“什么意思？期待清官出现吗？”

“眼下还能有更好的办法吗？法律对此案已无效果，正如‘高射炮打蚊子’一样。我们为何不利用我们丰富的人脉资源呢？正常法律的程序不通，咱们也得走走旁道，来他个迂回进攻如何？”

“好！”志勇拍了下桌子。其实，他眼瞅着弋云一案演化成了这样不上不下的局面，思来想去也实在没有更好的办法，早已萌生了这样的念头，“不谋而合，可以一试。”

“果真如此？”一明喜笑颜开，他没料到一向讨厌这种做法的志勇竟然如此爽快地同意了。

第二天一大早，志勇紧急召开合伙人会议，丰收指出，这也没什么丢人的，逼上梁山嘛！只要不像梁山那拨人杀人放火、打家劫舍就行。刘军说，律师也是普通人，没有三头六臂。陈燕很是兴奋，她叫嚷着，如果需要，我可以脸上抹鸡血煤灰，披头散发，扮成村妇与两位老师一同前往，以引起官员们的注意。一明笑了，你能做出来吗？陈燕坚定地说，正如王老师所言，逼上梁山。我一定会满怀真情进入角色的，而且我还有表演功底，读研时还是学校话剧团的主角呢。

他们研讨了具体方案，并立即付诸行动。首先在网上抖出了此事，以求得媒体的支持。同时，志勇和一明放下律师的架子，抛开法律、法庭，奔走于省委省政府，给全国人大、国务院写了大量材料，反映情况，据理力争。还数次驱车进京，寻求同学朋友帮助。

据一明同学透露，书记对此事高度关注，并在常委会上表示，一定要彻查市长腐败，保护好台商的利益。志勇最高院的同学——民庭副庭长南瑾颇有几分惊讶，“大姐我可没料到，你俩堂堂大学教授、著名大律师也加入上访的队伍，居然成了上访户！”志勇说：“有什么办法，还不是你们法院逼的！你想，我们尚且如此，老百姓呢？如果你们法院真能为他们伸张正义，他们为什么还要舍近求远，千里迢迢来北京上访呢？这事花钱受罪，搞不好就会妻离子散，家破人亡啊！”一明咬牙切齿地说：“这他妈的哪像是律师的行为，绝对是上访户，丢人哪！不过看着我义父不死不活，欲哭无泪之状，还真恨不得学古人，拿几尺白布，中间挖个窟窿，往头上一戴，前后搭在身上，腰间扎草绳，胸前后背用血红颜色写上大字——冤！然后到天安门、新华门招摇过市。”南瑾听了情况后，作为法官，唏嘘不已。

志勇在酒店接到司法局局长雷鸣的电话，雷鸣气急败坏，如东北虎咆哮：

“网上炒成一锅粥啦，你又在北京，搞什么名堂嘛！”志勇哭笑不得，“你慌什么？我又不是非法上访，而且也不会去国务院信访局，我清楚那截访的比上访的还多呢。”雷鸣叫道：“游市长大急，像火烧了腚，说你们不讲大局。问题正在协调解决，你们这样搞简直是添乱。”志勇回答：“局座，我们添乱？我们只是在寻找能主持公平正义的人和单位罢了。什么是讲大局？我国的法律是国家制定的，维护和捍卫法律正确地实施就是我们律师最大的政治和大局。”局长吼起来，“我不和你理论，游市长把我骂了个狗血喷头，为兄撑不住了。看在我们是朋友的分上，快点回来！”志勇说：“顶住，一定顶住。我明天就回去，到时我直接去找游市长解释，为你开脱，我会直接告诉他，这事和你没有任何关系，而且你一直在竭力制止我们的这种非律师行为。”

一明在一旁讪笑，网上炒成一锅粥好啊！这说明在3G时代官员们患了网络恐惧症。这是天大好事，说明他们并不是除了上级领导以外，天不怕地不怕的孙悟空嘛！

十

“功夫不负有心人。”也许是应了歪打正着之理，也许在社会转型之际，什么奇迹都可能发生。正如一明所言，现实真的很神奇，比我狗胆包天的想象精彩得多。

他们这一番精心策划的折腾居然见了奇效，不仅省委书记有了批示，而且上面也有了批示。这个“上面”，来头不明，很是莫测，但行头厚重，威严无比。后来知道是惊动高层领导，据南瑾讲，是国务院的一位副总理。对此，一明万分感慨，这可真是应了律师中流传的经典：“大案靠政治；中案靠关系；小案靠法律。”如果什么事都要中南海的领导人和省委的领导批示，我们的领导人能忙得过来吗？

久不知去向，而且也联系不上的吴越给志勇打电话称，请老师小酌，并汇报案子进展情况。志勇又喜又气，“你终于又出现了，看来我得称你老师了。”吴越说：“羞煞学生啦！你安排地方，见面学生先给你赔罪，再汇报案件的进展情况。”志勇说，还是老地方。

晚6点半，吴越准时来到南湖酒家，他满脸歉疚，像做错了事的孩子，“张老师，实在是无颜相见，今特来赔罪。现奉上两瓶五粮液。”

“何罪之有？”

“这还用说吗？天天公司的案子让老师劳心费神啦。”

“我理解，想你也是两难吧。但总不至于突然就消失了吧，电话也不敢接了？”

“谢谢老师理解，你说，接你的电话，让我说什么好呢？来，先敬老师一杯。”吴越端起杯子与志勇一碰，仰脖灌下。

他饮完，拿起手机，“我让一明过来。”

“好，好。”吴越说。

他拨通一明的电话，一明说10分钟到。

“赵律师实在是厉害！法学根底深厚不说，确实见多识广啊！”吴越感慨道。“你知道游市长怎么评价你们，真没想到中州所律师的能量如此巨大，竟然能撬动省委书记，甚至是国务院的领导。”

“说实话，这是逼鸭子上架嘛，法律渠道走不通，而我们又觉得真理在握，更重要的是要忠于客户，也只有千方百计了。”说完，志勇一笑，“你想，尽管法律有明确规定，尽管制度条例也有明确规定，但是这案子的重新启动还是领导批示起了关键性的作用。推而广之，一件事情能否得到解决，处理得快与慢，往往是取决于上面领导的批示，一旦有批示，坚冰化解，一路通顺。”

“明白，明白。眼下正是转型时期嘛。”吴越大饮一口，收敛笑意，“据说市长会被定罪判缓刑。”

志勇警觉，“这与天天公司的案子有关吗？”

“没有，但与一香港商人有直接关系，市长收受了他的巨额贿赂。”

“这又能说明什么？”

“说明天天公司的案子大有转机。”

“噢，我明白了，看来你是有备而来，不仅仅是请我小酌几杯而已。”

“老师心明眼亮。”

一明推门进来，伸展双臂，冲着吴越喊起来：“法官大人，真没想到你还能重新出现，真让我感到阳光灿烂啊！”

吴越脸色有红似白，“赵律师过奖啦，具体原因刚才给张老师汇报了，我也难啊，避你唯恐不及。”

“电话也不敢接？”一明紧追不舍。

“接你的电话，让我说什么？总谎称核实证据之类，连我自己都觉得很没意思。”吴越说，“来，来，先喝入席酒，你看，我和张老师已经下一瓶了。”

一明接住他端过来的酒杯，小呷一口，“张主任证明，我不胜酒力。”

“男人不喝酒，白在世上走，喝一杯又如何？”微醺的吴越说，“我知道，赵律师在美国留过学，肯定知道美国的法官是什么社会地位，一个中国字，‘牛’！衣食无虞，终身制，就连总统也奈何不了他们。中国的法官行吗？说句掏心窝的话，改革开放以来，中国的法治确实在进步，而且步伐也不算小，但现在法官还远没有达到独立审判的境界，法律规定是法院独立办案，而不是法官独立办案。你想，作为法官来讲，难道我不想如美国大法官卡多佐所说的那样：‘当我裁判一个案件时，我所做的是什么？如来自长空的闪电，一扫昏暗的阴霾。’做梦都想，但是，能够如此吗？”

一明说，“看来，吴庭长真的压力很大？”

志勇插上，“不说美国了，你是有备而来，谈案子吧。”

“好，好。先说案子，免得喝多了误事。”吴越理理稀疏的头发，一本正经，“我如何钻天拱地运作，相互平衡的过程省略，咱们直奔主题。第一是，10 日之内，土地局还付天天公司的 6000 万元，但不付利息。”

“第二呢？”一明问。

“第二是，政府在另一处，即滨河开发区相邻的地方，出让国有土地 120 亩给天天公司，价格不变。天天公司如果同意的话，在 3 个月内分 3 次付清款项。”吴越说。

“这应该没问题。”一明想了想，“只要土地的各项手续齐备。”

吴越笑了，“这肯定没问题，我已经亲自全部审查过了。第三，就是你们需要做的了。天天公司向法院申请撤诉，撤诉费由天天公司承担。我想，要给政府留个面子，否则政府的威信何在？”

志勇说：“我看问题不大，弋云会同意的。但我想，应该在前两项落实之后，再进行第三项如何？”

“张老师：你连我也不相信啦。”吴越说，“就按你的意见办。”

一明说：“待我们与弋总通气后，再开始运作如何？”

“那好，我等回音。”吴越笑着，“我反复考虑，这是多种结果中的最好的结果了。”

十一

弋云对此结果自然大喜过望，血压立即恢复正常，出院到公司上班。他以商人的精明稍加计算便知，只要 120 亩不可再生的土地到手，丰厚利润就是铁定的。至于那 6000 万的利息及区区不足 30 万元的撤诉费当然可以忽略不计。当然，先起诉又撤诉，面子上不好看，但面子才值几个钱，更可忽略不计了。于是，从这个结果中，他结结实实领略了志勇和一明法律之外的功夫。所以，他一定要聘志勇做公司在大陆的首席法律顾问。对此，志勇自然领命了。

事后，吴越才向志勇透露，游力是他的亲姐夫，能把这事运作到如此程度，确实下了很大的气力。他说，张老师，你想，仅靠法庭能有这样的结果吗？志勇深以为然，仅靠法律、法庭还真的不可能将此事解决得如此圆满，至多是退回已付的款项，赔偿些损失而已。如不是政府出面，天天公司很难再以同样的价格得到土地的。再后来，一切都明朗了。市长、开发区主任因受贿被判了刑，开发区土地管理局胡局长升为开发区副主任，主持工作。开发区既没有撤销，也未正常运行，但似乎已有运行的迹象。游副市长摇身一变，成为代理市长，去掉“代理”二字也只是个时间问题。他对吴越说，事实上，此事正在运作之中，天天公司的弋总心太急，但可以理解，他不清楚背后的复杂情况。再说时间就是金钱，生意人嘛！都是朋友，我能不把他挂在心上。朋友是什么，就要有个相互照应，无论你官再大，也无论你钱再多，都是需要关照的。另外，中州所的律师确实很敬业，他们不仅法律功底好，而且法律以外的动作也令人咋舌啊！

弋云不失时机地设下豪华宴席，力邀志勇、一明和陈燕，还有吴越，新上任的开发区胡副主任自然也在邀请之列，本来游力也要出席的，但因部里来了高官，实在无法分身，只得作罢。

席上美酒佳肴，欢声笑语。胡副主任几杯酒下去，就向一明和陈燕赔礼道歉，他大脸通红，神色虔诚，满脸的横肉也不显得那么突出了。他说，我对法律确实不大熟悉，这是我的短板弱项啊！游市长毫不留情面地批评了我好几次。游市长讲，现在党和国家在大力倡导依法治国，社会也正走向法治，一个领导干部不懂法，又不学法怎么行？游市长严厉要求我，一定要加大力度学习，增强法制观念，不换观念就换人。这是游市长的肺腑之言哪！是对我的关心和爱护，我真的是应该静下心来好好学习了，这方面还请赵律师和陈律师指点。

一明颇感惊诧，这家伙原来那副刁钻蛮横的嘴脸怎么不见了，简直是判若两人！“我实在是想不明白，我们政府为什么让你们律师兴风作浪……”这怒吼仿佛又在他耳畔回响起来。听他一口一个游市长喊得那么自然而又亲切，就像是叫爹似的，令他印象深刻，着实领略了这位胡副主任对游力的崇拜热情，原始生殖崇拜也不过如此吧。他想，如果以历史人物比较两人的话，游力似乎颇有萧何之风，而面前这个喋喋不休的副主任则像是屠狗出身的樊哙。

胡主任起身，双手端着酒杯，来到一明面前，赵律师，原来多有得罪，敬请原谅啊！一明推辞说，还要开车。他说坐我的车。一明说实在是不胜酒力。他怔了一下，仿佛悟到了什么，突然像位犯了错误的学生，看来赵律师不肯原谅我，那就我先自罚，直到赵律师与我小酌一杯为止。说着就喝了杯中酒，拿过酒瓶自斟，一杯又一杯又连续灌下。一明见他喝到第 9 杯时，哭笑不得，心一软，陪他喝了一杯。接着他又向陈燕敬酒，当然，其神态当然不是第一次见陈燕那样色迷迷的，恨不得把她一口吞下的样子，而是充满了敬重和虔诚，像学生对老师一样。但是否发自内心，只有他自己才知道。陈燕对此评价，真是一条卓越的“变色龙”。

吴越喝得偏高，眼色蒙眬，舌头变粗了，他半搂着一明的肩膀含混不清地说，胡主任虽有些匪气，但是条耿直的汉子。他倒不是怵你是海归，也不是怵名牌大律师，真正让他害怕的是你不少同学身居高位。你和张老师法律外的功夫实在是厉害，他怕的是这一手啊！

“你的意思是这样的领导怕的不是法律，而是上面吧？”一明问。

吴越大笑，“正确。”

……

第四章

一次不公正裁判的罪恶甚于十次犯罪。因为犯罪污染的是水流，而枉法裁判污染的却是水源。

——弗朗西斯·培根（英国哲学家）

基本案情：

汪明等三名即将毕业的大学生，闯入台湾商人林浩住宅，将其痛打一顿，造成轻伤。并砸坏电视机，拿走名牌西服一件，内有现金3000元、信用卡两张。

公诉机关意见：

三名大学生的行为，构成入室抢劫罪，且情节恶劣，后果严重，按《刑法》第263条从重处罚。

被告律师辩护意见：

一、汪明等三人的行为不构成入室抢劫罪，而是一般的聚众斗殴行为；二、三人属初犯，且事出有因，请求法院从轻处罚。

一

满目青翠欲滴，树林间弥漫着轻纱般的晨雾，明亮蜿蜒的小溪流水潺潺，耀眼的金色圆蒲团上志勇盘腿打坐，他两眼微闭，双手合一，口中念念有词。此时此刻，他胸中空明无限，终于离开了都市的喧嚣、人世间的尔虞我诈，遁入魂牵梦萦的空门，耳边回响着佛的谆谆教诲：苦海无边，回头是岸……梦一样的缭绕云烟中，突然一声鸟鸣响起，悠扬、深远，犹如童年的回忆。其声仿佛从很远的地方传来，又如就在耳畔。正当他细细品味之际，群鸟齐鸣，从林间升起，浩荡如潮……

他睁开眼睛，如潮的声响依然。但静静的树林没有了，流淌的小溪也没有了，这才恍然意识到方才是在梦中，声响是枕边的手机在叫唤。懊恼不已地拿起手机，是汪静。她嗓音嘶哑，“对不起，这么早给你打电话。”

“世界末日到来了，采访我？”他戏谑道，“美梦完啦。”

“不，不，不是采访，是私事，我弟弟被警方拘留了。”

听出她的声音很冲动，还带着哭腔，他明白不是开玩笑，“那我能做些什么呢？”

“我非常想见到你，能来吗？”

“你在哪儿？”

“市公安局门口。”

“等着我，半个小时到。”

他关了电话，看表，凌晨5点。双腿抬高，收腹，发力，坐起，披上衣服，轻手轻脚到卫生间，草草洗漱完，快步下楼。

当他驾车驰出大学的家属区，冲上无人的空旷大路时，突然感到不正常，我这是怎么啦，疯啦？火急火燎地，她是我什么人，难道是我的弟弟被拘留，我没有弟弟嘛！

回味着梦境，他深深地感叹，唉！真要是遁入空门，与青灯黄卷、晨钟暮鼓相伴度过余生，也确实不赖！

30多年前，大学校区还属城市的远郊，通往城区有两条路，一条出校门正前方约一公里，沿大堤西行。那里景色宜人，宽阔的大河，波光粼粼，大帆船顺流而东，弓身弯背的纤夫随着低沉的号子艰难前行。还有一座造型漂亮的木头桥，形状与电影《桂河大桥》中战俘们用圆木修建的桥相差无几，只是不通火车，就连汽车也极为罕见，吨位最大的只是慢悠悠的马车、牛车和驴车而已。从此往下游不远处，那座百年以上历史的铁路大桥横跨大河，专走火车。木头桥20多年前就被拆了，原址上建了座愣头愣脑的水泥桥，而铁路大桥的身影依然。另一条则是出校门直接向西的小路，路两旁全是庄稼地，春天碧绿的麦田如海，不时传来布谷鸟伤感的鸣声。初夏时，麦浪滚滚，波光荡漾；秋天玉米收割后，待耕再种麦子的土地一片荒凉，尽是光秃秃的玉米茬子，成群的麻雀翻飞，漆黑油亮的乌鸦昂首挺胸巡视。步行一个多小时，才能看到高高的广播电台的发射塔。接近城区，首先经过的是苍松翠柏掩映的城隍庙，红墙斑驳，绿瓦飞檐重阁，再过去就是规模不一的沉静的胡同和青砖四合院，小小少年时，他常去耿昌家玩耍，那是一座很标准的四合院，影壁墙，方砖地面，柿子树果实累累，石榴树生机盎然，大瓦盆里的金鱼缓缓游着。他清晰地记着，窗子全是木头窗棂。屋檐下鸽子咕咕，扑扑棱棱飞起来，悠扬的鸽哨声在清澈的天空回响……那时的天很蓝，空气透明，云洁白，不像现在，天空常常是灰色的，让人忘记了还有蓝色的天，白色的云。

他清晰地记得，麦子抽穗的时候，布谷鸟从早到晚，一声接着一声连绵不断地呼唤，但只闻其声，不见其身。他和耿昌异常好奇，数次寻声而去，在广阔的麦田中，从这棵树跑到那棵树，又从河这边，窜到河那边，气喘吁吁，大汗淋漓，累得翻倒在地，终未见到它的身影，俩人一致认为，这鸟实在是太精怪了，简直是个谜样的幽灵。这一谜底大约10年后两人一起成为知青时才得以解开，耿昌也不知从哪儿鼓捣到一架望远镜，两人鬼鬼祟祟隐藏于麦田中，终于远远的，但清楚地看到它隐藏于一片坟地上的树叶丛中的真身。原来如此，大小与鸽子无异，并无什么神奇之处，不可思议的是它小小的身体，居然能发出如此大分贝的音量，而且这声音具有极强的穿透力，能传出很远很远。

现在城市中再也听不到布谷鸟诗意的让人想起很多的悠远鸣声了，就像再也吃不到自然的食品一样。

眼前一条单向三车道的大路直插城区，路两旁的庄稼地没有了，城隍庙没有了，四合院也没有了，一切的一切都没有了，一点痕迹也没留下，一丝一毫都没有，永远全部消失在水泥与钢铁造就的森林之中，成为遥远的记忆了。

他盯着疾速后退的平展的路，蓦然记起美国建筑大师沙里宁的话，“城市是一本打开的书，从中可以看到它的抱负。让我看看你的城市，我就能说出这个城市居民在文化上追求什么。”我们的城市追求的是什么呢?

日益膨胀的城区转眼之间已紧邻学校了，其膨胀速度之快，令人目不暇接，就像是孩子大吃激素，猛然间就长成奇形怪状的彪形大汉一样。中国城市的发展，无论是速度还是规模，绝对世界罕见，其杂乱无章胡乱拼合的显著特征也绝对可进吉尼斯世界纪录。看看中央电视台那个扎眼的说不清是个什么玩意儿的怪物，你就明白当代中国建筑的特征了。此物虽然被有识之士骂不绝口，但称赞它的人还是有的，并美其名曰：后现代风格。中国的城市似乎刚刚步入现代，一下就跃进到后现代了，其逻辑令人头蒙。

青灰色的晨曦中，死气沉沉的水泥森林一片死寂，让他感到像是走进了外星人遗弃的墓地，偶尔看到环卫工人打扫街道，仿佛鬼影飘浮。公安局的大楼隐约可见了，深蓝色的玻璃泛着微光，颇有一种鹤立鸡群的雄伟气势，顶层的尖柱（估计是天线）直插天穹，像是哥特式教堂的尖顶，其上的射灯正在缓缓旋转，只是光柱不像在暗夜中那样特别刺眼，如果在夜间，其照射距离少说也可达10公里。

在难以理喻的飞速发展的城市建设中，不仅公安，而且检察院、法院的建筑也引人注目地取得了惊人的进展，各大、中、小城市均是如此。高楼万丈平地起，鸟枪换炮，幢幢几近城市的地标性建筑。这或许是表明，人们对法治的呼唤与日俱增?

透过挡风玻璃，他远远地看到了她的身影，穿件赭色风衣，雄伟的楼房和挺拔的罗马式圆柱背景衬托下，显得特别渺小而无助。

车到她身旁，急停。他摁下车窗玻璃，“你好！”

她干涩无神的眼睛一亮，坐进车，“这么快就来了？”

“我能帮你做什么呢？”

“我弟弟昨晚被警方拘留了。”

“起因是什么？”

“据他们讲是涉嫌伤害和入室抢劫，受害人是台湾富商。我弟弟怎么会做出这等事来，他是个品学兼优的大学生，怎么会干这种事，我了解他，绝对不会。”她急促地说着，哽咽了，身体随着哆嗦起来。

“噢，别着急，冷静些，把你知道的情况全都告诉我。”看她头发蓬乱，满面青灰，眼圈泛黑，嘴唇干燥，显然是从昨晚到现在还没合眼。于是，他下车从后备箱里拿了矿泉水，打开，递过去，“慢点讲，慢点。”说着，他发动了车。

她接过水，牛饮一番，开始断断续续地说起来，从她前言不搭后语的讲述中，他以律师的经验，迅速理出了事件的大致轮廓。

昨晚7点钟，她弟弟汪明与两位同学在校外的餐馆小聚，刚喝了几杯啤酒，接到女友的电话，向他哭诉。她曾在台商林浩的公司任职，因不堪忍受林的骚扰，愤而离职，但未办理保险手续。下午5点多钟，林的秘书打电话称，手续全部办完，让她去取，结果被林堵在办公室，她奋力反抗，才挣脱魔爪。汪明及两位同学闻之大怒，当即奔到公司，未见林，又打车到了他的住处，逮个正着，将其暴揍一顿，砸坏了电视机、电话，临走时，汪明顺手将林的上衣拿走。警方接报后，立即出动，于8时20分在学校将他们一举擒获。

“听警察朋友讲，这事凶多吉少，很难办。因为市委主要领导指示要从重从快，严惩凶手，保护投资人的权益。”她说着，眼泪又涌出了眼眶，“我弟弟怎么办？他今年毕业啊！”

一听从重从快或是严惩之类的话，他就反胃，都21世纪了，一些领导者还是动不动就凌驾于法律之上，老子天下第一，不是从重就是从快，要么就是从严打击之类。他说：“政治说教，不足为据。你准备怎么办？”

“说实话，我也不知道，找了几位平时还挺欣赏我的领导求情，没料到都是敷衍，以往那种天下无难事的架势不见了。我……眼下，谁会真正伸出援助之手……”她掩面而泣。

“哭解决不了问题的。”

“原来我的感觉还不错，认为领导会为我说句话，现在我算是看透了，我在他们眼中花瓶而已……只有游力市长说了几句人话，他安慰我说，对你弟弟的处境我只能深表同情，但书记发话了，在这个城市你找谁都不好办。我的意见立即去中州所，最好是找张志勇主任，请他出面，尽快介入，或许会有希望。他要给你打电话，我说认识你。”

“噢，是这样。让刘军律师代理，他搞刑事案件比我厉害得多。”

“好，好，我听你的。”

“现在案子还在侦查，按我国的法律规定，目前律师是不能全面介入的，只有在审查起诉时才可以，但我可以通过公安的关系，先打探一下情况。”他看表，“你肯定累了一夜，现在一块儿去吃点东西，我这就给刘军律师打电话。”

她点点头，深深看他一眼，无语。良久才说：“需要多少代理费你尽管说就是了。”

“这不着急。”说着，他心头涌起一丝悲哀，中国真正进入法治社会，还要走很长的路，因为法律还远不足以受人尊重和敬仰，一旦遭遇麻烦，首先想到的是领导——权力，而不是法律，这就是问题的关键所在。如果一个法盲如此还不可怕，而她接受过4年正规法律训练，又是著名的政法记者尚且如此，更遑论平头百姓了。源远流长的清官文化和根植于国人心中的清官情结实在是太过强大，根本不可能指望一夜之间人人敬仰法律，而且按法律的规定行事。

二

志勇驱车驶上说不清什么颜色的浓浓废气笼罩的立交桥，感觉像是腾云驾雾之际，终于与陆地联系上了，他冲着手机喊：“局长大人，我不管你有什么天大的事，等我20分钟，有急事。”

他和公安局副局长陆地从小学到中学一直是同窗好友，又一起下放当知青，俩人好得一个人似的，1978年，志勇被政法学院录取，陆地则上了公安大学。

陆地脾气耿直，不会也不善于学习摧眉折腰之类的东西，更不愿意在这方面下功夫，所以在他一届的同学中，进步较晚。不过比上不足，比下有余。天命之年了，仅是市公安局副局长，正处级侦查员，他不少同学几年前就是司局级了，有几位蹿升到了副部，甚至正部级别。对于这些，他倒不怎么在乎，曾对志勇感慨：“按我的业务水平和敬业精神干个公安厅厅长应该是绰绰有余。但就为官之道来讲，我也就是刑警队队长的水平，所以，我能当副局长，是领导高看我，知足者常乐嘛！”

志勇径直走进宽敞的办公室，只见他紫檀木样坚硬的方脸上满是憔悴，眼睛充满血丝，正把什么东西拍进嘴里，用水冲下后，咧嘴一笑，“妈的，昨晚高啦，肚子里什么都没有，只有半斤五粮液。”

“酒是革命的酒，胃是自己的胃，兄弟注意龙体，老大不小了。”志勇在他对面坐下。

“整个人都是公家的，何况胃乎！”他摇摇头，“老兄什么见教，请吩咐吧。”

志勇燃上香烟，“知道台湾大老板林浩吧，因为他，3名即将毕业的大学生被你们抓了。”

“什么意思？我当然知道，抓人是我签的字。”他突然警觉起来，其神态像是被惊醒的睡狮。

“我是来告诉你，我们已经代理了这个案子，为大学生辩护，希望得到你的帮助。”

陆地狐疑地盯着他，“这么快？到底是信息社会啦！噢，我明白了，是那个叫汪静的女记者，大名鼎鼎的人物，长得很耐看嘛！昨晚就有两位领导受她指使找我打探情况。我想，你也是受她的指派吧？”

“此言差矣，原来面熟，现在她是我们的客户了。”

“仅仅是客户，犯得上你亲自出动吗？老兄是否和她有点什么？就是有，老弟也为你高兴，她确实年轻貌美嘛。”陆地笑着说，“不过，在这个案子上，我很难给你实质性的帮助。”

“为什么？”

“明明白白的入室抢劫，检察院肯定也会以此提起公诉的，你们的辩护，我想最多是在量刑上一辩。”陆地非常肯定地说。

“现在整个情况还不是十分清楚，就下此结论？”

“好，好，我不和你理论。”陆地打断他的话，“但谁让咱们是兄弟呢！我实话告诉你吧，这已经是钦定的铁案了。市委书记下了狠话，从重从快。据说他老人家发了雷霆之怒，拍桌子，骂人。他冲我们局长大吼，他娘的，我们求爷爷告奶奶，装儿子装孙子请来一位财神，你们还不好好供着，人家投资几个亿，解决了上千人就业啊！你这公安局局长是怎么当的，还整天把为经济发展保驾护航挂在嘴上，连个把人都护不住，更别说保护人民了。保的是屁平安？养条狗还能看家护院，党和政府给你们高官厚禄，你们就这样报答党和政府！”

“屁话，水平太凹！”志勇冷冷地说，“有钱就得供着？”

“昨天晚上，市政法委连夜召集公、检、法三长开会，专门通报这个案子，并定了调，从重从快。明白了吧？”陆地无奈地说，“所以，我确实无能为力了。不仅如此，我劝你也别太当真动气，我们目前的法治环境，你知道的比我多，胳膊难拧过大腿。我能给你的最大帮助是，给看守所打个招呼，你们可以顺当地会见当事人，也可以顺利地找办此案的干警，仅此而已。”

志勇理解他所说的一切，也清楚这案子的分量。但他还是气愤地想，太过分了，就因为林浩有钱，就可以为所欲为。不过又想，我为什么要如此较劲呢，这类案子又不是第一次接触，难道是为了汪静？

办公桌上的电话叫唤起来，陆地抓起话筒，听了片刻，脸色陡然严肃起来，“噢，好，明白，先设卡，封锁各路口。对，要快，我这就过去。”他放下电话，站起来，苦笑着，“又有杀人案了。”

三

由于领导高度关注此案，公安、检察院动作很快，从侦查到批捕再到提起公诉仅仅11天时间。法院自然也不甘落后，接到起诉第5天就宣布开庭审理。司法效率之高，堪与世界级水平媲美。与一般刑事案相比，确实从快，看其进展态势，从重也在预料之中。这从重从快的背后，显出了权力的强大和法律的弱势，法律确实是政治的晚礼服。

当志勇得知中院刑一庭庭长李伟即将主审此案时，立即思忖中午和他一起吃饭，来个庭前小交流。他刚拿起话筒准备联络，手机响了，一看号码，正是李伟。真是“无巧不成书”，他倒先找上门了。他问什么事。李伟说明天周六，本该出动垂钓，但下午要去外地开个会，后天才回来，不能成行了。志勇说，那我给你小饯行。他说，说饯行就过了，共进午餐可以，正巧有一问题需求教你。志勇说，你定地方，我这就过去。他说，大别山庄梅花厅，我请你。

放下话筒，他犯了嘀咕，他会有什么问题呢？也许是汪明的案子吧。当他按时到了酒店，看李伟已在包间了。身材伟岸，长相颇为英俊的他微笑着，“我还担心大律师忙，来不了呢。”

“岂敢，岂敢，为兄一句话，绝对像是晴天霹雳，岂有不立马奔来之理。我还要在你的光辉照耀下，从事律师职业养家糊口呢！”他打量着豪华的房间，“这地方太奢侈了吧？”

“大牌律师应当享受这个档次嘛！”

“那好，今天算我给你饯行。”

“咱们谁跟谁呀，你来了就好。”

两人打了十几年的交道，相互了解极深，再加之钓友这层关系，更是随便，调侃中，几杯茅台下肚后，李伟就道出了他求教的问题。女儿今年大学毕业，立志考研，导师正是志勇读研时的师兄。

“放心，我和师兄联系紧密。先打电话给他，然后亲自去一趟，为了你的宝贝女儿，我自当效犬马之劳。”志勇不假思索，脱口而出。

李伟端起酒杯，“有这话，我无忧矣，敬你一杯！”

志勇举杯与他一碰，“咱们干杯！”

两人一饮而尽，接着就是推杯换盏。

“我想，如果在国外，像我们两人这样频频私下交往肯定不合时宜，这会影响你公正裁判的，例如在美国，既不允许法官和律师单独接触，更不允许法官和检察官单独会见。”志勇说。

李伟一笑，“是啊，检方作为政府的律师与代表被告人的律师，两者的法律地位完全平等嘛！现在的问题是我俩都在中国，而且就我个人来说，公是公，私是私。”

“人是感情动物，有时公私是很难泾渭分明的。据我在司法部的一位同学讲，几年前，美国司法部部长来中国，我国司法部部长问他一个问题：法官如何定义？答曰，就是除法律之外什么也不知道的人。”

李伟沉默片刻，“精辟，确实精辟。在法治成熟的社会中，法官其实是一个寂寞甚至孤独的职业。我有位朋友在日本多年，他说，日本的法官就是如此，比如他们也喝酒，但绝不吆五喝六，只是单独喝而已。我去过美国，据我所知，美国的法官大都是远离社交场合，更有甚者是离群索居。但国情不一样，在有重亲情关系传统的中国，法官能做到吗？抛开传统不说，单就中国法官的社会地位和收入也不行。你在美国做过访问学者，肯定清楚美国的法官是什么社会地位，终身制，高薪金，养尊处优，只管按法律判案即可。而且一旦被任命为法官，就意味着终身任职或直到退休为止，罢免法官的唯一途径就是通过弹劾，而且是由众议院提出。”

“言之有理，言之有理。”志勇说着，话锋一转，“我知道你将主审汪明一案，想必你也知道我们代理这个案子吧？”

“路人皆知。院里对这个案子高度重视，而且领导对你们中州所代理也颇有微词，你和刘军是法院专家组的成员，有影响力，但他们又不好明说。”李伟呷了口酒，“辩护思路是什么？”

“关键是罪名。”志勇脱口而出。

李伟沉思半天，直视张勇，“如果达不到目的呢？”

“上诉，你知道，我有同学在高院，而且我与他通了气。他的态度很明确，认为我们有理有据。”志勇口气很坚决，“我考虑，市里对高院的影响力相对来说要小得多。”

李伟长叹一声，“找关系，托门子，这就是中国诉讼的程序，而且是不见形成文字的标准程序，就是你这样的学者型律师也脱不了俗啊！但在我这里，关键之一是证据；关键之二是证据；关键之三还是证据，这你是清楚的。这样讲，听着像是官话，不过你更清楚，现在虽说是审判长负责制，但还有合议庭，更为关键的是还有审委会。”

“我当然相信你。”志勇的手机响了，他起身接完电话，说，“司法局局长的电话，约我过去，号称有重要的事情。”

“好，咱们吃完饭各奔东西。”李伟长叹一声，“明天又不能开竿垂钓啦，想想真是令人沮丧啊！”

四

志勇在赶往司法局途中猜测，局座找我能有什么重要事情，为什么不在电话里说？这条东北汉子，一向快人快语，今天这是怎么啦？

当他走进雷鸣的办公室，他从大办公桌后站起来，朗声笑着，“教授来得好快啊！请坐，请坐。”

“这不是奉你的指示嘛！岂有不从命之理呢？”

雷鸣点燃香烟，慢条斯理地先是问律师事务所的收入情况，然后又问志勇的身体近日如何，根本也不像有什么重要事情。

“雷局座，就因为这些召见我？”

“上次台湾商人的案子弄得满城风雨，直让我挨领导的板子。这次又是台湾商人，谁知会是什么结果？”雷鸣摇着头，“你们中州所真不是省油的灯，只要一出手，准他娘的弄出不小的动静，让我提心吊胆！”

“我们可没这么大的能量，局座夸张了吧？”

“久不见你老弟了，想你。”雷鸣诡谲一笑，“今年律协就要换届了，根据你在律师中的威望，局班子商量的意见是让你参加选举。”

“雷局座打住，我对此毫无兴趣。”他立即顶了回去。

“你就不想为律师办些事？”

“你还是让我多活几天吧。再说，你就不担心，我一旦当选，胡来，再给你们添堵捣乱吗？”

“别说，我还真是担心呢？”雷鸣似乎是在不经意间，突然转了话题，“你们准备为抢劫台湾商人的大学生辩护？”

“是。”

“我的意思是，这案子市委领导高度重视，影响很大，你就不要出头了。”

“我是那号人吗？换位思考，当事人需要帮助，如果你还是一个正直的律师，你该怎么办？”

“我的另一层意思是，就是你亲自出庭，结果恐怕也不会有大的改变。”

“这是另外的问题。”

“能告诉我辩护思路和目的吗？”

“对你不保密，经我们调查，分析论证后认为，这个案子绝不是什么入户抢劫，证据表明，至多是聚众斗殴罢了。你知道入室抢劫和聚众斗殴这两个罪在性质以及量刑上可谓天壤之别。按《刑法》规定，聚众斗殴，没有从重情形的话，一般是三年以下有期徒刑、拘役或管制，而入户抢劫，起点就是10年以上有期徒刑。”

“你认为能达到目的吗？”

“就目前的证据看，按法律规定不应该有什么问题，如果我们在中院达不到目的，我相信在高院一定能。”

雷鸣若有所思地点点头，神秘兮兮地说：“我说两点意见：第一，市委领导高度重视这个案件，为此还开过专题会；第二，林浩是台湾商人，对我市的经济发展做出了巨大的贡献。但一直抱怨我市投资环境差，人心思走。你明白我的意思吧？”

志勇看着他，“明白，但这和法律没有什么关系，如果把三位大学生枪毙了，投资环境就好了？”

雷鸣如释重负地长叹一声，“该说的我都说了，既然你执意要出庭辩护，而且你的臭脾气我了解，只是希望你们按法律规定，从讲大局的角度出发，把这个案子办好。”

“按法律规定”当然对，但“办好”是什么意思？全都是官场上的话，而且“办好”的潜台词又太过丰富。他愤愤地想，难道说以事实为根据，以法律为准绳的基本原则只是写在纸上的冠冕堂皇的词句，市委领导的话才是硬道理？但考虑到局座和陆地的一层特殊关系，没有发作，“雷局座，您的指示我深刻领会了，放心就是了。”

雷鸣嘴角挂着莫测笑纹，“我是相信你和你们中州所的，更相信你嘛，哈哈哈。”

五

午夜时分了，律师事务所的窗子还亮着灯——此高档别墅区一道尽人皆知的风景，不少住户纳闷，这几名大律师后半夜也不休息？抑或是昼伏，夜间工作，就像中央的大领导一样？还有住户调侃，如果在海边，绝对具有灯塔功能。

小会议室里，刘军仰脸喷了口烟，“情况糟糕时，就想起了我们这些狗杂种。知道这名言出自谁之口吗？‘二战’时美国海军名将欧内斯特·金，他本来已到退休年龄，应该告老还乡，‘珍珠港事件’后，又被召回。被委任海军司令重任时如是感慨。”

一明对“二战”史情有独钟，颇有研究。他诧异地问：“刘兄突然对‘二战’人物有兴趣啦？”

“谈不上兴趣，只是睡前翻了翻英国海军史专家约翰·科斯特洛的《太平洋战争》而已。”刘军说。

“你是刑事辩护的泰斗，这案子舍你其谁？”一明说。

“泰斗称不上，兄弟高看我了。”刘军说，“你们看，目前刑事辩护在我国是个什么状况？但就咱们所的现实看，我不下地狱谁下地狱。具体到这个案子我就是不想上，也得硬着头皮上啊！校长大人都出动了，这还在其次，关键是咱们的掌门上心！举例言之，影响如此大的案子，在他的暗示下，代理费仅收1000元！鉴于此，我就是刀山也得上，火海也要闯啊！”

“这就对了嘛！”一明说，“咱们的掌门上心，面上肯定是For justice（为了正义），但我发现汪记者秀色可餐嘛！关键时候，我们要为掌门分忧解难，或者说是成全好事，你们说对吧？”他一脸坏笑对着陈燕伸了伸舌头。

“刘军的态度很悲壮嘛！你们猜这让我想起了谁？”丰收故作一脸严肃地问。

他看没人回答，就说，“法国皇帝路易十六的辩护者——马勒泽布。在疯狂的革命者要处死路易十六的时候，他勇敢地站出来，为他做法律辩护。路易十六得知此事，忧伤地说，你的牺牲太大，救不了我，还要搭上自己。事实上，马勒泽布不是不知自己身处危险，也知道辩护并不会起到实质性的作用，但他还是按照自己的良知行动，即使搭上性命，结果他也就真的搭上了性命。”

“还是王兄有深厚历史感！现在马勒泽布的塑像矗立在法国最高法院的大堂之中。一个国家的最高司法机构，放了律师的塑像，这是不同寻常和极有深意的。我们……”一明看志勇接完电话进来，急忙把话打住了。

志勇脸色肃然，“汪明这个案子复杂，影响大，咱们先听刘军、陈燕谈，然后再议。”

刘军说：“通过我和陈燕的调查，会见汪明和另外两名大学生，就现有的证据看，我和陈燕认为：汪明从主观上绝没有入户抢劫物品的动机，暴揍林浩，是激情之下的本能反应。他虽然一米八的个头，乍看像条壮汉，其实还很稚嫩。他这样问我：刘老师，他要强奸我的女朋友，而且几乎得逞，对于这样一个流氓成性的家伙，你说我该怎么办？”

“砸电视和电话的动机与行为怎么解释？”丰收问。

“愤怒之下失去理智。”刘军答。

“这说得通，为什么拿走上衣呢？”一明问。

“除了愤怒之外，当时是怕他穿衣服追出来，但他确实不知道那是一件价值万余元的皮尔卡丹西服，更不知道口袋里还有3000元现金和信用卡。”刘军说，“我问他衣服的去向时，他说顺手扔在河堤上了。”

丰收说：“这恐怕会成为本案的关键，虽然他的两位同学也证明如此，但我相信检察院绝对不会放过这一点。”

“是啊！能否找到这件衣服，是生死攸关的大事。”刘军说。

“刚才陆地打电话称，他已让警察寻找这件衣服了。”志勇说，“但结果如何现在还难说。”

“你们没见这三个学生，看着让人心酸。如果不是愤怒冲昏了头脑，怎么能做出这等事来。”陈燕说，“我们去会见时，汪明跪下，一个劲儿地哭喊，老师，救我们出来！”

刘军说：“这于事无补啊！我们可以设想，即使当时告知公安，公安又能把台商如何？其强奸行为毕竟是未遂。”

“是啊！最终肯定是不了了之。”志勇说，“我找了办此案的两名警察，他们认为，虽然从动机上不能断定是入户抢劫，但就事实来说，确实构成了此罪。他们正是以此提请检察院批捕的，而且这也是领导的意图。两位警察对三个学生还是很同情的，但事情到了这一步，他们还能做什么呢？他俩对我说，林浩这家伙实在是狂得很，欠揍。三个月前的晚上，他大醉，到娱乐城玩，小姐不合意，他口出狂言，大骂服务人员，要求换最好的。服务员看来头不小，不敢怠慢，忙喊经理过来，经理连给他换了两位小姐，但他仍不罢休，骂骂咧咧寻衅。经理当然也不是什么善茬儿，与他理论，谁知他更是嚣张。经理看阵势，知道此人不好惹，便打电话报了警。警察赶到后，刚问他情况，他更是火上浇油，破口大骂，小小破警察也敢这样和我说话，你们来干什么，想抓我不成，滚，立即从我面前消失！老子是你们市领导的朋友，让你们下岗，也就是我一句话，还不快滚！年轻的警察还没见过如此狂妄的家伙，实在按捺不住，一拳过去，打得他口鼻蹿血。一起来的两名警察和联防队员见此，群起而上，一顿暴揍。你们猜结果是什么？联防队员全部开除，两名警察记大过处分，分局治安科科长被撤职，主管副局长免职，局长党内严重警告，市局副局长，我的朋友陆地也在会上作了检查，数次上门给林浩赔礼道歉自不必说了。"

"警察们打得好！"陈燕说，"咱们的大学生遇上这样的流氓，你们说该怎么办？难道说，为了发展经济什么都不要了。"

"我们国家想尽快国富民强，不发展经济怎么行呢？"丰收感慨，"人穷必然志短；马瘦肯定毛长。"

"办案警察对这个案子的看法让我很悲哀。"志勇说，"他们很无奈地对我讲，人家有钱啊！他的口头禅是：不行我拿金砖砸死你。说实话，我们也觉得三位大学生冤，但他们运气不好，正巧碰上了这位。这是市委督办的案件，就连局长也亲自到现场了。所以，你们辩护是白费力气，也只是走走过场罢了。当然，这只是他们的看法。在此，我想告诉各位，就目前我们掌握的证据来看，我对达到辩护目的是充满信心的。"

"从事实和法律上看，此案也并不复杂，重心也不在于事实之辩，而在于法律适用。"刘军说，"但行政干预的力量往往要大于法律和事实啊！"

六

志勇看窗外暮色降临，便把汪明案的所有材料分别归类，收拾完毕，燃上一支烟，往椅背上一仰，同时把脚放在桌上，深深吸了口烟，徐徐喷出。他想，本案无论从法理还是证据，绝对应当达到辩护目的，但正如刘军所言，行政干预的力量往往要大于法律和事实。明日开庭结果实难预料，法律以外的不确定因素委实太多。

桌上的电话响了，他不情愿地起身拿起话筒，是汪静，她说，请等5分钟，我已经到小区门口了。放下电话，起身，伸胳膊踢腿。他想，这些天来，她的行为举止已经近似于"祥林嫂"了，但谁摊上这事能不疯呢！眼睁睁看着亲人即将步入监狱，而自己又毫无办法。

汪静推门进来，行色匆匆的样子，"张主任，还没回家？"

“这就准备走了。请坐。”看她脸色铁灰，嘴唇干得翘起了皮，便用纸杯接了水，端到她面前，“明天就要开庭了，心里不踏实?”

她在沙发上坐下，“是，就像我自己在等待判决。又来打搅你，真是对不起。”

他踱着步，伸手开灯，“我理解，你放心，我和刘军律师已做了充分准备。”

“我相信你，真的相信，但……”她欲言又止，两只手纠缠着，仿佛要把某个指头，甚至整只手揪下来似的。

“有话直说，如果真的相信我的话。”

她蜷曲在宽大沙发一角，像只受了伤的猫。看她眼窝深陷，周围青黑，瘦了一圈的脸，面颊还赫然生出暗红色痤疮，他心头猝然涌起深深的怜悯之情，一时间居然生出把她拥在怀中的冲动。他思忖，我这是怎么了，当事人亲属痛不欲生寻死觅活之惨状见得还少吗？不是已经铁石心肠了吗？

“我相信，绝对相信你。”她急忙解释，“我只是听有领导讲，一审基本没戏，法庭肯定按入户抢劫判，这是法院领导透出的口风。”

“噢，这种可能性在我们的意料之中。”他继续踱着步。

“那可怎么办哪?”

“如果这种传言成为现实的话，就要看你和汪明的态度了。”

“我和汪明？我们有什么办法呀!”她仰脸叫起来，“你知道，我弟弟他们确实冤枉啊！我要把这事在网上公开，求得媒体支持，我去上访!”

“这是你的权利，但我以为等法律程序走完之后。”

“你和赵律师在办台商土地案时不也如此吗?”

“那属小概率事件。”

“那你说我怎么办呢?”

“如果认可判决，一切都结束了；如果不服就上诉。我作为律师首先要尊重委托人的意愿。”

“你是如何考虑的?”

“实话告诉你，如果法庭按入户抢劫判，那就是明目张胆地枉法裁判，就此我已与高院的朋友进行了沟通。”

“高院有希望吗?”她黯淡的双眼突然放光，说话的声音都颤抖了，如同将死的人又看到了生的曙光，颤巍巍地问，“真的有希望?”

“我们将竭尽全力。”

“谢谢张主任，谢谢，真没想到你这么深谋远虑，我，我，我该怎么感谢你呢?”她端起纸杯大口喝完水，不安地左顾右盼后，从包里取出一个方方正正的红布包，“这是我爸爸留下的，送给你，请收下。”

“是什么?”他说着走过来，打开，是四根光亮闪烁的金条。“好东西啊!”他又包好，放在茶几上，脸色变得阴沉起来，“汪主任，请你把它装好，带它一起走，走吧。”

她不解地望着他，“你要去高院运作，也许用得着。你知道，在这个世界上，弟弟是我唯一的亲人了，为了他，别说这金子，就是把我卖了，让我去死，我也心甘情愿。”

“那是你自己的事情。”他打断她，正色道，“但你不能对我来这手，把我看成什么人了！我不敢自称正人君子，更不敢说我全身心地捍卫公平正义，但是我有做人的底线，而底线是不能突破的。你这是置我于不义之境，明白吗？”

“对不起，对不起，我，我想……”她捂脸哭了。

“不管你想什么，现在走吧。”

她垂下头，哭得更猛烈了。

七

审判大厅旁听席座无虚席，主诉检察官是位40岁出头的中年人，长得白白净净，眉清目秀，一副学者风范。刘军曾去找他，交换对此案的看法，他以悲天悯人的口气说，被告是大学生，又属初犯，你们可据此在量刑上辩护辩护，至于罪名，辩护根本没有意义。甚至还讥讽道，从罪名辩护，“鸡蛋里挑骨头”而已。

此时此刻，公诉人白脸微微泛红，“听了律师的辩护意见，我深感震惊。如此明显的入室抢劫行为和事实，居然可以扯到聚众斗殴。依我看来，这不是无知，便是别有用心。我认为，名声显赫的刘大律师还不至于如此无知，所以，只能是别有用心了。”

刘军刚想说什么，但被不动声色的志勇伸手拽住。

李伟平静地说：“公诉人在法庭上无须评价辩护律师的水平，请陈述与本案有关的证据与法理。”

公诉人不满地斜了他一眼，然后直视刘军，“在我震惊之余，请律师回答我涉及本案的几个问题。第一，请问在本案中，被告汪明等三人，对受害人林浩有暴力行为吗？”

刘军与他对视，不紧不慢地回答：“有。”

“好，那么，再请问，汪明等三被告有把林浩衣服抢走的行为吗？而且是在林被打得处于昏迷状态，翻倒在客厅时。”

“有。”刘军答。

他又依次问了汪明等三名被告，在得到肯定的回答后，脸上透出一丝难以掩饰的笑意，“如此铁定的事实和不容置疑的抢劫行为，如果不是我国《刑法》规定的抢劫犯罪的话，还有可能是其他吗？如果硬要扯到所谓的聚众斗殴，或者其他，那么，我想刘律师肯定知道中国有一个成语，这就是‘指鹿为马’。”

李伟把目光移向刘军。

刘军不卑不亢地说：“关于‘指鹿为马’的问题，我后面再与你探讨。本案单从表面上看，是符合《刑法》第二百六十三条之规定。现在我请教公诉人，关于汪明等三被告的动机是什么？”

公诉人警觉地看着刘军，其目光就像是猎豹狩猎前盯着猎物一样，“无论何种动机，抢劫事实已经形成了。”

刘军说：“我请公诉人注意，根据《刑法》第二百六十三条规定，构成抢劫罪的要件之一是，行为人在主观上必须具有抢劫公私财物的直接故意和非法占有公私财物的目的，且其所实施的一系列行为都是在这一思想的支配下。如果行为人虽然在客观上实施了抢劫公私财物的行为，但主观上不具有这一故意目的，不能构成抢劫罪。具体到本案，汪明等三被告迫不及待地找受害人林浩，目的十分明确，这就是为女朋友出口恶气，以示警告，或者说惩罚。众所周知，中国有句古语，形容血海深仇，这就是：杀父之仇，夺妻之恨。被告汪明作为正常的年轻人，明确知道其女友一而再、再而三地被林浩骚扰，又险些被强奸，他的愤怒显然已达到极限，其冲动之下的行为，虽然触犯了法律，但在情理之中。当然，我强调的并不在于这一点，更为重要的是，汪明去林浩的住所之前，肯定不会对他的财物在意，更没想占为己有。对于这一点，他事后很随意地扔掉衣服的行为，可以得到印证。”

血海深仇！刘军说得对。志勇蓦然记起，30年前，自己比汪明还年轻，遭遇相同情形之际，还没听完自己相亲相爱姑娘的哭诉，就觉五雷轰顶，身体像炸开一样……抄起菜刀，揣进怀中，奔仇人而去……他明确感到，如果不宰了那个畜生，让他的污血飞溅，自己定会被熊熊的愤怒之火烧死的，尽管那天凛冽的狂风呼啸，伙房的大铁锅都被冻裂了……对于林浩这样的恶人，难道说就只能以暴制暴？以犯罪回击犯罪？

“姑且如你所言，被告汪明等人的行为尚可理解，但受害人的衣服被抢走毕竟是无法改变的事实。”女公诉人咄咄逼人地说，“正宗的皮尔卡丹，价值22000元人民币，而且里面还有3000余元现金和信用卡，这又怎么解释？”

“事实上汪明他们并未将衣服据为己有，而是随手扔了，对口袋里的现金和信用卡并不知情，而且丝毫未动。”志勇说。

公诉人冷笑，“说得轻巧，扔了？证据呢？”

“关于这件衣服的去向，公安人员已确认被一王姓收破烂者在河堤上捡到，他把其中的现金和信用卡据为己有，把衣服以100元的价格卖给了老乡。”志勇说着举起一张照片，“这件衣服现在公安机关，姓王的跑了，公安机关正在追查。”

公诉人怔住了，像是突然挨了一枪，他显然没料到会有这么一出。这一举证对于他确实有一剑封喉之功效，只见他面皮紫红，呆住了。

志勇看着三名年轻被告孩子样的脸，手腕上闪亮的手铐，心头突然一阵隐痛，多好的年龄，风华正茂，本该有远大的前程，享受美好的生活。但是他们无论如何也逃不脱进监狱的命运，只是刑期长或短罢了。无论什么原因，他们毕竟是触犯了刑律，而报复实实在在是刑事司法的目的之一，复仇就是刑事法律的起源。虽然现在社会文明了，不能大讲以牙还牙，以血还血，但报复、惩罚的功能依然，正如约翰·戴蒙德爵士所言：刑事司法是用于抚平所有健全社会会有的愤慨之情，满足复仇或报复的本能。这种本能不仅存在于受害人身上，而且也是社会的同情心的延伸。就是现代刑事法律，字里行间依然隐约透出报复的气息。

刘军说：“方才庭审中，在回答审判长，被告汪明为什么去找林浩时，汪明陈述，因为气愤，就是想为女朋友出气。这证实汪明主观上没有抢劫林财物的故意，其行为，明显有别于抢劫犯罪处心积虑，为抢劫财物不择手段，借着人多势众多抢多拿的行为方式。我国《刑法》将抢劫罪定为侵犯财产的首恶罪行，是为了严惩那些以非法占有他人财物为目的，使用暴力实施的犯罪行为。回到本案，如果抛开案件的起因和背景，单从汪明等占有财产的行为，对其以抢劫罪论处，难免会犯客观归罪的错误，也违背了《刑法》制定抢劫罪的立法本意，是对法律的机械套用。”

公诉人缓过劲来，冷冷地说：“我不是立法者，适用法律是法官的责任。我提醒你就证据说话，而不是在法庭上解释法律。”

刘军嘲讽道：“你还用自称不是立法者吗？我们当然清楚你肯定不是立法者。但是，适用法律不仅仅是法官的责任，而且也是公诉人的责任，难道说公诉人办案就可以不适用法律？这我就不明白是什么逻辑了，或许这就是你无视事实和证据，颠倒黑白，准确地说是‘指鹿为马’的逻辑吧？所以，公诉人‘指鹿为马’是正常的，尽管是马是鹿一目了然。我深感疑惑的是，在公诉人眼里，把一只鹿称之为鹿，一匹马称之为马竟然如此不容易，在信息如此发达的互联网时代，居然还玩‘指鹿为马’这一套，再说……”

“请律师就本案的具体事实辩护。”李伟打断刘军的话。

刘军说：“对不起，审判长，我只是希望公诉人秉持法律人应有的良知看事物，马就是马，鹿就是鹿。本案还有一个不容回避的事实，受害人林浩的过错是造成本案发生的直接原因，他对手下员工，也即被告人汪明的女友王丽丽一而再、再而三地骚扰，以至她不堪忍受，无奈之下辞职。”

“我提请法庭注意，这与本案无关！”公诉人打断刘军，“我们是在审理汪明等被告人的抢劫犯罪，而不是讨论受害人的道德问题。”

李伟打断他，“反对无效，有关受害人的道德水准，姑且就如公诉人所说的道德问题，与本案的发生有着密切的联系，对于法庭查清本案的来龙去脉确有帮助。请辩护律师继续。”

公诉人无奈地摇头。

“王丽丽辞职后，林浩仍不善罢甘休，不仅扣住保险手续，而且数次打电话骚扰。他的秘书谎称保险手续已办好，将王丽丽骗至公司，他趁机施暴。如果不是王丽丽拼命挣扎，大声呼救；如果不是偶然路过的电工师傅闻声而来，后果不难预料。林是引发本案的始作俑者，所以，汪明等人的主观故意和客观行为一开始就有别于抢劫犯罪。当然，汪明等人采取这样的方法是错误的，也是违法的。但其行为之所以发生，终归是事出有因，情有可原。同时，汪明及另两名被告在学校一贯表现良好。所以，请法庭按聚众斗殴罪，对他们从轻处罚。”刘军说。

公诉人激昂地陈词，“对于本案的证据及法律适用，我们已经说得很明确了。最后，我想提请法庭高度注意的是，本案的受害人林浩先生，本着对家乡的热爱，先后在我市投资5亿多元，解决近千人的就业问题，为我市的经济发展做出了卓越的贡献，被政府授予荣誉市民。这样一位爱国商人，被三名被告人酒后闯人家中，野蛮殴打，构成轻伤，而且财物被砸被抢，这是什么性质，又是什么影响？事实上，这一令人发指的事件已经造成了十分恶劣且十分广泛的影响，给在我市的我国港台地区商人以及外国投资人的心中留下了巨大的阴影。他们在问，中国的法律就不能有效地保护本着良好的愿望在本市投资的商人了吗？就不能为他们伸张正义了吗？更为深层的影响是，他们对中国法律的公平正义产生怀疑，而这种怀疑又必然形成严重的后果，这就是对我市的经济发展产生不可估量的负面影响。”

志勇看刘军的辩护有理有节，条理清楚。很是佩服他内心气场强大如虹，声若洪钟，临场反应敏捷如闪电，刑法功底深厚。本来不想再多说什么了，但听公诉人这么演绎，立即怒火攻心，“我特别注意到公诉人一再强调受害人的身份，并非常着重地说明他为本市经济发展做出的贡献。这也许是事实，无可厚非。但是，我不明白的是，在庄严的法庭上，突出这点是什么意思？既然公诉人这样讲了，我可以在此明确地告诉各位，荣誉市民的待遇。”他突然提高嗓音，气守丹田，一字一顿地说，“这就是开车违章不罚款、风景区免收门票、直系子女可自由择校、娱乐场所不受检查。这是什么待遇？是‘超国民待遇’，而这些特权又是政府，而非广大民众赋予的。所以，这本来就是蔑视民意的举措，是官员超越法律漠视民意的产物。我不明白的是，招商引资，就必然要奴颜屈膝吗？招商引资，就可以践踏法律，做出各种无耻的举动吗？如果按公诉人的逻辑，必然得出如此结论：腰缠万贯的大人物受害了，我市的经济发展就必然会受到冲击，甚至对外开放也会受到影响，所以就要理所应当地加重对被告人的处罚。我提请法庭注意，可以设想，如果受害人是教师，教育事业就会受到损害；如果是农民，农业就会造成损害。这是什么逻辑，不言自明。我还想提醒公诉人注意的是，我国《宪法》最基本的原则是法律面前人人平等。这当然对被告和原告均是如此，对任何人也是如此。在法律面前，身份绝对不该起任何作用，这是《宪法》原则。我不知道公诉人是忽略了这一点还是有其他的特别用意。所以请公诉人重温我国《刑诉法》第六条，这就是，对于一切公民，在适用法律上一律平等，在法律面前，不允许有任何特权。”

旁听席上的汪静目不转睛地凝视慷慨激昂的志勇，被深深地震撼，眼睛湿润了。她万没想到，这位看上去似乎玩世不恭，而且不易接触的男人胸中竟充满如此浩然正气，奔涌着令人回肠荡气的激情。

公诉人回敬，“我是代表国家来公诉的，不是与你讨论《宪法》原则和《诉讼法》条文的。”

志勇不屑地盯着他，“你连基本的《宪法》原则都不清楚，如何代表国家公诉？这让我感到震惊！更让我震惊的是，法庭正在审理的是一起刑事案件，而公诉人却莫名其妙地谈起经济政治问题？你是依法公诉还是以领导指示公诉？”

李伟打断他的话，冷静地说：“刚才公诉人和辩护律师，就本案的事实、证据等都充分发表了意见，如果双方没有新的证据向法庭提供，法庭辩论暂时到此。”他又问三名被告还有什么要陈述的，他们三人回答大同小异，这就是相信法庭会公正判决。于是，他双目炯炯，环顾法庭后，极为气势地说：“现在我宣布休庭。”话音未落，法槌敲响。

八

半个月后，没有再次公开开庭，判决书就下来了。按聚众斗殴罪判处汪明有期徒刑四年；另外两名学生判有期徒刑两年六个月。他们的辩护目的圆满达到了，令人深感奇怪的是，大肆扬言如果法庭按聚众斗殴判，坚决抗诉的检察院居然无声无息。后来李伟把这个谜团解开了，作为本案的审判长，他坚持按聚众斗殴罪判处，令院领导大为不悦，结果案子上了审委会。面对巨大压力，他依然不改初衷，并声称，如果判抢劫罪的话，就把我的意见记录在案备查。会议不欢而散；第二次开审委会，院领导不再坚持，通过了李伟的意见。但这并不是认为他的意见在法律法理上是如何正确，而是因为台湾商人林浩的态度令人奇怪地发生了180度大转变，他很是大度地在市委主要领导面前为学生讲情，“人非圣贤，孰能无过？”他们都是年轻学子，能放他们一马，就放他们一马吧。既然受害人都这样讲了，市领导对检察院、法院如何动作也就听之任之了。如果林浩不如此表态，此案一审如何判决，只有天知道了。

此案了结不到一个月，一纸调令，李伟就由“刑一庭”变为政研室主任。为此，他很有心得地对志勇说：“你想，关键时刻，不听领导招呼，命当如此，我是有思想准备的。这样也好，我这把年龄了，从此后研究研究法律，钓钓鱼，颐养天年，也少了种种烦心之事。”志勇心里明镜，这位堂堂正正的法官在其审案裁判众多的案件中，没有错案。用他的话来讲就是，判的每一起案件，都能经得起历史的检验，无愧于自己的良心。所以，他在政法口威望很高，尤其是在律师界口碑极佳。然而，他公堂断案的生涯就此完结了，53岁，作为法官正是黄金年龄哪！志勇因此深感有愧于他，但又爱莫能助，只有尽心履行承诺，去北京运作，把他女儿上研究生一事给搞定了。

判决书下来的当天，汪静感激涕零，她跑到律师事务所，一定要宴请志勇、刘军和陈燕，以表谢意，看志勇拒绝，急得掉泪。志勇正在劝她之时，接到陆地的电话，说是他和雷鸣还有耿昌在酒店等他。听口气，他就明白，他们三人聚在一起，只有两件事，不是喝酒就是搓麻。雷鸣原是公安局的副局长，三年前来司法局当了一把手，他与陆地意气相投，推襟送抱。

志勇驾车行驶在灯红酒绿的街头时，心想，这个案子陆地在暗中帮了大忙，正是他下令让手下的刑警秘密追查那件名牌衣服的去向，而且还真的有了结果，如果没有这关键的证据，辩护极有可能失败。由此看来，关键时刻还是老朋友靠得住啊！

他走进酒店房间，看到麻将桌已支好，三人坐在麻将桌前闲聊。

“老兄终于来啦，三缺一，就等你呢！”陆地说，“快上场，就等着赢你大律师的钱呢。”

“我看你是急着给我送钱吧。”志勇说着坐下码牌。他极少参加这项全民喜爱的娱乐活动，只是偶尔为之，不是不想轻松，而是实在没有时间。

雷鸣一边出牌，一边说：“大律师，这案子办得漂亮啊！”

志勇说：“按局座指示，以事实为根据，以法律为准绳嘛，算是对得起你的指示了吧？”

雷鸣大笑，“我是让你这样办的吗？市委领导后来大肆赞扬林浩品德高尚，自己挨了打，还为学生说情，以德报怨，不容易啊！”

耿昌不屑，“狗屁，他真要品德高尚，还敢色胆包天，谁知这条老色狼玩的什么花花点子？”

陆地扔出一张牌，“妈的，刚走二饼，又来二饼。”

志勇一边摸牌一边说：“真要感谢你老弟助我一臂之力。”

陆地说：“我当然是向着你老兄了，但把检察院给得罪了，他们的领导气得脸都绿了，骂我们这事做得不地道，没提前与他们通个气。我说办案警察经验不足，与你们缺乏沟通，责任在我……好，好！”他的中指和大拇指抠住一张牌，用力一摸，突然扣在桌上，“八条，庄家自摸，各位上银子吧。”

雷鸣说：“兄弟你今晚请我们吃海鲜是铁定了。”

门铃响起，耿昌去开门，他刚打开门，猛地冲进来几名警察，个个凶神恶煞之状，其中两个还掂着手枪比画着，大吼：“不许动，谁都不许动！”

耿昌后退几步，冷冷看着他们。

陆地快速扫了他们一眼，不动声色。

“现在什么时候了，还顶风作案！”领头的挥舞着手枪，“先把他们的赌资收缴了，快点，还愣着干什么？”

这时年龄稍大的一位，拉住正在叫嚣的，耳语，那位脸色立即变色，像被抽了筋似的站立不稳，随时要倒下的样子，嘴唇也哆嗦起来，“陆局长，不知道，不知道，打扰你们了，打扰了，你们继续玩，继续玩。”

陆地一掌击在台面上，只见麻将牌乱蹦。他吼声如雷，“立正!”

几人听令，齐齐刷刷站好，木桩样一动不动。

陆地阴沉着脸，“朋友在一起小玩，就是顶风作案，什么水平，我都为你们脸红。”

年龄稍大者说：“我们上当了，线人报告，说是几个大款豪赌，所以，我……”

陆地指着年龄稍大者，“你还是副所长呢？就那么相信线人，你的脑子是干什么用的，滚，都给我滚!”

副所长还想说什么，陆地挥挥手，口气软了下来，长叹一声，“走吧，回去动脑筋学业务，这事就到此为止了。”

几人慌忙不迭，夺门而去。

陆地摇摇头，“这帮人，就这水平，怎么说呢？真正的职业赌棍他们是抓不住的。不过，这也是我的失职啊!”

第五章

任何国家，若在国内宣称法治，就必须在国外也尊重法治；任何国家，若在国外倡导法治，就必须在国内也力行法治。

——科菲·安南（联合国前秘书长）

基本案情：

美国著名的A公司，通过其阿根廷的公司，向阿根廷政府申请对中国中原化工出口其国的CG化学制剂实施反倾销调查，要求对中原化工课以高税率。阿根廷政府为此展开调查，并决定召开听证会。中国有关企业惊慌失措，不知如何应对。中原化工面对生死未卜之局面，决定参加听证会一搏。

中国律师意见：

中原化工对阿根廷出口的CG化学制剂产品，倾销不成立，故还应执行零关税。

一

中原化工的会议室里，气氛凝重，令人窒息。

“我可以坦率地告诉大家，局面已经到了最危急的时刻，美国A公司的反倾销申请一旦被阿根廷政府认可，而且从目前的情况看极有可能如此。结果就是阿根廷政府将会对我们的产品课以30%~50%的反倾销关税，甚至更高。这样一来，不仅对我们，就是对我国这个行业也是灾难性的，直说就是死路一条！”中原化工董事长祝春语气沉重，眉宇纠成了一团。

会场一片墓穴样的死寂，大家的目光齐刷刷盯着祝春。他放下杯子，环顾会场，“眼下，国内十余家企业都眼睁睁地盯着我们，但令人丧气的是，它们没有任何态度，只是等我们如何动作。当然，这也可以理解，谁让我们是这个行业的龙头老大呢？面对这种险境，我们不出头谁出头，我们不下地狱谁下地狱？昨天晚上召开了董事会，决定出席听证会。各位是我们厂中层以上的负责人，是单位的骨干和精英，应该了解这方面情况。现在请中州律师事务所赵一明律师介绍这方面的背景及对策，他是专家。大家听后，有什么想法直说出来，在这样的时刻，我们应该团结一致，共赴危难。”

一明起身点点头，坐下扫一眼笔记本电脑，扶扶眼镜，“祝总称我专家，高看我了。我只能就目前掌握的情况谈谈看法，供各位参考。自从我国加入WTO以来，类似案件越来越多，这是必然的趋势。因为我们参与了全球市场，当然渴望在你争我抢的全球市场这块大蛋糕中分一杯羹。说穿了，利益之争嘛！正像19世纪英国外交大臣巴麦尊子爵一针见血地指出的那样，国与国交往只有永恒的利益，而没有永恒的朋友。我国经济日益融入全球化浪潮后，在世界贸易中所占的份额逐年攀升。但是，世界对此是什么态度呢？面对MADE IN CHINA的产品大呼小叫，‘反倾销’、‘反补贴’、‘特保’等条款，还有与之相应的种种动作纷纷启动和出笼，MADE IN CHINA惨遭‘围剿’，陷入‘十面楚歌’之境。从纺织品到小五金，从日用品到家具，从食品到钢铁等，无不如此。由于我们的企业，不客气地讲，还有上层有关人士在此之前，根本没有超前的战略眼光，当然，这也是可以理解的，因为这需要很高级的智慧。令人痛心的是，在战术上我也看不出有什么素养，一遇这类案件，不是一筹莫展，采取鸵鸟政策就是匆忙上阵，屡屡败得一塌糊涂，损失惨重。不过话又说回来，我们毕竟是WTO的新伙伴，对它的游戏规则还不大熟悉，熟练操作更谈不上，更重要的是我国目前专门的涉外律师少得可怜，国际上的律师事务所在中国内地开所的200余家，另外我国港澳台地区也有40家。如果按照WTO市场对等开放原则，这近300家律师事务所进来，中国内地就应该有300家出国开律师事务所，但令人尴尬的是，连10家都不到，缺乏这方面的专业人才。从WTO发布的各国反倾销的数据看，我国受损害依然最大，如针对我国纺织品出口，欧盟裁定我国化纤布行业倾销，并据此提高20%～85.3%不等的反倾销税；又如土耳其对我国出口其国的拉链也做出了反倾销最终裁定，税率每公斤提高了3美元；印度也在跃跃欲试，成为对我国发起反倾销的大户。总之，我国已连续10余年成为全球遭受‘双反’调查最多的国家，而且从发展趋势看，确有‘蝴蝶效应’之势，总的情况基本如此。”

“具体到本案，据我们了解，美国A公司是一家跨国大公司，同时也是CG化学制剂的发明者和世界最大的生产商。请大家注意，20世纪60年代‘越战’时美军为对付丛林中的越共游击队，大量使用的橙色落叶剂，就是这个公司处心积虑的发明。该公司就像美国在世界上行事一样，独步天下，霸气十足。”一明说，“为维护其在国际市场上的垄断地位，在全世界范围内对我国出口的CG化学制剂产品进行封杀，先后在欧盟、澳大利亚、巴西提起反倾销调查，而且得手了，所以我们这个国内最大的CG化学制剂生产企业深受其害，苦不堪言。”

与会者频频点头，一位年轻人极有感触地说：“赵律师所言极是。现在国际社会环境对我们不利，这几年我们厂对外出口举步维艰，如果这次它在阿根廷再得手，我们必死无疑。”

一位愁容满面的女士说：“目前的情况确实危急，我们也清楚。我想问的是，如果我们出席听证会，成功的把握有多大?”

志勇微笑着说：“这个问题很难准确回答，实事求是地讲，尽管我们有过成功的经验，比如前年对韩国有关铝材的反倾销应诉。但是，我们不能保证这次一定就能赢，如果硬要说有多大把握，也只能说胜负各半。眼下，首先要解决的问题是，你们出席听证会的决心是否已铁定？否则在此讨论是没有什么意义的。”

祝春立即接上，“我刚才讲过，董事会已决定出席。现在的局面是，人家已经把刀架在你脖子上了，伸头是一刀，缩头也是一刀，拔剑斫地，不如挺剑而斗。就是死，也得死个明白。各位考虑，是不是这个道理?”

祝春年轻的助手说：“我厂法律部的首席法律顾问放言，如果我们出席，获胜的可能性几乎等于零。但各位可以设想，如果不出席呢，结果就是绝对等于零了。正如祝总所言，与其说等死，不如一搏。”

大家纷纷点头。

志勇说：“关于费用问题，我与祝总交换过意见，在此也可直说，出国打官司不同于国内，费用会相当高，这还在其次。更为关键的是，钱花了，官司却不能确保胜诉，尽管我们有充分的证据，但案子在国外，不确定的因素太多，所以还有可能会出现‘赔了夫人又折兵’的悲惨局面，各位对此要有思想准备。”

“就是死，我们也无憾了，因为我们尽力了。”一位老者神情悲壮，像是面对生离死别，“谋事在人，成事在天啊！”

祝春说：“谢谢张主任的直率，既然你这样说，我也在此实事求是地对你，也对各位讲明，我们去北京咨询过几家律师事务所，它们的要价可比你们高多了。至于说聘请外国律师，我们也接触了，他们狮子大张口，让我感到是在趁火打劫！所以，让你们代理这个案子是铁定了。花钱打这场官司，我认为不存在费用问题，因为这笔钱是投资。在经济学上，费用是消费，而投资则是为了更多的利润。”

志勇说：“好，既然如此，我代表我们中州律师事务所向各位保证，我们将全力以赴，和你们风雨同舟，共渡难关。”

会场上响起热烈的掌声。

二

志勇大口吸着烟，伏案看材料，一明和陈燕进来，他一点反应都没有。

一明拍着巴掌，“老兄，龙体事大，不可废寝忘食，用膳的时候到啦！”

他抬起头，似乎仍在思考中，“我最担心的还是北京那家律师事务所提供的调查报告，祝春怎么养了个大内奸呢？”

“重赏之下，必有勇夫。”一明说，“我已经把情况通报祝春了，他气得跺脚骂娘。”

“他就是对中原化工再有意见，也不能吃里爬外当汉奸哪！难道说国人真有这个传统？”陈燕忧心忡忡，“堡垒是最容易从内部攻破的。”

志勇说的大内奸，是中原化工的首席法律顾问，北京一家律师所名气不小的律师。正是这位律师与其律师事务所，给美国A公司提供了对中原化工极为不利的调查报告，其主要内容是，政府对中原化工实行特殊政策，银行贷款低利率，减免税收，而且政府还投资。主要是证明中原化工未按市场规则运作，而是在政府扶持下运行，所以产品价格低廉，严重违反WTO规则。

“弋天那边的调查如何？”志勇点着手中的香烟。

“下午传真过来了，比我预期好得多。A公司真是使出了浑身的解数，不把中原化工逼死誓不罢休！”一明从包里取出传真件，递给志勇，“我弟弟在美国做律师有10多年了，这家伙很是厉害，你放心就是了。”

“刚才你的同学高远和我通了电话，他在阿根廷那边做了不少工作。据他讲，情况不容乐观。”志勇看着传真，“他担心的也是北京律师事务所的那份调查报告。”

“高远做商务参赞几年了，这方面的事经历不少。”一明不无忧虑地说，“他提醒我们，在世界范围的反倾销案子中，我国的败诉率高达90%以上。这次听证会，在实质上与开庭审理是一样的。”

“是啊！”志勇仰在椅子上，长嘘了口气，“这虽然与我国有关人士对世界的贸易规则不太熟悉有关，但我们自身在经济运作上确实也有很大的问题，一句话，窝里斗。例如20世纪90年代，温州制造的金属防风打火机，市场价格不足1美元，国外厂商看有利可图，纷纷在温州下单生产。结果，几乎是在一夜之间，温州就冒出2000多家打火机生产企业，为争夺市场，开始互相压价，进而演化成血淋淋的你死我活的‘价格战’，从国内打到国外，直逼得国外同行没有了生存空间，最后招来反倾销调查。CG产业开始亦然，后来虽有所改观，但情况仍令人担忧！”

“事实上，仔细考察我们的市场经济，不守规矩的情况太多了。”一明说，“也许这就是所谓的跨越式大发展？”

“我们代理这个案子是凶多吉少？”陈燕问。

“确实不容乐观。”志勇深深吸了口烟，“不过，阿根廷是我国在拉美地区主要的贸易伙伴，早在20世纪50年代就与我国有贸易来往了，更重要的是，这个国家深受大陆法的影响，1853年就有了全国统一的宪法，1869年颁布了民法典，而且这一法典至今仍然有效。所以我认为，在这样一个法治比较健全的国家，违法之事还不至于大行其道的。”

“张老师可真是下功夫啊！”陈燕伸伸舌头，她看摆满各类材料的大办公桌上有一本《英阿马岛之战》的书，随手拿起来翻着，“连英阿马岛战争的资料也看?”

“多了解一下这个国家，或许用得着。”志勇说。

“我完全同意张主任的看法，知彼知己嘛!”一明说，“我也查看了不少有关阿根廷的资料，除了是一个法治较为健全的国家外，还真是一个令人神往的国度，一片充满想象的热土，是最富戏剧性的国家。仅是贝隆与艾薇塔的浪漫爱情就让我充满遐想。你们想，艾薇塔，一个私生女，竟然就能成为第一夫人，她的影响甚至超过了总统。如此浪漫的理想之梦，也只有在这样的国度才能成为现实。1951 年，这位年仅 33 岁的第一夫人病逝，阿根廷国家电台这样宣布，‘艾薇塔·贝隆——国家的灵魂，民族的精神领袖逝世。’由此可见人民对她的敬仰。昨天夜里，我听麦当娜演唱的《Don’t cry for me Argentine!》（阿根廷，别为我哭泣），直让我泪流满面。”他说着，情不自禁地吟唱起来。

三

游力极为认真地听完祝春和志勇关于赴阿根廷出席听证会的汇报后，白脸严峻似冰，“具体法律问题我不大熟悉，就不多说了。张主任等律师不辞辛苦，做了大量深入细致的工作，在此我代表市委市政府深表感谢!”

现在他已是这座省会城市的市长了，3 个月前，在市人代会上，他不出意料地高票当选，去掉了“代理”两字。他得知此事的第一反应是，立即通过同学关系联系到外交部美洲司一位副司长，当夜就驱车奔北京，计划通过外交层面进行努力。结果这位副司长对他说，已经闻听此事，从外交上去做基本没戏，只能从法律层面应对，对于阿根廷这个国家尤其如此。他听后如在寒冬又掉进了冰窟，彻底凉了。

他马不停蹄从京城赶回来，得知中州所已经介入此案很深时，勃然大怒，严厉批评祝春，这么重大的事情，为什么不早汇报，组织纪律观念哪里去了。祝春低声下气解释道，尚未正式决定是否出席听证会，仅是让律师摸摸情况。随着事态的进展，游力为中州所的能量所震惊，他们真的磨动了世界著名的会计师事务所，还有美国律师加盟，而且要价还很低。于是，他指示祝春，对于美国律师，不要心疼钱。祝春告诉他，美国律师是赵律师的弟弟，人家说，为了自己的国家，就是免费也要出力的。游力由衷叹曰，爱国的仁人志士还是有的，不容易，一定要善待他们。

此刻，一明听游力一本正经地说着官话，心里烦透了。本来就要起程赴阿根廷，还有不少案头工作要做，但祝春硬拉着他和志勇来，还心有余悸地说是政府高度重视这件事，游市长要亲自听汇报。一明暗自骂道，妈的，这已经是第几次了，每次都是些不疼不痒的屁话。他曾对志勇说，也不知为什么，我一见当官的，就小腹下坠，出恭的感觉强烈。再加之在他义父一案中，已领教了这位领导侃侃而论的风采，如果不是出于对委托人的尊重，他才不会来呢。事实上，他有两次真的就没来，还煞有介事地称，“肉食者鄙，未能远谋。”

游力端坐在沙发中，面色沉重得像是参加追悼会，“你们应该清楚的大局是，现在的‘维稳’工作难度很大，老百姓一点小事就闹到法院打官司，要么动辄越级上访，叫屈喊冤，影响我们社会和谐发展，我作为一市之长，实在是为之揪心！”

一明忍不住了，“游市长，依我看，老百姓有事到法院打官司，说明公民的法律意识增强，是社会文明的进步。如果说官司少就是社会和谐的话，那么纳粹德国、斯大林时期官司确实不多，我国‘文革’时期根本就没官司。能据此说明，这些时期的社会就是文明和谐的社会吗？至于说百姓上访，请恕我直言，是各级政府的工作不到位，如果政府官员尽职尽责，政府职能运作正常，社会不公有人管，困难有人解决，百姓何不安居乐业呢？没人疯到非千辛万苦，耗时费力去上访不可。同时，如果法院能公平地审理每一个案件，我相信越来越庞大的信访大军会回到法庭的。不切实执行国家已有的法律制度，还要体现亲民，这就有了全国大接访，各级司法机关都接访，造成民众大上访后，才发现难以承受，再大截访，劳民伤财！依我看，我们的政府应该静下心来，学习祖先‘大禹治水’的智慧，‘疏，而非堵’。”

“赵律师是在批评政府嘛！很好，而且切中时弊，我们政府中确实有些官员堕落了，只顾作威作福，根本不把百姓的冷暖放在心上。还有部分法官吃了原告吃被告，枉法裁判，造成冤假错案。”游力语气沉重，“但这并不是问题的全部，问题相当复杂，是综合因素所致。即使把上访的群众引导到法庭，用理性的、法律的渠道就能实现他们的诉求吗？法院怎么可能公正地审理每一起案件呢？总会有差错的，就是法治发达的国家也不可能嘛！我认为，只有官民都敬畏法律、切实尊重法律之时，才能进入真正的法治社会啊！”

志勇心里也烦了起来，尽管他认为游力所言无疑是正确的，尽管也理解他的一片忧心，但仍害怕口锋甚健的他云山雾罩地展开。“游市长对案子还有什么具体意见吗？我们还要回去准备一下。”

“噢，该讲的，已经讲过了。这个案子你们重任在肩，我，还有中原化工的全体员工就寄希望于你们了。说实话，我的压力很大！”游力不无忧虑地说，“你们想，5000多名职工啊！一旦我们败了，他们怎么办？眼下的局面已经令人堪忧了，职工人心浮动，离退休职工走马灯似的到厂里甚至来政府打听情况，不少技术人才思走，而且已经流失一部分了。正如祝春所言，整个企业被一种紧张不安的气氛笼罩。如果企业真的垮了，必定会有一大批职工下岗，被推向社会，处境令人担忧，势必给我市的‘维稳’工作造成极大的隐患，甚至造成链式反应。一想起这些我就寝食难安哪！现在我想知道的是，根据你们以往的经验，判断一下结果，到底有几分获胜的可能？也让我心里有个准备，提前做好后续工作，防患于未然。”

“你的心情我完全理解。”志勇说着心中感叹，看样子，他确实忧心如焚，是位把百姓疾苦挂在心上的好官员哪。“至于说结果怎么样？确实不好讲，这是在国外，不确定因素太多。但请你相信，我们会竭尽全力的。”

“那好吧，我相信你们会不负重托，完成好这次艰巨的使命，我代表政府，拜托你们啦！还有什么需要政府办的，尽管提出来，我全力以赴解决。张主任，赵律师，中午我代表市委市政府给你们饯行。王秘书，抓紧安排一下。”

正在做记录的年轻秘书，应声起身。

四

傍晚，志勇把整个出国的材料整理完毕，从所里出来，想着明天就要起程赴阿根廷，便拐到超市大肆采购一番，片刻就把手推车装满了。

志勇一进家，立即脱外衣，系上围裙，挽胳膊捋袖，吹着口哨，在厨房忙活起来。他把做好的菜一一端上餐桌，看表已近7点，但妻子和女儿还没有回来。于是，点上一支烟，拿起电话，揿键。此时，客厅的门开了，白雪进来，她正脱下外衣换鞋之时，像是嗅到了骇人听闻的毒气，五官猛然紧缩到一起，本来挺好看，很是有些气质的圆脸瞬间成了夜叉状，转头冲着他尖叫：“又在房间里吸烟，恶习不改！”

“噢，对不起，对不起！忘了夫人的禁令啦。”他讪讪笑着，急忙从盒子里拽出一张纸，把烟掐灭在里面，揉成一团，“准备吃饭，我做了几个菜。”

“噢，是这样？”她高挑起眉毛，做出很吃惊的样子，讥讽的口气让他浑身发冷，“今天太阳没从西边出来吧？夜猫子却提前归巢啦！”

热脸贴在冷屁股上，良好的心境霎时打了折扣，挫折感憋气感一股脑儿冲上心头，但他没发作，就像往常一样。“人在江湖，身不由己嘛！对了，我明天去阿根廷，有个涉外的官司。”

“噢？远走高飞啦！你的江湖越来越大，延伸到地球另一边的南美洲啦。”她的口气很是怪异，“总是美其名曰身在江湖，实际上是花天酒地，乐不思蜀吧。”

他胸口堵得厉害，像突然塞进一个正在充气的大气球。事实上，他并不想在外面吃饭，外边哪有家里悠闲，想吃什么，就做些什么，既从容又舒适。

“你算算，一周你能在家吃几次饭？”她从卫生间出来，继续嘟囔，“家在你眼里旅馆驿站而已，我只是个服务员或者说看门狗，你还把我当成妻子，甚至是当成人吗？”

火气在胸中集结，但他十分清楚，只要一开口，毫无例外的又是拌嘴吵架的升级，这就是近年来两人关系的总体态势。何至于此？他想不明白，这他妈的是怎么啦，我难道就没有一件事能让她看着顺眼。原来，她攻击他只会死读书，不知道挣钱；后来有钱了，她又改变了角度，有几个钱就忘本了，难道说生活目的就是为了钱吗？再后来，图穷匕见，直接指责他对家，实际上是对她不管不问。他实在是搞不明白，她怎么就成了这样？尽管他很认真地反省自己，尽管他有很清晰的逻辑思维能力，尽管他阅人阅事多矣。最终的结论是，女人到了这个年龄，就是老天爷也捉摸不透。有次他小心翼翼地把憋了很久的话说了出来，你是否去医院检查一下，女人到这年纪容易患更年期……放狗屁！她没听完就像被摸了屁股的老虎，暴跳如雷，戟指断喝，你才更年期综合征！欲加之罪，何患无辞，自己一身老白毛，却总说别人是妖怪！我看你是做讼棍太久，落下胡搅蛮缠后遗症了。

“我回来啦。”女儿嫒嫒打开门，蹦跳着进来。她放下书包，摘下耳机。

“这么晚才回来？”白雪沉着脸问。

“在学校看书。”她说，“在家效果不佳，诱惑太多。”

看女儿满脸阳光，他心头顿有云开雾散之感，“快用膳吧，凉了味道就差啦。”

女儿 22 岁了，还像个小姑娘。自己还不到 18 岁就面朝黄土背朝天奴隶样地劳作，而且自认为已经是顶天立地的大人了。他曾对女儿说起这些，她根本就不相信，歪着脑袋，眼睛睁得溜圆，像听天书。怎么可能，怎么可能呢？按你的说法，那时的人都是疯子！打死我也不信。是啊！他想，以现在的目光观察那时人们的行为，确实很难理喻，这就像对于中国历史上男人执意去做太监的心理不容易透彻理解一样。

“这么多好吃的，肯定是爸爸炮制的。”嫒嫒从卫生间冲出来，偏着脑袋打量着桌上的菜，“以后我要到了英国，就吃不着老爸做的佳肴喽！我想我会嘴馋的。”

看着女儿大口吃菜，津津有味的样子，他心头欣然起来。女儿申请去英国读研究生，已将自己的简历等寄往英国的几所大学，目前正在准备考试。对于宝贝女儿计划只身到国外，他心里实在是舍不得，但还是尊重她的选择，已经 22 岁了，有选择的权利。

“还没考，心就到国外了。”嫒嫒红润的脸上洋溢着自信的笑容，“老爸，考剑桥、牛津恐怕没把握，伯明翰没问题。”

“吹牛了吧，就是走，也是明年啦。老爸做的菜，你还能吃一阵子呢！真是去了英国，你不会要求老爸做你的随身厨师吧？这还真是个问题呢。”

“我可不敢有这样的奢望啊！爸，只要你想着我，小女就心满意足了。”她笑嘻嘻地看他一眼，“真要去了英国，我肯定会想你的。”

“看你说的，仿佛你已经到了英国似的。嫒嫒，我明天要出远门，你和妈妈在家要注意安全。”

“去哪儿？”

“阿根廷。”

“确实远门。那是一个很激情的国家啊！”

“对这个国家你知道些什么？”

她忽闪着大眼睛，“足球，马拉多纳，探戈，其他就不清楚啦，晚上我上网看一看。爸，明天什么时候走？”

“中午，先到北京。”

“我送你到首都机场，你知道，我现在的驾车技术完全过关啦。”

“心领了，在家准备考试吧。”

“天哪！你把卖盐的杀啦。”白雪像挨刀似的惨叫一声，“鲍鱼这么咸！”

媛媛不乐意了，“妈，看你，爸多忙啊！回来做好饭，咱们吃就是了。”

“我就不能说句话了。”白雪满脸乌云，把筷子扔在桌上，“你们父女俩联合起来气我不是，嫌我死得慢！”

媛媛赶紧把筷子拿起，塞在她手里，“妈，有什么可气的。再说，爸明天要出国，咱们就不能安安静静吃顿饭？”

“都走吧，你不是也想远走高飞嘛！妈妈的话你当耳旁风，爸爸的话就是圣旨。”白雪半仰着脸，“我实在是想不明白，国内读研究生有什么不好，非要去英国。英国就那么好？当它们无耻地向中国倾销鸦片，后来干脆打进来，烧杀抢掠，无恶不作，害了多少中国人！”

“妈，这哪儿跟哪儿啊！现在都什么时代了。”

“什么时代？当今它们侵略本性就改变了吗？只不过不再明火执仗打你、掠夺你，而改为经济侵略、文化侵略罢了。英伦三岛，蕞尔小国，雾气腾腾，有什么好的。”

他真想问问她，岛国虽小，但它能执世界牛耳几百年之久，号称日不落帝国，没点真货色可能吗？但强忍住了，因为他清楚，此时发问，只能刺激事态更加恶化，直到不可收拾的地步。

“这么偏执。妈，你怎么没看到西方国家的文明发展呢？别的不说了，你想，为什么我国那么多的精英人才都想方设法往西方跑，而且一去不返，难道他们都是傻子？”

“什么破精英人才，吃里爬外的狗汉奸！”

“那你的女儿也是汉奸了？”

“好了，好了，在下恳求夫人和公主都别再争论啦，你们两位的争论处于鸡同鸭讲的混乱语境嘛！”目睹此情形，他心烦意乱，真想一走了之。但他没走，因为女儿在场，如果仅是他和妻子，早撤了。

“我去把这鲍鱼再加工一下，确实咸了点。二位稍候，好吗？”他端起盘子，心里恨恨地骂道，妈的，其实一点也不咸，纯属寻衅滋事。但嘴上却说：“从健康的角度讲，用餐时应平心静气，否则不利于消化吸收，而且还会引发疾病呢。”

五

夜幕下，湖畔的烧烤大排档灯火通明，如同白昼，人声鼎沸，烟雾腾腾，像着了火。这景象很容易让人联想起我们远古的祖先围在熊熊篝火旁，撕拽猎物大快朵颐的宏大场面。绵延了多少悠悠岁月历史，其中总是有其内在连续性的。众多简陋桌子间为数不少的龙爪槐绿色的树叶被熏得泛黄、卷曲，在仲夏时节，显出一副秋天的样子，给人一种很诡异的感觉。

稍远的靠近湖边的一张桌前。刘军端起硕大的杯子，眼神蒙胧，盯着五光十色的水面，不无怅惘地感叹，“真是后悔搞刑法，更后悔做刑事辩护，这条路眼看着是走不下去啦！”

“现实正如你所言，法庭上越来越难看到成功的大牌刑辩律师的身影啦，他们功成名就，赚足了钱，退出江湖了。”丰收大口灌下啤酒，“不过，刑辩律师的处境确实令人同情。”

“是啊！”陈燕感叹，“有专家如是说，刑辩律师越来越成为令人同情，一见就想流泪的人。”

“你不是正在攻《商法》吗？凭你的智商，依然会宏图大展的。我不也是半路出家另起炉灶的。”丰收拿起一条烤牛筋。

“王兄，别笑话我啦，我怎么能和你相提并论呢！”刘军大口吸烟，“你老兄是什么智商，思考的深度和广度肯定达院士级别，我可比不了！”

丰收身着无领半截袖T恤，俗称老头衫的那种，胖脸渗着汗珠，撕咬、大嚼烤牛筋，一副很执着的样子。

陈燕饶有兴致地看着他，突然感到其形象酷似一位“土财主”。但她清楚，这位“土财主”的学问了不得，政治学不用说了，他的老本行，《民法学》的造诣不亚于志勇，尽管是半路出家，且涉及领域甚广，尤其是法庭上的举止，实在是令人叹为观止，因为根本就没有举止，叉手于胸，纹丝不动，喜怒不形于色，显示出一身百毒不侵的硬功夫，就如同一块本来就长在椅子上的沉积岩，连翻材料这样的动作都极为罕见，只有成竹在胸方能有如此沉稳的大气象。这不知上天赋予的还是后天修行而得之真传。志勇对此定论，无论怎么样，旁人肯定是学不来的。别看他像块石头一动不动，但绝对是不容忽视的存在，因为石头周围仿佛有看不见的强大的逼人气场。一明对此评价是：势也！孙子曰，“故善战人之势，如转圆石于千仞之山者，势也”。又像一颗威力巨大的炸弹，随时会爆响，只是你拿不准具体时间而已。

“兄弟羞煞我也！”丰收用纸巾擦着油乎乎的大嘴，“你的巨大潜能我还能不清楚，就看你如何开发利用了。”

“我也是不惑之年啦！”刘军叹息着，“手头总有推不开的案子，搞得我一点空闲时间都没有，再说咱们的掌门又坚决不想让我改道。”

“你在刑辩界名气太大，我看你想退出来很难。重大的刑事案，你不上，咱们所谁上呢?”陈燕说。

“陈燕说得有道理，走一步说一步吧，我还是相信事在人为的，要用发展的眼光看问题嘛！好了，不谈这令人不快的问题了。”丰收拿起小桌上的手机看了下时间，“此时此刻，志勇他们正在飞往阿根廷的途中，估计正在大西洋上空。”

“真想和他们一起去国外开开眼界，外边的世界一定很精彩。”陈燕明亮的眼中充满向往之情，“我还没有走出过国门呢。”

“说起这事，我还真为你鸣不平呢！前期调查累得不轻吧?仅北京就去了五六次，出国却把你留下了，还美其名曰为客户节约!”刘军愤愤不平，“汪静记者为什么去了?”

“这话就不对了。”陈燕说，“汪静记者的费用是电视台负责的。”

“面上这样说罢了，背后肯定是中原化工埋单，电视台不是什么省油的灯。即使如此，我也认为咱们的掌门处理不当。”刘军还是不服，“他总是为客户着想，而不考虑自己人，你们说，这案子多去一两个人能增加多少费用，而这费用对于中原化工又算得了什么?”

“算了，说这些干什么。我想以后会有机会的。”陈燕说，“再说，张主任考虑客户的利益也不为过嘛。”

“律师的利益呢?”刘军摇摇头，“上周咱们所两位律师参加了当事人的宴请。他知道后，立即召集非合伙人律师开会，把那两位年轻律师骂了个狗血喷头，并直言，再有类似事情发生，两个字，‘走人’！我看他认真过度了。同时，他也不考虑考虑我的脸往哪儿放，毕竟是我负责管理非合伙人律师这一块儿嘛!”

“他那破脾气，唉!”丰收摇头，“不过，对年轻律师严要求不为过，我看他们的功夫不是用在法律上，而是在公关上。”

“实事求是地讲，公关也没错嘛。”刘军叹了口气，“让我怎么说咱们的掌门呢，考虑所里整体利益少了些吧，例如收取费用问题，就低不就高。大家对此有看法，其实我知道咱们合伙人也有看法，只是你们不像我这样口无遮拦罢了。我感到或许是年龄原因，他锐意进取的劲头远不如前些年啦!”

“喝酒，喝酒。”丰收端起杯子。

“啤酒喝多也会醉的。”陈燕劝刘军，“你可把点量，还要开车呢。”

“心里不痛快，喝点无妨。”丰收说，“再说你就不能开车了?”

“放心，这点啤酒还不至于上头的。”刘军冲她轻松一笑，然后又转向丰收，“王兄，依你的经验，判断一下这个案子的结果如何?”

“王老师，你前年到韩国办过类似的案子，有实战经历，说说你的看法?”陈燕也问。

丰收点燃香烟，深深吸了一口，“我看总体上有赢的希望，具体讲相当麻烦，变数很大。不过有一明的弟弟参与，也许会有转机，但到底鹿死谁手？只有上天知道。”

“如果真能赢得这个官司，绝对是名利双收。”刘军深有感慨，“仅代理费就上百万，我就是办100个刑事案也比不上！”

“你原来为电厂老总辩护，一次不也是几十万嘛！”丰收说。

“唉，都是历史啦，好汉不提当年勇啊！来，咱们碰一杯。”刘军举起啤酒杯。

丰收举起杯子，看着刘军，突然说：“我怎么觉得你一腔悲壮呢？让我生出‘风萧萧兮易水寒，壮士一去不复返’的感觉。”

“为兄如是描述刑辩律师的处境很精准，我虽不是什么壮士，但确实感到前途布满荆棘，命运莫测啊！”刘军说。

六

古色古香的欧式大厅内座无虚席。

主持听证会的是阿根廷国际贸易委员会主席，她年过半百，满头银发，气质雍容高贵。我方参加人员除了志勇、一明、弋天和祝春及其助手外，商务参赞高远也来了。对方有CG公司的代表及各有关人士，其中有CG公司投资受惠地区的代表，慈善、教育组织的代表等。事后，志勇他们从当地媒体得知，本次听证会参加人数之多，辩论之激烈，产生反响之大，被认为是阿根廷历史上最有影响的反倾销产业损害听证会。

主持人宣布听证会开始后，对方几位发言人来势汹汹，其主要内容无外乎是，中原化工未按市场化运行，违反WTO规则，以不可思议的低价出口，严重损害了A公司及A公司在阿根廷的利益，从而要求阿根廷政府认定中原化工的倾销事实，并采取相关措施。

终于轮到我方答辩了，一明环顾会场，用纯正伦敦腔英语说：“女士们，先生们，我是中国律师赵一明，受中国中原化工委托代理本案。刚才听了美国A公司及各位的举证，要点如下，中国地方政府控制中原化工，致使企业未按市场化运作，具体说是地方政府补贴了中原化工，因此中原化工的CG产品低价出口，造成对阿根廷CG市场的倾销。但是，事实胜于雄辩，我国从计划经济向市场经济过渡已经快30年了，就CG生产厂家来说，虽说有个别是国有的，但是早已在经济运作上与政府分离，根本不存在所谓的补贴，更不存在什么政府行为。具体到CG产品，价格较A公司略低确实是事实，但众所周知的是：中国是发展中国家，劳动力廉价是不争的事实。我这有几组数据请各位注意，2004年美国法定最低工资标准是每小时5.15美元，实际上各州比这个最低的法定界限要高，例如纽约州每小时为6.1美元，就按最低标准计算，6小时工作制，日工资为30.9美元，而中国工人平均日工资不到40元人民币，不到5美元。仅此一项中国CG产品的成本就会比A公司低得多，所以，攻击由于政府补贴，造成CG产品低价倾销是毫无事实根据的臆断。”

一明刚停下，A公司阿根廷公司一年轻的代表就站起来，“赵律师，见过这个吧，”他晃着手中的一个本子，“女士们，先生们，中国北京著名的律师事务所受我们委托，对中国生产CG的最大厂家中原化工进行调查，并取得了证据，证明了中国生产CG最大的企业的投资人或控股人为中国当地的政府，这是最有说服力的证据。”

一明立即站起来，“这份报告我当然看过，其中把暂缓纳税说成免税，简直是笑话，不值一驳。当然，中原化工申请贷款时，政府确实参加了协调，而且政府也确实借给中原化工两笔钱，但证据表明中原化工已经连本带利全部偿还了。无论怎么说，政府没有给过中原化工补贴，更没有像报告中所说的那样，政府无偿给中原化工投入巨资。”

一明刚讲完，弋天就接上，“女士们，先生们，我是美国律师弋天，受中国中原化工委托代理本案。这位先生所说的律师事务所我们知道，它们是如何进行调查的我们也知道。当然，这家律师事务所在中国有些名气。但是，在世界范围却名不见经传。我们这里也有一份调查报告，它出自美国德勤会计师事务所，稍有些常识的人都应该知道，它是世界四大会计师事务所之一。该所同样对中国CG中原化工进行了深入的调查与核实，结论是：该企业从原料、生产、销售、投资等各个环节，没有受到政府的干预和控制，属于市场经营。女士们，先生们，我还要告诉各位的事实是：A公司对德勤所的结论非常恼怒，利用各种关系和影响，千方百计迫使德勤会计所出具相反的证明，但它们的企图没有得逞，因为把声誉视为生命的德勤所实在没有能力把谎言变成事实。接着A公司又凭着其财大气粗，居然委托华盛顿WGP律师事务所向阿根廷政府出具与德勤会计所相反的法律意见。我提醒各位注意，WGP所非同小可，它的合伙人中，有美国商务部进口管理局副局长的法律顾问，还有前任美国贸易代表。但是我相信，任何名气和权威都改变不了铁的事实。”

与会的各色人被弋天的气势所震撼，窃窃私语之后，出现了片刻的静默。

一位阿根廷先生站起来，“我是阿根廷从事中国进口CG分销业务的，中国产品价格低于A公司是事实，但我想问的是，A公司的价格就应该如此高吗？我所知道的事实是，A公司高价从巴西自己的工厂进口生产CG的原料，在阿根廷生产。这是跨国公司为获取高额利润所采用的价格转移的不光彩手段。”

“我所知的事实是，不算太久以前，美国司法部针对A公司不正当竞争的违法活动进行了司法调查。女士们，先生们，你们想知道这一司法调查的结论吗？”弋天故意停顿片刻，“这就是A公司在农药产品领域进行非法价格垄断，并因此受到了处罚，请问A公司代表，这是事实吧?”

A公司几位代表惊愕不已，交头接耳。阿根廷公司总经理M站起来，故作深沉地干咳两声，“看来弋天律师对A公司还是很了解的嘛！本人表示敬意。但是，A公司在美国本土的经营失误是一回事，在我们阿根廷的经营是另外一回事。A公司在我们阿根廷投巨额资金建立了工厂，解决了大批公民就业，基本以无偿的价格转让了技术，并为我国的发展无偿资助了学校，还用大笔资金捐赠慈善事业。一句话，A公司在阿根廷所进行的不仅仅是经济活动，而是帮助和促进了我们的经济、文化和教育的发展，给我们阿根廷带来了福音。现在，我想问弋天律师和中国的律师，中国除了倾销产品以外，还为我们阿根廷做了些什么?”他说完直视弋天，嘴角透出得意的笑容。

高远参赞不愧是搞外交工作的，反应极快，“作为中国驻阿根廷大使馆的商务参赞，我有责任提醒听证会主持人注意，M先生的发言已超出本案的范围，所说问题与本案无关，而是把贸易问题政治化，是对中国的不尊重。我保留提出抗议的权利。”

志勇接上，“M先生的发言不仅不着边际，而且令人可笑，就像我们正在谈论阿根廷的足球，谈论伟大的球星马拉多纳，他却突然转到上个世纪的英国与贵国的‘马岛之战’一样。这完全是两码事，用我们中国人的话来讲，是风马牛不相及，所以，我不明白M先生是何用意?”

会场上响起笑声。

“如果事实像M先生所说，美国的A公司是多么无偿地资助阿根廷，是多么无条件地与阿根廷友好。那么，我想请各位回想一下‘马岛之战’，尽管这会使各位不愉快。战前，美国与阿根廷确实是在‘蜜月’中，以致当时的加尔铁里总统直率地说‘我是美国养大的孩子’。他还按美国的要求，在拉美抵制马列主义进攻，并向萨尔瓦多和洪都拉斯提供军援。然而战事一开，当阿根廷最需要朋友时，好朋友又做了些什么呢？美国在大西洋的同步卫星不间断地向英国舰队传送有关阿根廷与马尔维纳斯的情报，早把阿根廷抛弃了。气愤与无奈之中的加尔铁里总统痛苦地说出，‘我们被出卖了’。”

主持人打断志勇的话，“我再次提醒各位注意，辩论内容不得超出本案范围。”

这时，一明走到主持人身旁，把一份材料递给她，并小声说着什么，与此同时，祝春的助手把材料分发给前排的数人。

一明回到座位上，“女士们，先生们，刚才征得主持人的同意，我在此公开一份申诉书，请各位观赏。这是一份不久前A公司提交欧盟的《申请对中国CG进行反倾销复审》的申诉书，前边的内容各位可以先不看，请翻到最后一页，A公司居然对欧盟作了如下陈述：阿根廷政府调查当局已经在对中国CG调查中，做出了不利于中国的决定。各位都看到了吧？我提醒各位注意，从法律角度讲，如果A公司提交欧盟的陈述属实，那么阿根廷政府就构成了未审先判，程序严重违法；如果A公司的陈述不属实，则是在撒谎和欺骗。对此，请问A公司的代表如何解释?”

A公司几位代表大惊失色，狼狈不堪。

听证会场如一石激起千层浪，骚动起来。

主持人拍桌子，高声喊：“安静，安静!”

骚动平静下来，一明说：“请问主持人，阿根廷政府是否已对此做出了决定?”

人们的目光集中在了主持人身上，她沉默良久，才略有些激动地说：“在此我要负责任地告诉各位，阿根廷政府对本案尚未做出任何调查结论，而且作为本案的最高负责人，对于A公司提交欧盟的申诉书，我闻所未闻。我可以很遗憾地告诉A公司的代表，你们的行为及其对欧盟的陈述是不光彩的。现在我宣布听证会休会。”

七

夜色降临这个以足球和探戈著称的南美都市之际，海滨一家中式酒店内，祝春设下的晚宴拉开序幕。

他端起晶莹剔透的高脚杯，满面春风，“我代表我们厂5000名员工还有我自己，敬各位一杯!”

大家站起来，酒杯碰到一起发出悦耳的声响。

“尽管身在异国，咱还按中国的规矩，先喝为敬。”祝春仰脖，一饮而尽后，把杯翻过来，豪爽地扫了个弧，“干，各位一定把这杯干了。”

觥筹交错，琼浆美食，大家都显得轻松愉悦。

汪静喝了几杯之后，面若桃花，光彩照人，“没想到张主任如此足智多谋，把球星马拉多纳和‘马岛战争’连在一起，真是令人叫绝。我敬你一杯。”

志勇举起酒杯，小呷一口，微微一笑，“这是历史啊!‘马岛战争’才过去20多年，但已经显得很遥远啦。”

“汪记者，我发现我们张主任的一举一动，在你眼中均魅力无限啊!”一明眨着眼睛，“何故如此呢?”

“确实如此，怎么样?”汪静故作娇嗔，“张主任对我来说，就是魅力无限。”

“好，这我就没的说了，也许是来到这充满想象的最富戏剧性的国家，人就浪漫起来了。”一明说，“在我看来，张兄不仅人格魅力无穷，而且还很有历史感。一番‘马岛战争’，肯定让阿根廷人上心，这是深埋在他们心中的隐痛啊!”

汪静说，“昨天《人民日报》海外版的记者对我说了‘三个没想到’：一是没想到省城的：律师所藏龙卧虎，竟有如此高手，京城所谓名气很大的律师所应该为此汗颜；二是没想到他们竟有如此大的手笔，掌握如此多的信息，而且还能磨动德勤；三是没想到我国企业在这类反倾销案件中几乎是屡战屡败的背景下，这次赢的希望已占80%以上。你们没见那两位仁兄对你们佩服得五体投地的样子，一个劲地说，‘人精，法律界的人精啊！’他们肯定会采访你的。”

弋天笑容灿烂地举杯，“汪小姐，我敬你一杯。你猜明哥在哥伦比亚法学院读硕士时的绰号是什么？正是‘人精’。当时他要留在美国，肯定也能开创一片天地。来吧，明哥，人精，咱俩也来干上一杯。”

“都叫我‘人精’，其实我很傻。”一明举举杯，“我要在中国混不下去，就投靠你，你可得收留我啊！”

弋天小醺，“请都请不动你，巴不得你现在就跟我走呢！还记得十几年前对我说的话吗？那时刚回内地，在复旦大学执教，不顺，给我打电话，很潇洒地对我说：此处不养爷，自有养爷处；处处不养爷，爷去投八路。”

大家都笑了。

“想不到，想不到，赵律师竟还有这般激情呢。”汪静说。

志勇与祝春碰杯后，问汪静：“你说《人民日报》的记者说这个案子我们一定赢？”

“他们就是这样判断的。”汪静说。

“记者就是喜欢夸大其词，制造新闻，现在胜负未卜，他们就下如此定论。”志勇说。

汪静不服，“他们采访了不少阿根廷有头有脸的人物，综合各种情况才得出这个结论的。”

一明说：“现在还有一个关键问题，这就是阿根廷经济研究所向阿根廷当局出具的证明，它的意见与德勤会计所相反，而它对阿根廷当局的影响力是相当大的。”

参赞高远说：“我们已经搞清楚了，这个所非同小可，特别是它与A公司的关系，它曾经接受了A公司大量资助和项目，CG项目就是通过这个所搞的。该所所长离任后，升为经济部部长，所长的位置由其子担任，而且经济部部长又是这个案子的裁判长。”

一明说：“我已考虑了，对于这个问题，要从两个方面应对：一是正式提出申请，要求经济部部长回避本案，这从法律角度运作；二是高远通过大使馆方面，配合正面的法律运作，进行外交层面的努力。这就靠你高老弟游说啦！”

祝春呷了口酒，“各位，我请你们放松放松，就不能停止工作吗？赵律师，就因为你的敬业精神，回去我就正式聘你为我厂的法律顾问，怎么样？”

“我当然愿意领命了，但如果这次官司输了，你还会如此吗？”一明问。

“我不以成败论英雄。”

志勇笑了，“你们在拥有最富激情的足球和浪漫的政治情侣的国度就不能谈些轻松的话题吗?”

“张兄所言甚是,”一明突然发问,“各位知道 Buenos Aires(布宜诺斯艾利斯)在西班牙语中是什么意思吗?”还没等大家回答,他就叫了声,“好空气啊!”

八

波音飞机在距陆地万米以上的黑暗中飞行。

一等舱内光线柔和朦胧,旅客大都睡着了,没睡着的也是闭着眼睛休息。汪静轻声对身旁的志勇说:“真没想到会胜得如此畅快,仍执行零关税。对此,你有何感想?”

他转脸看着她,“获胜确实不容易!一明和弋天功不可没。要说我的感想,一个字,累。”

她凑到他耳边,“你是不想和我说话吧?”

他笑了,“有你这么漂亮的姑娘陪伴身旁,真不知该说什么好了。”

“假话吧?如果我真的漂亮,如果我真的让你动心,你还会在我面前说累吗?”

他感到她把头靠在自己的肩膀上。

“不想说,就别说了,握住我的手。”

她施施然将手放在他的大手中,他握住她凉凉的柔软小手。

“这下我可以踏踏实实做梦了。”她说,“我最害怕坐飞机,倒不是怕死,真猝死,倒也罢了,没什么可留恋的,关键是过程太恐怖。你想,眼看着冲向死亡,而你却束手无策,那该是个什么感觉呢?”

“年纪轻轻,怎么不憧憬些美好的事情呢?”他感到自己的手被抓紧了。

“我还年轻吗?但总觉得已经走完了一生,对今后也不抱什么希望了。在这个世界上,我仅有弟弟一位亲人了,唯有他让我牵挂。”她深深叹息着,“可他却在大牢里受煎熬呢。”

“人活着都不容易,正如基督教所言,是在赎罪。”他发现她眸子闪亮,仿佛是泪光。

“抱着我,什么也不要说了。”她喃喃请求道。

他迟疑一下伸出了胳膊,隔着薄薄的衬衣,他感到她略瘦,但还算是浑圆的肩膀。于是一股怜爱的温情从心头泛起,她真的需要我保护吗?

九

银色的飞机呼啸着飞临阳光灿烂的机场,盘旋、降落,轰隆一声着地了。

汪静如释重负,冲志勇一笑,“终于又回来啦!”

志勇一行刚来到航站楼大厅，就看到几位花枝招展的姑娘手持五颜六色的鲜花迎了上来，其中一位把花献给祝春，“欢迎祝总凯旋!”看她热情似火的劲头，大有纵身扑入他的怀抱之势。

祝春满面笑容，“我可不是功臣，快给张主任、赵律师，他们才是挽救我们厂的大功臣呢!”

献花，问候，欢声笑语一片。

上车后，祝春对志勇说：“游市长恰好在北京与外商谈一项目，他说一定要设宴款待你们。”

“好啊，在阿根廷这么多天，外国饭都吃腻了。”志勇欣然同意。他知道，游力对这个案子真的是挂在了心上，一天能和祝春通几次电话，而且根本不考虑什么时差，常常在深更半夜打过来，搞得祝春私下对志勇抱怨，天不怕，地不怕，就怕市长打电话。

车行至酒店，游力等人在前厅迎候，他朗声笑着和志勇他们一一握手，“我代表全市人民感谢你们，为咱们的龙头企业赢得了来之不易的大捷啊!”

志勇说：“这是我们律师的责任。”

众多的记者涌上来，游力显然很习惯摄像机照相机，更加神采飞扬，侃侃而谈，在省委省政府的直接关怀下，在市委市政府的精心组织下之类，还有，感谢中国外交部在外交层面进行的努力等，最后才是赞扬律师。

游力半搂着志勇和一明的肩膀，微笑着，待照相机的闪光过后，他对众人热情洋溢地说：“我和张主任、赵律师是老朋友喽，他们在处理天天公司与政府纠纷上就有上乘的表现，这次更是令人钦佩!”

他们一行兴高采烈步入宴会厅。游力笑意灿烂，“张主任，你们去我心头大患哪，对中原化工我可无忧矣!”

志勇明确感到，他说的是实话，是发自内心的笑，而绝非他脸上常挂着的职业微笑，于是，心头生出几分舒坦。

一明悄悄对志勇说：“市长可真是位高明的政治家，居然和我们是老朋友了?我都感到脸热。成王败寇啊，这次如果败了，他不落井下石才怪呢?”

志勇说：“这是人类的弱点，古往今来，概莫能外。”

游力又在热情地招呼着汪静，“你也辛苦了，发回的报道上了《人民日报》一版。我们书记说，这样的消息多些才好。今天你也要多喝几杯!”

汪静矜持一笑，“谢谢游市长关心，我只是服务，他们律师今天才应该多喝几杯呢。”

“说得对，说得对，我要亲自敬上庆功酒。”他说着，拉着志勇坐在自己身边，“张主任可要给我面子哟！这个案子的全面胜利，有很多经验需要总结，如大胆放手让你们精英律师承担案件，聘请外国优秀律师介入，我们的企业要敢于面对国际官司，我已经给媒体打过招呼了，要好好宣传一下。”

一明在志勇耳边说："事后诸葛亮，事前猪一样。"

"另外经研究，决定正式聘你和赵律师为市政府的法律顾问。张主任意下如何?"游力问。

志勇随口说："我很荣幸啊!"

"斗胆问游市长，是有偿服务还是让我们尽义务?"一明问。

"这就由你们定了。"游力说着端起酒杯，"这第一杯是接风酒，大家都干了。"

游力此言不虚，志勇他们回家后，市政府正式向志勇和一明颁发了漂亮的聘请书，还有各路记者确实纷至沓来采访，宣传报道好不热闹。但核心的内容大都是，在市委市政府的英明正确领导下，赢得了国际官司云云，更为关键的是，民众感到，游市长俨然是位运筹帷幄，力挽狂澜的幕后英雄。据朋友讲，省委书记在某高层会上着实表扬了游力一番：在复杂的国际官司面前，头脑清醒，措施得当，有效地调动专业人才的积极性，充分发挥了他们的潜能，应该认真总结经验。

第六章

法令者，民之命也，为治之本也。

——商鞅（战国时期　法家代表人物）

基本案情：

贺立的妹夫宋启亮称他与朋友经营的4车皮小麦已到本市南站，要求贺立代领并销售。贺立为其领出，销售后，将货款如数汇给了宋启亮。因此，江城公安局以贺立涉嫌合伙诈骗将其刑拘、逮捕，检察院以合伙诈骗向法院提起公诉。

被告律师辩护意见：

一、贺立的行为不构成合伙诈骗罪；二、公安机关应返还贺立取保候审的保证金30万元；三、赔偿贺立的工厂停工经济损失等20万元。

一

“我要上书中央，上书国家领导人，揭露他们的罪恶行径！”贺立的哥哥贺飞跺脚咆哮，他猛一甩头，灰白的长发如马鬃迎风飞扬，“我不相信国家会让这样的罪恶大行其道，我不相信！”

夏日白花花的阳光从落地窗照进志勇的办公室，映在光滑的木地板上，也映在贺飞充血的大脸上，他蹦来跳去，状似公园铁笼里来回乱窜的暴怒的狼。

端坐在皮椅上的志勇想，这种状态，别说咬人了，屠大象、杀老虎肯定也不在话下，就是与史前凶猛的雷龙也有一搏。但转念又想，他一介书生能做什么呢？什么也干不了，就如同愤怒的马，嘶鸣几声，尥尥蹶子罢了，至多翻倒在地打几个滚儿而已。

尽管功率三匹的大空调卖力地工作，房间里温度相当低，但贺飞却汗出如浆，雪白的衬衣都湿漉漉地贴在满是一身的肥肉上，宛如立体感极强的地形图。

志勇真想冲着他说，天哪，都这把年纪了，怎么还像个五四热血青年！但他没说，只是拿起纸杯再一次到饮水机前接水，“贺老师，冷静些，这样冲动，无助于解决任何问题。”

“张老师，我能冷静吗？光天化日之下，他们就这样明目张胆地把一位无辜的公民掳走，什么人民警察？简直是土匪！”他大幅度地挥舞着胳膊，“还口口声声说什么法治、法律，狗屁！去找校领导，狗官僚冷冰冰的一句话，要通过法律程序解决，扛着老脸找市领导，也这屁话，我现在倒要看看这法律程序是个什么东西！”

著名大教授真的是愤怒了，这让志勇感到他与平日，尤其是与电视荧屏中温文尔雅、幽默生动的形象判若两人。他把纸杯放在茶几上，拉他在沙发坐下，拍着他的肩膀，“贺老师，你来找我们，是对我们的信任，我们自当义不容辞，况且我们的书记、校长也给我打了电话，让我们全力以赴。目前已然这么个局面了，你总应该让我们清楚事情的来龙去脉吧？否则，我们怎么去，就是去了，到那儿又说什么，怎么往下进行？”说着，又递上一支烟，并为他点燃。

他哆哆嗦嗦地就着火，不顾一切地低头猛吸，啧啧有声，面颊深陷，两股浓浓的烟几乎是不间断地从他鼻孔汹涌而出，大嘴巴里也喷出更浓的烟，顿时腾腾烟雾就把他包裹了，让人感到他浑身都在冒烟。直到燃到过滤嘴，他才渐渐平静下来，抬起头，“对不起，对不起张老师，‘是可忍，孰不可忍’哪！我弟弟是个规规矩矩的商人，从来也没做过什么违法乱纪之事，却惨遭毒手！”

“江城公安为什么长途奔袭而来，是以什么理由抓你弟弟的，你清楚吗？”志勇问。

他又点燃一支烟，怔怔地说：“具体不清楚，昨天早饭时，几名膀大腰圆的便衣，杀气腾腾闯进我弟弟家，一晃证件，说是公安局的，说他涉嫌诈骗，根本就不听任何解释，戴手铐，拖上警车，狂飙而去。”他说着从皮包里拿出一张纸，“这就是他们扔下的‘刑事拘留通知书’。”

志勇接过来，看了一眼，“咱们实话实说，就你了解的情况，他有没有诈骗的事实？”

“我从小看着他长大，了解他就像了解我自己一样，我敢以我的人格担保，我弟弟绝对不会做出这等事来，他对坑蒙拐骗之类的事一向深恶痛绝。”

“那好，你相信你弟弟，我也相信你，但是公安是否相信呢？最终还是证据来说话。用我们律师的话来说，不是你没道理，而是你没证据来证明你有道理。先把你了解的情况和线索告诉我们，我们也好展开调查，你看如何？”

“这没问题，不过无论如何，要先把我弟弟救出虎口啊！他要在大牢里有个三长两短，让我怎么面对父母的在天之灵呢？”他说着，两行老泪从眼眶中涌出，顺面颊滚滚而下，“张老师，你有所不知，我父亲走得早，母亲临终前，叮嘱我，要照顾好弟弟妹妹。我对母亲起过誓的。”

二

傍晚时分，志勇与丰收、刘军和一明聚在律师事务所，他介绍了贺立案的基本情况后说：“案子大致如此，从目前贺飞提供的事实看，贺立是否涉嫌诈骗，很难定论，而且他提供的证据能否坐实，也难说。我们现在要定下来两个问题：一是我们是否受理该案；二是谁来代理？第一个问题我想不必再议，这个案子急，学校领导一再给我打电话，我已答应了贺飞。他是个有影响的人物，而且又是一个学校的，再难我们也得接。”

刘军抢先说：“这个案子确实麻烦，而且又是异地办案，人生地不熟，能否胜诉，并不完全在于证据和法理，所以风险极大。鉴于此，我认为代理费应高一些，尽管贺飞教授与我们是一个学校的。”

一明调侃道：“刘兄紧跟时代步伐，效益当头！”

“为兄我不是伟人，没有能力改造社会，再不适应社会，你说还有戏吗？再说人活着的目的，也并不是为了改造社会嘛！”刘军回敬道，“贺教授到处授课，还在电视台开设讲坛，我们学校出名的富翁嘛！而且这位博导还把手下的女博士博到自己床上了。”

一明笑了起来，“此行为与本案无关嘛！贺教授虽然年岁偏大，但风度翩翩，气质优雅，又有大把的钱，女硕士博士哪个不是奋勇献身。幸亏我的研究生没女性，否则我也很难抵御诱惑。”

“代理费应该考虑，但更重要的是谁来办这个案？”志勇打断一明，注视刘军，他真是希望他能主动承担这个案子，因为他清楚眼下就他手头案子少。

“你指定我办的‘伤害致死案’尚未完，很快就要开庭，实在是上不了。”刘军似乎早有考虑，一下就堵死了。

志勇一听，心头顿时凉了半截，继而无名火蹿了上来，所谓的‘伤害致死案’已成定局，开庭只是宣判罢了。他心里明镜，刘军完全可以上这个案子，但他既然如此推辞，还能有什么商量的余地呢？如果当众讲明，再往他身上压，没准又要发生争执，搞得都不愉快。于是，他大口吸烟，强压火气，无奈地说：“你如果忙的话，我来搞这个案子吧。”

“既然这样，我先把手边的‘离婚案’稍放一放，上这个案。”丰收心里明镜，不失时机地说：“一明手头的案子后天开庭。”

“那好，这个案子你老兄负责，我尽力配合。”志勇心里多少踏实了些，“一明，让陈燕先从你那个‘商标侵权案’中撤出来，这个案子紧，你辛苦点如何？”

“遵旨。”一明说。

志勇如释重负，“那就这样定了。”

“贺立的妹夫宋启亮现在情况如何？他可是此案的关键人物哪。”丰收问。

“在逃，不知去向。”志勇说着从文件夹里取出几页纸，递给丰收，“目前，就这么多了。”

丰收说，“要尽快见到当事人探明情况。”

志勇的手机响了，他打开电话，“是我，好吧，我等着。”他关了电话，“没什么事就到这儿。王兄稍等，贺飞和他妹妹一会儿就过来，说是有重要情况。”

三

办公室只剩下志勇和丰收，两人踱到阳台上。

志勇吸着烟，仰望夜空满天的星斗，脸色阴沉，“刘军越来越商业，钱字当头。”

丰收淡淡一笑， “这样不好吗？顺应时代嘛！你知道，他对刑辩近乎绝望了。”

“但不能眼看着案子不做吧？我清楚他想搞什么案子！”

“我私下再与他谈谈。你想，他毕竟小我们10岁呢，算是隔了一代吧，应该理解他，对吧？”

“我能理解，近两年来，总觉得他和我有隔阂似的。”

“依我看，这也许是理念的碰撞吧，他一心想把咱们中州所做大、做强，确有做成集团律师事务所的雄心和具体想法，而你有些故步自封，对吧？他的原则是大刀阔斧创收，而你考虑得更多一些。说实话，他对你确实有些看法，比如说，对客户的收费问题，你心太软；还有在处理和法官的关系上，你把钱太紧，比如说，上周高法官的女儿结婚，他送了3万元红包，你签字时就不高兴了，搞得他心里挺憋屈的。现在大家都明白，法官凭什么要听律师的，在相当程度上，还不都是钱和酒喂出来的。”

“你的意思是，我顺着他来。钱是大家辛辛苦苦挣来的，不容易啊！”志勇心里清楚，丰收在这方面与刘军认识比较一致，只是他不那么张扬罢了。上个月，区院一副院长的父亲去世，丰收代表中州所去吊唁前，问如何表示，志勇说你看着办，随大流吧。结果丰收上了2万元。志勇说，这礼够重了。丰收不悦，相比之下仅中流而已。

“兄弟，他又不是去挥霍，高法官是副庭长，我们还要依靠他呢。国情如此，我们又改变不了，随着法官自由裁量权的扩大，我们就更需要与法官加强沟通联络感情了。而你，怎么说呢？有时太死板了。我们应该承认，做一名问心无愧富有良知的律师难哪！我说句实话，你别往心里去，我基本上是同意刘军的做法的。眼下中国尽管实现了经济腾飞，但与现代社会还有相当的距离，其实还是乡村社会、熟人社会。所以，我们作为律师用感情投资、放线钓鱼，打通人脉，有效地利用人际关系，看起来确实很俗，但也不能说不正常吧，事实上也是不得已而为之嘛!”

“以偏概全了吧。”志勇看着他，叹了口气，“老兄，咱俩20多年啦！我也承认你说的种种现象确实存在，但用我们的血汗钱和法官搞关系，我心里很不痛快。退一步讲，你让法官吃了，喝了，桑拿了，而他们又瞧不起律师，认为只会拉关系，水平不行，办不了正事。总把心思用在这方面怎么行？说句心里话，我真有心让刘军来负责咱们所，我专心办案就是了。你知道，我可没什么权力欲，否则，能两次写辞职报告，死磨硬缠把法律系主任的官辞了。同时，我也天命之年啦，想少操点心。”

丰收吃惊地看着他，像是看到了妖怪，“兄弟怎么会有这种想法?”

“廉颇老矣！雄心不再了。”志勇仰脸长叹，他清楚地看到一颗流星划过清澈的天幕，接着又是一颗。

丰收燃着香烟，“你让出这个位置，当然是顺了他的心愿。但就他的资历和个人魅力来讲，难以服众。而且我还知道，一明这样的高人更不服，再说，他本来就人心思走，果真如此，他肯定远走高飞了。所以，兄弟还是要从我们所的大局出发，在这个问题上，我坚决不同意你打退堂鼓!”

“我总想，作为律师，我也不可能像年轻时那样，满腔热血不顾一切地追求公平正义啦，但悲天悯人的一份情怀，还是挥之不去的，至少对公平正义还抱有期待。是不能也，非不为也，做了，做不到，也对得起自己的良心了。”

丰收重重地拍着他的肩膀，“这正是我由衷钦佩兄弟之处。”

“至于说把中州所做大，搞成集团所，我认真考虑过，有基础，但工程浩大，我难以胜任。”

楼下不远处，一辆轿车驶来，雪白的灯光扫进律师事务所的院子，照在碧绿的芹菜上，片刻就熄灭了。

四

贺飞走进办公室，随他一起来的满面愁容的少妇，是他妹妹贺红。

志勇问：“贺老师，有什么紧急情况?”

贺飞急切地说：“我们接到江城公安局的电话……还是你说吧。”

贺红的脸红得如同鸡冠，“一个小时前，我们正在厂里商量如何去江城救我哥哥的事，接到江城粮库金主任的电话，他自称是这个案子的受害者，口气蛮横，说是被宋启亮、贺立骗惨了，要我们带至少30万元去江城，交30万，他可以让公安局先放人。”

丰收问：“完啦，就这么多?”

她一脸无奈，“就这么多，我们商定，无论怎样，按他的要求做。先把我哥哥救出来再做打算。”

“我也接到了这个姓金的电话。”贺飞大口吸着烟，“他威胁道，你弟弟在我们手里，拿30万可以先考虑放人。我问凭什么。他说，你弟弟骗了我的钱。我问有什么证据。他说，没证据公安会抓人吗？明确告诉你，要公安局放人，有两个条件：‘一是交出你妹夫宋启亮；二是带足被骗去的钱。’你们听听，这是什么事嘛！和土匪绑票有什么区别，不是警匪一家又是什么？没有公安给他撑腰，他敢说这么狂的大话？”

贺红捂脸抽泣，片刻又抬头，语速急促得像机关枪，“姓金的这个粮库主任，我见过，是个无赖，在当地是个呼风唤雨的人物。”

丰收劝她，“冷静点，慢点讲，详细谈谈事情的经过，我们需要的是证据。”

她用纸巾擦眼泪，“半年前，他与我老公，也就是宋启亮签订了收购小麦的合同。合同规定，他出资，我们公司负责联系小麦，款到发货，总价值120万元，这是合同的复印件。”她从包里取出合同，递给丰收，“合同签订后，我们很快就按合同要求联系了12车皮小麦，但金主任汇过来的钱不够，仅50万元，催了好多次都没结果。在这种情况下，先给他发过去8个车皮的小麦。后来，金主任一再催，要我们尽快把其余的4车皮小麦发过去，钱随后就汇过来。但我们觉得不可靠，不敢发，致使供货方的小麦运到站台后，又搬回仓库，共损失运费和其他费用20万元。这时候，金又耍无赖，一口咬定收到的小麦缺斤短两，拒不结账。无奈之下，启亮又跑到江城，金对于因他汇款不足造成的损失概不承认，所以不欢而散。后来，我也去过两次，他不仅不承认损失是由他的过错造成的，反而诬告我们发过去的小麦数量不够。他还恶狠狠地威胁我，回去告诉你老公，如不按我的要求做的话，我就告你们诈骗，让公安抓人。这回他可是说到做到了，就在半个月前，他竟带着公安人员跑到沈阳去抓启亮。当时，公司的员工看来者不善，掩护他从后门跑了。姓金的扬言，要用3万元买启亮的两条腿。”

丰收问：“这与你哥哥被抓又有什么关系呢？”

她咬着嘴唇，想了片刻，“是这样的，我们眼看着和姓金的这笔生意黄了，而小麦总放在车站的仓库费用太高，不是个办法，才想到让我哥哥帮忙处理的。”

志勇问：“你丈夫现在何处？”

她抬起脸，眼泪汪汪地摇头。

志勇又问：“真的不知道？”

她还是摇头。

五

行驶的警车中，后排的志勇问陆地：“这么说，江城公安来抓人，事先向你们通报了？”

“当然，全国公安是一家，再说我们也要执行《刑诉法》第六十二条，不能搞地方保护嘛！”陆地说，“据分局的同志讲，他们有过硬的证据，否则不会跑这么老远来抓人，所以你们代理这个案的难度一定很大。”

“你们公安办案的质量我清楚，冤枉的人还少吗？据我们目前掌握的证据来看，他们有动用刑事手段解决经济纠纷的嫌疑。你们多凶猛，动辄跨省跨市抓人，把人扔进看守所。面上看，关押犯罪嫌疑人是防止社会危害，其实还有一个重要因素，这就方便了制造证据，只要关起来，什么证据都会有的，犯罪嫌疑人不认罪，好办，我把证人也抓起来，整死你，只要承认，我就判你，杀人的证据都能造出来。你想，有多少‘亡人归来’的案子就是这样制造出来的。”

“又污蔑我们公安啦！你们律师收了人家的钱财，肯定会按当事人的利益最大化行事。而且戴着有色眼镜看案子，没理也要死缠三分，惯用的伎俩就是，你们刑讯逼供了，从而妖魔化我们警察，为犯罪分子开脱。我们警察跨省跨市追捕违法吗？完全是依法行事嘛！你再看看律师，凭着三寸不烂之舌，强词夺理，颠倒黑白，翻手为云，覆手为雨，专为有钱人服务，昧着良心赚钱，而且也确实赚到了巨额黑钱，香车宝马，锦衣玉食。而我们警察得到了什么？”

“律师当然是受人之托，忠君之事。吃的就是这碗饭，而你们公安……”

“老兄，你说服不了我的。”陆地推他一把，“今天不讨论这些破事行吗？还是想想咱们老知青聚会吧，敢想吗？一转眼30年过去了，人生有几个30年哪！”

3个多月前，耿昌也不知受了什么触动，很是一本正经地与志勇和陆地商量，我掰着指头一算，我们下放当知青已经30年啦，想把兄弟姐妹们拢在一起说说话。两人欣然叫好。于是，耿昌立即就动作起来，还煞有介事地成立了专门的组委会，忙活了好多天。当年中州大学的这个知青点的62名知青，现在天各一方，仅联系就颇费了周折，尽管耿昌有钱有人，尽管现在是信息社会。

两人赶到酒店后，看耿昌无限感慨，摇头叹气，早该和兄弟姐妹们一起聚聚了，再晚几年，死得更多了，再聚的话，只能到阎王的地盘上了。他之所以如此，是因为有16名知青未来，其中4位已去了另一个世界；3位在国外正忙着，4位无故不到，5位不知所踪，杳无音讯，就像从人间蒸发了一样。

志勇怅然起来。30年过去，曾一起在黄河故道那片土地上度过青春岁月的伙伴就少了这么多，如果再过些年，生者能有几许？他们惊天地、泣鬼神的故事也会被岁月的风尘彻底埋葬，就像没有发生过一样，至多留下几行苍白的文字，或许还会有几张泛黄的模糊不清的黑白照片。

耿昌凭着他的名气和实力把这次聚会弄得有声有色，他煞费苦心地把聚会安排在名为“知青大食堂”的酒店。这家酒店的装修确有特色，墙上是“文革”时的老照片、宣传画，还有毛主席语录。音箱里传出来的是《大海航行靠舵手》、《毛主席的书我最爱读》等当时的流行大歌。来往穿梭的服务员身着老式草绿色军装，女的不是扎羊角辫就是梳着长辫子，素面朝天，没任何化妆。仿木梁上挂着成辫的大蒜和成串的红艳艳的辣椒，墙边摆放着锄头、镰刀、三齿叉，桌旁还立着石磨、铡刀。志勇饶有兴致地看着大厅中央两个很大的圆周包裹锈迹斑斑铁皮木头车轮，他想，这玩意夸张了些，当时农村虽然落后，但马车、手推车用的已经是橡胶轮了。

餐桌是方的，材料是原色木头，配以长条凳，餐具全是粗瓷的碗盘，但盛的内容却丰富多彩，志勇记起名字的有灰灰菜、马齿苋、红薯秧的叶子、南瓜秧的尖、苜蓿等，反正过去都是牲口吃的，眼下却成了人们趋之若鹜的金贵健康食品了。除了素的，荤的有野兔、泥鳅、爆炒蚂蚱，当然少不了龙虾、鲍鱼等海鲜。主食也很农村，煎饼、清水煮玉米、蒸红薯、南瓜，不一而足。饮酒用的是清一色的粗瓷小黑碗，看上去十分粗糙，歪七扭八，圆不圆方不方的，但酒绝对一流，不是酱香扑鼻的茅台，就是浓香沁人的五粮液，还有洋酒。志勇记起，当知青时，常用这样的小碗喝的是红薯干酿制的劣质酒，零卖1毛钱1两，谓之“一毛辣”。其名声甚是响亮，销售覆盖面极广。其味如同酒精，度数估计在65度靠上，极冲，一口下去，仿佛从嗓子眼钻入一条火龙，顺食道燃烧到胃中，喝多了头疼欲裂，浑身像被点着一样，尽管如此，他们对它仍情有独钟，因为那时几乎没有任何替代品。

美酒佳肴自不必说，还有电视台的美女主持和名气很大的歌星助兴，知青代表声情并茂地讲话，这位知青代表现在任司法厅常务副厅长。看他天庭饱满，地阁方圆的好面相，志勇想，这家伙从小就有官相，高中时任班上的团支部书记，在农场当副场长，大学毕业到司法厅后平步青云。志勇创办中州所时，已是司法厅律管处副处长的他出谋划策，跑前跑后，委实下了很大的功夫呢。这家伙官是越当越大，但对老朋友还是有情有义的。

在酒精的刺激下，大家重温记忆深处的仿佛是很久远的往事，道不尽的旧情，说不完的热血逸事，欢声笑语，泪水纵横。有同学偏高，哼唱起伤感的不同版本的知青之歌时，志勇记得当时知青中流传甚广的偷鸡谣：深夜村子静悄悄，只有蚊子嗡嗡叫。走在小路上心里怦怦跳……亲爱的队长你要原谅，知青肚皮实在饿得慌。我想吃鸡肉，我想喝鸡汤，年轻人需要营养。从小没拿过别人一颗糖，捡到钱包要交校长。如今做了贼，心里好悲伤，怎么去见我的爹和娘……

从英国特意赶回来的一位女同学，现在是牛津大学的教授，她身着夏奈尔蓝色长裙，黑亮的大波浪卷发，细腻的肌肤，绰约风姿中透出知识女性特有的矜持。她很是不习惯地双手端碗与志勇相碰后，瞪大闪亮的眼睛，颇为冲动地说：“你在我记忆中十分鲜明，仿佛永不褪色，但怎么说呢？身着油污闪亮露着灰色棉絮的破棉袄，腰扎草绳的伙夫，抡着菜刀砍杀的莽撞少年，怎么就成了大学教授，著名律师？”

志勇无声一笑，“我也想不到啊！我应该成为杀人如麻的大枭雄或者说汪洋大盗才对?”

“时光真的会改变一切的。”她抿嘴浅浅笑过，轻轻叹息，“你是一位让我这一生都很难忘却的人，我再敬你一杯，好吗?”她又双手端起碗，冲志勇举起。

望着泛起红晕的脸，她少女时的样子渐渐在他眼前清晰起来，这位著名天体物理学教授的小女儿，30年前，绝对像根豆芽，弱不禁风，如果不是梳着短辫子，还真是莫辨男女。因为割麦子，累得蹲在地头直哭，是他和耿昌帮她完成了任务。当时耿昌大说风凉话，干不动就装病休息，别逞能。你这身子骨，就是累死，也成不了贫下中农的铁闺女！你明白吗？她听后坐在地头号啕大哭，绝望之情难以言述，叫喊着非死不可。可现在，耿昌的女儿正跟着她读研究生呢。

一碗入喉，又一碗入喉，志勇恍若又回到那滴血的日子，他，还有陆地被五花大挷，押上村子中央的土戏台挨斗，然后像狗一样被牵着走街串巷，迎接他俩的是贫下中农们粗糙而开心的笑脸、石头土块、常年不刷牙的嘴中喷出的腥臭黏痰和唾沫。他怎么也想不明白，他们为什么对自己和陆地会有如此深仇大恨，本是与村支书的过节，与他们有何相干呢？更百思不得其解的是，这天下谁有点权力，谁就可以为所欲为？说把人捆起来，就捆起来，说游街就游街，说打就打？那个老猴子样的公社武装部部长还拽出20响盒子炮，点着他俩比比画画，扯着嗓子大骂，“妈了个逼，你俩掂刀砍支书，反球了不是？要是早几年，老子非崩了你们两个鳖孙不可!”这不能不让他想起样板戏中的胡传魁的唱段：乱英雄起四方，有枪就是草头王。还想到不少外国小说中的法庭法官，人就是有罪，也要问个为什么吧？就这样不分青红皂白就被斗、被打，算他妈的什么事，至少也该有个规矩吧。后来，他才明白，所谓的规矩，书上叫法律，而且他这种想法清末民国初就有一大批人这样想，并付诸行动追求了。

白天被斗，浑身上下酸疼，骨头像散了架，放个屁都是巨大的生理动作，不紧咬牙关，再出一身虚汗肯定不能完成。晚上被关在公社一间破仓库里反省，仓库里没有桌椅，更没有床，潮湿的地上仅有一堆麦秸供两人睡觉，还有一个粗陶样的黑罐子，是让屙屎尿尿的。那盐碱沙地上滚过来阴森森的风，携着黄河水湿乎乎的冰冷，风从窗口和门缝墙隙冲进来，像万根钢针刺向全身，两人抱在一起相互取暖。他对陆地说，真是对不起，把你扯了进来。陆地说，现在还说这球话，我自己愿意。那天月黑风高，15瓦白炽灯泡昏黄的灯光中，他看到房顶檩条间一张巨大的蜘蛛网闪闪发亮，边上黑色的大蜘蛛一动不动，一只灰色的蛾子撞在网上，挣扎，但无济于事，蜘蛛不紧不慢过去，张牙舞爪地吐丝将蛾子团团缠住。死一般的寂静中，突然传出站岗民兵的吼叫，他娘的，没有部长发话，谁也不能看。滚，再不滚，爷就开枪了。接着就是拉枪栓的哗啦哗啦的恐怖之声。

后墙高高的书本大小的窗上，耿昌把一包东西塞进来，说声保重，就消失了。

两人打开，居然是香气四逸的烧鸡，二一添作五，两人片刻就把它连骨头吞进肚子。不料因此又惹下更大的祸端。天亮后，民兵鼻子尖，循味发现了包烧鸡的屎黄色草纸，其上余香浓浓。那年月这味道相当刺激人的味蕾，不仅如此，还引来了一群大狗小狗在院子乱转，好像村子里的狗都来了似的。害得民兵棍棒驱赶，弄得狗狂吠人怒吼之声交错鼎沸，直冲寒冬黎明时分的玫瑰色天空。

民兵追问从哪里来的，两人坚决不招，出卖耿昌就太不够意思了。最终暴打之下，志勇嘴里喷着血沫交代，突然从窗外飞进来的。民兵大怒，他们就是再白痴，也不会相信烧鸡自己会飞。于是，两人再次被吊在房梁上，棍棒交加。他至今还能准确地记起当时的感受，白蜡杆呼啸着打在身上那种猛烈的闷雷样的撞击，皮肉像点着一样，五脏六腑震荡，剧痛电流样传遍周身，如果伤口上再挨，那就是撕裂般的痛了……

酒酣耳热之际，耿昌神神秘秘地对志勇说，老兄，我可是发现了一个问题，你仔细看，只要是面相像五六十岁的，都是劳动人民，而政府部门的至少要年轻十几岁。志勇观察，果不其然，几名政府官员个个年富力强，一副中流砥柱的气魄。而头发灰白无光，老态龙钟的均是体力劳动者，一个个快要入土的样子。那位牛津的教授，年近50，女性的风韵犹存，看上去最多40岁，就是说30多岁也让人相信。而另一位下岗工人，实在老得不成样子啦，看上去让人心酸。瞅着她满是皱纹的老脸，他蓦然记起她曾经是知青点很有名气的“铁姑娘”，那时她确实也像，脸蛋黑红，身体结实如同男生，干起农活风风火火，大有巾帼不让须眉之气概。

这时，一位事业有成的民营企业家问起贺立一案，他说，与贺立有业务来往，非常了解他的为人处世，绝对是个规规矩矩的实业家。他一再叮嘱志勇要下功夫办这个案子，为贺立申冤，需要钱，他全力支援。最后，愤愤不平地说，公安太野了，警匪一家，为了利益就抓人。志勇调侃，请我们的陆局长解释。陆地说，公安做事最多，但挨骂最多。如果贺立与他妹夫设套骗了人家的钱财总得有人管嘛！企业家不服，梗起脖子，我看是警匪一家。陆地顶过去，这话过了吧，私营企业坑蒙拐骗欺压百姓的事例还少吗？企业家冷冷地说，也就是民营企业好欺侮而已，国企老总们吃喝嫖赌，贪污受贿，作恶多端，谁管他们，又有谁敢管他们！陆地脸一沉，国企老总被抓被判的还少吗？

耿昌闻声过来，劝他打住，今天是我们兄弟姐妹聚会，一概不谈他事，只是叙旧，叙情谊。

聚会接近尾声时，志勇的手机响了起来，是丰收，他说，已与江城公安沟通了，公安称，只要带足保证金，贺立可办取保候审。

六

灿烂阳光下，高速公路上是一派令人眼晕的场面，疾速的车流很容易让人联想到大动脉这个词，进而又不能不想到，这大动脉中的血栓——收费站太多，似乎每个县均设，最终会联想起劫道绿林的经典：此树是我栽，此路是我开。要想从此过，留下买路财。丰收对此的心得是，古时剪径，还大都在人烟稀少的僻静之处，现在倒好，在光天化日之下，而且是明目张胆，阳光下的罪恶也，这就如同现在很多事情尽失古风一样。

志勇若有所思驾车疾驰。

后排的丰收把材料整好，放进皮包。他说："从我们掌握的证据看，公安局刑拘贺立肯定是违法办案。"

副驾驶位置上的陈燕说："中央政法委31号文件下发10多年了，他们还敢这样明目张胆地涉足经济纠纷，实在是吃了豹子胆啦。"

"说轻了是利益驱动。马克思早就有名言，300%的利润，就不怕上绞架，遑论豹子胆，就是人胆也不在话下。说重了就是警匪一家，公安涉足此案的利润是什么概念，至少也是无利不起早吧。"丰收说，"他们只不过是用纳税人的钱履行看似正当的公务罢了。"

"王老师见解精辟。"陈燕说，"归根结底，还是法治和人治的问题。"

"从历史角度看，我们并没有发展出法律之治，而是人治，贤人治国。真正提出法治才几年，不过30年，而30年和几千年相比，微乎其微嘛！我们不像西方国家那样有源远流长的法治传统，例如，古罗马时期就有了辩护的雏形，中世纪就有了刑事辩护律师。"丰收扭头向后看了一眼贺飞紧随其后的"宝马"。"我们不像是去履行所谓的律师职责，倒像是掮客，拿着钱去赎人，好在他们不敢随便撕票就是了。"

车下高速公路，刚驶出收费站，志勇突然看到前面有威风凛凛的警察晃着"停车检查"的红色牌子拦车，他点制动，减速，车还未停稳，几名警察就扑过来，其中一名大个儿向他勾手，示意他下车。他解开安全带，开门下车。大个儿面色阴冷地说，出示证件。他掏出工作证递过去。此时，他瞥见丰收和陈燕也从车里出来，警察和便衣拉开车门探头查看，还打开了后备箱。大个儿把证件还给他时，不冷不热地说了一句，还是大学教授呢！

"大学教授怎么了？"他的话没说完，就听到贺飞的怒吼。

"你们凭什么检查我们，凭什么？"

志勇转脸循声看到，几名警察围住贺飞的车，便急忙跑了过去。

"我们在追捕犯罪嫌疑人宋启亮，这是履行公务。"一年轻警察面色严肃，"你叫什么叫！"

贺飞像头愤怒的老狮子，冲着他喊："一人犯罪一人当，我们又没有犯法，还想搞连坐不成？我要举报你们，举报你们！"

"你应该配合。"年轻警察说，"这是公民的义务，大学教授怎么一点法治观念都没有呢？"

"贺女士，带钱来了吧？"一着无领T恤，戴着墨镜的汉子狞笑着问。

"姓金的，我有的是钱，但就是不能给你。"贺红梗起脖子，冷冷地说，"我还要告你诈骗我们的钱呢！"

"那好，咱们走着瞧，我就不信，你不把钱留下，你哥哥能出来！""墨镜"咬牙切齿，恶狠狠地蹦出，"你老公也逃不出我们的手心！"

志勇看到"墨镜"身旁立着十几条不三不四的汉子，其中几位手揣在裤兜抖着腿，还有警察端着微型冲锋枪，个个凶神恶煞。他脑海里闪出四个字：警匪一家。

大个儿说："你们作为犯罪嫌疑人的亲属，有责任和义务配合我们缉拿宋启亮，如有他的线索及时与我们联系，否则后果自负。"他斜一眼身旁的志勇，"我想，律师会告诉你们，什么行为是包庇罪，对吗？"

志勇脸色如冰，盯着他，"搜查完了吧，没有发现我们窝藏所谓的犯罪嫌疑人吧？"

"放心吧，大律师，我们一定会将他缉拿归案的。"大个儿冷笑。

志勇想，早在多少年前大唐王朝的法律就有规定"同居有罪相为隐"，而现在却有"包庇罪"，这是进步还是什么？

回到车里后，脸色苍白的陈燕胆怯地说："看来这姓金的是厉害。"

丰收愤愤地说："给我们下马威嘛！"

脸色铁青的志勇明白，面对公安的这种示威性检查，一点办法没有。从法律上讲，人家是在执行公务，而姓金的尽管嚣张，但他是在配合公安追捕犯罪嫌疑人。

车进城，穿过繁华的市区，停在公安局雄伟的大门前。丰收向保安出示律师证。保安拿过认真看了又看，然后抬起头狐疑地扫瞄着他全身良久，才把证件还给他，示意放行后，他摇着头，对同伴说："妈的，现在鸡巴律师比野狗身上的跳蚤还多呢！"

同伴深沉一笑，"多了就互相掐架呗！"

他们一行三人在一女警察的引领下，走进一间气派的办公室。她对硕大桌子后面壮实的汉子说："高队，滨河市的律师来啦。"

高队咧咧嘴，似笑非笑，"我知道你们打过电话了，请坐，我很忙，咱们长话短说。"

丰收把介绍信递过去，他扫了一眼，撂在桌上，"你们是为贺立的诈骗案来的，我……"

电话响了，他看了一眼，迅速抄起话筒，"好，好，我这就过去。"他刚放下电话，铃声又响起，"对，拿下，绝不能让这小子跑掉。"

他放下电话，无可奈何地摇摇头，燃上一支烟，"实在是事稠。"

志勇说："我们来两个目的，一是想听高队简要介绍案情；二是给贺立办取保，电话里我们已经向你们申请过了。"

他直言快语，"贺立与其妹夫宋启亮合伙诈骗，基本事实清楚，现在检察院已批捕，很快就会到法院。宋启亮在逃，我们正追捕。有关材料你们也可以看一下。至于说取保，我就给你们个面子，你们律师东跑西颠儿也不容易。但必须有直系亲属担保，同时要交足保证金。你们看如何？他的亲属来了吧？”

志勇说：“来啦，而且也带了30万元的保证金，同时我们还有当地出具同意贺立取保候审的意见。”他把从派出所开具的证明递给他。

他扫了一眼，“到底是律师，想得很周全嘛！那好。”说着抓起电话，“我是高江，贺立诈骗案，对，可以办取保，对，对。”他放下电话，“你们去办手续吧，我有急事，恕不奉陪了。另外，我有责任明确地告诉你们，如果我们发现宋启亮的亲属对宋启亮的去向知情不报的话，我们可以立即拘留他们，当然，这也包括你们律师在内。”

“你当然可以下令。”志勇看他一副生杀大权在握的嘴脸，顿时怒火攻心，“但是，如果你们违法办案的话，就另当别论了。”

“这你就不用操心了。”

“我们操心与否，你就管不着了。我也可以明确地告诉你，我们肯定会高度关注的。”

“好，好，快走，快走！”他挥着手，脸上露出了怒气，“免得我上火了再变卦，不批准贺立取保。”

志勇还想说什么，但被丰收硬拽出了办公室。

高队跳起来，一掌击在桌上，“妈的，现在成啥了，破律师也敢来公安机关耍横！为犯罪分子撑腰打气，要是早几年……”走廊里回响着他愤怒的咆哮之声。

志勇边下楼边恨恨地说：“要不是为当事人着想，我非和这家伙理论理论，国家倡导法治多少年了，他怎么还这么牛气！总把律师也看成犯罪分子！”

“兄弟，你以为你还不到30岁！”丰收拍着他的肩膀，“今天吃炸药啦。”

他做深呼吸，然后摇头，“妈的，今天真不是个好日子，一大早出门就是塞车，又遭污辱性搜查，现在又遇上这么个东西，气煞老夫也！”

“张老师，别气啦，好在他们还批准了取保。”陈燕小声说。

他们驱车到了郊外的看守所，丰收下车，走到贺飞车前，说：“你们先耐心等着，我和张主任去办手续。”

看着他俩走进看守所，贺飞坐进志勇的车，“陈律师，我看你们律师东跑西颠儿的，也实在难哪！”

“这还算顺当的，他们如果不同意取保，事就更麻烦了。”陈燕说。

“如果他们不同意，你们怎么办？”

“很难办，除了据理力争之外，还能有什么好办法。对此，法律又没有具体规定，就看办案单位的态度了。律师在办案过程中与公、检、法相比地位相当低，不像发达国家那样，在案件中起着不可或缺的作用，而且还有相当多的豁免规定。在美国，除了谋杀罪的指控，其他犯罪指控大都是交保证金，取保候审，这样至少在被定罪之前不用坐牢。”

“如果在发达国家，我弟弟会被野蛮地抓走吗?”

“这样性质的案子，采取强制措施至少应该通知律师，这简直像是绑架。”

“不是像，而是名副其实的绑架。”

陈燕无语。

路旁杨树丛中的蝉声嘶力竭的大合唱充塞了炎热的空间。

贺飞指指看守所深灰的大铁门，“这个地方，据媒体披露，已成为最令人毛骨悚然的地狱了，有‘躲猫猫死’、‘喝水死’、‘做梦死’、‘上厕所死’等多种很神奇的死法，但愿我弟弟不遭此厄运。”

“政府已加强管理了。”

“你进去过吧?”

“进去过，但面上也看不出你所说的神奇之处。”

两人东一句西一句地聊着，一个小时过去了。贺红热锅上蚂蚁似的，要么围着车转圈；要么就上车一个劲儿地问陈燕还要多长时间，是不是又出什么岔子了。

他们终于从深色封闭的大铁门中的一个小门出来了，只见贺立的光头在阳光下闪亮，苍白的脸越发苍白。贺红急跑着扑上去，紧紧抱住他，“哥，哥，你怎么成了这样，怎么就成了这样?”她泣不成声。

贺飞的老脸憋得通红，并扭曲成一团。他拉开贺红，“上车吧。”

亮晃晃的烈日下，贺立用呆滞的目光环顾几人，咬着牙，突然举起双手，“我要告他们，我就不信，天下没有说理的地方!”

“走吧，这里不是说话的地方。”丰收拍着他的肩膀。

“哥，你受苦了，真没想到把你也牵了进来……”贺红抹着泪，哽咽不止。

贺立眼睛瞪得溜圆，“我没犯法，但是有祸躲不过！我做梦也没想到蹲大牢……”

“哥!”贺红尖叫起来，“他们打你了?”她拉起他的手，只见手腕黑紫，手背肿得像个馒头。

贺立眼中噙满了泪，闷闷地说：“走了一次炼狱啊……什么也不说了，不说了，我就是想睡一会儿。”

志勇叮嘱陈燕先与贺飞他们一起回去，他和丰收去检察院看贺立的卷。其实除了看卷，还有更重要的就是会会丰收的大学同学，江城中院刑庭的庭长。丰收说，未雨绸缪，沟通关系，老同学会助一臂之力的。

七

一审在江城的一个区法院开庭后，判决书10多天才下来。结果既出乎志勇他们的意料，又在意料之中。但对于贺立及其亲属则是晴天霹雳——贺立因参与诈骗被判处有期徒刑一年，缓期两年。

败诉的主要原因，从面上看，正是他们最担心的宋启亮寄来的证言（收到贺立汇给他的30万元货款的电邮）法庭不予采纳。未曾料到的是，公诉机关指控贺立曾三次去过沈阳找其妹夫相互勾结密谋诈骗，尽管贺立在法庭上辩解是购棉花，但法庭则采信了公诉机关的指控。

丰收的同学对此判决似乎很无奈。他说，王兄，你们的辩护在法律上的漏洞我就不多说了，金姓的家伙背景深厚自然也是个原因。更为重要的是专家总结的刑事诉讼程序，公安做饭；检察院端饭；法院吃饭。饭做好了，也端上桌了，法院怎么办？抱怨几句饭的质量不高是人之常情，但如果拒吃，公安、检察的脸往哪儿放？丰收问下一步怎么进行。他说，上诉，到中院后我从法律角度运作吧。他还歉意十足地向丰收解释，责任在我，忙着为儿子办签证，这事没盯紧。丰收问公子去哪个国家读书？他说加拿大，接着就大诉缺钱之苦，花费太大之类。志勇自然从他的诉苦中读出了潜台词，他私下就此问丰收怎么办？丰收说，他儿子出国读书，我作为老同学应该表示一下吧？志勇问，如何表示？丰收似乎早有考虑，看来不出点血是不行了，3万元买台IBM笔记本电脑如何？尽管志勇心里很烦，但还是一咬牙，你去办吧。刘军得知这事，一句话定论：此举为极具战略高度的良策也！

志勇的办公室里烟雾弥漫，他靠在椅背上，冷冷地说："贺老师，你是我们的客户，我们绝对为你负责，就是没有咱们一个学校的这层关系，也会如此的。现在案子到了这一步，只要你们同意上诉，我们坚决做下去。但有一点要求，这就是你们要实话实说，否则我们律师在法庭上很尴尬，影响我们的形象不说，最终吃亏的还是你们。比如，贺立至少是知道宋启亮与粮库的纠纷吧。当然，他的行为是否构成诈骗咱们另当别论。再如，他三次到沈阳找宋启亮，最后一次，他刚回来，货随之就到了，这怎么能不让人家怀疑其中有交易呢，诸如此类的事情，事先为什么不告诉我们呢？"

丰收面无表情，不冷不热地说："我知道你们的想法，这就是不看过程，只重结果，如同赌马赛一样，你们下了注，我们奔跑。赢了，你们高兴；输了，恨不得杀了我们，对吧？既然如此，为什么不向我们说实话呢？如此不相信我们，还有让我们代理的必要吗？我们为你们尽心尽力，却连实话都得不到。在法庭上，我真的要吐血了！这不是在上演现实版《农夫与蛇》的故事吗？委托了我们，又不相信我们，令人匪夷所思嘛！"

贺飞面色如土，并渗出汗珠，连连点头，"张老师，王老师，这是我们的错，我们的错，实在是对不起。我这个兄弟自作聪明，结果聪明反被聪明误。我们坚决要上诉的，不上诉又有什么办法呢？无论怎样，也要把这个法律程序走完吧。"他抬手看了下表，"已经7点多啦，咱们一起去吃饭，我让贺立过来，给你们赔礼道歉。"

“免了吧。”志勇说，“没这个必要，你和你弟弟再认真想想，还有什么事实没告诉我们，不能二审时让我们在法庭上献丑了。”

“一定，一定，你们绝对放心。我们是统一战线，绝不会再隐瞒什么了。但是……”他似乎有些踌躇，“我考虑应该给二审法官意思一下，你们去办，无论多少费用，我来支付。这些天，我总想《拉封丹寓言》中《牡蛎与诉讼人》的故事，而现实中的法官比故事中的法官肯定有过之而无不及。”

“贺老师，你的心情我能理解，但这不在我们考虑之列。”志勇熟悉《牡蛎与诉讼人》的故事，两位朝圣者在海滩上发现一只刚被海浪冲上来的牡蛎，他俩眼馋地盯着它，争执该谁吃。正在吵得天昏地暗之际，一法官来到。二人一致同意由法官来裁定。法官神情肃穆，思考片刻，打开牡蛎，一口吞下。两人傻了，法官吃完，庄重地宣布：拿着，判给一人各一枚牡蛎壳，免收诉讼费，安心回家吧。

贺飞的手机叫唤起来，他说声对不起，起身到门口接电话，片刻就回来了，只见他一脸颓然，长长的身体困顿地萎靡在沙发中。

“出什么事了？”志勇问。

他抬起头，嘴唇哆嗦了半天，也没说出话，也不知是什么可怕的重击，使得他突然丧失了极为卓越的语言能力。

志勇递给他一支烟，他木然接过，就火点燃，深深吸了几口，才结结巴巴地说：“我妹妹，我妹妹的电话，我弟弟……他，突然就不知去向了。”

“不知去向？”志勇不解，“什么意思？”

他垂头狠狠吸烟。“据我妹妹猜测，他，他，极有可能去北京了。”

“去北京了，是上访？”丰收问。

“实话告诉你们吧，一审判决后，他失魂落魄，不思茶饭，整天没一句话。我说上诉，他也不置可否。我这个弟弟从小就内向，你们知道，咬人的狗轻易不叫唤的。他说过，冤死也要死天安门前，让全国人民都知道。我想，他会言必行、行必果的，现在怎么办哪！张老师，你们快想想办法！他进去是窦娥，出来怎么就成了疯子，这是什么事啊！这是什么事啊！”他绝望地大叫起来。

“不见他多久了？”志勇问。

“我妹妹说有十几分钟了。”

“你给他打电话啊！”丰收说。

“他的电话关了。”

“妈的，现在追也追不上了。”志勇突然想起了什么，“告诉我他的车牌号和车型。”他一边说，一边拨通了陆地的电话，要言不烦地讲明情况，要他帮忙。最后又说，“他受了刺激，找到他的话，一定要客气些。”

八

公安警察高效神勇，在陆地的指令下，在高速公路收费站还真的把贺立拦住了。志勇他们赶到后，已是晚上10点多钟了。

归途中，贺飞全无教授风范，状似泼妇，喋喋不休大骂贺立，你也年过不惑了，一点责任感都没有，只想自己，太自私，太自私了！非要把事闹得惊天动地，家破人亡才好？他还一个劲儿地追问，去北京到底想干什么？真要想死，非去北京，哪儿的黄土不埋人。你现在就死，死在我面前……

贺立蜷曲在车后排，像位老年痴呆重症患者，愣愣怔怔，目光呆滞，他一会儿反复絮叨不停，天下怎么就没讲理的地方，不如一死清静！大哥，不肖之弟让你费心劳神了，我真的要走了，家里的一切都托付给你了；一会儿瞪大眼睛惊诧无比，都是中国的警察，怎么就天壤之别呢？那边像凶恶的土匪，这边却像天使，他们的话，句句都说到他我心里去了；一会儿偏头，直直看着车窗外无边的黑暗，塑像一般。车进城后他才缓过劲，接近了正常人的状态。

贺飞不顾志勇的劝阻，执意把车停在酒店门前，“你看，刚才我已打过电话了，无论如何要吃点东西。”

“为我跑了半夜，不吃饭我可过意不去的。”贺立这话听着与正常人无异了。

来到包间，刚坐下。贺飞就把精美的菜单递给志勇，“请。”

志勇推开，“你来。贺教授美食家的大名我早就如雷贯耳，而且还是豪饮，有‘李太白第二’的美誉。”

“过奖，过奖。你‘剑南侠客’的大名，我也是耳熟能详。”贺飞说着，随口就点了菜，很是轻车熟路。

志勇一听，都是高档的名菜。很快，几个精致佳肴就上来了，剑南春酒也由服务员斟上。

贺飞端起晶莹闪亮的杯子，“来，感谢的话不说了，干杯。”

贺立端杯少沾一点，“我不胜酒力，你们畅饮，我来开车。”

“好，好，我先自罚三觥，再向张老师敬酒。”贺飞说着急不可待地往嘴里倒酒，完全一副酒鬼之相。

志勇一是因这个案子窝心；二是跑了半夜，所以也敞开喝了几杯。

贺立站起，斟酒，恭敬端起来，嗫嚅地说：“张老师，我敬你一杯，我的事让你操劳了。”

他直视着贺立，“我们操劳是为了什么？是为了你不被枉法裁判，明白吗？我们并不要求你做什么，只是想听到你对我们讲实话，这不算过分吧？”

“我以为他们不知道我去沈阳找过启亮，所以在里边时，无论公安和检察院怎么问我，我都咬牙没承认，当然也没告诉你们。这是我的错，我的错。给张老师认罪了!”贺立与刚从看守所出来时的形象天壤之别，名牌的T恤衫，皮鞋锃亮，但仍显得憔悴，就像大病初愈一样。

贺飞用手点着贺立，“吃亏就在于总是过高地估计自己，早就给你讲过，好为人师者，人生大患，你就是听不进去，总是自作聪明。”

“事已至此，过去的事不要再提了。”志勇打断他，口气肃然，“贺立，作为你的代理律师，我们会为这个案子负责的，也会为你负责的，这你一百个放心。至于你去北京干什么，无论是上访也好，闹事也罢，都是你的自由，我们无权干涉。我想说的是，这一切待二审有了结果再做。能答应我们吗？否则我们将与你终止委托合同，一审的代理费如数退还，你们另请高人。”

“我答应，我答应。”贺立脱口而出，“那就再等几天，反正也等不了几天了。”

“君子一言，驷马难追。”志勇说。

“我起誓，以我母亲的名义起誓。”贺立冲动地说。

“既然现在坚持上诉，你就要相信我们，把知道的事情毫无保留地告诉我们。这点能做到吧？”志勇问。

贺立发誓赌咒，说他去沈阳确实是购棉花，不过他承认知道启亮和粮库发生纠纷一事的大概。“启亮亲口对我说，粮库那边汇过来的钱不够，我怎么能发货，总在仓库里放着费用又太高，你先帮我卖了。所以，货发过来后，我就联系人卖了，然后把货款汇给他了。至于说，他是在诈骗，我确实不清楚，我以为就是简单的合同纠纷。他在生意场上走动10多年了，口碑一向不错，我不相信他会诈骗。”

志勇又问：“你确实不知道宋启亮的去向？”

贺立的脸憋得通红，“说实话，我还真想知道呢，因为帮他，让我蹲大牢。我真想知道这是怎么回事，如果能见到他的话。”

“也没给你们联系过？”志勇追问，“我郑重告诉你，这绝不是小问题，如果你们知道他的去向不说，如果他真的有诈骗行为的话，你们就构成了包庇罪，这可是真的要坐牢的。”

“我确实不知道啊!”贺立叫起来。

九

公诉人虎背熊腰，大背头，长相相当生猛，确实雷人一个，令人想起梁山上的“黑旋风”。一审时就是他抓住贺立三次去沈阳与宋启亮会面以及贺立卖掉4车皮小麦的事实旁征博引，使得一审法庭认定贺立确有合伙诈骗的故意和行为。

此时，大背头又开始向贺立发问，“在一个月内，你连续三次去沈阳与犯罪嫌疑人宋启亮会面，怎么会不知道他的诈骗行为呢？”

贺立有了一审的经历，不是那么慌乱了，“我承认三次去过沈阳，也见了启亮。但确实不知道他有什么诈骗行为，只是知道他与粮库有纠纷。他对我说，粮库汇过来的钱不足，不能发货……”

“你不必回答了。”大背头打断他的话，“在法庭上不如实陈述事实或故意隐瞒事实真相是要负法律责任的，你明白吗?”

“我明白。但我说的是实话。”贺立梗着青筋凸显的长脖子，“我确实不知道他有什么诈骗行为。”

“事实证明你是在当庭说谎!”大背头又打断他的话，“你真的不知道宋启亮骗取江城粮库的巨款，然后携款潜逃?”

旁听席前排的贺飞、贺红神色紧张地注视着贺立。

丰收说：“我来回答公诉人的问题。宋启亮与江城粮库的关系是什么性质，我认为，可以暂且不论，是经济合同纠纷也好，是诈骗也罢。现在本案的关键是：一审法院仅仅根据本案被告贺立见过宋启亮，并将他发过来的4车皮小麦卖掉的事实，就认定贺立参与诈骗，我们认为，事实不清，适用法律有误。”

“我提请法庭注意以下事实，在逃犯罪嫌疑人宋启亮与江城粮库订立的合同中，有这样的条款：先行付定金20万元，然后是货到付款。但是，宋仅发过来2/3的货，质量和数量有问题姑且不说，就突然停止了发货。为什么？因为看到市场小麦涨价，要求提高价格，被粮库拒绝。后来，粮库实在焦急，本着仁至义尽的精神，把全部货款打了过去，但他仍迟迟不发货，原因并不像他所称的没货，而是在携款潜逃前，把剩余的货发给了被告人。这就是事实，这一事实表明，宋启亮与贺立密谋在前，发货在后。所以被告人贺立的行为是否属于参与了诈骗，一目了然。”大背头一副成竹在胸状。

丰收回应：“我不能同意你的观点，首先，宋启亮的行为是否构成诈骗，由于我们未见到确凿证据，所以，既不能认为他已构成了诈骗，但也不能否认。我向法庭说明的是，如果他们双方是合同纠纷，那么，贺立的行为根本谈不上参与诈骗；如果宋启亮的行为构成诈骗，那么，与贺立又有什么关系？有什么证据表明，他知道宋启亮与粮库的合同执行情况，又有什么证据表明贺立确实知道宋启亮在实施诈骗？所以，公诉人所谓的密谋在先，发货在后，完全是一种极不负责的主观臆断，并无证据支持。”

大背头问：“那么请问，宋启亮为什么要把货发给被告人?”

丰收回答很干脆： “对此，刚才被告已作了陈述，而且这并不是本案的关键。”

“我凭什么相信他的陈述呢?”大背头问。

“那么你相信谁呢？仅仅是公安的一面之言?”丰收反问。

“因为公安方面有证据，我当然相信了。”大背头很有底气地回答。

“对所谓的证据，我们已经提出了疑义，因为只是单方面的，根本没有旁证，也没经过质证，形成证据链。”丰收说。

大背头说：“我相信一旦抓获宋启亮，一切都会真相大白。”

“我也愿意相信。”丰收说，“但现在的问题是并没有抓获！事实表明，公安机关仅仅是怀疑，而且是在没有确凿证据的情况下，就对贺立实施拘留、逮捕，公诉机关居然起诉了，一审法院居然也开庭审理了，而且还是有罪判决，这正是我们坚持上诉的根本原因。”

“被告人与犯罪嫌疑人三次会面就是证据，更明显的证据是，他帮助犯罪嫌疑人卖掉小麦。”大背头说。

志勇插进来，“公诉人所言毫无根据。现在本案最为关键的当事人，也即公诉机关所称的犯罪嫌疑人宋启亮未能到庭。我们现在姑且认为他的行为已经构成诈骗，那么，凭什么就能认定贺立参与了诈骗呢？仅仅是卖了4车皮小麦的行为是根本不足以证明的。他的这一行为的目的，可以有多种解释。更为重要的是，目前，根本没有任何证据表明，贺立清楚宋启亮实施了诈骗行为，尽管他三次与宋启亮会了面。所以，在没有抓获江城公安所认定的犯罪嫌疑人宋启亮，并取得证据证明贺立确有参与诈骗行为的情况下，一审判决是极不恰当的。我提请法庭注意，早在1996年修改《刑事诉讼法》时，就确定了‘疑罪从无’，‘无罪推定’的原则。”

“这只是你们的看法。”大背头不屑地扫了志勇一眼。

“我们的看法是有证据支持的。”志勇说着，向法庭展示看守所出具的收据，“我还想提请法庭特别注意，对于贺立的取保候审，其亲属交的是30万元的保证金，而收据上竟然白纸黑字写成‘退诈骗销赃款’。中国有哪条法律如此规定？请公诉人回答。”

大背头宽大的脸上神色猛然一紧，欲言又止。

年轻审判长的目光停在大背头脸上，不紧不慢地问：“请你回答。”

大背头迟疑地说：“这也许是看守所警察业务素质不高，而形成的笔误吧。”

“说得轻巧，笔误？”志勇冷笑，“那么这个笔误就是对法律的嘲弄，你明白吗？这等于说，未经法院判决，公安机关就已经把贺立视为诈骗犯罪人了，这是谁赋予他们这样的权力？执法之随意武断，法律意识之差，已经到了令人吃惊的程度，更令人吃惊的是，一审法院竟然也认定了。我们之所以上诉，是相信二审法官会正视上述事实和证据的，也会根据事实和证据做出公正的判决。”

审判长看大背头无再发言的意思，又问贺立还有什么要陈述的，贺立情绪冲动地叫道，请法庭查明警察对他的虐待体罚行为，并给予惩罚。

审判长扫视法庭片刻，举起法槌敲下，宣布休庭。

十

二审开庭20天后，翘首以待的中院终审判决没有等来，等到的结果是：公诉机关以主要犯罪嫌疑人在逃，被告贺立涉嫌诈骗证据链不完整撤诉了，这就意味着无罪开释。

丰收的同学表功，称他费了九牛二虎之力协调，才有此结果云云。志勇心想，或许是笔记本电脑的作用呢。就这么一个明显的冤案，竟绕了这么大的圈子才得以纠正。仅这一结果就令贺立激动不已，他热泪滚滚、情不自禁振臂高呼：律师万岁！

志勇感慨万分，国人真的是很容易满足的，尽管交付公安的30万元还未退还，因为公安声称，待抓获犯罪嫌疑人宋启亮，了结此案后再退。尽管贺立被错误逮捕、错误起诉，惨遭牢狱之灾，理应得到国家赔偿，但因检察院来撤诉这一手使得问题复杂了。作为律师他心知肚明，这是我国刑事诉讼中一个被常运用的规则：如果控方证据不足，法院并不是判被告无罪释放，而是与检察机关协商撤诉，如此结果可谓一箭双雕，按法律规定被告人无法请求国家赔偿；公安、检察的错案率亦不受影响。尽管修订后的《刑诉法》并未赋予检察机关这一权力，亦未规定法院有权要求检察机关撤回起诉，但最高法院、最高检察院的有关规定却可以如此。

贺飞设下的豪宴上，贺立已经喝高了，他两眼含泪，紧握志勇的手，“张主任，我做梦也没想到，你们能为我洗清不白之冤，你们律师太伟大啦！”

“别这样，别这样。”志勇拉他坐下。“千万不要把律师神圣化。现在人们一厢情愿地赋予律师太多的角色，匡扶正义、为民请愿等。其实这完全是误解嘛！律师也是普通人，也要吃饭，也要付出劳动换取报酬。这只是一门职业而已，如同会计、医生一样。”

“张老师太过谦，太过谦了嘛。”贺飞醉意蒙眬，“你们在法庭上唇枪舌剑，好生厉害，让我想到春秋战国时纵横家的古风啊！”

“现在我可以告诉你们，”贺立半仰着脸说，“一审判决后，我真的绝望了，呼天不应，叫地不灵，实在不想活了。对二审根本就不抱什么希望，而是暗下决心，一头栽死在天安门的汉白玉栏杆上，或者在华表下自焚。要不是你们，我早不在这个世界上了。”

“这绝对不是解决问题的方法。”丰收说。

“人被逼到绝望时，也只有以死抗争了。”贺立说，“冤死的人还少吗？”

“好了，好了，说些轻松的事吧。”贺飞仰脖灌下一杯，“这个官司，令我感触颇深，想了很多，其中最重要的一点就是，对中国的法治充满希望！我是搞文化史研究的，对于法制史也有所涉猎。早在战国时代，我们就有了法家，就提出了法治，例如秦国的商鞅，曾‘少好刑学之名’，专研法治，先后两次实行变法，使秦国走向强盛。上千年过去了，现在才又重提以法治国，这难道历史真的是在轮回?”

志勇听着，心生感叹，著名教授，竟如此理解法治，更何况庶民乎?

“请贺老师恕我直言，你所言的法治不够精准哪!”志勇笑着，“商鞅所谓法治的目的是，‘虑世事之变，讨正法之本，求使民之道。’这其实和当代法治精神完全是风马牛。事实上，中国历史上的所谓法治，不过是自上而下维护其统治的手段而已，而现代法治的实质则是自下而上保护公民权利的。”

“噢，噢，张老师的宏论深刻，深刻啊!”贺飞颇有感悟的样子，“为此，我依次和你们三位大律师各碰一杯。”

他首先与陈燕干杯，“女律师?这在中国历史上闻所未闻，了不得，了不得啊!”

“中国历史上，也没有真正意义上的男性律师嘛!”陈燕说。

“对，对，所谓的律师，在历史上称讼师或讼棍，我个人认为与巫婆神汉可归于一个序列，他们的名声实是不佳。”贺飞飘飘然了，“准确地说是臭名昭著!”

“中国律师职业似乎带有原罪，其形象是教唆兴讼，包揽词讼，操刀弄笔，串通衙门，诈骗钱财嘛。”志勇喝得不少，他朗声笑道，“愿闻其详，请贺教授赐教。”

贺飞燃上一支烟，眉飞色舞，“远的就不说了，清人袁枚在其随笔《子不语》中，有这样一则故事：两差押解严、高和吕姓三人到了阴间。两差将三人罪过报上，阎王立判：所解高某，窃分善妇之银，其罪尚小，应枷责发落；严某君子也，阳禄未终，宜速送还阳；吕某生前包揽词讼，坑害良民，其罪甚大，除照拟枷责外，应命火神焚毁其尸。由此可见，就是阴间的神，对其他罪行尚可饶恕，唯对‘包揽词讼’的家伙却恨之入骨，更别说阳世了。还有俞樾的《左台仙管笔记》中，讲了这样一个小故事：北郊王某，‘以工为讼牒’，有钱，营造了华美新宅。几日后，宅内便频发无端起火，家中物件悬空坠毁，煮饭锅内出现泥沙甚至大粪，床铺上污秽狼藉等怪事。王某大惊，便诉之城隍神，城隍神怒斥道：汝伎俩能欺人间官府耳，能欺明神欤!王某伏地，连连说自己有罪，愿意改过。神厉声曰，速迁去，免死。王某举家远避，新宅空矣。类似的故事很多，看来，在中国历史上，这种人实在是遭人恨哪!”

“实际上是遭官府恨，老百姓倒在其次。”丰收说，“产生这种观念的根本原因，是中国历史上只有人治，而没有法治，也不可有法治，因为在中国历史上，没有人民与政府对抗的空间，皇帝是全国人民的家长，人民是子民。所以，讼师的存在，就是对抗官府。他们在官府的控制之外，为老百姓争取个人的权利，当然被官府视为最大的‘罪过’，为当政者所不容，并屡遭残酷打压。但他们在艰难恶劣的环境中仍得以存续和发展，这是极其悲壮的历史画面哪。”

"有道理，有道理啊！"贺飞若有所思。

"我们中华民族几千年的文明，没有真正意义上的律师，这说明我们的文明是不完整的，是有缺陷的。我们现在不仅有了律师，而且律师地位正在逐渐提高，并越来越受到重视，正如贺教授所言，这是中国法治的希望。"志勇说，"我给大家讲一个当代律师圈里流传的笑话，以助各位酒兴。随着国家对贪官污吏的整肃，地狱里这类人的灵魂大增。新来的灵魂叹着气对老灵魂说，真正厉害的人是不会来到这里的。老灵魂问为什么？答，他们有律师。老灵魂愕然。后来，有律师也下了地狱，自称是阳世律师太多，吃不饱恶性竞争，不得不铤而走险。自从他们来了之后，地狱里打架厮杀等事件减少。有权有势的灵魂都雇律师，弱势的人手一册《阎罗六法》以维护灵魂的权利。阎王爷还下诏办培训班，宣传法治，据说还出了大价钱，挖人间的法律人才。于是就有了这样的传言：如果地狱也建成法治社会，阳世的人下不下地狱便无所谓了。"

大家静默片刻，哄然笑了起来。

第七章

倘若世上没有坏人，也就不会有好的律师。

——狄更斯（英国小说家）

基本案情：

德国D公司，连续使用永康制药公司的“永康”商标长达5年之久，并委托其在中国的代理，向国家商标局申请注销该企业的“永康”商标。永康公司认为D公司侵犯了本公司的商标权，并因此诉之法院。

永康制药公司请求法院判处：

D公司使用“永康”商标构成侵权，应立即停止使用，并赔偿由于侵权造成的损失。

一

永康制药公司的老总徐萍一身做工精细的西装套裙，尽显成熟女人凹凸有致的优美曲线，绰约风姿，单从外表很难判断她的准确年龄，如仅看她轻盈的举止，闪亮的眼睛，一明认为绝对超不过35岁，事后证明，他观察女人的目光相当精准。

徐萍扶扶金丝边眼镜，“张主任，情况就是这样。说实话，如果不是D公司逼上门来霸占我们的商标，我们真的没有勇气和实力与他们较真儿，但这回实在是没有退路了。”她略显苍白的脸上的无助之态，很容易让人想到刚刚失去母亲的羔羊。

志勇靠在皮椅上，一手拿着瓶药，一手拿着药盒端详，“刚才王律师已经讲了，无论D公司这种药的英文拼写如何，但汉字商标及图形与你公司的几乎一样，我认为侵权是肯定的。”

“就是文盲也看得出来，D公司也太明目张胆了！正如徐总所说，店大欺人哪。”丰收说，“堂堂的跨国公司也来这手，典型的恃强凌弱嘛！”

“大鱼吃小鱼，市场经济的规律，概莫能外。”正在看笔记本电脑的一明抬起脸，“这个店果然很大，世界500强排名靠前的跨国制药企业，去年该公司的药品销售额近40亿美元。徐总，请问你们公司的年销售额多少？”

“满打满算，也就1亿人民币，折合美元也就1000多万，与D公司根本不在一个层面上。”徐萍摇摇头，一脸苦涩的笑意，“如果用一比喻的话，他们已经使用坦克大炮，我们还处于冷兵器时代，根本就没有可比性。”

这比喻出自一位秀色可餐的女士之口，让一明颇感新奇。他想，1个亿人民币！如果不是事前听中原化工的董事长祝春讲，他简直不敢相信，眼前这位面容姣好，多少还显出几分柔弱的小女子居然做出这样的业绩。祝春对他讲，徐萍不容易，在不到10年的时间里，把一个仅有20名工人的小作坊，变戏法似的发展成拥有200名员工的现代化制药厂，这绝不是常人所为，而且还是位女性。

志勇放下药瓶，燃上一支烟，“徐总，整体情况我们基本清楚了，现在我的问题有二，第一，你是否下决心打这个官司？”

她看着志勇，目光十分坚定，“D公司已经欺侮我们几年了，盗用我们的商标不说，现在还想霸占我们的商标，再忍气吞声下去，实在不是个办法！与其让他们用钝刀折磨，还不如一刀杀了我。”

“好。”志勇说，“第二个问题是，这个官司看起来事实基本清楚，但我们还是负责任地告诉你，虽然从理论上看，我们应该会赢得官司，但在实际运作中，各种复杂的因素还是会对最终结果产生很大的影响，尤其是一些目前我们还不掌握的不确定的因素会影响到官司的成败。这就是说，有这样一种可能，你钱花了，最后官司却输了。对于这一点，你要有足够的思想准备，所以，我们希望你认真考虑考虑再做决定。”

“谢谢张主任，谢谢了。”徐萍连连点头，像是受了很大的感动，“你的好心我领了，对于这个问题，我已考虑再三，与其说一而再、再而三地受人家欺侮，还不如一拼，至少还有胜算的可能吧。我来找你们之前，实话实说，我咨询过几家律师事务所，他们给我的感觉有点像走江湖卖药的，我也去过北京的律师事务所，它们一听是涉外官司，兴趣很浓，大包大揽，接着就是巨额的代理费，把我给吓住了。之所以来找你们，不仅是慕名而来，而是我的好朋友，中原化工的董事长祝春极力主张让我来的。”

志勇笑了，“我也说实话，祝总早给我打过招呼了。你不讲，是不是想试探我们的态度啊！”

一明笑嘻嘻地说：“现在的当事人多精明哪！或许受了法律阳光沐浴的缘故，总会就同一个案子咨询数个律师事务所和律师，最后再决定聘谁。而我们律师就像是市场上的牲口，由人家挑选嘛！”

“赵律师真是幽默，你们都是精英。如果非说牲口的话，那也是战马啊！”徐萍冲一明一笑，又转向志勇，“这个祝大哥，他答应我事先不告诉你们的。至于说官司中的不确定因素，我好歹在商海中摸爬滚打十几年啦，对国情还是有所了解的。这次就是倾家荡产也要拼到底。我唯一的要求就是由赵律师代理，他在涉外官司上是高手，听祝春大哥讲阿根廷的案子，实在是令我印象深刻。”

“高看我啦，实在是高看我啦。”一明笑呵呵地说，“既然徐总如此看重我，我当如汗血宝马一样冲锋陷阵。真要败了，你就马革裹尸如何？”

徐萍洁白的面颊泛起淡淡红晕，抿嘴笑，意味深长看着一明，“何须如此悲壮呢？赵律师，唯余马首是瞻矣！”

志勇笑了起来，“王律师也上。徐总，二位不仅是著名的律师和教授，最为关键的是，敬业精神绝不亚于诸葛亮，你放心就是了。”

徐萍看看一明，又看看丰收，站起来，鞠躬，“两位大律师，我就全靠你们救我公司于水火之中了，替我这个弱女子申冤！”

弱女子，她怎么说得出来？确实有弱女子，但面前的她绝对不是。一明心里发笑，她身上湖蓝色收腰套裙是法国乔治·阿玛妮，手袋是路易威登，她的坐驾，蓝色的宝马760Li少说也得200多万人民币，尤其是方才那阵势，宝马在院子里刚停下，戴着白手套的年轻司机麻利钻出，很是职业地拉开后门，伺候她下车。这难道就是弱女子的做派？

“天哪！还来这一套？堂堂公司的老总，身家几千万，居然自称弱女子。”一明调侃道，“如果真是弱女子，就该在家教子相夫，岂能在波涛汹涌的商海纵横驰骋，而且还创出偌大的家业吗？这不是太谦虚，就是兵书上所言，‘兵者，鬼诡道也，故能而示之能，用而示之不用’吧。”

徐萍妩媚一笑，“也算是吧，攻其无备，出其不意。此兵家之胜，不可先传也。”

一明吃惊了，“徐总还读兵书？”

“忙里偷闲，看兵书放松，反正也用不着真的去打仗嘛！”徐萍有几分调皮，“《孙子兵法》博大精深，正如曹孟德所言，‘吾观兵书战策多矣，孙武所著深矣！’”

“奇女也，It’s so funny（太有趣了）！”一明盯着徐萍脱口而出。他想，她真漂亮，但绝不是除了漂亮之外就无其他可读的漂亮。

二

志勇结束授课，从教学楼出来坐进车里，掏出手机，打开，荧屏显出一串未接电话。他摁了键，“是我，刚才上课，噢，好吧，我过去。好，再见。”

他一边发动车一边想，从阿根廷回来3个多月了，也不知整日忙些什么，总他妈的寸暇难得似的。令他深感吃惊的是，夜深人静之际，她的倩影居然不期然浮现脑际，不是咄咄逼人尽提刁钻问题的记者形象，而是心中装满忧郁而又默默无语的姑娘，直让他情不自禁地心生爱怜。我这是怎么啦，竟有如此闲情逸致？

正午的阳光很明亮，校园的路上来来往往的学生如过江之鲫，服饰五彩斑斓，大都在接打手机、看短信，一副日理万机的样子。自然还有男女学生勾肩搭背，淫声浪笑不时飘进车内的节目。他想，怎么看怎么不像大学校园，实在一派游乐场的景象。

“刷”的一声，一穿直排轮滑的学生很是潇洒擦着车超过去，紧接着又是一位，两人左冲右突宛若游鱼一般，片刻就不见了踪影。路两旁是叫不出名字的一年四季常绿的树，一人多高，排列整齐，而且等高等粗，如一个模子克隆出来似的。这当代园艺真他妈的发达！他暗暗咒骂的同时，记起自己少年时，这里生长的是很有些年代的一搂多粗的大树，秀丽的合欢，树冠硕大的老槐，几层楼高的穿天杨，还有一人肯定抱不住的银杏树。秋天来临，银杏树的小叶子金黄闪亮透明，轻风拂过，像满天飞舞的轻盈蝴蝶……现在没有了，全被无情地砍了，伐了，几十年甚至上百年的大树转眼之间就永远消失了。与诗意的树同时消失的还有原先的蓝砖、石头构成的建筑，看上去稳重、深沉，散发着历史感和学问气息的建筑，代之而起的是光鲜亮丽，材料也现代的楼房，但看上去没有一丝文化的韵味，而是让人联想到四肢发达智力低下的大白痴，也联想到标准化的生产车间，这正顺应了教育产业化的潮流。一明对此的评价是，大学成了房地产托拉斯，应该把书记、校长以及教授等名人冠以 CEO、CFO 的头衔才合适。大拆迁开始之际，志勇和学校不少老师曾奔走呼号，但效果如同螳螂当车，仅仅是一名副校长和后勤处处长因受贿被判了刑，其他一切照旧。最让他耿耿于怀的是，那座 20 世纪 50 年代初建的大礼堂也被推平，在原址上弄了个灰不拉唧方头方脑的图书馆，怎么看怎么像个骨灰盒，远看尤其如此。那个礼堂是苏联专家参与设计的，典雅、宽阔、恢宏，有雄伟罗马式圆柱和高大的穹顶，颇具拜占庭建筑之风。

他自小在这里玩耍长大。“文革”初，大学的附小也停课了，所以整日和后勤处处长的儿子耿昌、中文系教授的儿子陆地在校园里漫无目标地游荡，熟悉了每栋楼的里里外外，留下了深刻的记忆。

车接近学校大门时，他看众人几乎把路堵死了，只好鸣着喇叭缓行。又发生什么公共事件啦？这高等学府本该清静，怎么也热闹得如同法院的大门前呢？放下车窗玻璃，嘈杂之声风样刮了进来。

大门上扯着一条宽大的白色横幅，上面的大黑字十分扎眼：“还我女儿！”其下摆放着数个花圈，众多身穿白衣头缠白布条的大人小孩面色阴沉，席地而坐，一中年妇女正哭天抢地向围观的人诉说着什么。

这番景象让他记起，5 天前下午 4 点钟，文学院一位即将毕业的女生从图书馆八楼纵身而下，结束了花样的生命。事前，她要好的同学并没有发现她有什么异常，只是知道她几次去应聘工作岗位无果。公安调查后，确认是自杀。她的亲属悲痛欲绝，来学校大闹，要求学校赔偿50万元。参与处理此事的丰收讲，死者是山区农民的女儿，家里供养她上学可谓含辛茹苦。对于她的轻生，其亲属的绝望自在情理之中，其要求也是可以理解的，但索要巨额赔偿却于法无据。

他小心翼翼地驾车从侧门驶出后，不由感叹，一个年轻的生命就这样去了。他又记起，一个多月前，有位男生自杀更是随意，晚饭后，在寝室和同学闲聊，出门口接完手机回来，满脸绝望，把手机扔出窗外，接着自己也下去了。五层楼高，人还活得了吗？事后调查，起因仅是女友打电话与其绝交。更让人不可理喻的还有，一位化学专业的女研究生学业斐然，然而，她却用精湛的专业知识，配制了剧毒药剂，自己吞下，死在了实验室。事后经化验残留的药，专家称，几毫克，而且超不过20秒，就是大象也必死无疑。

大学教育到底是怎么了？他心头沉沉的。大学生不仅自杀，而且还杀老师，杀自己的同窗，各种违法犯罪层出不穷，但有谁来认真关注这令人痛心的局面呢？他突然想起汪明。汪明的判决生效后，按省监狱局“异地关押”的规定，他应该在本市以外的监狱服刑。当时他想，救人救到底吧。通过朋友，监狱的副监狱长的关系运作了一番，费了不少周折，汪明才被关到了本市的这所监狱，现在已经服刑一年多了。

三

志勇驾车接近电视台大门，看到她站在路旁开始落叶的梧桐树下，阳光从枝叶间流溢在她脸上，把这张脸装点得很诗意。一时间，他突然意识到自己一直在牵挂着她。

她衣着甚是简约，牛仔裤，淡黄色的羊毛衫。微风中飘逸的长发，更使她显得亭亭玉立。蓦然间，他感到，她就像一朵秋天盛开的黄色蔷薇花，着实令人爱怜。

她上车后，第一句话就是，“我由衷地谢谢你。我弟弟给我打电话，说是管教干部很照顾他。”

从阿根廷回来，她在飞机上小鸟依人的情景让他挥之不去，于是，再次请副监狱长吃饭，让他帮忙照顾汪明，副监狱长自然心领神会了。

“召我过来何意？”他问。

“我请你吃饭，聊表谢意。”

“你请客，我付账。还是去南湖吧。”

“听你安排。”

他挂挡加油，车驶上大道。“你的文章对我的赞誉绝对是言过其实啦，羞煞我也！什么学者型的律师、博大精深的法学功底、深不可测的历史感、律师界的良心……说实话，我看着自己都无地自容啦。今后，千万不要再鼓吹我了，人怕出名，猪怕壮啊！如果执意要写，烦你一定先让我看看，行吧？”

从阿根廷回来后，汪静执意要做一专题节目，但他实在是没什么兴趣，一是觉得抛头露面是件很受罪的事；二是确实也没时间。只是让一明去应付，谁知她写了长篇报告文学发表，还着实引发了不小的动静呢。

“我写的可都是真实的，而且也是心里话，没有夸大其词。不过按你的要求，今后一定先让你审查，行吧？”

“我可不敢妄称审查啊。”他说着拿出手机，“想吃什么，我提前告诉他们。”

“什么都行，只要看见你就好。”

“怎么，想我了？但我可没有好新闻啊！”

她调皮一笑，“没有好新闻就不能想你啦。”

看她微微泛红的脸上流动着温柔的笑容，猛然间亲她一下的欲望涌上心头，但他还是忍住了，“我有什么好想的呢？”

她把目光移向车窗外，很是有些意味深长地感叹道：“是啊，我还真是说不清呢！”

到南湖酒家，菜已备好，刚坐下，汪静想起了什么似的，“我觉得应该请副监狱长一起吃顿饭才对，以表示我的谢意。”

“这你不用费心，以后我安排就是了。”他轻松地说，“来，动筷子，动筷子。”

她没动，望着他，期期艾艾地说：“我，我想请你一同去监狱探望我弟弟，我自己去总觉得害怕。行吗？”

“没问题。”他几乎未考虑，“但要先吃饭哪！”

“好，好，我这就吃。”她慢慢拿起筷子，“你也吃嘛。”

他拿出手机，拨通了副监狱长尚平的电话。尚平说，你亲自过来，安排从宽会见。她听后，大喜过望，这下再也不用隔着厚厚的玻璃，通过对讲电话和弟弟交流了。

“谢谢，谢谢！”她泪眼婆娑，嘴唇抖动。

“别这样，为你服务是我的荣幸，快吃饭。如果你饿着肚子，我就不陪你去了。”

她抬眼凝望着他，无语。

四

志勇驾车行驶在郊外阳光照耀的公路上，看着两旁的白杨树闪亮的金黄色落叶纷纷，顿感神清气爽，心情如同高远的蓝天透明清澈，就像往常一样，只要一逃出壅塞的乌烟瘴气的城区，准会有这样的好心境。

“汪明的那位女朋友还来看你弟弟吗？”他问。

“不来了。事实上，自从小明进监狱后，她仅来了三次。”她凄然一笑，忧郁地说，“不过，这也怨不得她，只是小明命苦罢了。”

“眼下的女孩子怎么说呢，至少是考虑问题都很现实。你以为如何？”

“也许是吧。”她看着车窗外郁郁葱葱的玉米，“半个月前，我在保险公司与她不期而遇，一位本来很清纯的姑娘，打扮成了妖精模样，开着红色的跑车。现在她已是那家台湾公司人力部门的领导了。”

“噢，是这样。”他嘴上说着，心想，重赏之下，必有勇夫，重金之下让女孩就范显然并不是什么难事。原来汪静对他讲过，汪明被刑拘后，这位姑娘去找过那个台商，求他放过汪明。事后证明，也确有效果。但她和台商之间到底发生了什么，她却不愿多讲。只是说，我把小明毁了，我是罪人。

车接近平地而起架着电网的森森高墙时，只见路边停了各式各样的轿车，形形色色的人三五成群扎堆说笑，地上的烟花残骸、红色的鞭炮纸狼藉，并随风飘扬。突然噼啪声大作，震耳欲聋。他望去，只见路旁足有十几米高的白杨树枝上挂着拖到地上的鞭炮被点燃，硝烟弥漫，还有头发染得五彩斑斓年轻人点着烟花，轰的一声，蓝天中白光闪闪，团团浅色的烟雾散开，如在夜晚，定是五彩缤纷。众人簇拥一昂首挺胸的准光头汉子迎面走来，欢声笑语在硝烟中荡漾开来。

他驾车缓缓穿过仿佛是夹道欢迎的人群，来到了监狱大门前，看到了人高马大一身制服的尚平在迎候。他摁下车窗玻璃，“监狱长亲自迎接，不敢当啊！”

尚平开门，一屁股坐进车后排坐上，瓮声瓮气地说：“老兄亲自来，兄弟岂有不接驾之理呢！走，直接开进去。”

自动门打开了。志勇看到硕大的牌子上醒目的白字：停车检查。刚想停车，尚平拍他肩膀，走啊，你也不看谁在车里呢！他笑了，说的也是，监狱长总不至于带人来劫大狱吧。

“监狱本该是阴森之地，这么热闹，像是过大年？”志勇问。

“妈的，迎接犯人释放。现在世道变啦，过去蹲监狱是丢人败兴之事，唯恐别人知道。现在成他妈的英雄啦。”尚平摇着硕大的头，“去年有个犯人出狱，竟然有200多人来接，100多辆车，还有政法口的，把路都堵死啦。想当年，我从越南打仗回来，也没这么隆重的待遇！”

“太不像话啦，你们也不管管？”

“怎么管，人家又没在狱内，而是在警戒线以外，球办法没有。虽说监狱是个刑罚执行机关，也算政法单位，可与公、检、法没法比，管管犯人还可以，管外人一点权力都没有。所以，关押罪犯的地方，门口搞得天天都过年。我们也知道这不成体统！但确实没辙，只有再开个门吧。”尚平愤愤地说。

“汪明现在表现怎么样？”志勇问。

“不错，我和他谈过几次。按你的指示，我已把他调到教学组当文化课教师了。这事还没给你汇报吧？”

“我请你吃大餐。”

“我一定如约参加，就是你给我行贿，我也照收不误，不收白不收。”

由于尚平安排，汪静在监狱的宽见室与汪明会见。

站在门口的志勇看到身着灰色囚服的汪明被警察带进来，汪静扑上去，抱住他哭得泪人似的，他心里七上八下，说不清是个什么滋味。

尚平诡谲一笑，“你对汪记者鞍前马后啊！”

志勇咧咧嘴，叹了口气，“她就这一个弟弟。”他察觉尚平一脸不怀好意的笑，“我说，你可不能往歪处想啊！”

“那是，那是。”

“团结就是力量，团结就是力量。团结是铁，团结是钢……”

雄浑的大合唱大风样刮过来，志勇隔着装有粗壮铁栅栏的玻璃窗看去，操场上排列整齐的犯人在警官的指挥下引颈高歌，他笑了，“我说监狱长，犯人真要团结拧成一股绳，你们警察还有戏吗？”

尚平摸着平头，“唱唱而已，热闹就好，哪有你们大知识分子想那么多，再说总让他们唱《铁窗泪》也不行嘛！”

“说的也是。”

一个小时后，志勇驾车离开监狱，看汪静低着头良久无语，“你弟弟还好吧？”

她用纸巾擦拭着眼睛，“他懂事了，让我感谢你。”

他的手机响了，“好，好，我一个小时就到。”他关了电话，“一明他们调查回来了。”

“你整天都这么忙？”

“没办法，养家糊口嘛！”

“你就是不做律师，教授也是高薪，确保你衣食无虞。”

“我有告老还乡的计划，年龄不饶人哪！”

“你正值年富力强。”

“老啦！”

两人有一句没一句地说着话就进了城，他把车停在电视台大门旁，她望着他，“谢谢你，不仅请我吃了午餐，而且又陪我看弟弟。”

“客气就没意思啦，有事给我打电话。”他发现她的目光有些异样。

她突然伸胳膊抱着他的脖子，吻了他的面颊一下，轻声说：“我真是想见到你。”说完就下了车。

他一动不动目送她走进大门，抚摸着自己的脸，想起了什么似的，打方向掉转车头，疾驰而去。

五

志勇走进一明办公室，只见丰收正在吞云吐雾与一明争论着什么。

“两位辛苦，辛苦！看着像是瘦了一圈。”他一边说，一边和两人握手。

“这十几天真是累得不轻，你得补偿，至少也得是五粮液吧。”丰收说。

一明附和着，“老兄，仅好酒恐怕不行吧，一定要大餐，晚上给我们接风洗尘。”

“放心，包在我身上啦。”他燃上一支烟，“情况如何？”

一明看着笔记本电脑，“12天时间，转战了五省八市，行程5000多公里，而且斩获颇丰。对于D公司的销售量基本掌握了，主要集中在北京等几个大城市，具体数据基本搞清楚了。真他妈的是明目张胆地抢劫，这行径让我联想到八国联军。”

“确实欺人太甚！你们走后，我让陈燕她们在咱们省也作了调查，没想到永康公司的家门口，竟然也是D公司的大市场。下步计划想好了吧？”志勇说。

“理论上很简单。”丰收说，“首先以D公司侵犯商标权分别向有关各地的工商部门投诉，看它们如何反应，如果它们不作为的话，就向法院起诉。”

“实际操作起来，不仅工作量很大，而且胜负难料。”一明说。

“是这样。”志勇若有所思，“如果这样动作的话，还需要与徐萍通通气。”他的手机叫唤起来。“噢，徐总，我正准备找你呢，可以。噢，明白了，好，半小时后见面详谈，好，再见。”

“怎么，我和王兄吃大餐的机会丧失了？”一明笑着问。

“不，不，只是多了一位。刚才是徐萍的电话，这个D公司实在是太牛，他们通过北京一家商标代理公司，以永康商标连续停止使用三年为由，再次向国家商标局申请撤销。徐萍的公司刚收到国家商标局的书面通知，这不是倒打一耙嘛。”

一明说，“据我所知的惯例，如果没有巨大的利益驱使，商标代理公司不会去做这样出力不讨好的事，而且申请撤销商标还需要相当大的费用。”

丰收嘴角透出一丝冷笑，“‘秃子头上的虱子，明摆着’，D公司有的是钱。只要利润够大，它们连人都敢杀，这又算什么。”

“王兄一针见血。”一明说。

“好了，走，我给二位接风洗尘。”志勇说。

六

豪华的包间里，枝形大吊灯灿烂的光芒中，徐萍端着酒杯，脸上洋溢着自信的微笑，实在是看不出丝毫弱女子的模样，全然一久历职场的干练女人形象，

“赵律师、王律师，两位车马劳顿，我先敬你们一杯。”

两人举杯，一饮而尽。一明笑意灿烂，“谢谢徐总，你客气了，全心全意为客户服务，是我们律师的天职。”

丰收说：“徐总也干完嘛。”

她微仰雪白的颈项喝完杯中酒，招呼服务生斟满酒，“张主任，我敬你一杯，听祝春大哥讲，你是豪饮。”

志勇一笑，“闲暇时，喜欢小酌几杯。据你的副手披露，徐总也是海量，巾帼不让须眉。”

欢声笑语中，酒过三巡，菜过五味。

她很潇洒地喝下一杯，颇有感慨地说：“张主任，这次找你们找对了，天助我也！你手下的两位大律师的敬业精神和精湛的业务令我感动。据一起去的李工程师讲，两位白天不是在公路上，就是马不停蹄地跑医药销售部门、药监部门，晚上统计分析数据，日以继夜，连续十几天吃快餐，还睡不起眼的小旅店，有时干脆就在车里打盹，可谓风餐露宿啊！更令人钦佩的是，效率极高，公司几年都没搞清楚D公司在中国的销售情况，它们不到半个月就基本有了眉目了。李工对我说，看着两位不顾一切地疯狂工作，又帮不上多大的忙，实在是觉得汗颜。”她说着端起酒杯，“两位大律师，我代表公司再敬你们一杯，干了。”

一明饶有兴致地看着她，“徐总，你的心意我领了，但这酒我可不能再喝了。我们为客户服务，其中还包括为客户节省费用。这杯茅台下去，少说也得50元人民币啊！”

她的细眉微微挑起，诧异地看着他，“这话不该出自大名鼎鼎律师之口，怎么听怎么像是斤斤计较的土财主，与你的身份不相符嘛！一杯酒水的费用对我来讲绝对不在话下，你们再出去完全可以住五星级宾馆、吃大餐，这才与你们大律师、教授的身份匹配嘛！”

“此言差矣！”一明说，“我们是去调查取证，又不是没脑子的艺人去耍大牌摆谱。既然徐总相敬，我就来一杯。”

两人碰杯。

丰收又给他俩斟满酒，“古人说，‘酒逢知己千杯少’，再来一杯！”

“王兄，你这是逼鸭子上架，非让我在徐总面前上演小品不成?”一明说，“我看你居心不良。”

丰收浅浅一笑，“你把我的好心当成驴肝肺啦！”

“徐总，我来敬你一杯。”志勇和她干杯后说，“我谈谈下步的计划，你心里有个数，如有不同看法，请提出来。”

“好，好，我洗耳恭听。”她脸上的笑意隐去，严肃起来。

“我们计划首先向D公司销售量最大的几个城市的工商局投诉它们侵权，如果它们对投诉不予充分重视，并采取有效措施的话，就只有起诉到法院了。”志勇说，“另外，对于国家商标局的通知，我们举证即可，因为我们的商标一直在使用，尽管因技术和资金停产三次，不足一年，根本谈不上商标停止使用，更谈不上连续停止三年。所以，如果商标局不驳回它们的申请，我们就起诉商标局。这一切说起来容易，但做起来相当复杂，要有个过程。”

“就按你们的意见办，你们都是专家。我有这个耐心，几年都等了。”她说，“光天化日之下，它们就无视事实，颠倒黑白。明明是正在使用的商标，竟敢说停止使用三年了。”

“钱闹的。”丰收说，“不幸中的大幸是，国家商标局的同志还算清醒，如果他们一时发蒙，真的撤销了你们的商标，那情况就令人绝望啦。”

酒量平常的一明偏高了，“你们猜这事让我想起了谁？”他问道，没等大家回答，就说，“德国的戈培尔博士及其名言：谎言重复一千遍就会成为真理。有多少俨然铁一般的事实，其实都是谎言重复出来的，远的不说，就说美国对伊拉克的战争，战前媒体连篇累牍称这个国家有大规模杀伤性武器，大家也就相信了，但事实是什么呢？”

“美国的问题还好解释，这是一个实用主义至上的国家，除了牛仔文化，没有欧洲那样悠久的文化积淀。”她说，“关键是德国，一向以严谨、守纪律和思辨闻名于世，出了那么多的伟人贤哲，康德、黑格尔、爱因斯坦，等等。可怎么还出了戈培尔、希特勒这样的人呢？更为关键的是，就是这些人，竟然能使整个德国民众如醉如痴？”

“看来徐总在商海畅游之际，还考虑很多世界性的重大问题呢！”一明深望着她有些迷茫的双眸，说，“这个问题是见仁见智，多少年了也没说清楚。为了这个问题，我再敬你一杯。”

她端起杯子，“为了这个问题，赵律师也干了。”说完一口喝完，意味深长地与一明对视。

一明也仰脖干了。

丰收拍着他的肩膀，“看来是英雄难过美人关！没见你喝酒这么爽快过。”

一明笑了，“你是夸我还是赞美徐总？”

“两者都有嘛！”丰收不动声色，“既有英雄也有美人。”

一明微醺，他收敛笑意，对身边的徐萍说：“德国确实是有久远的法律传统，居然也能做出这等明显违反法律的事来，但愿只是个别的例外吧。”

“你对德国真是情有独钟！”志勇说，“它们的公司不遵守法律就让你觉得难以置信？”

“是这个意思。”一明说，“我去过德国两次，那里的森林和空气中都洋溢着思辨和哲学的味道，民众遵纪守法的行为更是给我留下极深的印象，日常生活小事即可证明。傍晚，在住宅区散步，看到一奇怪现象，房子前，有些人在吸烟。我纳闷，天这么冷，为什么在外边吸？总不可能是都惧内吧，而且还有女性。德国朋友为我解开谜团。近来，颁布了法律，禁止在室内吸烟。你们想，这是一种怎样尊重法律的意识啊！想必你们都知道老磨坊的故事吧？”他的双目放光，神采奕奕，显然是酒精开始在他体内发威了。

“老磨坊的故事？”她眼睛闪亮，“讲给我一听如何？”

“两位兄长别笑我啊！算是给徐总一次小普法吧。”一明眉飞色舞，“话说德国威廉一世看到波茨坦的行宫旁有座老磨坊，很是碍眼。威廉一世希望买下后，再拆了。但没料到磨坊的主人坚决不卖，任你出多高的价也不行。其理由是，祖上留下的，绝不能败在我手里。威廉一世震怒，派警卫把磨坊拆了。磨坊主一纸诉状，把皇帝告上法庭。判决结果是皇帝败诉：必须将磨坊‘恢复原状’。一国之君只有遵照执行。更令人感慨的是，威廉一世和磨坊主都去世后，小磨坊主经营不下去了，希望把磨坊卖了，他想起老买主，写信给威廉二世。二世给他回信：得知你手头紧，作为邻居我深表同情。你说卖掉磨坊，我以为不可，因为这间磨坊已经成为我国司法独立之象征。所以，理应世世代代保留在你名下。至于你经济困难，我派人送去3000马克，请收下，如果不好意思收的话，就算是我借给你的。解决你一时之急。各位可以设想，这个故事对于中国人来说意味着什么？绝对像是童话，而且是愚人节的童话！”

“确实像是童话。”她深有感触地凝望着一明。

志勇看着醉眼蒙胧的一明，心头感慨，这位狂狷之士，看上去嬉笑怒骂，放浪形骸，其实他的内心是极其严肃的。但此刻酒精把他烧糊涂啦，像是刚生下蛋的母鸡，咯咯叫个不停，把德国作家黑贝尔的文学故事当成历史演绎起来。这个至今仍在德国甚至世界上流传的故事，毕竟是文学故事，而历史上确有记载的则是著名的“磨坊主阿诺德”一案。阿诺德因拖欠佃金，被诉至法庭，两次败诉仍不服，上书腓特烈大帝。腓特烈大帝的旨意是磨坊主胜诉，但法官不服，结果数名法官锒铛入狱。于是腓特烈大帝受到历史学家和法学家的强烈谴责，法官们依法判决的专业精神和不畏强权的道德勇气却名留青史。

他们边喝酒，边七嘴八舌神侃起来，尤其是一明和徐萍两人，大有相见恨晚之势。他的醉眼像是锁定在她脸上，再也移不开了，而她显然也感受到了他的火热目光。直到用完餐，两人还是喋喋不休地评价斯大林、罗斯福。直到服务小姐过来提醒结账才算打住。徐萍要结，但被志勇拦住，“徐总，今天我为二位接风。”

她说：“哪能让你破费。”

“徐总，不要这样，应该学学丘吉尔。当年小日本偷袭珍珠港，美国宣布参战后，丘吉尔大喜，他对手下人说：原来是和美国谈恋爱，说话是一个样，现在是一家人了，说话就是另一个样了。你就把张主任看成美国得了，让他出一回血嘛！”一明说。

她嫣然一笑，“如果这么讲，就听你的了。‘二战’中，英国如果没有美国的鼎力相助，绝对是支撑不下去的。”

“正确。”一明说。

出了酒店，志勇看一明高了，显然不能驾车，要去送他，但徐萍却说，我的车去送，路上再和他聊“二战”嘛！

第二天，一明一觉醒来，回想昨晚的事，朦胧一片，似乎是徐萍和她的驾驶员把他送回所里，搀扶他下车，架到床上，他还感到她的头发垂到自己脸上，发丝沙沙……只是依稀记起徐萍邀请他到山里一玩，说是有一片非常怡人的地方。印象清晰的是她如雪的肌肤，生动的脸和婀娜柔美的身段……

他起身看床头柜上的闹钟，已是9点30分了，拿起电话拨通了徐萍的电话，“徐总，噢，不好意思，昨晚高了，汗颜哪！”

“看你说的，人生难得几回醉。我很愉快，很久没这么开怀畅饮了。我邀你去山里一玩的事，还记得吧？”

“这我可没忘。”

“这说明你还清醒嘛！”

“一塌糊涂啦，有不当之处还请多包涵啊！”

徐萍朗朗的笑声从电话里传出来。

七

一明向有关省市工商局发出D公司商标侵权的律师意见书不久，D公司驻北京的代表打电话给徐萍，声称前来面谈，徐萍没有理由不同意。

行驶的轿车中，丰收说：“这次风险收费，徐萍开价不低，100万。”

“说实话，不高。”一明摇头，“如果在美国，这几乎与公益代理相差无几。美国的专利侵权案贵得离谱，一件普通的专利侵权案，只要上了法庭，一审的律师代理费至少要300万美金，二审略低也需一两百万。”

正在驾车的陈燕说：“美国人就是再有钱，也打不起如此高昂的侵权官司吧？”

“官司还是要打的，但大都是通过和解方式解决纠纷，法官实际审理的，据统计，仅有5%吧。”一明说。

丰收问：“你判断D公司这次来的真实意图是什么？”

一明说：“无非两点吧，一是购买永康商标；二是请求永康公司授权，有偿使用。到时相机行事，反正我们有了底线。”

陈燕颇为担心地说：“D公司聘的律师都是大牌啊！”

“我们赵律师的名气小吗？”丰收说，“我倒要看看他们是如何把白的说成黑的，是如何颠倒是非的。”

车驶进永康公司绿化很好的院内，停在爬满藤科植物的办公楼前。徐萍等人迎接，她说："你们真是准时，他们10分钟后到，如果他们也很准时的话。"

他们说着走进颇有艺术氛围的小会议室，一明打量着墙上的风景油画，"徐总有雅兴哪！"

"谈不上雅兴，休闲而已。"她笑着，"事实上，我也想过闲云野鹤的生活，无心世俗之事，静下心来，把这些年的经历写下来。"

"噢，明白了。"一明扶扶眼镜口吻诡谲，"想写回忆录，就像战时首相丘吉尔，退休后在他的庄园里写出了妙笔生花的六卷本《第二次世界大战回忆录》，而且还荣获了诺贝尔奖。"

"赵律师，你想羞煞我也。"徐萍说，"你……"

公司副总领着一行三人进来，通过介绍，一明清楚了他们是D公司驻北京机构的负责人乔华，此公人高马大，皮肤白皙，头发泛黄，且鬈，高鼻深眼，再加之穿件闪闪发亮的黑色皮衣，一明立马联想到纳粹的盖世太保，如果再戴上印有带钩十字标志的红袖箍的话，不仅形似，而且神似。另外一男一女分别是高律师、时律师。高律师30岁出头，西装笔挺，气宇轩昂，坐下就打开笔记本电脑，一副运筹帷幄的将军状；时律师很青春，鹅蛋形脸白皙，齐耳短发，浅灰色的西服套裙，半高跟鞋衬起挺拔的腰身，浑身上下写满职业女性的矜持与自信。

妈的，装什么大尾巴狼！一明看他们高傲的神态，心里骂道。京城的律师一出来，都这德行，仿佛以代天子巡狩自居，不可一世。

寒暄握手坐定后，乔华扫一眼在座的各位，以极流利的汉语说："徐总，我们这是第三次见面了吧，这两位你第一次见面，他们是著名的律师，知识产权方面的专家，无论是代理还是诉讼，有着战无不胜的记录。"他以居高临下的口吻说，"在此，我首先向在座的各位，尤其是你们三位律师介绍一下D公司的基本情况。"

"对不起，"一明看他喧宾夺主霸气十足的神态，打断了他，"在座的，尤其是我们中州所的律师对贵公司已经了如指掌，还是进入正题吧。"

乔华沉下脸，"在进入实质问题之前，介绍本公司的情况属国际惯例吧？"

"坦率地说，本人曾数次参与了与外国人的谈判，领教过国际惯例。"一明说。

"我想赵律师一定是中国大学毕业的？"

一明盯着他，"这对谈判很重要吗？在回答你的问题之前，我想请教乔经理的国籍。"

"德国公民，母亲华裔，父亲德国人。"他颇为自豪地答道。

一明嘴上说明白，心里却恨恨骂了一句，杂种！"我是哪所学校毕业的？尽管这个问题与本次谈判无关，但我还是很乐意地告诉你，本人最后的学历是美国哥伦比亚法学院的硕士。你刚才宣称，这两位我的律师同行战无不胜。但据我所知，就在7天前，国家商标局再次驳回了你们的申请。"他把目光转向两位律师，

“我想，申请撤销商标是你们二位的杰作吧。”

高律师脸上掠过一丝尴尬，“我们在核实时间上有误差，但贵公司确实有三次停产的事实，同时，国家商标局在认定上也有问题，我国的法律不健全嘛！”

“我们律师是按法律行事的，而不是妄加评论法律，更不能指责法律。”丰收说，“从现有的证据和现行的中国法律规定，你们构成商标侵权，这是毋庸置疑的。我认为，国家商标局两次驳回你们申请的事实已不可更改了。所以，还是谈谈你们准备怎么办吧。”

乔华耸耸肩膀，“徐总，在进入实质性问题之前，我本着良好的愿望，想再一次提醒你，我们应该理智而非感情化来解决问题，而且要认清贵公司与D公司相比处于什么位置，坦率地讲，根本不是一个数量级。”

徐萍毫不示弱，冷冷地说：“确实不是一个数量级，而且我们也并没有比的意思，我们只是阻止你们侵权。据我所知，世界上没有哪条法律规定，大公司就可以对小公司侵权，这就像大国不能欺侮小国一样，因为大国与小国在主权上是平等的。”

时律师插进来，“乔总的意思是，虽然国家商标局暂时驳回了我们的申请，但截至目前还没有哪个权威部门认定D公司侵权。所以在这种情况下，我们双方应本着‘永康’商标的有关问题达成共识，这对于我们双方均有益无害。”

“虽然现在还没有工商部门认定D公司侵权，但这并不等于D公司就没有侵权的事实存在。”一明扶扶眼镜，“我可以实事求是地告诉你，在事实面前，工商部门认定侵权指日可待。你所说的就‘永康’商标达成共识，是否可以理解为：一是由你们购买；二是由永康公司授权你们使用？”

乔华点点头，“问题的实质就是如此，如果我们购买，你们可以开个价，如果共同使用，也可以开个价。”

“购买我们的商标免谈。”徐萍的回答斩钉截铁。

“Why（为什么）？Why？”乔华脸上生出怒气，“你生产不就是为了利润吗？我们可以给你想象不到的高价格，比如说500万？”

“这根本就不是钱的问题。”徐萍一脸冰霜，“我们的企业虽小，而且也追求利润，但我们还是有自尊的。请问乔先生，如果我有足够多的钱，德国的‘奔驰’、‘西门子’的商标能拱手卖给我吗？”

徐萍凛然气象令一明怦然心动，真棒！

“你们中国人就是不能理智地通过谈判处理问题，总是带有浓厚的感情色彩。”乔华嘲讽道，“我想，这也是中国发展缓慢的重要原因之一。”

丰收不冷不热地说：“我提醒乔先生注意，我们是在谈‘永康’商标的问题，而不是讨论中国人的性格及发展问题。同时，请你不要忘记，你至少也有一半中国血统吧。”

高律师接上，“乔总的意思是，我们应该实事求是地解决问题，这并无不妥，请王律师不要引申。购买商标可以先不谈，现在我想知道的是，如果你们授权D公司使用这个商标，至少要支付多少费用？”

一明看着计算机，“噢，总算又进入实质性问题了。经过我们广泛的市场调查和缜密的计算，如果我们授权使用商标的话，每年2000万人民币。请注意，这里还有一个前提，这就是你们还要支付5年来由于你们侵权，给公司造成的损失，至少8000万人民币。”

“讹诈！”乔华拍了一下桌子，“纯属讹诈！”

一明拍案而起，“请你注意言辞！你们公司凭着经济实力以及一些丧失国格人格的中国人，一而再、再而三地肆无忌惮地侵犯‘永康’的商标权，长达5年之久，给永康公司造成巨大的经济损失。现在反倒污蔑我们讹诈。请问乔先生，你的逻辑与强盗逻辑有什么不同？”

乔华站起来，“我有些头疼，先休息，你们谈。”说完拂袖而去。

“赵律师，请你冷静些，注意风度。”高律师说，“我们是在商务谈判。”

“请问高律师，难道要我对待一个强盗也必须彬彬有礼吗？”一明反唇相讥。

时律师说：“各位都冷静些，刚才赵律师所说的商标使用费确实离谱了，因为，你们公司一年的销售额还不到1个亿人民币，商标使用费却开价2000万。这合理吗？”

“当然合理，我们是按D公司使用我们的商标的销售额计算的，你知道D公司使用我们的商标在中国的年销售额吗？”丰收说，“5亿人民币，这还是粗略的不完全统计。”

“请问你们所说的条件还有协商的余地吗？”高律师问。

“这已经是我们的底线了。”一明说。

“既然如此，我们就没必要谈下去了。我希望你们再认真考虑考虑。”高律师说，“我可以负责地告诉各位，凭D公司的实力，在中国是可以达到目的的。”

“那我们就拭目以待吧。”一明回敬道。

八

一明快步走进高尔夫球场，他的老同学省工商局的马副局长扛着球杆迎面走来。

“扫你的雅兴啦，局长大人。”一明和他握手。

“刚才我看到树上停了几只不常见的乌鸦，这是不祥之兆，不到半个小时就接到你的电话，果然就应验啦。”他精瘦的脸上猴气十足。

“你小子竟然把老同学看成是凶兆啦，要遭报应的。”一明说，“收到投诉一个月了吧，至今仍没个结果？”

“我与总局联系数次，它们一直没有明确表态。你让我怎么办？”

“你们就没个态度?”

“你聪明过人，没有态度就是一种态度嘛!”

“少给我来这套，D公司的代表又找上门了，要求购买或授权使用商标，这至少表明他们心虚。你给我说实话，你自己认为D公司的行为是否侵权?”

“应该是，但这只是我个人的看法，而且是私下说的，不能公开，不能向媒体透露，更不能上法庭。”

一明摇摇头，“狐狸，真是狐狸。请你指点，下步怎么进行?”

他用球杆指指天，“还用明讲吗?你在北京的人脉很旺嘛!我们的同学多多，而且不少身居要位。”

“正合我意，那你跟我走一趟。”

马副局长思忖片刻，“这不合适，但我可以派得力的人与你同行。”

“好，兄弟感谢你了。”一明仰脸看蓝得彻头彻尾的天，“我真不能理解，这事居然5年之久没有人管，致使他们的侵权如入无人之境，而且还在继续。”

“这话可就离谱啦，怎么没人管，我们请示过总局，也组织人调查过，还开过至少三次以上的专家论证会，但意见不尽相同嘛!而且我们还专门向总局进行了汇报。你可以问问永康公司的徐萍有无此事。”

“但你们的调查于事无补，所谓的专家论证会只是作秀，白白浪费纳税人的钱而已。”

“你对徐萍印象如何?”马副局长突然转移了话题。

“什么意思?她只是我的客户。”

“让人难忘啊!我不相信你这个情圣对她不动非分之念。”

“我……”

“马局长，大家都等着你开杆呢。”一位白衣姑娘跑过来拉着他的胳膊，满面是卖弄风骚状，嗲声嗲气，“快点嘛!”

他笑笑，“我这就过去，这就过去。”

“不打扰啦!我晚上给你打电话，定出发时间。”一明说。

“那好，实在是忙得很，恕不奉陪了。”马副局长搂着姑娘转身而去。

九

一明驾着徐萍的宝马轿车轻快地行驶在盘山路上，山间郁郁葱葱的树林沐浴着初秋的阳光，闪闪烁烁。

“好消息是，截至目前，石家庄等三个大城市的工商局已经表示D公司销售的商标为‘永康’的药品侵权，形势进展相当不错。”他的口气颇有些得意。

徐萍脸上荡起笑容，“好，好，你们都是高级知识分子，没想到也会走江湖路线，竟能活动到国家工商总局。”

“我纠正一下，这可不是跑江湖，听起来像是搞阴谋，而是去反映事实，据理力争。”

她笑了起来，“不管用什么词吧，反正我对你和王律师充满希望。不好的消息呢？”

“凡我们投诉的工商部门都有所动作了，但仍有三个城市，包括我省没表态，也没有书面答复。现在的问题是，如果你同意的话，我们就向法院起诉我省工商局。”

“必须起诉吗？”

“是的，之所以如此，是考虑到两个因素。一是如果我们放任省工商局不作为的话，那么D公司仍会有恃无恐地继续在很大的范围内销售产品，给你们造成损失；二是给石家庄等地的工商部门树立恶劣的先例，对日后国家工商总局做出决定制造障碍。现在局面只是刚有转机，要长远考虑，防患于未然。”

“如果败诉呢？”

“当然，败诉的可能是存在的，我和王兄也有败诉的准备，如果一审败诉，还有二审；二审败诉，还有再审。我们是铁了心把这个官司打到底，一是为了你的利益；二是我们不能眼看着国外的大企业一而再、再而三地欺侮我们。现在就看你的决心了。”

“你还要我重复吗？就是倾家荡产，也要出这口气。英国战时首相丘吉尔对敦刻尔克大撤退如是总结：一场战争永远不可能通过撤退和保存实力来赢得。”

“非常正确。不战而屈人之兵是神仙境界，常人很难做到的。”

她看着他，有几分担忧地说：“一闹到法院，就和省工商局反目成仇啦。”

“不必过虑，我和马副局长是同学。”

“什么，你和他是同学？”

“而且关系不错，他虽然很狐狸，但还不是坏得一塌糊涂。他似乎对你有过非分之想吧？”

她把脸移向窗外，“岂止非分之想，要我和他上床。”

“这条色狼，估计没得逞？”

“都过去了，不说了。哎，我说赵律师，我们是来放松还是工作啊！我看你也是工作狂！”

两人相视而笑。

“德国的宝马驾驶起来感觉就是不一样，轻松自如。”他轻拍方向盘。

“当然，我想，也只有德国人才能造出如此精良的车，它特别像德国人的性格，理性、高效，而外表又不张扬。”

“评价精准！德国人会造车，爱开车，更喜欢开快车。这个国家有8200万人口，仅轿车就有4000多万辆，如此多的车，再加之世界上开车最快的民族，而且高速公路居然不限速，如果换一个国家，其混乱景象可想而知。但令人钦佩的是，德国却是世界上交通安全最好的国家之一。为什么？德意志民族的性格使然，这就是恪守纪律！”

“中国什么时候能造出这么好的车呢？”

“我们这一代估计是看不到啦！眼下中国的经济，几近打工经济，外国公司在中国雇佣最便宜的劳工，使用中国的能源，污染中国的环境，向其母国提供价格低廉的产品。就说汽车吧，搞了30年合资，我们学到了什么？除了装配以外，汽车的核心技术——发动机、底盘和整体控制等等仍是人家的。看看满大街如同万国汽车博览会，中国的汽车人还有脸活着，不如一头栽死算了。”

十

幽静的山谷，大树遮天蔽日，小溪流水潺潺，鸟鸣安闲而悠扬，不时传来啄木鸟嘭嘭嘭的叩树之声，林间还有金色的松鼠在枝头嬉戏跳跃追逐。

一明和徐萍沿绿草野花掩映的蜿蜒石径信步走来。

“这地方不错吧？”她问。

“仙境，仙境啊！”

“我发现这地方后，每当心烦时，就来此小憩，能让我静下心来。”

“都说江湖险恶，其实商海的惊涛骇浪和汹涌暗流绝不次于江湖。你想站稳，也实在不易！”

“难啊！”

“我在想，你一位医大毕业的女生，怎么能想起下海呢？”

“不堪回首啊！毕业后在一家制药厂搞科研，很顺利，也很满足，但遇上一头色狼老总。我受不了他的骚扰，一气之下就离开了。在朋友的帮助下，买下小作坊，死打硬拼，发展到今天，其中酸甜苦辣，一本书肯定写不完。说实话，刚创业时，渴望赚钱，一心想着钱，但有了钱以后，时不时就感到索然了。我认为也算实现了自己的价值，但同时，也失去了许多珍贵的人生财富，比如说丈夫、女儿，还有女人应有的幸福。”

他若有所思地点点头。

“前夫是位很有前途的外科大夫，他不能忍受妻子日夜在商海中打拼而不顾家，一气之下，与我离了婚，带着女儿去了英国。女儿今年9岁了，两年前回来一次，与我形同陌路，连声妈妈都不愿喊，而是直呼阿姨。她是我的亲骨肉啊！想想真是让人绝望。说心里话，我真想再有个孩子，做一回名副其实的好母亲。”

看她眼中闪出泪光，他良久才感叹道：“是啊，作为母亲和女人你失去了不少。很多时候，看着彼岸异常美妙，当你历尽艰辛，好不容易渡过了河，到达彼岸时，也就如此而已。更让人悔恨的是，蓦然回首，发现失去了很多很多，而且无可挽回地永远失去了。”

小路旁，一块突出的岩石上，一年轻的尼姑盘腿而坐，双手合一，如同一尊塑像。他从她的侧脸判断，是一张很美的脸。徐萍说，不远处有座尼姑庵。一明想，按常理，有尼姑庵的地方附近一定有庙。但他没说出口。

"人生就是如此，你看那边。我每次从这里经过总会想，长眠此地真是一种福分，有青山绿水陪伴。人世的尔虞我诈，生意场上的钩心斗角、工于心计真是让我烦透了。"

他眯起眼睛望去，对面山坡上一片较为平坦的地方，萋萋芳草中隐约可见几座坟茔和石碑。一时间，两句诗闪现脑海，"埋骨何须桑梓地，人生无处不青山"。并起了蹚过溪水，爬上去探一究竟的强烈念头，是谁，又是什么时间安息于此的？但又觉得至少有1500米的距离，而且清楚了这些有什么意义呢？于是又作罢了。"我们这一代人肯定是没有这种福分了……你的事业兴旺发达，怎么会有厌世倾向呢？"

她摇摇头，"人生是什么？不过是来世上走一趟而已，终究还会归于尘土。你想，无论山外的世界多么动荡，墓地总是一片宁静。"

"你的话让我想起一位波西米亚的姑娘，萨比娜。"

她愕然，"波西米亚？萨比娜？"

他笑了，"米兰·昆德拉的小说《不能承受生命之轻》中的人物，她有个习惯，像你一样，每当不愉快时，就远离城市，到她喜欢的墓地走一走。她感到那些乡间墓地，在蓝蓝山丘映衬下，宛如摇着摇篮的女人一样美丽。"

她咬着嘴唇，想了片刻，"墓地给人的昭示就是如此吧。"

"我想除此之外，还应该有些别的吧？"

"还有什么？"

"我去德国游玩时，专程到了卢森堡美军的墓地，因为巴顿葬于此。那是另一种感受。"

"是吗？"

"墓地管理得非常好，绿草如茵，洁白的大理石十字架宛如碑林，令人想到军人整齐的方阵。6000多名美第三集团军的官兵长眠于此，碑林最前面是他们的司令，巴顿将军。原来我想，他的墓志铭上会刻下他的辉煌战绩，不料简练之极，译成中文就是：乔治·S. 巴顿　第三集团军上将　军号02605 。伫立在他的墓碑前，我想起很多，仿佛看到将军依然率领他的第三军在欧洲的原野上，冒着炮火硝烟冲锋，同时想起布雷德利将军的话：我打仗，是别人训练的，而你天生就愿意打仗。我真的想了很多，很多。但绝无伤感和失落。"

"巴顿将军是谜一样的英雄啊！他作为美国军人，却有着欧洲将军们那样的思古浪漫情怀，也许是他血液中流淌着日耳曼民族的基因吧。"她感慨万分，"他真的不应该生活在20世纪，他是属于骑士时代的。相比现代战争，我还是喜欢冷兵器时代，诗意很浓，英雄辈出，而当代的战争，似乎只会出高科技……"她突然叫了一声，脚在石缝中崴了。

他急忙扶她坐在路边石头上，蹲下，两手端起没穿袜子的雪白的脚，观察，“要紧吗？”

她抬起头，深望他一眼，迟疑地说：“好像没大碍吧。”

他左右拿捏着，“活动活动，骨头没事就好。”

她笑了，“又不是三寸金莲，没那么娇气。”

“听这个词，我浑身发冷，想起中国历史上女人受的苦难。妇女缠脚是我们中华民族的奇耻大辱啊！”他说，“看样子骨头没事，到溪边用凉水冰一下，止痛。”

“你的手指很漂亮。”她说。

他伸手晃晃，“说实话，这是一双弹钢琴的手。”

“真是这样？”

“当然。”他小心地帮她把鞋穿上，搀扶她起来，来到小溪边，坐在青石上。她脱了鞋，把脚放入欢快的溪流中，“真凉，好多了，你也试试。”

他用修长的手在清凉的水中划着，指尖叉分着透明的水。当他把脚伸入水中时，清凉的感受立即流遍了周身，一时间，童年的记忆被唤起。他抬起头，正碰上她意味深长的目光和亮晶晶的眼睛，从林间缝隙透过来的阳光在她脸上跳动。四目相对，两人几乎是同时伸出胳膊，相拥在一起。

清风走过山谷，掠过小溪，拂起她的长发。

十一

丰收推开一明办公室的门，看他仰在沙发上打盹，随手敲桌子。一明一振，坐起来，“王兄不敲门就进来啦，私闯民宅啊！”

“惊了你的白日梦？法官打电话让咱俩过去。”

一明揉着眼睛，“我记得1873年英国有一项著名的判例宣称：防卫庇护生命的住宅同防卫生命一样重要。”

“明白，再往下就该讲，风能进，雨能进，国王不能进了。少给我来这一套，快准备出发吧。”

一明站起来，伸着懒腰，“王兄，就是现在，欧美法律仍将私入民宅作为重罪处罚。”

“这是在中国，而且就在同一宅子里。怎么两天不见你的踪影，手机也关了？”

一明眨着眼睛，神秘一笑，“进山小憩，与世隔绝了。”

“据说是和徐萍一同去的吧？我早就发现你俩在一起时眼神有火花，那天你看她的目光直说就像是鱼钩，恨不得把她的衣服一件又一件钩下来。”

“不知为什么？我确实很招女性喜欢，实在是没办法。”

“你不是常说，寡人有疾，寡人好色吗？明明是自己喜欢，反倒美其名曰招人喜欢。孔圣人2000年前就痛心疾首叹曰：吾未闻好德如好色者也。”

“那天的宴会上，我云里雾里，飘飘然，上演了小品吧？”

“不仅上演了，而且精彩之极。”

“我的形象如何？”

“令人想到大开其屏，炫耀羽毛的雄性孔雀，情欲呈喷涌状。更为精彩的是，雌性孔雀被迷翻，显出万种风情。绝对是下山和尚幽会小尼姑的狂癫！”

“应该是《天仙配》吧？”

“恬不知耻，走，快点。”

“法官又找我们做什么，准备下判决？”

“我估计是讨论案子吧，去了就明白了。”

两人赶到法院，果然是讨论案子。

一个月过去了，案子有了不紧不慢的进展。法院责令省工商局作出书面答复。工商局的答复是：无法认定D公司是否对永康公司构成侵权。

一明他们不服，认为工商局的答复太过草率，等于没有答复。又以对当事人不负责任，而且具有包庇D公司的嫌疑再次向法院申请开庭，要求其撤销答复。法院经过审理，最终判工商局败诉，这实际上就是认定D公司侵权了。

一明拿到判决书后，先到了马副局长的办公室。他见一明进来，顿时满面春光，“祝贺胜诉！”

“我们是老朋友了，两次告你们，实属被逼无奈，因为我要对委托人负责！”一明解释道。

他一脸笑意，“少些假惺惺好吗？你是对代理费负责，更是对美丽的女人负责。”

“小人之心，完全是小人之心。”

“我还能不了解你。现在我可以实话告诉你，当接到你们的投诉时，考虑到D公司财大气粗，又是一个国际品牌，同时他们与北京以及省里一些重量级人物还有千丝万缕的联系。所以我们是非常慎重的，不敢轻易动作。就此事，我们又向国家工商总局书面请示，如果国家总局作出答复，构成侵权，我们就会立即组织人员查处，但国家总局迟迟未给出明确的答复。你说，我们能轻举妄动吗？我们是国家的行政机关，下级服从上级的原则还是要坚持的嘛！”

“我明白，你在这个位置上确有难处，我能理解。所以，我认为，你一定还能升官。”

“为什么？”

“正如同学们公认的那样，你在云谲波诡的官场上如鱼得水，绝对是庖丁解牛，游刃有余啊！不过我还是要感谢你派人和我一同去北京活动，你的人确实很得力。”

“过奖，过奖，为老同学出点力完全是应该的嘛!”

“让我费解的是，你们的代理律师睁着眼说假话一点都不脸红，《商标法》有明文规定，可他们当庭就敢说根本构不成侵权，颠倒黑白的高手啊!”

马副局长爽朗地大笑起来，“对同行要宽容厚道，他们与你们一样，也是不择手段地各为其主嘛！话又说回来，你们律师，让我怎么说呢？依我精准的观察，大凡有5年以上执业经历的律师，哪个不是老谋深算，笑里藏刀，绵里裹针。既能把大事化小，小事化了，又能把小事搞大，简单弄复杂，没一个善茬!”

“你高看律师啦，我们真有那么大的能耐就好了。”

“律师职业是个毁人的行当哪！好好一个人进去，不出三年，肯定会变得又阴又毒，保管对亲爹亲娘都算计。”

“你小子有话直说，别拐着弯骂我。”

“这案子你应该赚了不少代理费吧，你的委托人不仅有钱，而且又是少见的美人哪，令人印象深刻。我要是你，也会为她冲锋陷阵的。”

“可惜你没这样做，而是考虑你头上的乌纱帽，否则她难逃你的魔爪。”

“什么意思？噢，明白了，明白了，你小子得逞啦？”

一明笑而不语。

两个月过去了。

D公司终于收兵。一明在北京通过国家食品药品监督管理局了解到，该公司已将“永康”商标改为“康健”，图形也有了变化，并通过了审批。此案终于有了定论，徐萍设宴庆贺。

丰收说：“徐总，你真是有福气啊！不仅赢得了这艰难有加的官司，而且也赢得了赵律师。”

徐萍笑得很灿烂，“王律师此言差矣，是他赢得了我!”

“你怎么不说话。”丰收对一明说，“发表一下高论嘛!”

一明一副深沉状说：“我正在考虑以此为起点，向D公司追赔5年来因他们的侵权行为，给永康公司造成的损失呢!”

第八章

法分明，则贤不得夺肖，强不得侵弱，众不得暴寡。

——韩非（战国时期　法家思想代表人物）

基本案情：

作家将其小说《天》的电影、电视剧改编权、拍摄权转让给大地影像公司。据此，大地公司为拍摄《天》投入了人力、物力。后该公司得知《天》已由中州电影学院拍成电影，并组团携带该片参加法国国际学生电影节。为此，大地影像公司状告中州电影学院，要求：电影学院停止侵权行为，销毁拷贝；公开赔礼道歉；赔偿经济损失人民币100万元，并支付诉讼费。

中州电影学院辩称：

中州电影学院的行为不构成侵权，属合理使用。

一

电影学院外联部主任叶莺是位秀色可餐的美人，她与一明轻轻碰杯，优雅地轻抿一口，掠了一把如丝绸般光亮的长发，神色黯然，像朵霜打的玫瑰，“大地公司真把我们逼上死路了，尤其是他们的代理律师，一天找我三次，简直像强力胶粘住了我。”

“是被你的美丽迷住了吧？”一明笑容可掬，“哪儿的律师？”

“武鹏律师事务所的主任，名字就叫武鹏。”她幽幽地说，“赵律师还有心开玩笑。”

“武鹏？”一明一怔，“噢，这家伙是厉害，粘住你了不得，不死也得脱层皮。”

“我真的是碰上坏人了，你认识他？”叶莺面露惊恐，如小羊撞上了恶狼。

“岂止是认识，多少年前他还是我的领导呢！”一明摇着头，“这家伙实在是鬼得很，属奇人序列，《厚黑学》的行家里手。人至贱则无敌，对付他这号，除了用手枪，还真没有其他特别有效的办法呢。”

十几年前，一明就领教过他的种种手段了。在顾问处做兼职律师时，他美其名曰为提高律师办案的积极性，兼职律师的收入按案子的标的提成，口吐莲花，说得比唱得还动听。但当事人交了多少代理费，他却讳莫如深。会计是他的铁杆情妇，自然亦守口如瓶。后来，一明他们从当事人口中了解到真实情况，但也没什么好办法。出道时间短，基本无案源，而且当时不依托顾问处，办案则名不正言不顺。有次一明与他闲聊，随口说，自己将办案心得记录下来，并做了一些分析，已有十几万字了。说者无心，听者有意，武鹏认真地说，整理一下，出本书嘛！事在人为，我帮你来运作。留美硕士的智慧如果束之高阁，不仅是资源的浪费，而且令人痛心。一明心生感动。不久，也不清楚他是怎么鼓捣的，反正心得就出版了，书名为《案例经典分析》，精装本，很漂亮。只是作者的名字不仅仅是赵一明，武鹏也赫然其上，而且是第一作者。对此，武鹏一本正经地解释，我费了不小的功夫，再说，这是出版社的意思。同时还给一明送上了2000元的稿费。事已至此，一明也只有打掉牙往肚里咽了。后来才知道，此书的稿费2万余元。再后来，一明还得知，早在他之前，武鹏给志勇也来过这一手，而且得逞了。想起这些旧事，他只觉得像是吞了只肥胖的蛆。

“他们是什么目的？”一明问。

“一口咬定我们侵犯了大地公司的版权，至少赔偿100万元。学院领导认为他是讹诈，回绝了，但留下口子，说可以在数额上再协商。我和他几经周旋，最后谈到90万元，学院领导不同意，仍嫌多。”她漂亮的脸蛋上一副痛苦相，如同中了子弹的小鹿，“武鹏律师下了最后通牒，如果不赔偿损失，就诉至法院。院领导不想多出钱倒也罢了，反倒大肆指责我协调不力，我是两面受气啊！”

一明的同学乔刚一看就是很时尚的文化达人，长发梳成马尾刷，花里胡哨大方格的衬衣，半敞领口露出结实的胸大肌，隐约显出国人并不多见的胸毛。他醉态可掬地抚摸着她浑圆的肩膀，“小妹，别愁容满面的，看着让我心酸。有我与你同舟共济，还能让你为难！再说我这位兄弟是何等人物，人精啊！”他话锋一转，“学院领导太扯淡，逼一位涉世不深的姑娘出面斡旋这么复杂的事，而且既不想出钱，又不想伸头，这倒也罢了。还他妈的口口声声地对小叶说，真要是有钱有人，这事谁不能办？浑蛋领导功利性太强，只看结果，不看过程。妈的，几千年了，成王败寇的思维定式依然。”

“乔哥，你的心我领了，但事情到了这一步，如果真败诉，我肯定就是案子上的肉，任人宰割了。”她转向一明，“赵律师，你认为我们有无胜诉的可能？”

一明说：“情况比较复杂，现在还不好下定论。”

“明弟，都是自己人，有话就直说，实事求是地沟通嘛！”乔刚说，“叶莺面临的情况相当险恶，新上任的院长正按惯例做人事调整呢，一朝天子一朝臣是也。如果此事办砸了，肯定正中其下怀，定借机拿下叶莺，换上自己的心腹。你知道，小妹这么年轻，就混到外联部主任这显赫位置实属不易啊！”

“据已知的证据看，如果硬逼我说的话，那就是孙子曰：知彼知己，百战不殆；不知彼而知己，一胜一负；不知彼，不知己，每战必殆。”一明说，“乔哥，你是我的老朋友了，既然叶主任是你的好朋友，理论上也是我的好朋友，所以我更不能不负责地下结论。你说对吧？”

“这倒是实话，”乔刚端起酒杯，“来，明弟，干杯，小妹，一起来，一起来。”

她一副视死如归状，仰脖喝干了。“赵律师，乔哥在我们领导面前把你吹得天花乱坠，说你招之即来，来之能战，战之能胜。”

“自然喽，乔兄著名作家，又是影响很大的文化界名人。所以，说大话吹牛自然是他的基本功，看家本领嘛！”一明笑着，“我会尽心尽力办这个案子的。至于说招之即来属实，来之能战也属实，但战之能胜，我就不敢当啦！”

“又攻击我们文化人啦，我告你诽谤。”乔刚哈哈大笑，“替你免费做广告，不感谢倒也罢了，反倒落了个驴肝肺，悲哀啊！刚才，小妹和你讨论案情，你先问是否让你们代理，有我老乔在，如果不让你们代理，就不能咨询咨询了，难道还要收咨询费不成？罚你两杯！”

“乔哥，我可没有这个意思，不过事实上，像我这样档次的律师，如果在美国每小时至少也得收200~500美元咨询费的。”一明说。

“你在美国混了几年，深受万恶的帝国主义戕害啦！开口钱闭口利益。放眼看去，资本主义全球化的滔天罪恶，毁了我们多少美好的东西啊！”乔刚显然已经高了。

“在中国，在乔哥你面前，哈哈，我认罚，认罚。”一明端起酒杯小抿了一口。

“如果不请你代理，我们会坐在一起吗？”她说。

“不，不，久未见乔哥，今天我请客。”一明说。

“明弟，还记得这样的经典吗？”乔刚盯着他，半天才说，“资本来到这个世界，从头到脚，每个毛孔都滴着血和肮脏的东西。如果马克思他老人家看到现在资本横行全球，且呈所向无敌之势，而其丧钟根本就无敲响的影子，当在地下大哭啊！”

她拉住乔刚的胳膊，很坚决地说：“乔哥，你绝对不能再喝酒了，要醉了。”说着她唤服务员结账。

服务员过来后，一明异常坚决地把银行卡递给她，并在刷卡机上摁了密码。“久不相见，怎么能让哥哥破费，尽管你不缺钱。凭你三寸不烂之舌和一支秃笔谁知唬到手里多少不义之财哪！”

乔刚重重拍一明的肩膀，“又在攻击我啦！哪还有秃笔啊，用电脑啦！中国眼下最缺的是什么？文化。而今我们哪还有原创性、开拓性的文化，全部堕落为消费性的快餐文化了。你想，如果一个民族连自己的文化都没有了，这个民族即使不灭亡，也是没有灵魂的。只有固守自己的文化，才能生存发展。如果一个民族只知道赚钱，连悠久的文化都抛弃了，你说，这个民族还有希望吗？”

一明看他醉态十足，走路都有些晃荡了，“你这个文化大家非要把文化弄醉了才好。”

“国家亡了不可怕，还可以复国；要是国家的文化亡掉了，就永远不会翻身了。现今外国人怎么看我们，暴发户，有钱没文化，我看言之有理嘛！有学者将现在的中国文化定义为‘骡子文化’，传统的中国文化是驴，近代西方文化是马，驴马杂交，就成了非驴非马、亦驴亦马的骡子文化啦，而这种文化能给中国带来什么？令人痛心疾首，情何以堪。”乔刚喋喋不休。

走出酒店，叶莺歉意十足地说，不能相陪，要去陪住院的母亲。并叮咛一明，一定要把乔刚送回家。一明说，放心吧，明天肯定交给你一个完整的人。

叶莺上出租车离开后，乔刚醉意更浓了，“兄弟，这案子你一定要亲自上阵！”

“为什么？我们所有的是律师。”

“我只相信你，只要你上就会赢。”

“未必，老兄。”

“真要败了，我在叶妹妹面前就再也抬不起头喽！”

“她到底是你什么人，让你这位大作家大文化人如此执着？”

“怎么说呢？好朋友，红颜知已，情人都是吧，反正是比老婆还要亲的人。”

“乔兄艳福不浅，从学校到现在谁知你糟蹋了多少女人哪！”

“走，让为兄请你吼两嗓子，散散酒劲，找妙不可言的小妹妹陪陪你，我知道，你好这一口，这么多年了，我还能不了解你吗？”

“此言差矣，我忙得都忘了世上还有漂亮的姑娘啦。”

二

夜幕中，既不见明月，也看不到星星，有的只是城市人造光明肆虐，各种霓虹灯、镭射灯和千奇百怪的灯五彩闪烁，光焰冲天。当然，都市人谁还会在乎星星和月亮呢？没一点实用性嘛！既不能当吃，也不能当喝，更不能用来赚钱。也许用不了多少年，美丽月光和宝石样的繁星在城市人的记忆中就会消失殆尽了，因为人造城市天生拒绝自然和诗意，只是诱发人类各种欲望畸形膨胀的罪恶渊薮而已。

东方娱乐城的霓虹灯格外醒目，有刀叉形、有高脚杯形，还有少女侧脸形，无不闪烁着诱人光辉，明灭之间，显出浓浓的妖气。

一明随乔刚入前厅，只见一位身着浅色西服套裙的女人从吧台绕出，大步迎上来，她笑颜如花，凤眼放光，“乔哥，有些日子没来啦，是不是又发现新大陆了?”她嗓音略显沙哑，但极富魅力。

“什么新大陆啊!”乔刚笑嘻嘻地盯着她凸鼓的胸部，“老夫参加三亚笔会，虽说身在美丽海滨，心还在咱这根据地嘛!小妹，快去安排，这位是我久未相见的老兄弟了。”

“没问题，没问题。”她眼珠滴溜溜转着，凑到乔刚耳旁，“节目照旧?”

乔刚在她脸上摸了一把，“当然，先亮亮嗓子嘛!”

“好，好。”她说着挥手招呼墙边垂手而立的服务员，“把我的两位贵宾请到八号，尽快安排。”

两人跟着走夸张模特步的服务员，踩着厚实的地毯，沿长长的走廊前行，转弯处，一高大的男人搂位光鲜的裸露肩膀的姑娘迎面过来，男的踉踉跄跄，显然是喝大了，姑娘咯咯笑着说，先生的酒量真厉害，佩服，佩服!

一股洗发液的香气和酒味混合而成的气体钻入一明鼻孔，他似乎觉得男人面熟，继而突然记起，是贺飞教授。这老家伙，一大把年纪了，还有如此雅兴，人老心花啊!

路过舞厅，只见一排短裙美女在小舞台上舞蹈翩翩，雪白的腿闪烁，曼妙的旋律和甜美的歌声如水溢了过来。

乔刚搂着一明的肩膀，朗声道:“商女不知亡国恨，隔江犹唱后庭花啊!”

一明回敬:“我记得梭罗说过，有些人仰脸躺着，奢谈人类的堕落，自己却不肯坐起来。”

乔刚迟疑了片刻，哈哈大笑。

两人来到一宽敞的大包间，刚在松软的大沙发上坐稳，一排花枝招展的姑娘就鱼贯而入，列队站在面前。她们个个如花似玉，脸上堆满各种丰富多彩的笑，搔首弄姿地扭动着躯体，无不谋划以最快的速度博得客人的欢心。

“兄弟，你先来。”乔刚说。

一明约略扫了一眼，指其中一位看上去有几分腼腆的短发姑娘。她嫣然一笑，绕过茶几，蝴蝶样翩然而至他身旁，轻声说:“谢谢先生，我会好好陪你的，就叫我小丽好了。”

“五色令人迷，消磨革命者意志也!”乔刚相中一位人高马大，领口开得很低的丰腴姑娘，“美女如云，老夫眼花缭乱也!”

没被选中的姑娘顿时没了生动表情和姿态，又无声地鱼贯而出，紧接着，啤酒、饮料、水果、小吃等端了上来，摆满了玻璃茶几。乔刚吩咐服务员把啤酒斟满，“我先润润嗓子，献上一首童安格的《依然爱我》。”

当略含伤感的旋律荡漾开来时，乔刚抄起麦克，搂着姑娘唱了起来。

这家伙的嗓音还这么有磁性，富于感染力。一明感慨起来。

“兄弟，跳起来嘛！”乔刚在歌曲的间歇叫道。

一明起身，搂着姑娘起舞，朦胧变幻的灯光中，他发现怀中的姑娘还挺漂亮，眼睛大而透明，嘴唇小巧，两条胳膊偏瘦，但洁白无瑕，只是舞跳得笨拙。他多少有些失望，但立即又想，此处又不是高雅的艺术殿堂，风尘场所而已，姑娘们有几位跳舞出色的？进而又想，卖身卖艺固然不值得提倡，但其存在终归有合理性，至少比专家教授出卖灵魂要强得多，出卖灵魂才真正是不可原谅的卑鄙龌龊之举。

乔刚唱完，又是敬酒，又是行酒令，张牙舞爪，兴致高昂，如同发情的公牛，两位姑娘万种风情，如鱼得水。

“兄弟，香港虽属文化沙漠，但前些年有几首流行歌曲还真有点意思，比如我刚唱的这首。记得在学校时，也是甚得你心，对吧？兄弟也来一首，好久没聆听你的天籁之声了，就唱《友谊地久天长》，人老了，容易怀旧。”

“没问题，给哥哥祝酒兴。”一明看着他燃烧着浓浓酒意，像涂了一层清漆的容光焕发的大扁脸，记起校园的好时光。那时，这位绝对属愤青之列，抨击时弊，指点江山，一副总想解构一切、颠覆一切的架势，疾走呼号中国必须全盘西化、殖民两百年才有出路。但近几年又一头扎入中国文化之中，号称只有中国文化才能救中国，并不遗余力地在媒体和各种场合激扬文字，大肆聒噪，一跃成为奋力弘扬传统中国文化的大名人。

当荧屏上出现《魂断蓝桥》的黑白画面时，一明和着旋律动情高歌。这部电影感动他好多年了，就是此时此刻看着也是心绪难平。当他唱完，靠在沙发上时，姑娘直直地仰脸望着他，“没想到，唱得这么好听。”

看她陶醉的小脸，他蓦然想起坊间的段子：明星卖弄风骚，给钱就上，越来越像妓女；妓女楚楚动人，明码标价，越来越像明星。

“噢，我终于又重温天籁之声了，现在去哪儿寻觅这灵魂的呼唤，这激荡心灵的声音啊！当音乐成为娱乐，音乐就已经消亡啦！”乔刚端着酒杯，凝望荧屏，泪流满面，但又含着笑意，酒精使得笑容更显沧桑，他怅然长叹，“真是让我心潮澎湃，老了，青春的好时光再也不会有了。”说着，仰脖牛饮样干完一大杯啤酒，“兄弟，我唱一首你最喜欢的外国民歌《可爱的船家姑娘》。”

好半天，这首歌才被找到，乔刚起身，很投入地唱起来……

一明感到姑娘越来越紧地往自己怀里拱，整个身体贴过来，温暖柔软，令他心旌摇荡，低头，正碰上她似乎羞涩而又冲动的目光。他捧起她的小脸，轻吻她的额头。她拉起他的手，摁在自己胸前，隔着薄薄的T恤，他立即感到苹果样的很有弹性的乳房，刚轻揉几下，她就娇声喘起，紧搂他的脖子，在他耳边说：“赵老师，你大哥已在楼上开了房间，我们现在就走吧。”

一明身体内波涛汹涌，再加之酒精燃烧，端的是不可收拾，刚准备拉着她起身，突然一个炸雷在脑际响起：赵老师？她怎么称我赵老师？他的手僵住了，怔怔地盯着她，你认识我？

她有些惊恐地看着他，“我……你给我们上过课。”

“你是……”

“我，我是法学院大三的学生。”

他心头一沉，机械地把她推开，无语，站起来，招呼乔刚出来。当他听一明说了情况，大笑起来，兄弟，在物欲横流、色狼如云的今天，太过矫情了嘛！这里你们学校的学生多了去了，要不会有人断言，高校已经沦为妓院啦。

一明打断他，“老兄，我实在是觉得别扭。”

“再换一位就是了。”

“不，对不起，没心情了，我先走一步。”

三

志勇一身休闲打扮，轻松驾车行驶在车辆稀少的高速公路上。

橘红色朝阳刚刚从遥远的地平钱升起，云霞灿烂，清新的空气从洞开的车窗扑进来。路旁是广阔的碧绿麦田，点缀其间的金黄色油菜花格外醒目，路中央隔离带中五颜六色的鲜花盛开。他想，这景色看上去就是养眼。一出水泥森林构成的城市，来到田野，他就感到浑身上下尽是轻松和畅快。

“比窝在城里感觉好多了吧？”他看一眼副驾驶座位上的汪静，“真是想归隐山林，与大自然为伴！”

她把目光从窗外移到他脸上，忽闪着眼睛，“我知道古代文化人有两种倾向，一种是出仕做官，捉文弄笔，趋炎附势；一种是出世，遁入山林，隐藏真迹。但是，现代人到底应该是城市的社会动物还应该是森林田野上的生灵？这是个很大的问题。依我看，不少美其名曰只有在自然田野山中才能寻求到精神家园的人，又有几位不是在城市舒适的家中，喝着咖啡或品着名茶，在运算速度很快的电脑旁大发感慨呢？真正如《瓦尔登湖》的作者梭罗那样身体力行的能有几人？”

“噢，我可说不上是什么文化人，也不想寻求所谓的精神家园，就是年龄的关系。实在是想抛下一切，到乡下找间房子，过日出而作，日落而息，掘井而饮，耕田而食的平静生活。与大自然为伴，帝力与我何有哉！”他感慨道，“我做梦都想啊，我活得太累，真的太累了。”

“果真如此吗？田园诗人陶渊明云：‘结庐在人境，而无车马喧。问君能何尔，心远地自偏。’”她狡黠一笑，“在当代拒绝或逃避以城市为中心的文明，回到田野或者说是回归自然，是失败者的托词而已。”

他笑了，“汪静姑娘，我的心远得了吗？被律师职业，也就是世俗之事紧紧锁死了。同时，你看我像是所谓城市文明的失败者吗？大学教授，有车有房，一年进账也得几十万吧。我可没想那么多，也没时间想，就是对城市的喧闹烦透了。”

“是啊，你确实不是失败者，”她看着他，捋一把随风飘扬的长发，“真要如此，带上我一起去。行吗？”

“你太年轻啦，真的太年轻啦！”他摇着头，但心里却想，真要是归隐山林，能有她这样的姑娘陪伴身边，绝对是件极具诗情画意的事情呢。

“我的心理年龄也许并不比你年轻。”她说完，沉思片刻，“你真的能抛得下优越的物质生活吗？”

“说心里话，我并不留恋物质生活，但关键是供女儿读书需要钱。她计划去英国读研究生，你知道在英国读书花费很大。我可不想让她小小年纪就为钱发愁。”

“这理由挺实在。你的意思是说仅仅是为了女儿，才在城里打拼的？”

“过去也许不是，但现在留在城里唯一的理由就是如此。”

车下了高速公路，拐上一条不宽的小道，行车不久，她惊讶地叫了一声，“好美的苹果花！”他转脸望过去，路右侧几十米处是一片苹果园，粉红色的苹果花正热烈地绽放，十分抢眼。

“欣赏片刻，再走不迟。”他说着点刹车，后退，停住。

她像个孩子似的拍手叫好。

俩人下车，沿着水渠边的小路走向果园。走进飘浮着如丝如缕晨雾的苹果园，枝头花团锦簇，粉红色、白色的花在晨光中争先恐后展示着灿烂的生命，地上青草叶子沾满晶莹的露珠，寂静的空气中充溢着勤劳蜜蜂的嗡嗡声，极为悦耳。

走在前面的她穿件洁白的有少许蓝花的软柔的裙子，婀娜的腰身，圆鼓鼓的臀，两条白嫩的小腿吸引了他的目光。

她停下，凝视着苹果花，“多美啊！”

他注视着她清澈的眼睛，点点头。

“我想起儿时，”她喃喃自语，“家的院子里有一棵很老的苹果树，春天，满院的空气中都流动着苹果花淡淡的香味儿，每天早晨我一定要在树旁站好久好久，看着枝头发芽，然后是含苞欲放的花蕾，再后就是花朵绽放，这个过程让我感动莫名。但到了最后，总是很伤感，独自默默流泪。因为，我眼看着鲜花凋谢，花瓣随风飘零。”

“你从小就是一位多愁善感的悲观主义者。”他说着，心生感慨，记起30多年前，中州大学生物系的偌大苹果园，就是在苹果花盛开的树旁，他和钟情的少女第一次亲吻，还记起黄河故道上那片苹果树，春天的煦风拂过，花瓣雪花样飘舞，他怀中的恋人泪流满面……多少年就过去了，那张他爱恋至深的苹果花样的脸，如今已是人老珠黄了，昔日的激情也褪去了，留下如今荒漠样的心田。

她转过脸，正碰上他专注的目光，“想什么呢?”

“没什么，没什么。”他随口说。

“真的没什么?”她忽闪着眼睛，又问。

“想起俄国诗人蒲宁的一句诗：‘一切都将过去，就像轻烟飘过苹果树。’”

“噢，一切都将过去，一切都将过去，就像轻烟飘过苹果树。”她轻轻重复着，“美丽的花也终将化为泥土。”

“轮回的宿命!”

她深望着他，情不自禁靠在他胸前。

他把她揽在怀中。

她仰脸，闭上湿润的眼睛。

他抱紧她，凝望着秀美的脸庞，长长睫毛，半启的嘴唇。

手机突然响了，他怔了下，松开她，掏出手机，“噢，一明，正在路上呢，最多20分钟。”

她懊恼地一笑，“这电话来的真不是时候。”

他笑着摇摇头，伸胳膊揽住她，“走吧，多愁善感的姑娘，一明和李伟已经开竿垂钓啦!”

四

武鹏看上去风度翩翩，自信满满，他声色琅琅，侃侃而论的同时，两条胳膊做着强有力的配合，时而竖砍斜劈空气，时而伸展挥扬，像坐着指挥一支看不见的交响乐队。“上述证据表明，原告是小说《天》的改编权及拍摄权的唯一合法享有者。今年2月，原告在《戏剧电影报上》上读到《天》入围法国短片电影节的报道后，这才惊闻，中州电影学院未经权利人许可，竟擅自将小说《天》改编拍摄成电影，并公然组团携该影片参加法国国际学生电影节，使该片入围法国一个商业性很强的电影节。更令人不能容忍的是，在放映该片期间，居然公开售票赢利。被告的行为，明目张胆地侵犯了原告依法享有的作品改编、拍摄的专有权，并大摇大摆地将侵害结果由学院内扩展到学院外，又由国内扩展到国外。被告肆无忌惮的侵权行为给原告带来了难以弥补的精神及经济损失。根据《中华人民共和国著作权法》第四十二条第六项之规定，请求法院判令被告立即停止侵权行为，销毁侵权影片拷贝；公开向原告赔礼道歉；赔偿原告经济损失人民币100万元，并赔偿原告为本案支付的一切费用；承担本案诉讼费。”

一明冷冷看着他的表演，心想，妈的，法庭辩论是为了申辩理由成立，又不是辩论大赛！这家伙在法庭上哗众取宠，绝对是轻车熟路。看我怎么把你的画皮剥下来吧。他不卑不亢，“第一，关于被告在改编拍摄小说《天》之前，原告是否清楚这一事实的问题，我们可以向法庭提供下列证据：电影学院去年的毕业生改编拍摄小说《天》之前，曾向原告征求意见，原告并未表示不妥。”

武鹏立即发问，“请问证据何在?”

陈燕接上，“我来回答武律师的问题，电影学院在计划拍摄该片之前，具体时间是去年5月10日下午4时30分，学院王副院长打电话给大地公司段总，告知此事。段总说，既然是供教学使用，拍就是了。但令人不解的是，当我们作为律师去调查时，段总却矢口否认，称根本无此事。幸亏我们在移动公司找到了王副院长与段总通话的电话清单，白纸黑字，证实那天他确实和段总通了电话，通话时间为3分11秒。遗憾的是没有电话录音，当然也不可能有录音。如果说，这还不能说明问题的话，那么第二天，也就是5月11日上午10时，电影学院外联部叶主任奉王副院长之命，找到段总，再次与段总协商，让大地公司出一个书面许可。当时段总说，这是小事，没这个必要，你们拍吧。但是，现在段总又称根本就没有此事。我们相信我的委托人都是正直善良的人，就此事的前因后果来看，他们也不可能歪曲事实，所以，我请原告方扪心自问。”

“这是法庭，需要的是证据和法理，不是探讨良心和感情的场所。”武鹏打断她的话。

一脸严肃的审判长说：“反对有效，请被告律师列举与本案有关的事实和证据。”

“段总他怎么能这样？我确实去找过他谈书面许可一事啊!”被告席上的叶莺一脸愕然，“他怎么能这样?”

武鹏盯她一眼，不屑地说：“法庭需要的是证据，我认为你在编造事实，以此来减轻侵权责任。因为段总的证言表明，你所说的纯属子虚乌有。”

“段总亲口对我讲过，既然是让学生学习，你们拍就是了。”叶莺嘴唇哆嗦着，“而现在……”

“证据呢？如果没有证据，请你闭嘴。”武鹏打断她，“赵律师，你们称，有电话清单，我们相信，但通话内容是什么？仅仅是通了电话，并不能证明什么。我的委托人，也即大地公司的段总有证言材料。”他拿出几张纸，翻着，“证言上如是说：时间久了，也许那天和电影学院的王副院长通过话，但内容绝对不是关于小说《天》的拍摄权的问题。如此重大的版权问题，绝不是在电话里就能说清楚的事。”

一明说：“既然如此，我们再向法庭提供下列证据。”

陈燕说：“以下证据表明，原告是清楚被告拍摄该片这一事实的，而不是他们所自称今年看到《电视影戏剧报》的报道才知道的。因为去年8月18日、29日两天，原告方两回五人次去过被告方的拍摄现场。”

武鹏问：“证据呢?”

陈燕举起照片，“这是学生为留资料在现场拍下的照片，照片中的两个人，一位是大地公司的副总，另一位是公关部的主任，现在请原告及其委托人过目。幸亏偶然留下的照片；否则，原告肯定会说，根本就没这回事。”

法庭工作人员将照片交给审判长。

武鹏与身旁的女助手耳语之后，冷笑着，“尽管这两位确实如你们所说，去过拍摄现场，我们姑且不说两位是以何种身份去的，也不说他们是否能代表大地公司。仅仅去过拍摄现场，就能证明你们没有侵权吗？这几张照片能证明什么？当然，如果照片上的人物能开口讲话，也许还会有些用处。在此，我替你们遗憾，如果有音像资料的话，或许还能说明一些问题。”

陈燕直视武鹏，“是否侵权，后面由赵律师再论，我只想证明一个问题，那就是原告完全知道被告在拍摄该片。这一事实让我产生这样的疑问：原告如果认为被告的行为果真侵权的话，当时为什么不提出来？而是在近一年后的今天才诉至法院的？”

“你怎么能认定原告确实清楚被告拍片的行为呢？仅仅凭电话清单和照片根本不足以证明嘛！还需要各种证据相互印证，更需要法庭认定。退一万步讲，即使当时原告知道这一侵权的事实存在，又能怎么样呢？我们的委托人有难言的苦衷啊！”武鹏脸上逼人的咄咄气势迅速消失，呈现出一副受了天大委屈之状，目光在整个法庭转了一周后，接着说，“众所周知，法庭当然也清楚，原告仅是一家小小的民营公司，势单力薄，怎么敢和国家的电影学院叫板呢？这就像小兔子不敢和雄狮叫板一样，在竞争激烈的市场夹缝中求生存的弱小公司，忍气吞声是家常便饭啊！”

一明一脸嘲讽，“那么请问武律师，现在为什么就敢如此呢？难道说，大地公司在一夜之间突然就壮大成为影视行业的巨无霸，而可以独步天下了？”

旁听席上哄然一片活力四射的笑声。

乔刚在旁听席上大叫一声，“问得好！请回答。”

审判长敲响法槌，“旁听席上的听众不准发言，保持肃静！”

武鹏不急不躁，更无尴尬之色，“这实在是由于被告欺人太甚，常言道，兔子急了还咬人呢。刚才我已向法庭陈述，被告的侵权行为，已经从国内发展到国外，原告的权利一而再、再而三地被明目张胆地践踏，实在咽不下这口气啊！几次与他们交涉，腿都跑断了，但被告方先是推诿扯皮，最后干脆置之不理。所以，也只有诉诸法律这最后一条路可走了。我们的委托人虽然在影视行业属弱势群体，但我们坚信，在法律日益健全的今天，法庭会公正裁判，让弱者也沐浴法治的春风，亲身感受到法律的关怀。我们都清楚，法律不可能彻底清除冤屈，但它对冤屈者做出一定的补偿，给一个说法也好，这是无望之人的最后慰藉啊！”

一明心中不由感叹，这家伙确实有表演的天赋。明明是他们到电影学院胡搅蛮缠，现在却倒打一耙。“我提醒法庭注意原告律师的措辞。这里是庄严的法庭，不是表演煽情之地。”

审判长颔首，“反对有效，原告律师只需列举事实，无须用太多形容词。”

陈燕一脸严峻，“我来回答原告的意图吧，当时原告看被告拍摄的只是一部从教学实际出发的练习作品，无利可图，所以就按兵不动，但得知该片有了一定的影响，打官司炒作起来有利可图，便将电影学院告上法庭。”

“是否提起诉讼是每位公民的权利。”武鹏打断陈燕的发言，“我提请法庭注意，陈律师的发言与本案无关。”

审判长说：“请被告律师列举与本案有关的证据。”

一明说：“我想对法庭陈述的是，被告拍摄该片时，是否得到原告的授权，由于双方证据矛盾，再就这一问题辩论下去已无意义，可暂且不论。我现在就合理使用问题略作解释，请法庭考虑。事实证明拍摄该片的直接目的是制作学生的毕业作业，并没有侵犯原告作品的专有使用权，而是属于对王先生已发表作品《天》的合理使用。《著作权法》第二十二条第六项明确规定，为个人学习、研究或欣赏，使用他人已发表的作品，可以不经著作权人许可。电影学院学生为完成课程作业，将小说《天》改编成电影剧本，并上交电影学院，是为个人学习使用他人已发表的作品，属合理使用；电影学院根据剧本，拍成电影，用于教学，同样属于合理使用，不存在侵权问题。”

武鹏冷笑着，“姑且如你所说，那么请问，携带该片参加法国电影节，也属于合理使用吗？”

“关于去法国参加电影节的问题，被告确实携该片去法国参加了电影节。”一明说，“这里我特别提请法庭注意，这不是一般的商业的电影节，如美国的奥斯卡、德国柏林金熊、法国的戛纳等影响很大的电影盛会，而仅仅是学生电影节，这次电影节的主题是‘向电影学院的学生致敬！’《天》是全长仅28分钟的短片，该片除在小剧场放映了一次，用做观摩教学外，在学生电影节也只放映了一次，纯属学术活动，不能与出版发行同日而语。更需要指出的是，学生电影节也绝非法国短片电影节的预选环节。上述事实表明，被告拍摄《天》一片主观上毫无恶意，事实上更未参加短片电影节。原告称将其侵权结果由院内扩展到院外，由国内扩展到国外是毫无根据的夸大其词，混淆视听；称带来无法弥补的精神及财产损失，则有故意炒作之嫌疑。我们认为，原告在既缺乏事实基础，又未正确理解法律的前提下，不仅在媒体上对被告恶意中伤，而且还煞有介事地提起诉讼，严重损害了被告的声誉，并在社会上造成了难以挽回的损害。据此，请求法庭依法驳回原告的诉求。谢谢！”

一明的话刚完，旁听席上热烈的掌声响起，他们大都是电影学院的学生。还有人大呼：赵律师英明！赵律师万岁！

审判长敲着法槌高喊：“保持法庭肃静！保持法庭肃静！”

五

陈燕在一明的办公室接电话，“对，判决结果？向原告书面赔礼道歉，还有《天》的拷贝及录像自判决之日起只能在学院内供教学使用，不得投入市场。好，好，我们等着。”她放下电话，对仰在沙发上的一明说：“赵老师，委托人对一审判决结果喜出望外，他们一会儿过来。”

歪在沙发中沉思的一明说：“这个判决结果，法官们还是动了脑筋的，既认定了被告的行为超出了合理使用的范畴，构成对原告使用权的侵犯，但同时又认定侵权行为轻微，赔偿损失1万元。确实很到位。”

陈燕瞅着窗台上静卧着的白猫，“据法官讲，原告对这一判决强烈的不服，声称要上诉，坚决将官司打到底。”

一明伸伸胳膊，坐起来，“意料之中嘛！你想，他们在这个官司中，几乎是一无所获，所以为了炒作，他们也会如此的。另外，从法条上讲，《天》拍成电影，确实也有些超出了《著作权法》第二十二条第（六）项规定的范畴，武鹏肯定还要论一论的。”

窗台上的大白猫也不知发现了什么，陡然站起，回头看了陈燕一眼，轻盈地跳下去了。

陈燕转过脸，“武鹏的道行确实不浅。”

一明眯起眼睛，“他不会善罢甘休的，我了解他，除了没有良心之外，他似乎什么都不缺，尤其是具有一种惊人的本领，这就是只要当事人一与他接触，就像是中了他的法术，心甘情愿地掏钱。”

“这就更可怕了。”

乔刚和叶莺一前一后走进来。乔刚极为夸张地叫道：“感谢兄弟，还有陈律师，你们在战无不胜的记录上又添上了辉煌一笔。”他动作很大地与一明、陈燕握手，“两位在法庭上唇枪舌剑的风采令人钦佩，令人浮想联翩，颇有诸葛亮舌战群儒之风啊！我已经决定，下步一定要跟你们律师一起生活些日子，深入你们的内心，掌握一手素材，写一部关于中国律师的纪实。我一万个没想到，中国的律师在法庭这个舞台上，还真能伸伸拳脚，原来印象中只是傀儡，来几路花拳绣腿走走过场罢了。”

一明打断他，“行了，老兄。别大发感慨啦，此案还没画上句号呢！人家要上诉。”

“有你和陈律师，还怕他们上诉不成。”乔刚挥着手，“再与他们大战五十回合，也让老夫开开眼嘛！”

陈燕示意叶莺坐下，“叶主任，你们对一审结果还满意吧？”

叶莺脸上洋溢着掩饰不住的喜悦之情，仿佛是怀春的少女见到了心仪的白马王子，“满意，满意！比我们预想的结果好得太多啦！真不知该怎么感谢你们了。我们去旁听的学生兴奋极了。他们说，比真正的电影还好看，要是你们也能像外国律师那样在法庭上走动，画面效果就更佳了，还有学生把整个过程偷录了下来呢。他们称赞你像希腊正义女神，浑身散发着一种凛然正气。”

陈燕抿嘴笑了，“是这样吗？”

“我能说谎吗？再说，我也是这样想的，太让人震撼了。”叶莺搂住陈燕的肩膀，“至于说，书面赔礼道歉，没问题，拷贝及录像我们本来也没打算投入市场，所以我们会按法院的判决去做的。”

乔刚冲着叶莺笑说：“只要不赔钱就是最大的胜利，他们的目的就是要钱，1万元，对于你们电影学院来说，毛毛雨嘛！”

叶莺拉着陈燕的手，“院领导让我请你们二位晚上赴宴，二位一定准时去。”

“为客户服务是我们的职责，再说，你们交了代理费的，尽管在乔兄的指示下我们只是象征性收费。”一明眼球快速转着，“所以，请叶主任转告院领导，我们实在不能从命，当然，如果是乔兄做东，倒是可以考虑。”

乔刚拍了一明一把，“你是想涮我啊！”

一明一笑，“不涮你涮谁，因为这个案子，你看我们的陈律师都憔悴了，你不犒劳谁犒劳。”

乔刚一拍手，“小叶，那就这样定了，你负责把你们的院领导请来就是了。”

一明收起笑脸，“叶主任，我实事求是地告诉你，原告方已上诉，二审判决的结果现在还不好说，你们要有思想准备。”

叶莺问：“改判的可能性有多大？”

一明想了片刻，“目前，我们尚未与二审法院的法官接触，但是我预计，如果没有特别的意外情况，改判的可能性仅占30%吧。”

叶莺莞尔，“赵律师，有你这句话，我就放心了。”

“这就对了，我早就对你讲过嘛！有赵律师这位高人相助，定会逢凶化吉，遇难呈祥。如此一来，我看你们新来的院长也没理由把你拿下了吧。”乔刚站起来，“准备一下，我们去开怀畅饮一番，想想，我这一生还从未有过与美女律师推杯换盏的经历呢！”

六

学校报告厅座无虚席，就连过道都坐满了人。一明的讲座总是盛况空前，著名教授，又有海外留学的背景当是重要原因，更吸引人的是他思想深邃，妙语连珠，敢于大胆直言。只是近年来，他举办的讲座越来越少，一是上课办案带研究生，没空；二是举办讲座需要学校科研处、宣传部等部门审批，烦；三是学校领导对他口无遮拦很气恼，指责他作为教授不讲政治，误导学生。他为少生闲气，干脆作罢。这次是学生，尤其是大四的学生强烈要求下，院方才主办了这次“律师在当代社会的地位和作用”的专题讲座。

“今天到此打住，谢谢各位。”一明结束了讲座。

台下掌声雷动，经久不息。

年轻的主持人说：“我们感谢赵一明教授为我们作了精彩的讲座，根据同学们强烈的、一而再、再而三的要求，经赵教授同意，现在自由提问。”

他的话音未落，纸条纷纷递了上来。

一明翻着，“第一个问题：为什么历史上律师的名声很坏，当今也如此？”他微笑着说：“这是一个很大的问题，只能简要地谈谈我的看法。《吕氏春秋》中有这样的记载：夏天，河水涨，淹死一人。尸体被捞上后，捞尸者以此要挟其亲属出高价。亲属不平，找到邓折评理。注意，邓折是郑国人，这位‘操两可之说，设无穷之词’帮人打官司的邓折，‘与民之有讼者，大狱一衣，小狱襦裤’，收入相当不错，为中国历史上第一律师，现在律师界一般都倾向于把此人视为律师的祖师爷。

“再回到故事，邓折对亲属说，你们一分钱也不要出，他们除了能把尸体卖给你们家，别人谁还会出钱买。但随之而来的问题是，捞尸人也找到邓折，他们认为，付出了劳动，理应得到报酬。邓折说，做得对，他们只能从你们手中得到尸体，其他地方绝对没戏，所以打捞费一分钱也不能降。这则故事给了我们什么印象呢？播弄乡愚，挑三祸四，诈骗钱财，吃了原告吃被告的嘴脸呼之欲出。所以，邓折最终被郑国执政大臣驷颛所杀，理由是他不仅‘以是为非，以非为是。是非无度，可与不可日变’地捣乱，而且他还办学传授挑词架讼的伎俩。从此，讼师的形象基本定格如此，而且还不断被妖魔化，并延续至今。

“我们从邓折被杀，就可以看出统治者对讼师的入骨之恨，为什么？统治者无视民众的权利，只要求他们老老实实做顺民，遇有纠纷由官府处量，讼师斜插一杠算什么！岂不是与官府分庭抗礼吗？而古代的讼师却向官府要求权利，要求公平处理，教唆顺民与官府作对。这就是讼师在历史上一而再、再而三受到打压的根本原因所在。现代律师作为公民权利的代言人，是对政府司法公权力制约的一支重要力量，监督促进司法公权力在既定的法律框架内正确运行。这种角色的定位，决定了当代律师与历史上的讼师有相近之处。于是，即使在21世纪的今天，妖魔化律师的聒噪仍不绝于耳：为农民工讨薪被指责为恶棍；女性律师往往被污蔑为勾结法官的妓女；为有钱人辩护是捞钱的黑律师；知名教授是黑社会的狗头军师等，不一而足。这说明了什么？国人普遍缺乏根本的民主法制意识，从当权者到执法者，再到民众，其言行与法律意识与现代民主法治社会依然有不小的距离。在这种背景下，要做一名有良心的律师是需要相当大的勇气的，所以我奉劝有志于从事律师职业的同学要有思想准备。当然，需要指出的是，律师就是在有坚实法治传统的国家名声也很臭，我在美国留学时亲眼所见，民众骂律师是为魔鬼辩护的人，并诅咒他们永远也上不了天堂，都是会下地狱的家伙。‘二战’时的英国首相丘吉尔有句流传很广的名言，The laws I love，the lawyers I suspect（我热爱法律，但我怀疑律师）。当代美国大片《侏罗纪公园》中恐龙吃掉敛财律师的细节，在我看来，也并非导演偶然想起才这么安排的。谢谢！”

台下掌声、笑声一片。

“请问赵老师，作为著名律师，你年收入多少？”一明翻着纸条笑了，“这虽然是个很实际的问题，但与直问女士芳龄几何一样，涉及隐私，恕不具体回答。我只能告诉同学们，我的收入足以使我过上文明的有尊严的生活。同时，我以我的人格担保，我的钱是通过劳动所得，而不是像一些人是通过贪污受贿而中饱私囊的。国家改革开放之初，就明确提出让一部人先富起来，律师有知识、有专业能力，为什么就不能成为先富起来的人呢？有人说，律师是用唾沫粘钱的人。说这样话的人实在是脑残，何止是律师，广播电视播音员、歌手之类唾沫星子飞得更是厉害，推而广之，还有教师，为什么只贬律师呢？”

学生鼓掌。

“我之所从事律师职业，并非仅仅是为了公平正义，实事求是地讲，我尚未达到这么高尚的境界。律师也是普通人，在道德上并不比其他人具备天然优势，这就像作家、教授、领导道德上不具备优势一样。我可以坦率地告诉大家，增加收入当是动因之一。”一明说完，又读着手中的纸条，“你怎么看律师为坏人辩护？而为坏人辩护如何能实践正义？”他咧嘴笑笑，“我想这个问题肯定不是我们法学院同学所提，因为接受过正规法律训练的同学提这样的问题就显得弱智了。第二个问题似乎还可一论。考虑到今天不辞辛苦来听讲座的不少是非法学院的同学，我还是简要回答，算是普法吧。简而言之，所谓的好人坏人的概念属于道德范畴，不是法律上的专用名词，在律师眼中，就不应该有好人坏人之分，只有当事人。对于不熟悉法律的一般民众有这样的疑问毫不奇怪。事实上，这样的疑问古已有之，而且答案明确。公元前，卫国的卫侯和其侄打官司，侄子告叔叔谋杀了另一位叔叔。卫侯令自己的属下士荣做自己的‘辩护律师’。‘法官’是晋国国君晋文公。结果卫侯输了官司，被晋文公砍了脑袋，同时被砍的还有士荣。理由堂而皇之：为坏人辩护的自然也不是好东西，一起杀了。”他喝了口水，“好在历史进步，社会文明了，如果按过去的观念，现在有多少律师会被直接拉出去砍了或乱棍打死。改革开放以来，我国逐步建立了文明的法律程序，赋予律师为被告人辩护的权利了，这是当今中国法治令人欣慰的划时代的伟大进步。第二个问题，在现代法律体系的设计中，律师实际上是被告人的同伙，他们的天然职责就是要用现有的法律的所有可能性，自然也包括法律的漏洞来帮助被告，为其摆脱嫌疑。换言之，律师是为了‘代表国家的法庭’不轻易犯错误而已。如果说实践公平正义的话，我认为，律师作为一种职业，受雇于人，以法律服务换得回报，没有必要标榜正义，这会盛名难却的。职业的要求是在法律框架内，最大限度地维护当事人的权利，因为当事人的权利是由国家法律赋予的，本身就具有正义性。所以，律师维护当事人的权利，就是实践公平正义。美国的汉德法官还年轻时，曾对著名的霍姆斯大法官喊道：法官大人，请施行正义。霍姆斯这样回答：这不是我的工作，我的工作只是运用法律裁决案件。”

一明翻着纸条，“请问赵老师，根据你十几年的执业经验，怎么才能成为一名成功的律师？”他摇摇头，“这一问题，曾在不同场合多次被追问，但我确实不知道该怎么回答。借用哈佛大学一著名教授的答案吧。他说，对如何成功的问题，困惑了很久之后，终于列出了成功的公式，在这个公式里有各种变量，包括勤奋、天赋、机遇等。但这个公式又太过复杂，简化来简化去，变量都消除掉了，只剩下一个，很不幸，这就是随机变量，而随机变量就意味着，要预言这个变量将取得某个确定的数值是不可能的。”

学生们静默片刻，哄堂大笑起来。

一明又在翻纸条，突然怔住了，纸条上写：“赵老师，请您一定打这个电话，号码。小丽。”他怔了一下，立即翻了过去。

七

讲座结束已是傍晚了，一明自从看了条子后，心里一直忐忑不安，打电话还是不打电话立即成了难以决断的大问题，直到在校内的山东餐馆胡乱吃了饼卷大葱后还是没有定论。回到住处，歪在沙发上，从旁边的几摞书中随手拿起最上边的一本，翻了两页，又扔下，跳起来，坐在钢琴前，弹了几个音节，仍觉胸中乱得厉害，便索性合上琴盖，离开房间，下楼，出学校大门，不知不觉走上了高耸的长堤。

仲春的夜温暖、安详，半圆的月亮刚刚升起，在默默东去的大河中映出温柔的倒影，堤上成排的白杨新叶在洁白的月光中闪烁，在微风中摇曳，簌簌有声，树影婆娑。

他心里乱麻一团，理不出个头绪，停下，靠在白杨树上，回想起那天亲她、抚摸她的乳房，拉起她的手起身的情形，感到心跳脸热。如果不是我的学生倒也罢了，怎么撞上这事？我他妈的还是教师呢，学高为师，德高为范，老师和学生来这一手！真要传开那可就有好戏看了，而且在那种地方，真是应了“教授教授，白天教授，晚上禽兽”的坊间段子了。她到底想干什么？以此讹诈钱财？那给她就是了，只要她能保守秘密。但已入风尘场所的她会善罢甘休吗？如果长期纠缠又如何是好？看似柔弱的姑娘，而且看样子入道也不久，还不至于如此恶毒吧？

他掏出手机。妈的，已然如此了，先弄清楚她要达到什么目的再说，躲能躲得过去吗？躲得过初一，也躲不过十五。于是，快速摁了已烂熟于心的电话号码，电话里很快就传来她小心翼翼的声音，“你是哪位？”

“赵一明。”

“噢，赵老师，我，我非常想见您，赵老师。”

“有这个必要吗？”

“我，求你了，老师，我想见您。”

“你在哪儿？”

“我在学校对面的河堤上。”

一明四顾，未见有人，“真的在河堤上？”

“真的，在铁路桥方向。”

“那好吧，我这就过去。”他关了电话，转身，缓步而行，边走边思忖，她独自在铁路桥，会不会还有其他人？也许是个设好的圈套？事已至此，无论怎么样，也得过去，至少得搞清什么事吧。该发生的事一定会发生的，只有面对就是了。他在手机里找到志勇的名字，但没摁发送键。心想，真有险恶情况，摁一下即可。

皎洁的月光下，黑黝黝的铁路桥雄伟的身形可见了，他隐隐看到一着浅色衣服的身影向他移动，近了，是她，果然是她，而且就她自己。

“赵老师，你这么快就来了。”

“我在那边散步。”

“没想到老师会给我回电话。”

“为什么？”

“我是坏学生。”她垂下头，“我一直想单独见您，去您的住处两次，您都不在，又不知道您的手机号码。”

他愕然了，“找我什么事？”

“感激您，想当面谢谢您。”

“谢我？”

“那天，我真的被您的歌声感动了，后来，您的朋友结账，多给了钱。实际上，我并没有和你，和你……但他全结了，而且还额外给了我500元，说是你的意思。”

他紧绷的神经和身体突然放松了，轻快得直想大叫一声，原来就是因为这个见我！同时又想，我他妈的怎么也变成以小人之心度君子之腹的人啦，凡事总往坏处想。也许是做律师太久，也许整个社会已是人人自危？

“小丽，我有些累，咱们坐下讲。”他说着席地而坐。

她在他身旁坐下后，迟迟疑疑告诉他，自己的真实名字叫王桂花，法学院大三的学生。他问起为什么会去那种地方时，她垂下头，无语。片刻，抽泣起来，低声下气地说，自己来自偏远的农村，父亲早年病故，母亲患病卧床，弟弟辍学在家，没钱交学费。只能求爷爷告奶奶东借西借的，很艰难。学校照顾她一个岗位，打扫校园一个卫生区，每月100元，吃饱都紧张，别说副食了，其他还有什么指望呢。听她的哭诉，他深感震惊，虽然他也知道农村学生穷，但实在没料到竟然到了吃不饱饭的悲惨地步。

“赵老师，您会鄙视我吧？”她抬起头。

望着月光中泪水婆娑的小脸，他不知道该怎么回答。

“我真的是没一点办法，弟弟要上学，母亲要看病，我还要交学费。不管怎么样，那地方能挣到钱，法学院不是我自己，还有同学也在那儿的。”

他突然感到从未有过的心酸，饭都吃不饱，哪来的尊严呢？他掏出钱包，倾其所有，“我身上带的不多，大概有1000多元，先拿着用。”

“不，我不能……”

“拿着。”他塞到她手中，“一定拿着，不然老师会不高兴的。”

她怔了片刻，把钱塞在口袋，直直望着他，“赵老师，我，我该怎么报答您呢？”

“报答？”他一时没反应过来，因为他根本就没想到回报之类的事。

她扑入他怀中，“我也只有用我的身体报答老师了，别嫌弃我。”

他扶起她，“怎么能这样，怎么能这样？我是你的老师，知道吗？以后用钱，找我就是。只要你不再去那种地方，就是对我最好的报答。明白吗？”

她眼泪汪汪地看着他，良久才说：“听老师的话，不去了，再也不去了。”

“好，这就对了，我以后每月先给你300元生活费，如还有需要就直接告诉我。”

她直直望着他，嘴唇嗫嚅着，也不知说着什么。

“你有银行卡吗？”

“有。”她的声音小得几乎听不到。

“把卡号告诉我。”

强烈的灯光扫过来，列车由远而近，隆隆驶过铁桥，渐行渐远。

八

二审的主审孙姓法官，十分清楚此案已被媒体炒得如火如荼，更清楚武鹏和赵一明两位名律师均是难缠的主儿，自然不敢懈怠。他召二人过来，先试探一下各自的“火力”。这位中年黑脸法官很是客气地表明，请两位大状过来，就法理进行讨论，可以各抒己见，不必有什么顾虑。

武鹏急不可待首先申明上诉的种种理由，一明则针锋相对逐一驳斥，两人唇枪舌剑，你来我往地干将起来。

孙法官仰在沙发上，半眯着眼，一声不吭，如同坐山观虎斗的神仙。

天擦黑时，法官才慢慢睁大眼睛，看看一明，又看看武鹏，慢条斯理地开了尊口，“听两位的阐述，确实各有各的道理。我考虑先组织专家开一个研讨会，然后再议。如果能调解，尽可能调解；如果不成，就开庭审理。两位意见如何？”

“我认为非常好，还是孙法官考虑得周全。”武鹏满脸堆笑抢先表明态度，“只是希望研讨会不要成为干预本案的行政力量。”

孙法官转脸看着一明。

“武律师过虑啦，专家的意见仅代表个人，这更有利于从法律角度来认清法律事实。由于我国的司法环境以及司法人员素质、执法水平尚不尽如人意，导致在具体案件上会产生一些歧义，这是正常的，请专家论证，能在法理上找到一种可供参考的依据。我完全同意。”一明说。

孙法官点点头，又请两人对研讨会的主题以及邀请专家等问题发表意见，最终他的意见就是没意见，完全同意一明和武鹏的意见。

两人离开法官办公室，已是黄昏了。在走往停车场的路上，一明说：“武主任，我揣摩法官的意思，认为你们上诉已经没有多大意义了，有浪费司法资源的嫌疑。”

武鹏笑了，“赵教授，这要看从哪个层面认识了。据我多年的经验判断，对于二审的结果，我已成竹在胸了。”

“是这样吗？”

“当然，与你预期的结果一样，这就是驳回上诉，维持原判。”

“那你还何苦呢，想多赚委托人的钱了吧？”

“此言差矣！事实上，按我的设计，一审法院受理了这个案子，我们的目的就已经达到了。一审结果之好，更是超出了我们的预料，至少认定了电影学院有侵权行为，尽管轻微，而且还赔付1万元，这个社会效果是具有爆炸性的。”武鹏很得意，“当然，这一结果本身并不重要，关键是赢得了‘名人效应’，这是一笔巨大的隐形财富。”

“明白了，之所以上诉，是在追求‘名人效应’的叠加，扩大战果，官司输赢只是载体而已。”

“赵教授一语中的。我的委托人要的就是这个效果，醉翁之意不在酒嘛！”

“看来，你的目的圆满地达到了。”

“你们亦然嘛！这就是所谓的双赢结局。”

“去法国玩得开心吧？”

“不瞒你说，法国巴黎不虚‘浪漫之都’的名声，同时也是历史名城，很多地方仍保持着三四百年前的样子，我所走进的咖啡店，看到的小街、石头建筑，跟雨果、拿破仑以及巴黎公社热血青年那时一模一样，置身其中，你能感觉到就在历史中，这种感觉实在是令人震撼！记得丘吉尔有句名言，‘人创造建筑，建筑创造人。’”

“想必法国姑娘也会给你留下深刻印象吧？”

“一言以蔽之，风情万种，风情万种啊！”武鹏似有万千感慨，“我想赵教授一定也领略过她们的浪漫吧？”

“我可没有这方面的心得啊！”

“你看，现在是晚饭时间，我们一起共进晚餐，叙叙旧，如何？”

“改日吧，武主任。”一明嘴上很客气，但心里却恨恨地骂，共进晚餐？叙旧？这家伙竟有如此雅兴，而且还如此亲切，好像我和他是老朋友似的。真他妈的恬不知耻！林子大了，什么鸟都有；水塘深了，乌龟王八多。但他转念又想，何必与他怄气，从保护生物多样性的角度来看，也应该容忍人的多元化嘛！

10天后，二审法院进行了书面审理，终审裁定为：驳回上诉，维持原判。

正如武鹏所料。

第九章

> 世间的一切苦难之中，最大的莫过于枉法。
>
> ——弗朗西斯·培根（英国哲学家）

基本案情：

市公安局刑警秦战胜、王路将犯罪嫌疑人严武带回刑警支队审讯未果，凌晨将其送至看守所。在关押期间，严武晕倒，送医院抢救无效死亡。据此，检察院向法院提起公诉，指控：秦、王二警察在对严武审讯期间，实施了殴打行为，致使犯罪嫌疑人死亡。两人触犯《刑法》，依《刑法》第二百四十七条，变更罪名，以《刑法》第二百三十四条故意伤害罪依法追究刑事责任。

被告律师辩护意见：

证据不足，指控罪名不能成立，秦战胜、王路无罪，且不承担民事赔偿责任。

一

“两位来得好快。”脸色灰暗，写满疲惫的陆地与刘军、丰收握着手，“法制处吴处长马上就过来，你们先熟悉情况。”说完，走到办公桌后，像木桩样直直地倒在皮椅上。

刘军掏出香烟，“张主任在外地出庭，晚上才能回来。他打电话下命令，让我俩放下手头的一切工作，立即赶来向你报到。”

陆地欠起身，抓起桌上的一包中华烟扔给刘军，一边摁电话键一边说，“老朋友了，我手下的弟兄有事，他能坐视不管吗！”接着又对着电话叫，“老吴，跑步，两位律师已经到了。”

电话里传出很大的声音，“两分钟！”

刘军刚点着烟，一位身着制服，扛一级警督衔的中年警察匆匆进来。陆地说："老吴，先把情况谈一下，让两位律师有个数，尽快介入。"说完，把脚伸上办公桌，仰在皮椅上，合上肿胀的眼帘。

吴处身高1米8还多，典型的北方大汉，国字脸黢黑，且粗糙不堪，很容易让人联想到礁石之类很坚硬的东西。他翻着手中的材料，瓮声瓮气地说："14天前，也就是8月5日，刑警支队的副队长秦战胜和刑警王路值班，凌晨1点40分左右，接市局指挥中心的电话：城南大酒店发生强奸案，命他们出警。两人迅速到达现场，犯罪嫌疑人严武已被派出所警察控制。他俩在第一时间询问了受害人，基本事实是，严武醉酒，在酒店开了房间。当服务员应其要求进房间送啤酒时，他采用殴打、捂嘴等暴力手段将其强奸。受害人跑出房间后，在同伴的帮助下，用服务台的电话报了警。询问完受害人，他们让派出所的警察送其去医院做鉴定。然后，带严武回到支队，计划做笔录。但严武仍处于醉酒状态，张牙舞爪，狂呼乱叫。此时，已是凌晨4点20分了。两人看讯问根本无法进行，就填写了刑拘审批表，由局值班领导批准后，于7点10分将其送市看守所。当天晚上11点20分，严武在看守所的号房晕倒，送医院抢救无效死亡。法医鉴定的死因是：头部受多次钝性外力打击及强大的钝性外力作用，致严重复合性脑损伤，引发呼吸、循环功能衰竭。检察院介入后，以两名警察对严武实施刑讯逼供，致犯罪嫌疑人死亡立案，遂将两名警察逮捕。据他们讲已向法院提起公诉。基本情况就是这样。"

"都是自已人，我就直说了。"刘军迟疑一下，"现在的问题是，据你们掌握的情况，两名警察是否实施了刑讯逼供行为？"

"据我们了解的事实，绝对不可能有这种行为。"吴处肯定地说，"战胜干刑警近20年，很老到，不会有如此低级的失误。王路公安大学毕业，也干了5年刑警，再说他跟着战胜，怎么会犯这样的错误呢？"

"这需要证据证明才行。"丰收吸着烟，"你们与检察院接触了没有？"

陆地坐起来，"他们反馈过来的情况是，两人均不承认有刑讯逼供的行为，只是承认动作略微大了些，因为严武醉酒很疯狂，两人把他铐在了暖气管子上。"桌上的电话响起，"是我，好，我心里比你还急。噢，我已经请了最棒的律师。放心，我派人去医院值班。"他放下电话，"老吴，是战胜的妻子，战胜的老娘听说这事，心脏病复发。你派处里一人去医院，我再想办法找个人去。"

吴处点点头，"没问题，战胜的妻子也患病住着院呢，人手紧的话我去。"

"你去个鸟！你的任务就是全程陪两位律师，听他们指挥。有情况直接与我联络。"陆地说完，口气又缓下来，"刘律师、王律师，这事就拜托两位了。"

"我们会尽力而为。"刘军口气坚定，"你放心吧。"

"现在最要紧的是会见当事人。"丰收说。

"老吴陪你们去，我已通过关系和那边的看守所打过招呼了。"陆地点燃手中的香烟，“尽快去吧，路远，来回有600公里呢。”

“这就好办了，不然的话，会见当事人还要颇费周折呢！”刘军摇摇头，“尤其是外地。”

丰收说，“按惯例，这案件审理一定也是在外地。”

“走一步是一步，现在行动吧！我……”陆地剧烈咳起来，他把大半截烟摁在烟灰缸里，“两位有什么要求，直接告诉老吴即可。”

二

太阳升至三竿，晨雾散尽，天高云淡，空气透明。

吴处身着黑色夹克，驾驶一辆挂“O”牌的轿车，疾驰在高速公路的车流中，时不时轻松自如地超过一辆又一辆车。

副驾驶位置上的丰收感慨，“陆局长对这案子真是上心，好领导哪！”

“不是上心，是怒火攻心，自两位兄弟事发，他就一直吊着脸，没一句好听话。”吴处说，“我也不瞒你们，他还亲自去检察院找领导说情，恳请他们把这事捂住。谁知检察院的头头推说这事已被媒体捅了出来，闹得动静太大，而且这个案件已被省高检列为重点督办案件，爱莫能助。陆局气得头大，私下对我说，看他们一副不冷不热的官腔，恨不得拔枪崩了这些狗东西。”

“听张主任说，他是火暴脾气？”丰收问。

“反正是不轻易下架求人的。”吴处说，“检察院也确实让人窝心憋气，只要我们公安一有点事，他们就来精神头，像是吸了大烟，不问青红皂白，先把人关了再说。他们的权力太大了，而且又没有谁监督。”

后排的志勇放下手中的材料，“吴处说得在理，从我们目前的司法体制来看，检察院的权力确实是太大，尽管从理论讲，有人大的监督，但实际上流于形式。原来坊间流传的段子是‘检察院两把剑：一把杀公安；一把杀法院。’现在虽然取消了制服，但实际的权力并未减少。”

他昨晚后半夜才从外地回来，眼看刘军因一个银行官员贪污案要出庭，他就亲自上阵了。陆地劝他休息一下再动作。他说，少给我来这一套吧，少睡几个小时也死不了嘛！再说，如果你能在检察院把事摆平，还会想起找我们律师？

“事实上，相互监督从更广泛的意义上来讲确实没有形成有效的机制，这是个很大的问题，正如学界总结的那样：上级监督太远；同级监督太软；下级监督太险。”丰收说。

“你们讲得太好啦！”吴处看一眼后视镜，“公、检、法三家，公安最辛苦，刑警又是打头阵，冲杀在打击犯罪的最前线，是比军队打仗稍低一点的高风险行业。特别是眼下，大、要案发案居高不下，恶性案件频发，社会治安形势严峻，刑警肩上的担子重啊！一点也不夸大地说，随时随地都有流血甚至是牺牲的可能，刑警弟兄们常说，一上案子，谁知还能不能看到明天的太阳。据我们系统的统计表明，公安警察天天有牺牲，时时有流血。去年，我局就有两名刑警牺牲，三名负伤。”吴处摇着头，长叹一声，“实话告诉你们，我也是刑警出身，一是年龄偏老，40多岁啦！二是三年前后腰上挨了犯罪分子一刀，留下后遗症，刮风下雨疼得走不成路。前年在陆局的关照下，费了不少劲，才把我弄到法制处，坐机关。现在支队40多岁的老刑警大有人在，干不动也得硬着头皮干，谁让你是刑警呢！就这样拼死拼活，人们还是不理解，一说治安形势不好，就骂公安，把脏水都浇在公安警察头上，公安警察也是人，没长三头六臂啊！我们一肚子的苦向谁说呢？”

“你们陆局也是从刑警干起的，常对我大诉苦衷。”志勇虽看不到吴处的表情，但从话语中体会到了这位老刑警的一肚子无奈和委屈。

“不干这行，很难体会这行的苦啊！现在案件多，尤其是命案，领导着急，下令命案必破，我们压力很大，但百姓又不配合，破案实在是难哪！”吴处又看后视镜，“当今，你要在街上抓坏蛋，老百姓肯定不管不问，躲远远地看笑话，说风凉话。但如果喊一声警察打人了，立刻就会被围个水泄不通。这事还真是让我们支队两个小兄弟遇上了，他俩当街抓获一名现场作案的老贼，老贼奸诈狡猾，哭喊警察打人，群众立马围上来。结果，老贼跑了不说，他俩还被群众打得鼻青脸肿，衣服也被撕得乱七八糟，像两个乞丐。最后群众恶心他俩是笨蛋，就会打骂老百姓。你们说，这跟谁讲理去。陆局气疯了，他说，我们中国警察要是有美国警察一半的权力，也不至于落到这样狼狈的地步。”

“什么意思？”丰收问。

“美国警察权力大呗！”吴处说，“陆局给我们讲过，我国一名女研究生被美国警察暴打，但涉案警察被判无罪。国人很愤怒，外交部也高度关注。但陆局讲，从美国的法律角度看，判决理应如此。因为案发时，美国警察大喊‘不许动’之后，女生并非没动，而是将手伸入包内。根据美国法律，警察的‘不许动’就是令你不能有一切动作，哪怕你动一下，都会被认为是采取行动、抵抗拘捕。这时，警察就可以采取必要行动，包括开枪直接击毙。再看看我们中国的警察？别说有这样的权力，枪都集中保管了，一遇情况保护自己都困难，更别说保护百姓了！不过陆局还是很照顾我们刑警的，对于枪支，面上虽说集中保管，但我们任务不断，枪还是时常在身的。”

“陆局长挺理解刑警的，到底是刑警出身。”丰收说。

“是啊！”吴处感叹，“体贴下属的好领导啊！但他当副职已经7年多了，就是扶不正。我们都为他鸣不平！他在刑警支队当头时，别看是个领导，一遇危险情况总是冲在前面。‘跟我上’是他的习惯，绝没有‘给我上’这一说，我们支队的公安大学毕业的刑警说他像个以色列军人。再说他脑子好使，点子多得很。说心里话，支队的弟兄们都很佩服他，愿意跟他干，再苦再累也没什么说的。”

丰收说："我看他可不像是个点子多的人哪！"

"你和他接触少，这家伙从小就鬼得很。"仰在后排的志勇冒了一句。

吴处咧嘴一笑说："我给你讲件小事吧，至少是10年前的事了。我们终于把一个身负三条人命的杀人案犯堵在郊区的一个院子里，反复劝他投降，谁知他穷凶极恶，狂叫死不投降。我们如果硬上，肯定会有伤亡，他不仅有一支微冲，还有两颗手榴弹，更关键是院里母女两名人质肯定就完了。这时陆局简要说了他的计划，然后下令行动。他带我们在院子后面埋伏好后，打通杀人犯的手机，捏住嗓子说：我是赵大哥，知道兄弟你被堵了。你现在就往前院扔手榴弹，爆炸后，从后院翻墙，我和弟兄们接应你。抓紧点！他们大队人马一来，你就完了，快点，是死是活就这一拼了，兄弟。说完就关了电话。不到一分钟，手榴弹就在前院墙外炸响，接着这家伙从后墙翻了出来，被我们逮了个正着。事后，我们问，他凭什么会相信你。他说，我们追捕这家伙多久了？四个多月了。我不仅研究他，而且还研究了他的同伙，仅此而已。在那种紧急情况下，他判断精确，行动果断，一般人绝对做不出来的。"

"经典，经典。"丰收由衷赞叹，"绝对高智商啊。"

"这家伙智商确实很高，他毕业实习时就破了大案的，只是他脾气耿直，不大像是做官的料。"志勇说，"从小到大，我太清楚他了。"

"陆局刀子嘴，豆腐心。"吴处说，"他这回动真格的了，他对我们说，如果战胜和王路真的被判刑进监狱，他就辞职不干了。张主任，你跟他熟，知道他在正事上没虚言，一是一，二是二。"

志勇叹了口气说："我当然相信了。"

车拐下高速公路时，吴处伸头向后看。

志勇感到有些怪，问："吴处，我发现来的途中，你总看后视镜，像随时要倒车似的，有什么情况？"

吴处一笑，"没什么情况，张主任观察很细哪，我开车就这习惯。"

三

他们三人到了看守所，吴处不到20分钟就为他俩办好了会见手续。丰收感慨，"要是我们至少也得一个多小时，而且是否让会见还难说呢。"

"全国公安是一家嘛，再说陆局也让检察院给这边打过招呼了。"吴处说，"按法律规定律师当然有会见当事人的权利。但实际上执行起来难，你们律师不是常抱怨'三难'嘛，什么阅卷难，取证难，会见犯罪嫌疑人难。前'两难'我不敢说不难，但我保证你们会见一路顺风。说实话，我真想进去看望战友，但还是不去吧，避嫌，万一有眼线呢。情况复杂，我不得不防啊！"

志勇想，真不愧为老侦查员，考虑之细，警觉性之高，由此可见一斑。然而情况真的有这么复杂？不过，涉及警察的案子，还是小心为好吧。

秦战胜被带进来了，他个子中等，直挺挺的，很壮实。刀劈斧削似的脸很是粗糙，与吴处一样，虽然面色略显憔悴，但看上去很警察，剑眉下大眼目光很是淡定。让志勇略感奇怪的是，他不像其他犯罪嫌疑人，会见时又是手铐，甚至脚镣，他两者都没有。也许正如吴处所言，全国公安是一家吧。

志勇介绍身份后，要求他陈述案情。他不假思索，讲了整个过程。与吴处所言基本一致，没有大的出入。

正在作笔录的丰收问："那你对检察院指控如何看？"

"他们纯属胡猜。"他脱口而出，"我，还有王路根本没有殴打等刑讯逼供的行为，只是由于严武醉酒状态强烈，狂呼乱骂，像一条疯狗。无奈之下，我和王路把他铐在了暖气管上，让他醒酒。"

"在这一过程中，没有拳脚相向？"志勇盯着他问。

"没有，只是把他往暖气管上铐时，他拳打脚踢地反抗。"他思索着，"我扭住他一条胳膊，王路才把他铐在管子上的。实话告诉你们，我是练拳击的，当然知道自己拳头的威力，真要出拳，后果不敢想。不过，当时真是想出拳，因为他实在太狂了，当刑警20年，没见过这号。他狂叫，你们怎么抓我，就得怎么放我，不把你俩这身皮脱了，我就不姓严，老子姓你的姓，跪下喊你爷。"

志勇说："你把你讲的全写下来，尽可能详细。"

"我已经写好啦，整个过程全在上面。"他伸手从橘红色的马甲里摸出一沓纸，对旁听的警察说，"检查一下，兄弟。"

警察接过来，随手翻了翻，"不就是陈述嘛，昨天我已经检查过了嘛。"说着，从铁栅栏里递出来后，又补充道，"按理说我不该旁听的，对吧？两位律师朋友。"

"你说得很对。"志勇接过来，"但你还是来了。"

警察面色很平静，"没办法，上面还有领导呢。不过，今天监控有点小毛病，正在维修。"

志勇一笑，"明白了，但我们没有什么见不得人的勾当。"

"谢谢兄弟了。"秦战胜说完，转向志勇，"我，还有王路现在就全靠你们两位律师了！你们一定要注意，这个已死的严武和他活着的家人绝对不一般。他进看守所的当天下午，我和王路去提审他时，他就对强奸事实一概否认，只说是嫖娼，还付了钱的。这倒也罢了，因为在意料之中，关键是受害人也全部推翻了原来的供述，一口咬定她是自愿的。就是傻子也明白这是怎么回事。因为两人所说的很多细节根本就不吻合，一看就是在编造。你们想想，他们的动作有多快？能量有多大？"

丰收说："这是以后的事，现在的关键事实是严武死了。"

"是啊，我明白，我明白。严武这号人活着也是祸害，早就该天打雷劈，只是死得太不是时候了。我相信你们一定能查清真相的，拜托你们啦！”他说。

丰收说：“我们来时，陆局长还有吴处长让我们转告你，要实事求是地陈述事实，要相信法律。”

他一怔，眼圈立刻就红了，“请转告两位领导，谢谢他们了。”

丰收说：“吴处把3000元钱存到你和王路的账上了，叮嘱你们首先要吃好，家里的事全都有安排，一定要想开。”

他只是点头，眼里噙满泪水，但强忍着，只见泪水在眼眶里打转，最终也没溢出来。

会见完秦战胜已是午时，三人简单吃完饭，下午，志勇和丰收又会见了王路。他的陈述与秦战胜并无多大出入，尤其是在细节方面完全可以相互印证。只是他的情绪很冲动，哭喊着，检察院无视事实，枉法办案，我要控告他们。他还把控告信交给志勇，叮嘱他代转。丰收劝他冷静，他仰脸呼叫，王律师，我能冷静下来吗？我一名堂堂正正的刑警，按法律规定办案，竟然就不分青红皂白逮捕，扔进牢房，他们眼里哪还有法律啊！你们说这叫什么事，让我怎么咽下这口气。

志勇和丰收困惑了，如果两人陈述属实，那么检察院办案确实有问题，但是这其中并不能排除两人串供的可能性，也不能排除两人未陈述真实情况，至少是现在还不能。

四

三人离开看守所时，天已擦黑，吴处提议吃点东西再上路，于是三人就进了路边不大的酒店，要了碗炸酱面，在前厅开吃。

“这太朴素啦，不成敬意，回去要挨陆局批评的。”吴处搓手，黑脸上满是歉意，“回家一定请你们好好撮上一顿，将功补过。”

“客气了，外出办案，吃饱即可，讲究什么。”志勇翻搅着面条，“现在就是山珍海味也吃不安稳。”

“什么意思？”吴处抬起头问。

“对案子心里没个谱，检方公诉书中的指控与秦、王两人的陈述天壤之别，这肯定有问题。”志勇说，“不是检察院办案粗糙，就是两人没有如实供述。”

丰收往嘴里吸溜完面条，“疑点太多，比如说严武之死，假如确实不是秦、王两人所为，那么到底是谁，难道说还有第三者？再说，如果没有过硬的证据，检察院就把两人捕了？”

“你的意思是两人没有如实提供情况？”吴处反问。

“不完全是这个意思，关键是反差太大，这其中的一方肯定有问题，还需要认真调查分析。”丰收说。

“你和秦战胜、王路都是战友，一定对他们很了解，对吧？”志勇问。

“当然，王路我不是很熟，但和战胜是十几年的老伙计了。”吴处说，“指控他刑讯逼供，如果是10年前，可能还靠谱，现在我绝对不相信。他办案很谨慎的。再说，这个案子的事实清楚，医院鉴定服务员下身确有严武的精液，乳房被抓伤，短裤被撕破。他们还有必要对他刑讯逼供吗？”

“说得也是。那么王路呢？”志勇问。

“实话实说，我并不是太了解他。”吴处说，“但是，他跟着战胜呢，如果他有过火行为，战胜不会不管的。”

“吴处，我们并不是不相信你，也不是不相信秦、王两位，但我们确实有疑问。几千年来，我们一直秉承口供是证据之王的传统，就是清官办案也极重视口供，包龙图、狄仁杰也是如此，拿不到口供怎么办？大刑伺候，证据到手，于是就成铁案。”志勇说，“当今，口供依然是最重要的证据，公安警察为尽快破案结案，刑讯逼供时常发生。对吧？说实话，想当年，我曾在公安实习过，在高度重视口供的情形之下，如果待久了，我想，我也会动手的。”

吴处不满地咧咧嘴，“那是猴年马月的事了，现在谁敢哪！办案都他妈的是提心吊胆的！你们律师惯用的一套就是指责公安警察刑讯逼供，对吧？”

“现在的问题是，甲说乙走偏了，乙称甲眼斜。这就需要证据来证明，到底是走偏还是眼斜？”志勇说。

吴处释然：“这样讲，我当然明白了。”

丰收说：“我们现在要做的就是，如何才能排除两人刑讯逼供的行为，这需要证据。”

突然，吴处触电样陡然跳起来，侧身一个箭步冲过去，扭住志勇身旁一长发青年的手腕，夺他手中的皮包。志勇这才反应过来，从他身旁路过的长发青年顺手牵羊，将他座位上的皮包掂走了。

长发与吴处扭在一起之际，一个光头跳过来，挥拳向吴处打去，志勇飞起一脚将他踹倒，又看到一挥舞利刃的壮汉扑向吴处，立即跳过去，抱住他，同时下绊欲把他摔倒，没成功，与此同时，只觉左臂一热，一股鲜血溅了出来。此时，吴处已将长发放翻，冲着志勇喊，放开他！话音未落，闪电般地冲上来，扭住持刀的手，猛然弓身发力，一个漂亮的大背，壮汉凌空飞起，重重地摔在地上。另外两个从地上跳起，向他扑过来，志勇一记重拳，将其中一个打得东倒西歪，接着上去又是一脚……

免费围观徒手格斗精彩好戏的人甚多，有端碗一边往嘴里吸面条一边看的，有掂着啤酒瓶仰脖大灌的，还有位年轻人肾上腺激素骤增的缘故，深吻怀中的姑娘。人群中不时发出惊叹和欢呼，其声音中夹杂着掌声和尖厉的口哨，还有猛烈跺脚和粗喉咙大嗓的叫嚣：漂亮！漂亮！

餐厅仿佛成了明星献艺的现场了。

平地冒出几个手持利刃、棍棒的家伙，黑着脸扑上来。吴处闪电般地从怀中拽出六四手枪，扬手就是两枪，“妈的，谁敢动，老子就崩了他!”他用枪点着他们，怒吼。

场面顿时大乱，众人惊叫着四处逃散，还有人迅速钻到了桌下，顾头不顾腚。

几个家伙僵住，与吴处对峙。光头一挥手，他们齐刷刷转身狂奔而去。

吴处掂着枪冲到门外，只见两辆轿车疾驰而去。他转身，看到志勇捂着胳膊跟了出来。急忙上前，“张主任，伤得怎么样?”

丰收过来，“我去开车，先到医院包扎。”

大路上，警车嘶鸣着开了过来。

五

巡警支队五大三粗的廖副支队长一脸怒气，指手画脚，大骂几个警察，“真他妈笨，人家掂刀把律师捅伤了，光天化日之下大摇大摆走了，你们干什么吃的，丢人败兴，让我的脸往哪儿放!”

几名警察垂手而立，面面相觑。

“廖队，我们不掌握车牌号。”

“屁话!”廖队怒吼，“不知道车牌就没办法了，你们吃喝玩起来，点子一个比一个多，一遇事就成傻逼啦！人家律师是为我们警察辩护的，在咱这地盘上受伤，你们……”

“廖队，好了，好了，再说我脸上就挂不住了。”吴处拉他坐在沙发上，“弟兄们都不容易，这是个突发事件，人是不好抓。”

“你们一定要把凶手给我抓住。去吧。”廖队挥挥手。

几名警察争先恐后出了办公室。

“他妈的，现在成啥了，连警察的事都敢找。”廖队点着烟。

“廖队费心了，我们先回去，有情况咱们再联系。”吴处说。

“好吧，真是对不住了，吴处长，还有你们两位律师。我考虑，这几个家伙要是我们这儿的混混，早该拿下了。”廖队有些无奈地说，“刚才你们也听了，这几个家伙不是我们地盘上的。”

“我明白。”吴处说。

“你们路上小心点。”廖队一边与吴处握手，一边拍着他的肩膀。

“放心。几个混混还嫩点。”吴处说。

丰收驾车驶出巡警支队时，已是晚上10点多了。

“张主任，没你相助，没准我又要挨上一刀啦!”吴处一脸愧疚，“实在是不好意思，让你挂彩啦。”

志勇摸着胳膊上的绷带笑笑，“没事，没事，只是划了一下嘛！只可惜我这三千多块钱的西服完蛋啦。”

“还划了一下呢，缝了五针啊！”吴处说，“回去我一定给你买件同一款的西服。”

“说什么呢，吴处。”志勇说，“哪能让你破费。如果我的包被掂走，现金和信用卡不说，身份证、驾照都在里边，补起来麻烦得很。”

“他掂着刀，你不该上去抱他，太悬了。”吴处说。

“我本想把他放倒，谁知力不从心。”志勇摇摇头，“老啦，真他妈老啦！没把对手放倒，自己却差点儿栽了，丢人现眼了！”

“年龄是不饶人。”吴处说，“你反应挺快的，手脚动作也挺利索，基本功相当扎实。”

“不瞒你说，我年轻时跟陆地学过散打，还下功夫练过几年，现在胳膊腿都硬了。虽然动作还算到位，但力度却大打折扣啦。”志勇叹了口气。

吴处惊讶：“没想到大教授还有这样的爱好呢。”

志勇说：“大学教授有什么了不起，也是普通人嘛！”

正在驾着车的丰收感慨，“在一起这么多年了，真没想到兄弟你还有这嗜好，你可真是文武双全了。”

志勇笑着，“什么文武双全，年轻时练几手防身而已。”

“吴处，我们正在吃饭说话，你怎么就发现他要掂包？”丰收问。

“刚坐下吃饭，我就发现他们几个鬼头鬼脑地转悠，十分扎眼，这也许是职业病吧。实话告诉你们，我觉得他们不仅仅是掂包。”

“你的意思是他们冲着我们来的？”丰收问。

“咱们来的路上，我觉得有尾巴，但现在还不能确定。”吴处说。

“他们想干什么？”丰收又问。

“吓唬吓唬我们，尤其是你们两位大律师。”吴处说，“我想，你俩还真得注意点呢。”

“有这么严重吗？”丰收说。

“吴处，你的疑心真重啊！”志勇说。

“小心总不为过吧。”吴处说。

“两位一个受伤，一个老病复发，好好休息吧。”丰收说，“我估计三个小时就能到家。”

暗夜中，车上了高速公路。

六

暗夜中，车接近天空一片通明的城区时，吴处的手机响了，他拿起电话，“是我，好，已进城了，好。”他关了电话，“陆局和刘军律师在南湖酒家等我们呢。”

丰收看仪表盘上的时钟，已是凌晨1点多了，“真想回家睡一觉。”

吴处说，“我也想早点回家，但陆局想听听情况。”

穿过依然是灯火闪亮，歌舞升平的大街，来到南湖酒家，三人下车，径直走进八号包间。

“老吴，你也是老刑警了，号称一身武艺，打遍天下无敌手，怎么能让我们的大律师挂彩呢?”陆地摸着志勇吊胳膊的绷带，“无大碍吧?”

“一点小伤。你嘉奖吴处才对，没他保驾，还不知结果怎么样呢。”志勇说，“吴处绝对好身手。”

“这一路好凶险，本该我去的。”刘军讪讪说。

“你去的话，张主任或许能躲过这一劫。”丰收说，“不过，没准会有另一劫呢。”

陆地招呼着，“边吃边谈，谁想喝就多喝几杯，估计后半夜不会再有什么事了。”

丰收把会见秦、王的情况讲完后，说：“问题相当复杂，尽管两人一致否认有刑讯逼供行为，而且两人的陈述也没什么明显的破绽。但是，有对两人极为不利的证据，这就是严武同号的犯罪嫌疑人的证言，严武刚进看守所就大呼头晕，而且确实晕倒在地；他们给他理光头时，发现他头上至少有三个肿块；腿部背部有钝器伤，手腕上是环状伤痕。”

刘军说：“据检察院万梅处长向我透露，他们就是据此推论秦、王两人涉嫌刑讯逼供，尽管两人拒不承认。所以，我们还需要进一步调查、核实。就现有证据，要想证实两人没有实施刑讯逼供的行为，难度相当大。”

吴处说：“严武家人能量太大了。今天下午，一位兄弟给我通了电话，说是严武刚进看守所的当天，其兄嫂上午就到了咱们的看守所，而且与他见了面，这可不是一般人能做到的。”

“怎么才说?”陆地问。

“他们进行得很隐蔽。”吴处说。

“证实了?”陆地盯着他追问。

“是的。”吴处说，“而且是两次，一次是上午；一次是傍晚。”

陆地一记重拳击在餐桌上，杯盘乱跳，只见他怒目圆睁，咆哮道：“妈的，吃里爬外的浑蛋，他们这样里外串通，会把战胜和王路逼上绝境的。这是严重的违法乱纪行为，看守所一定整顿，早他妈的该整顿了！你把这事给我查清！明白了没有?”

志勇拍着他的肩膀，“老弟，冷静，冷静些。”

陆地抄起酒瓶，倒了半茶杯，猛地倒进喉咙，用手抹了把嘴，“对不住了各位。”

“着急没用。关键的问题是，如何彻底排除秦、王二人刑讯逼供。假如不是二人所为，那么，有没有其他可能致严武之死？”志勇说。

“张兄一针见血。”刘军说，“如果换个角度思考的话，这绝对是本案的关键。”

“对此，我已有了基本思路，而且行动了。”陆地怒气未消，“但只是推测，取证相当难。”

志勇说：“如果你在这方面有突破，一切都清楚了，但推测是上不了法庭的。另外，对看守所关押的犯罪嫌疑人的证言，再好好核实，看是否有作伪证的可能。”

“来，先吃饭，先吃饭，你们奔波两天两夜啦，吃饱了再议。”陆地说，“老吴，你也动筷子，愣着干什么。”

吴处闷闷地说：“陆局，干脆我去看守所摸一摸，看水到底有多深？”

“你目标太明显。我另有安排了。”陆地往他盘子里夹了一大块鱼，“先吃。”

七

夜已经很深了，志勇伏案看秦、王二人一案的卷，见刘军醉醺醺，腾云驾雾样晃了进来，颇有些不悦。

“张兄，还在用功？”刘军一屁股坐在沙发上，燃上一支烟。

“检方仅凭看守所关押的犯罪嫌疑人的证言，就把两名警察捕了。”他也燃上一支烟。

“人死在看守所了，总得有人负责吧。而且公安刑讯逼供时常发生，检方如此推断也在情理之中嘛！”

“辩护准备得怎么样了？”

“喝得太多，脑子乱了，明天再详细汇报。”

“看你现在来，也不像是讨论案子的。”

“老兄火眼金睛，半夜来打搅，是因为，因为有件很难启齿的事。”

“有事直说，何必拐弯抹角。”

“那，那我就直说了，我想借钱？”

“多少？”

“30万。”

“有急事？”

“不怕你老兄笑话，小姨子出嫁，我已给了她20万，但妻子不依，非逼着我再给她买辆车当嫁妆，现在我手头有些紧。”

“这嫁妆够丰厚的，我给你解决就是了。”他想，刘军年收入几十万，30万对他来说不应该是什么困难的事，为什么还要借呢？他突然想起，一明私下对他讲过，前些日子，他背着妻子在城区购了一套高档公寓。

“谢老兄解我燃眉之急。我想，最简便的办法是先从所里的账上支出，年底分红扣我的就是了。”

“这不合适，我给你就是了。”

“这事我不想让别人知道，丢人!”

“没问题。快去休息吧，我看你喝得不少。”

“公诉处万梅的小弟弟结婚，我去帮忙。”刘军站起来，“你老兄知道，我和万梅，是老朋友了。”

他曾听到过刘军与万梅的情事，所以会心一笑，“明白，明白，是应该喝个尽兴。”

“唉！年轻时脸皮薄，要不我俩就是一家人啦!”刘军摇着头，“不说啦，不说啦，阴错阳差，弄到这么个境地。”他说着晃晃悠悠地出去了。

八

中级法院审判大厅内，墙上庄严的国徽，颜色厚重刻着金色天平的高背座椅，确实能让人感受到法庭的庄严神圣。高大壮实的审判长身着法官袍，一脸严峻，浑身透着威严，其声胸腔共鸣浑厚，他读完判决书的基本事实后，停下，威严地审视整个法庭足有20秒才开口：“经合议庭合议，现对被告人秦战胜、王路依法进行宣判，全体起立。”

众人起立，静默中，只有审判长的声音在大厅回荡：“被告人秦战胜、王路无视国法，为获取犯罪嫌疑人严武的口供，对其实施殴打，引发其严重复合性脑损伤致死。两被告的行为构成刑讯逼供罪，依《中华人民共和国刑法》第二百四十七条变更罪名，构成过失伤害罪。辩护律师关于被告人秦战胜、王路刑讯逼供罪事实不清，证据不足，应当宣告被告人无罪的辩护均与事实不符，不予采纳。公诉机关指控被告人秦战胜、王路犯刑讯逼供罪的事实及罪名成立，予以采纳；附带民事诉讼原告人的部分请求成立，予以支持。”

刘军、丰收的脸色极为失望，他们明白，辩护彻底失败了。公诉席上的一男一女两名检察官脸上则难以掩饰喜悦之情，还耳语着什么，不时以胜利者的姿态扫视刘军和丰收一眼。

“根据《中华人民共和国刑法》第一百三十六条、第三十一条和《中华人民共和国民法通则》第一百一十九条之规定，做出判决如下：

一、被告人秦战胜犯故意伤害罪，判处有期徒刑四年；被告人王路犯过失伤害罪，判处有期徒刑四年。

二、被告人秦战胜赔偿附带民事诉讼原告人严武经济损失10000元；被告人王路赔偿附带民事诉讼原告人严武经济损失10000元。

被告如不服判决，可在15日内向上一级人民法院提起上诉。”

审判长的余音还在大厅回响，旁听席上响起了掌声。一黑衣女人掩面而泣，她身旁西装革履的男人跳起来，满脸激愤，大声呼喊：“好兄弟，害你的两个家伙被绳之以法了，你终于可以闭上眼睛了！我们感谢法官，感谢法庭！”

丰收看他们一眼，知道男的是严武的哥哥；女的是严武的妹妹。

秦战胜举起两只戴着手铐的手，怒吼：“我冤枉，我要上诉！”

王路冷冷地说：“我们一定要上诉，你们无视事实，枉法裁判，还有什么公理啊！”他的声音冲动而又落寞，法庭上无人回应。

书记员把判决书递给秦战胜，让他签字。秦战胜说：“我不签。”

审判长严厉地说：“你不签，判决也照样生效。”

王路叫起来：“你胡说，上诉期未满，一审判决怎么就有法律效力啦，这点常识都不懂，亏你还是审判长呢。”

法官断喝：“把被告人带下去！”他举起法槌，猛敲下去，“休庭。”

九

志勇看完秦、王刑讯逼供一案的二审辩护词，心里思忖，原告家人能摆平中院，难道说还能把高院也摆平吗？当他再次点燃香烟时，才发现窗外夜幕已经降临了。摘下眼镜，起身走到阳台，伸胳膊拽腿，活动筋骨，然后大口大口地吸烟。

初秋的夜很静，已有些许凉意，菜地里的秋虫也开始低吟浅唱了，其中蛐蛐的鸣声最为响亮，而且很有节奏。

刘军进来了，问志勇二审辩护词是否需要改。他刚坐下，瞅见办公桌上的一审判决书的复印件，顿时又来了气，重重拍着判决书，“有权有钱真是了不得，法官一点良心都不讲了，无视事实已经到了恬不知耻的地步。见过烂法官，可没见过烂到千疮百孔的，竟然敢如此判决，这还像是在21世纪的大力倡导法治中国吗？公然对我们信仰的法律肆无忌惮地践踏，而我们却束手无策。所以，作为刑辩律师，我总是有种被阉割或者正在被阉割的感觉。你说这刑辩律师还有存在的必要吗？”

志勇走过来，拍着他的肩膀，“这毕竟不是终审嘛！一审我在现场，我认为你和王兄的辩护有理有据。但是，当法庭上只有一种声音的时候，冤假错案必然会发生。我考虑，审判长是咱们中院李伟的同学，研究生学历，又做了十几年法官，绝不是水平问题。当然，尽管本案以外的因素较多，但实事求是讲，辩护证据也显得不足，例如严武的死因。”

“这个判决严重违背了无罪推定的原则。”

桌上电话响了，志勇拿起听筒，“噢，好，好，恭候大驾光临寒舍。”放下电话，“陆局长马上就到了。”

“让我怎么面对陆局长？”刘军说。

志勇淡淡一笑："这并不是你辩护的问题，而是法官不采信罢了。"

门开处，陆地一身戎装，扛三级警监衔。

"嘿，兄弟怎么这身打扮！"志勇问，"很少见你这身行头嘛！"

"听先进人物报告，要求着装。"他说着，脱了帽子，坐下，燃上烟，"刘律师，你脸色不好，听吴处讲，你在法庭上很厉害，把检察院的家伙们搞得很是狼狈？"

"陆局长是在骂我吧？惭愧，惭愧。"刘军说，"在法庭上把他们驳得无话可讲是远远不够的，我们目的没有达到啊！现在只有期待二审了。"

"根本不用惭愧，我们认为你尽到责任了，我代表我们刑警谢谢你。"陆地说得很诚恳。"公诉人和法官胡来是我们败诉的根本原因，坊间段子不是说：法院无法无天；检察院一手遮天嘛！"

"你们公安也好不到哪里去，这段子还有后两句呢。"志勇说，"你肯定知道，公安局是狗胆包天；司法局过了今天没明天。"

陆地苦笑："再狗胆包天也没用，人家已经把天给遮住了。"

刘军说："陆局长，有你的理解，我心里好受多了。"

陆地说："这个案子人为因素多，实施行政干预的法官级别也挺高。"

志勇说："我听吴处讲过一些，略知一二，不知其详。"

"咱们都是自己人，我就直说，这严家的背景十分了得，严武的大哥在京城做官，是个司局级领导；二哥搞房地产，身家数亿。两位大肆运作，并放出狂言：不把这两个小警察判了，弟弟会死不瞑目的，嚣张得很。而且有领导给法院主要领导打过招呼，所以中院的主审法官压力很大，他不按他们的意思判恐怕都不行，现在关键是看二审了。"陆地说，"我的意思是，背景的问题你们可以不理会，我来操作。我已经向公安厅主要领导汇报了，而且争取到了支持。你们要做的是，再把相关的证据彻底梳理一遍。这方面出了差错，我们的领导就没办法说话了。"

"本案的关键问题是，严武头部致死的伤到底是谁所为？如果不是秦战胜和王路，肯定还有其他人。"刘军说，"但严武只是从刑警支队到看守所，没有去过其他地方。所以从逻辑上推理，如果不是秦、王两人，那么只能是在看守所被人打了。"

"推理很对，但至今还没突破，虽然他们报告说大有希望。"陆地说，"如果突破了，一切都解决了。"

刘军说："我又认真研究了检察院的尸检报告以及医院的报告，两者有着不小的差别，这绝对是一个突破口。"

陆地看了下手机，"走，咱们先找个地方填饱肚子，让吴处过来，一块再碰碰情况。"

"我看可以。"志勇说，"好好让刘军老弟吃顿饭，这些天辛苦了。"

“这案子真是费神啊！”刘军说，“如果二审胜诉，陆局长要考虑考虑代理费啊。”

陆地一怔，“放心，我能让弟兄们白忙活吗？”

志勇赶忙说，“二审如果真的败诉，我们分文不取。如果胜了，代理费你看着给就是了。”

“反正你们是公家，而我们则是私营。”刘军说。

“这根本不是问题。”陆地说。

志勇心里很不高兴，妈的，这个刘军，这时提什么代理费，真他妈的掉在钱眼里了。

十

高远的天空蓝得发紫，几朵淡淡的闲云变化着形态，缓缓飘动着。

志勇坐在水库边，吸着烟，凝望阔大水面上几只翻飞、盘旋的沙鸥。秋阳透明亮丽，对面山坡上的树木浓密，季节又给它们涂上了绚烂的色彩，从淡绿过渡到紫，从金黄渐进到深红，层林尽染。凝望着近似原始的景色，他不无忧虑地想，这还能保持多久呢？

汪静手持一束五彩缤纷的野花走过来，坐在帆布小椅子上，“李院长已经钓了一条，你还是零啊！”

汪静说的李院长正是他的老朋友李伟。上个月初，他东山再起，由政研室主任擢升为中院的副院长，主管刑事审判。命运突变的原因是，院长到人大当副主任，新来的院长提名他出任副院长。志勇前去祝贺，李伟却十分低调，这也是他一贯的行事风格。他说，这把年龄了，宦海沉浮于我已无多大意义，其实在政研室真的很神仙。现在又要在风口浪尖上了，无论怎么样，无愧于良心足矣！

志勇转过脸，“记得早就对你讲过，我是钓翁之意不在鱼，而在山水之间。”

“哎，你看！”汪静叫了一声。

他望去，200米开外处，李伟正扬起海竿，收线，显然又上鱼了。他想，这位仁兄钓技确实高，尤其是擅用海竿。每每与他出来，无论是重量还是尾数，他总是第一。这简直成怪圈了，同样的饵料、同一个水库、同一个湖，都是如此。这实在让他百思不得其解。

清晨来的路上，李伟对志勇说起秦战胜的案件，话不多，但很有分量。他说，你知道，那边法院的方庭长是我的好朋友，他绝对不属江湖系列，而是学院派的，审理案件是相当认真和讲原则的。你们之所以败诉，有法律以外的因素，受害人的两个哥哥能量很大，能搬动省一级领导，这自然是很重要的一个方面。但从案件本身来说，你们能拿出两被告没有刑讯逼供的确凿证据吗？显然没有。严武死了，从逻辑上推定是两位警察所为也并不过分，而且两人也确实有动手的行为，所以，按过失伤害判也算是罚当其罪。只是他们的行为在是否致死严武的直接原因这点上，一审法庭忽略了，或许是有意忽略或许是难以证明，这确实有些不妥。关于二审，我的意见，关键还是证据，两个被告未实施刑讯逼供的直接证据，当然，如果另有凶手，就更需要证据了。

“你在想什么呢?”汪静问。

“我在想沙鸥，看它们自由自在，想飞就飞，想落就落，无拘无束。”志勇微微一笑，“我也有过这样的好时光啊！那是在少年时。人也只有到了我这样的年龄，才能体味出人生的沧桑。”

她摆弄着手中的野花，“你的意思是说，我还属于不知愁滋味的年龄?”

“那倒不尽然。”他停了一下，“可以问你一个很私人问题吗?”

“当然。”

“有男朋友吗?”

她像被重击，顿时怔住了，把目光移向对面的山，良久无语。

“不想回答也没关系。”

“曾经有过，而且还结了婚。”她垂下头，“但后来分手了，准确地说，是他把我抛弃了。”

“对不起，对不起。”他很震惊，因为确实没料到她竟有这样的经历，一直以为她还是没结婚的大龄姑娘呢。

“没关系，不用道歉的。”她木然凝望着远处的群山，“这是几年前的事情了。我在大学时，和他相识相爱，毕业一年后我们结婚了。当时，他在校读硕士，我在京城一家杂志当编辑，生活虽然苦些，但确实有幸福感。后来，他去美国深造，开始经常打电话，发邮件，后来就逐渐少了。一年后，他回来探家，我明显地感觉到他的变化很大，对我没有热情了。问他为什么，他支吾搪塞。走后不到三个月，就给我发邮件，提出离婚。我虽不清楚是什么原因，但他既然已经提出来了，肯定是经过深思熟虑的。我还能不同意吗。后来在美国的同学告诉我，他已经与一位美国姑娘热恋。那些日子，我真的想一死了之，但还有年迈的老父亲。他老人家知道这事后，通过老战友，把我从北京调回他身边，安排在电视台。此后不到半年，父亲病故，母亲走得早，这世界上的亲人，就剩下我和弟弟了。”

看着她泪水滚滚的脸，志勇说，“对不起，对不起，让你想起伤心事。”

“我没对任何人讲过。”她用纸巾擦着泪，“对你说出来，心里轻松多了。已经过去三年了。”

“人生不如意十之八九。”他感慨道，“既然过去了，就好好活着吧，你还年轻。”

“不年轻了，也不会再年轻了。”

这句话从她嘴里说出来，令他感到震撼。他没想到，在她年轻美丽，又充满自信的背后，竟然还深藏如此悲惨的往事。又有什么比被深爱的人无端抛弃更令人伤感，又有什么比情感深处的伤疤被撕裂更为痛苦呢。

“看你说的话，多想想今后，能让创痛的阴影笼罩一生吗?”他深深吸一口烟，“你的路还长着呢。”

“明天又有什么希望呢？和今天差不了多少。”

他望着远处，“人活着都挺难，耶稣如此教导我们，‘不要为明天忧虑，因为明天自有明天的忧虑，一天的难处一天当就够了。’”

她沉默良久，“是啊，一天的难处一天当就够了。”

“知道美国著名法学家，哈佛法学院的哈罗德·伯尔曼教授吗?”

她有些疑惑地望着他，“知道。”

“那你清楚他是虔诚的基督徒吗?”

她摇摇头，凝望着他。

“当有人问他这样一位严谨的法学家为何会成为虔诚的基督徒时，他是这样回答的：‘二战’之初，我作为犹太人从欧洲逃亡时，德国正在进攻波兰。大家都以为世界末日到了，置身于逃亡的人流中，绝望到了极点。凌晨两三点钟，我看到了耶稣像，一种意象，历历在目。他立在云端，什么也没说。但我知道他要说什么，这就是，不要绝望，并不是你在掌控世界，负担在我身上。从那个时刻起，我就下决心跟着他了。”

她两手托着下巴，泪水溢出眼眶，轻声说：“谢谢你，谢谢你的故事。”

十一

高级人民法院的审判厅内，二审法庭辩论拉开了序幕。

刘军嗓音洪亮，声震法庭，“本案证人，即受害人严武的二哥及二嫂出具书证，在看守所会见严武时，严武哭着说：被两个公安打了五六个小时，其中还用了电警棍。但实际情况是，秦战胜、王路带严武回到刑警支队的时间是凌晨3点20分，因严武醉酒，大闹不止，讯问工作根本无法正常进行。凌晨7时，秦战胜、王路将他送到了看守所。上述过程，从秦战胜、王路讯问严武的笔录及入看守所的登记均可以证明。这一过程还表明一个事实，这就是严武在刑警支队的时间是2小时40分钟，而不是证人所说的五六个小时。另有证据表明，证人举证不实，两位证人在看守所与严武会见时，看守所有负责会见的干警自始至终在场，干警证实：他没有听到严武讲，被公安人员殴打了五六个小时之类的话。所以此证言与干警的证言相互矛盾。”他把目光从公诉人身上移向正襟危坐的法官，“原判法院作为定案重要依据之一的严武亲属的证言没有予以印证，请二审法庭予以考虑。”

公诉人是一位大头大脸大嘴的壮汉，这“三大”给人以极深的印象，绝对让人过目不忘。一审时刘军和丰收已经领教了他的凌厉之风了。此时，他宽阔的脸上显出不屑之色，“辩护律师的意思是，严武亲属的证言不可信，而看守所干警的证言才可信。这我就不明白这是什么逻辑了？”

“请公诉人不要偷换概念，我只是说，双方的证言有矛盾，且不能互相印证，并没有讲谁的证言更可信。”刘军立即回应。

公诉人说：“严武进看守所当天上午，受害人就直呼头疼，当即晕倒在地，而且三名证人还一致证实在给他理发时，发现其头上有三处肿块，身上有伤。他们问是否被公安人员打了时。严武肯定地说：被两个公安打稀了，头上的包是公安用电警棍敲的，而且还叙述了挨打过程。我们认为三位证人的书面证言完全是真实可信的。”

刘军嘴角透出一丝冷笑，“我想再一次提醒公诉人，你们所举的所谓完全真实可信的证言，确实是原判法院定案的重要依据之一。我们的看法，也即上诉的理由是：首先，这三个证人均系在看守所关押的犯罪嫌疑人，特别需要强调的是，其中两个是同案，因拦路抢劫，被秦战胜和王路在外地抓获。所以，他们对把自己缉拿归案的两位警察的态度可想而知。一般说来，公安警察向来是为他们所仇视的，所以其可信度的高低，应该自有公论。更为重要的一点是，有与之相反的证言，即警察以及在看守所关押的犯罪嫌疑人的证言。上述情况，让我们得出的必然结论是：三个证人的证言很难让人信服。请二审法庭考虑。”

“请问辩护律师，犯罪嫌疑人没有作证的权利吗？”公诉人突然发问。

“当然有，而且也可以运用这个权利，这是个常识性的问题。但具体到本案，他们是否运作得当，是否别有用心，则是另外的范畴了。”刘军说。

公诉人愤怒了，“这个证言不可信，那个证言也不可信。对此，我的结论是辩护律师是怀疑一切合法证据。由此，我想到这样一则小故事。‘一名律师在法庭上睡着了，法官叫醒他，他醒来的第一句话就是：我反对！’”

旁听席上响起了笑声。

旁听席上的志勇恨恨地想，太失水准，完全是挑衅嘛！

公诉人紧绷着脸说：“现在的事实是：严武入看守所当天晕倒两次，第二次晕倒昏迷，送医院死亡，而致死的原因是：钝性外力打击及强大的钝性外力作用，致严重复合性脑损伤，因呼吸、循环功能衰竭而死亡。请问辩护律师：严武在看守所期间未被打，而且他被公安人员抓获之前，也没有脑外伤，请问辩护律师，严武的脑外伤是如何来的，难道说是他自己所为吗？”

“严武的脑外伤如何来的？这肯定是本案的关键。至于脑外伤是如何来的，应该有多种可能性。但公诉机关为什么非要认定是秦战胜和王路呢？难道说就没有其他的可能性吗？”刘军反问，“你们的证人证言、鉴定结论等一系列间接证据，证实严武身上和头部有伤，也证明了其死因。但是，却没有一个证据直接证明是两被告对其实施了殴打，而且间接证据间也互相矛盾。这种情况下，如何能认定两被告实施了刑讯逼供行为？”

“很简单。”公诉人说，“我们的依据是，严武的亲属及同号关押的犯罪嫌疑人的证言。而你的所谓的多种可能性又有什么依据呢?”

丰收虽然面无表情，但你稍加注意，便能感到他气吞山河的气场，他说：“本着证据必须相互印证原则，我们认为你所提供的证据不能相互印证，更形不成完整的证据链，所以不能成为对被告人秦战胜、王路定罪的证据。我们现在虽然还不能准确地断定严武之死到底系谁所为，但我可以给法庭提供另外的思路，公安部门正在看守所秘密侦查，而且取得了相当的进展，我坚信真相会大白于天下。现在各种迹象表明，受害人的脑外伤，是同号房的犯罪嫌疑人所为。”

“法庭需要的不是各种迹象，而是实实在在的证据。”公诉人嘲讽道，“各种迹象在法庭上，就像是天上的星星和水中之月，可望而不可即嘛!”

“由于控辩双方对于现有证据歧义较大，我只是向法庭提出可供参考的思路。”丰收淡定如水，“如果公诉人认为辩护律师的论点仅是天上星星和水中月的话，那么我只能说，我的智力受到了严重的侮辱，同时还联想到街头小报作风。这方面的证据什么时间拿出来，我们姑且不论。我认为，应该先就现有的双方均认可的证据作一分析，这就是高检院的法医鉴定结论和省人民医院的鉴定结论。”

公诉人说：“这才是实事求是的态度嘛!”

丰收说：“高检院的鉴定结论，并不能证明两被告人有罪。”

公诉人立即发问：“难道说，省高检对严武所做的法医鉴定没有法律效力吗?”

“我们不否认高检的法医鉴定，而且还完全同意。高检院法医鉴定的结论，证明了受害人头部受钝性外力强大打击，造成严重复合性脑损伤致死。”丰收说，“现在我要出示的证据是：省人民医院的医疗鉴定：医生乔×、许×在给严武做开颅手术时，发现严左侧颞骨有线形骨折，颞部、额部有硬膜血肿，是新鲜出血形成的血肿，时间在3小时之内，而且严武颅内没有陈旧性血块存在。现在我提请二审法庭注意的是：高检的尸检报告，仅证明了严武的死因，而没有证明严武伤情形成的时间，所以，它不能作为上诉人秦战胜和王路有罪的直接证据。更为重要的是，省人民医院的医疗鉴定却可以证实，看守所三个证人证明给严武理发时，严武的头部不正常，有肿块现象的证言毫无科学根据。因为，他们所说的时间是严武刚进看守所时，头上有肿块，但医院的鉴定结果是，硬膜血肿是在3小时之内形成的，且没有陈旧性血块。这就让我们有充分的理由认定，他们三人的证言是伪证，是出于对秦战胜、王路的仇恨而做出的伪证。”

公诉人显然没有考虑到这一着，像是挨了一记闷棍，脸色骤然惨白，“辩护律师事务所谈到的，是很专门的医学问题，我认为还需要专家论证后才能认定。”

刘军穷追不舍，“这我就不明白了，这两份鉴定就是医学专家做出的结论，白纸黑字，为什么还要再请专家讨论呢？法庭就可以根据现有的专家结论进行认定，你把法官的智商估计得太低了吧。”

“我并没有这个意思。”公诉人说，“请你不要曲解我的话。”

“那么请问再请专家是什么意思?”刘军不依不饶。

只见公诉人皱眉蹙额，大脸上渗出了汗，神情哭笑难辨。两只大手神经质地扭在一起，又分开。

志勇心头如释重负，他身旁的吴处突然跳起，大叫一声，“检察官回答律师的问题!”

旁听席上一阵骚动，有人发出笑声，有人私语，有人叫喊。

审判长猛敲法槌，“保持法庭秩序，保持秩序!”

突然，法槌从台上跳起来老高，在空中翻滚着落在地上，蹦了几蹦，不动了。法官握着法槌柄，愣住了，一时间没有理解到底发生了什么，情形十分怪异。

旁听席上一阵哄笑。

法官缓过劲，接着他问公诉人还有什么要补充的。

公诉人面红耳赤，“我们希望法庭考虑到社会的呼声，公正判决。”

审判长面无表情地看他一眼，转脸问秦战胜还有什么要陈述的。

秦战胜深望一眼刘军，气韵雄浑地说：“我想说的，辩护律师已经都说了，我相信二审法庭一定会公正判决的。”

审判长又问王路。

王路满脸通红，冲动地说：“由衷地感谢律师为我们伸张正义，我相信，我和秦战胜在一审被枉法裁决的错误，二审法庭一定能够得到纠正，我相信，我绝对相信!”

旁听席上响起雷鸣般的掌声。

志勇知道，旁听席上至少有一半是公安干警。

十二

二审开庭后的第八天，终审判决下来了，法庭依照《中华人民共和国刑事诉讼法》第一百六十二条第（三）款，第一百八十九条第（三）项之规定：做出如下判决：（一）撤销中级人民法院判决；（二）上诉人秦战胜、王路无罪；（三）原审被告人不承担民事赔偿责任。

终审判决第三天，真凶浮出水面，这就是，严武在看守所关押期间，同号三名犯罪嫌疑人对其进行了疯狂殴打，因为严武强奸的姑娘，正是其中一名犯罪嫌疑人的亲妹妹。

志勇、刘军和丰收走进灯火通明的公安局警官餐厅。吴处在门口笑逐颜开地迎上来，“大律师们迟到了10分钟哪，陆局他们正在恭候大驾呢。”

三人在他的带领下，来到包间，吴处高喊一声，客人驾到！他的话音未落，十几名警察站起来热烈鼓掌，三名女警察把鲜花献给他们三人。

陆地热情洋溢地说：“我代表市公安局的警察欢迎大律师赴宴。”

“陆局长，怎么这样？”志勇说，“不是说好简单吃顿晚饭吗？”

陆地笑了，“这是我们刑警的一片心意。”

身着制服的秦战胜和王路走到他们面前，两人同时立正，神色庄严，敬礼。

热烈的掌声又响起来。

第十章

只要我决定受理这个案子，摆在面前的事实就只有一个日程——打赢这场官司。我将全力以赴，用一切合理合法的手段把委托人救出来，不管这样做会产生什么后果。

——艾伦·德肖微茨（美国哈佛大学教授）

基本案情：

杨兵涉嫌交通肇事被公安局刑事拘留、逮捕。后由检察院以交通肇事罪起诉至法院。

被告律师辩护意见：

杨兵无罪，且不承担民事赔偿责任。

一

远离城市的郊外，清澈的蓝天高远无云，亮丽的阳光洒满了绿草如茵的高尔夫球场。

志勇着白色T恤，戴长舌遮阳帽，脚蹬白色网球鞋，看上去既潇洒又十分绅士，他手持球杆，调整好姿态，奋力挥杆一击后，眯起眼睛，看白色的球子弹样飞出，在蓝天中画过一道优美的弧线。

“好，好，老兄球艺大进！”几步外的耿昌眯起眼睛瞭望一下，以内行的口吻赞叹，“今天你是超水平发挥。”

“是这样吗？”志勇惬意地说，“这说明我很有潜力，还有进步的空间嘛。”

耿昌说：“那是，那是，只要你用心。”

两人扛着球杆上电瓶车，向下一洞运行。

一明和汪静说笑着，看他俩朝这边走过来。

汪静喜笑颜开，“张主任这一杆好厉害！”

一明背着手看距球洞不足两米处的球，“小鸟球啊！”

志勇走过来，观察，微微叉开腿，推杆击球。没料到这必进的球到了洞边，莫名其妙地转向，擦着洞边走了两厘米停下，硬是没进。

一明笑了，“这球故意气主任嘛！”

志勇摇着头，也笑了，“无从解释，无从解释，莫非这个世界上真有看不见的第三只手？”他说着推球进洞。

一明神色严肃起来，显出高深莫测状说：“话说牧师与修女一起打高尔夫，牧师球技差，总暴一句粗口，他妈的，又打歪了！修女谓之，诅咒要遭主惩罚的。牧师信然，缄口良久。然恶习难改，一个臭球后，忍不住复骂，骂声未落，晴天惊雷暴响。牧师大骇，闭眼曰：天谴至矣！开眼，却见修女仆地，乃大惊，仰脸视天，雷公讪笑曰：他妈的，又打歪了！”

几人哄然大笑，汪静更是前仰后合，耿昌拍着一明的肩膀，说：“和赵律师在一起，总让我年轻好几岁，太幽默了！”

“赵律师，张主任可没有暴粗口，你有影射的嫌疑哪！”汪静笑着，看手里的纸片，“我来宣布比赛成绩，耿总冠军，仅比标准杆多4杆，绝对达到职业水平了；赵教授第二名，多6杆；张主任第三名，多15杆，本人也有幸进入了前四名了。”

她着一身浅色的运动服，披肩发用皮筋扎了起来，露出光洁的额头，脸上荡漾着开心笑意。志勇听她甜脆的笑声，一时间感到她像个欢乐的孩子。

“你的战绩也很骄人嘛！”一明说，“令人遗憾的是仅有四名选手参赛。”

“老兄，今天就到这儿？”耿昌说，“咱们一起去吃饭，你可难得有空闲。”

“今天，我们就听你安排。”志勇说，“放假一天。”

他们说笑着走出高尔夫球场，来到停车处。志勇上了耿昌的路虎，汪静上了一明的车。

耿昌驾车行驶在湖畔的林荫小道，“你也该像赵律师一样加入高尔夫协会，现在不贵，一年也就二十几万，很多优惠，方便。再说你也不缺钱，别弄成人到天堂、钱在银行的局面嘛！”

“哪有时间来休闲啊！”志勇长叹，“钱倒是在其次。”

“人活着不能像牲口一样从早累到晚，我俩都半百了，也该享受享受了。人生如梦，转眼就过去啦！”

“我也真想把一切都放下，什么名啊、利啊的全都扔下，隐归故乡，好好享受人生。但现在不行啊！”

“有什么不行的，你看赵律师，名车美女，满身上下都是名牌，唱歌跳舞，打高尔夫、钓鱼，玩得多滋润，真是会生活。他离婚七八年了吧，也不见再成家，身边的女人走马灯似的换，看着让人眼馋！”

“人各有志，他是1970年生，属‘70后’吧，和我们不算是一代人哪！”

“说的也是，他们这一代人赶上好日子啦，想玩什么就有什么。”

“这话是不错，他们也有他们的难处嘛，比如一明，你有所不知，他在婚姻上受过重创的。”

“看他像个浪荡公子，还在乎这个？”

志勇摁下车窗玻璃，燃上一支烟，“这你就不知其所以然啦！其实，他在感情上是很敏感，也很细腻的。他在美国拿到学位后，很想留在美国，而且也完全有这个条件。但为了两位抚养他长大的老人，还是回到了上海，在复旦当教师。”

“噢，真看不出来，他还这么有孝心。这和他的离婚有什么关系？”

“在复旦时，他与一名校花级的研究生相爱，如胶似漆，但这位研究生也是个孝子，毕业后执意要回到父母身边，一明不忍因此抛下老人，于是二人天各一方地苦恋。两年后，一明的奶奶患了绝症，爷爷决意与她一起走。两位老人计划周全后，吃了安眠药，一起离开了这个世界。一明给我看过他们的遗书，令人落泪啊！”

“真有这样的事？少见，少见。”耿昌感慨起来，“不求同年同日生，但求同年同日死。”

“两位老人一走，一明就狠下心，卖掉他爷爷奶奶留给他的老别墅，告别上海，揣着一笔巨款来中州大学与校花成了婚，谁知结婚不到两年就出了事。他妻子与一名外教在宾馆上床，恰巧被一明撞上。这事差点儿把他毁了，他先是公开声称要和那位外教决斗，还一本正经给他下了战书，但外教不敢应战。他就掂一柄据说是明朝的能斩钉截铁的宝剑出现在外教的宿舍楼下，像古代武士一样阵前叫战。吓得那名外国年轻人东躲西藏，几乎酿成外交事件。那些日子他疯了，寻死觅活，搞得我天天盯着他，甚至睡觉都和他在一起，唯恐有什么不测。大约一年后才缓过劲，像变了个人似的。别看他放荡不羁，其实他在感情上还是很脆弱的。”

“人不可貌相，他还这么有种！”耿昌慨叹，“不好意思，又有事需要老兄帮忙了。”

“你说就是了，客气什么。”

“有个案子想让你们出面代理。”

“好事啊，是给我们送钱嘛！”

“一起交通肇事案。我也知道，刑事案费力不讨好，挺悬乎，还不赚钱。再说，这案子是有些古怪神乎。我的好朋友杨兵也是个人物，按他的道行应该能摆平的，可他钻天拱地，人也找了，钱也花了，硬是没摆平。这小子实在是没招了，才想起找律师。他知道刘军名气大，就找了他，谁知刘军没答应，推说手头案子多，腾不出手，让他另请高人。”

“我怎么没听刘军说这事。”他思忖着，这家伙居然把案子推了，也不打个招呼，“你明天让你的朋友到所里找我好了。”

“让刘军亲自上这个案子，行吧？”

“我想不会有什么问题，我也可以上。”

“有老兄这话，我在朋友面前也有个交代了。”耿昌又想起什么似的，“老兄，我看汪记者对你有点上心？”

“不瞒你说，我也上心。”

“这样不好吧，在一块高兴高兴不就完了。我知道，你容易动真格的，这事一动真格的就麻烦了，你有嫂子，还有媛媛呢。”

“说实话，人在有些时候身不由己。”

“你这样想，兄弟还能说什么呢？”耿昌摇摇头，“反正你也是50岁的人啦。”

“是啊，这事一两句话也说不清楚，不说也罢。你还是给我讲讲你朋友的案子是怎么个古怪神乎吧。”

二

志勇靠在办公室的皮椅上，一脸正色，“你知道，我和耿昌是多年的老朋友了，能不给他这个面子吗？”

“明白。”刘军有些气短，“当时杨兵找我时，我也并没堵死，只是说忙，既然你老兄已经答应了耿总，我就上这个案子，其他的案子先往后放放。”

“那好，”志勇释然，他本来想着刘军又要推辞呢，但他居然答应下来了。“当事人一会儿就过来，据耿昌讲，这不像是一起简单的交通肇事逃逸案，很是有些背景。我也一块儿听听，时间允许的话，我也介入。据耿昌讲，杨兵是个有钱人，经营家电公司，个人资产上亿。你清楚，当今社会，这些有钱的人，哪个没有点势力和背景。一起简单的交通肇事，当天就被刑拘，第五天就捕了。他托人跑关系费了很大的周折，也就是说花费了很多钱，才办了取保出来的。”

“人不得歪财不富，马不吃夜草不肥，想挣钱发大财，不违法乱纪可能性是很小的。说实话，这个案子我有所耳闻，听公安的朋友讲，证据确凿，拿下杨兵不是问题，住监狱也是肯定的。”刘军若有所思，“考虑到这家伙有的是钱，代理费让他多出点。”

“你和他协商就是了，对于这样的老板，我没意见。”

“肇事逃逸，而且还死了人，辩护起来相当麻烦。”

“具体细节还不大清楚，”志勇吸着烟，“据耿昌讲，杨兵一口咬定自己是被人陷害的，背景很是有些莫测。”

“有什么背景我还不大清楚，据公安讲，铁证如山。”

陈燕领一胖乎乎的中年人进来，“张主任，杨先生说和你约好的。”

“请坐。”志勇起身与他握手，“这是刘军律师。”

杨兵与刘军握手，夸张地说：“我们见过，久仰大名，久仰大名！这次全靠你们为我洗清不白之冤了。”

“我们尽力而为。”刘军说，“至于能办到哪一步，现在可不能打保票。”

“这我明白。”杨兵分别给志勇和刘军递上烟，“看阵势，公安和检察院不把我送进监狱恐怕是不甘心的。”

“陈燕，你也坐，听听案情，协助刘军律师为杨总辩护。”志勇说。

他们坐定后，刘军说：“杨总，既然你相信我们，而且又有耿总从中牵线，我们一定会负责任地为你辩护。但是，我要求你对我们也要毫无保留，实事求是地把案情说清楚，一是一，二是二，万不可隐瞒什么，否则只有对你自己不利。”

杨兵连连点头，“当然，当然。耿兄给我介绍过你们的情况，说你们都是杆板直正完全可以信得过的人。再说，眼下已到了喊天天不应、叫地地不灵的地步，我除了相信你们，还能相信谁呢?”

刘军说：“咱们开始吧。”

杨兵深深吸了几口烟，想了片刻，“事情的经过是这样的，10 月 19 日晚上，8 点钟的样子。我和客户一起吃完饭后，按事先的约定，开车去找马东升，他是我的朋友，搞房地产开发的。前年，他手头紧，借了我 300 万，说是半年之内还清，如果到时还不了，就把他在市区的 10 间门面房给我。可是直到现在，他才给了我 50 万，多次催要，他都推三拖四的。我提出要那 10 间门面房，他又坚决不同意。还让朋友捎话，说我‘不江湖’。几次想到法院起诉，但都是多年的朋友了，下不了这个狠心。那天，我就是去找他说这事，当时，我对他讲，我已仁至义尽了，再不还钱，也只有上法院解决了。他说，两个月之内绝对连本带利一并还清。”说着，从皮包里掏出协议递给刘军。

“这些和你交通肇事有关系吗?”刘军接过来。

“刘律师，我觉得有关系!”杨兵肯定地说。

“那继续吧。”刘军说。

“我俩在协议上签完字，他和他妻子送我出来。我开车出别墅区，上了高速路，半个多小时后，我到了刘芸也就是我的秘书的住处。”他停下，胖脸上透出些许尴尬的笑意，“所谓秘书，你们知道，就是那么回事吧。大约是一小时后，我的手机响了，一看号码不熟，没接，又打过来，这才知道是交警。他们问我车型、车号，我都如实回答了，又问我现在何处，我也如实相告。当时我很纳闷，深更半夜，问这些是什么意思。谁知不到 20 分钟，公安来了几个人，气势汹汹，要我交出车钥匙，还把我带到交警队。当时，我大急，问他们为什么。但是一点用也没有。他们问我当晚的行车路线，我如实相告。他们称我撞了人，我坚决不承认，因为这是根本没有的事嘛。就这样折腾到快天亮，连哄带骗，又是吼又是叫，要不是有政法口的朋友私下打招呼，肯定就大刑伺候了。他们说，我涉嫌交通肇事逃逸被刑事拘留了。”他大口大口吸着烟，满脸疑惑，“这是天大的冤案啊！后来，他们几次审讯我，我坚决不承认撞人，但他们说有证据，一是说，我的车前保险杠上有撞痕，这我知道，那是上个月刘芸开车撞了一骑摩托车的，我赔了人家2万元，看不是特别明显，再加上忙就没修。更让我憋气的是，他们后来又说，我车上有血迹，而且和死者的血迹基因相同。他们这是血口喷人，我实在是想不明白他们为什么要这样啊！”

“如果按你所说，你根本就没有撞人。”刘军盯着他问，“那么，我就想不通了，公安局没有一点证据，就把你刑拘，检察院就批准逮捕了？”

“我也想不通啊！”杨兵肥硕的身躯从沙发弹了起来，一脸茫然，“抓破头皮也想不明白！如果不是有人陷害我，那我就是在做梦了，现在是不是还在梦中呢？”他故作姿态用手掐着胳膊。

“果真如此的话，你能指出是谁，为什么要陷害你呢？”刘军问。

他颓然跌坐在沙发上，大巴掌把半秃的头拍得啪啪直响，“这些天想来思去，只能是他，马东升。取保出来后，听朋友讲，我进去时，他们发现马东升几次去公安和检察院。”

“这能说明什么问题？”刘军问。

“他的业务又不在公安和检察院，往那儿跑是什么意思？我的朋友还看到他和公安、检察院的人一起吃饭、跳舞、桑拿。再说，我早就知道他和公安、检察院的一些头头脑脑关系不一般，让他们设套害我也是小菜一碟的事。”

“这依然证明不了什么，你的推测而已。”刘军说，“我看，大致情况就是这样，把你今天所讲的全部写出来，越详细越好。”

“好，好，好。”他说。

一直在认真听他叙述的志勇放下手中的笔，“我们这就展开调查，我想，我们会把事实搞清楚的。你再好好想想，还有什么与本案有关的情况，随时可以告诉我们。同时，要相信法律，法律是不会冤枉好人的。”

“张主任，我已经被法律冤枉了，平白无故就被捕，而且关了16天，到现在还没完，如果法院再判我有罪，我可比窦娥还冤啊！”他忍不住呼喊起来，“现在唯一的希望就是你们律师了。”

三

南湖酒家八号包间，陆地喝完酒，放下杯子，“老兄，这大半夜的，你神神秘秘把我召来，不仅仅是喝酒吧？”

“到底是刑警出身，警惕性就是高。来，再干一杯。”

陆地脸上透出狐疑之色，端起杯，“你这是怎么了，有话直说吧，什么重要的事？我想肯定不会是个把月没见面，想兄弟了吧。”

志勇一饮而尽，又斟上，不紧不慢地把杨兵的案情简明扼要讲完，然后说：“经过这些天的调查，我们还真的有理由怀疑这是精心设计的陷阱呢。”

“有这个可能吧，但是，也确实可能就是杨兵所为。你们为什么如此相信他呢，这位可不是什么好鸟，是常在黑道上晃悠的主。”陆地燃上一支烟，沉思片刻，“我听听你的证据。”

志勇小呷一口，“他如果在道上混，就更有可能钻进套中了，道上的黑幕重重，谁说得清楚。关于目击证人，我先不说，单说你们交警支队办案的方式就令人不解，严重违犯程序，从扣押车辆到勘验，居然没有提供封存车的手续。刘军和陈燕去了数次，他们不是推托人不在就是称你们去检察院吧，反正是坚决不配合。杨兵当天晚上被带到交警支队时，要求当他的面封存车，被办案警察拒绝了。什么时候封的车，他根本不知道。你说这是什么意思？更让人费解的是，机动车痕迹检验记录上居然没有见证人的签名，仅仅是加盖了公章。还有提取血迹笔录，也无提取人签名，无见证人签名，也是仅加盖了公章。如此鉴定，怎么能令人信服？同时这完全不符合《刑诉法》规定的提取证据的要求。”

“果真如此？”陆地有些惊讶了。

志勇从包里取出若干复印件，“你自己看吧。”

陆地翻看着，“妈的，业务素质也太粗糙了些。哎，你们怎么得到这些的？”

“从公安报检察院提请逮捕卷中复印的，绝对不会假。我想这恐怕不是素质低下能说明的，像是在编网。”

“兄长言重了，现在‘命案必破’是条铁规定，只要是命案，大家都高度紧张，拼命想尽快把案子拿下。在这种心理的驱使下，有些案子办得粗糙，也是可以理解的嘛！”

“岂止粗糙，还会有冤假错案，看看媒体上公布的，你就知道有多少冤假错案，甚至是草菅人命的事了，而在媒体上公开的恐怕还仅仅是冰山一角啊！”

“好了，别给我讲大道理，具体说，我能帮你做些什么？”

“帮我打听打听马东升这个人以及他和交警支队领导的关系。这对于你来说不费吹灰之力，就看你愿意不愿意啦。”

“好吧，虽然我不分管交警口，还是可以了解一下的。”陆地呷了口酒，“我都成你的秘密侦查员了。”

“谁让我们是老朋友呢？”志勇吸了口烟，徐徐喷出，“我判断幕后设陷阱的家伙绝不是个善茬儿，而且还很是有些手段的。我和刘军还都接到了威胁电话，我断定，与这事肯定有关系。”

“竟然有这事？”陆地突然警觉起来，问，“什么内容？”

“口气很凶，称杨兵是坏人，你们再为他说话，后果很严重。我问他是谁，电话就挂断了。威胁刘军的话也是这样的。我按电话号码又打过去，根本就不通。”

“显然是计算机软件编的号码，很难查。”陆地眉头紧蹙，“我实话告诉你，马东升是有黑社会背景的，只是我们一直没取得有力的证据。你老兄还真的要小心些，有事直接给我打电话。”

“真有这么严重？”

“黑道上的家伙心狠手辣，什么事都干得出来。”

“看样子你了解他？”

“岂止是了解，而且还有不少交往呢。你知道，我可是干了30年刑警了，而刑警不少时候就在黑白两道之间游动。我对黑道上的事虽不敢妄称了如指掌，但还是清楚他们的路数的。”

“那你认为他在这起案子中扮演什么角色？”

“现在不好说，我查查看。对了，你把刘军的电话也告诉我，我让局里搞网络监控的弟兄关注一下你俩的电话。老兄，你真的要提高警惕，不可掉以轻心。”

“‘明枪易躲，暗箭难防啊！’不过我还要谢谢兄弟关心。来，喝酒！”

四

正午的阳光亮晃晃的，方头方脑的一幢白色建筑正面上方，“审判厅”三个凸起的宋体金字反射着耀眼的光芒，十分醒目。其下深色威严的大门打开了。各色人等陆续走出，他们神情各异，有说笑的，有严肃交谈的，还有神色茫茫然的，不一而足。

志勇他们正从高高的台阶上走下来。

“已经1点了，咱们一起吃饭。”刘军说。

“好，我来请客，犒劳犒劳你和陈燕。”来旁听的志勇说。

“一碗面条足矣，这几天什么都不缺，就是缺睡觉。”

一群记者似狂蜂浪蝶般拥了上来。

“我是电视台法制频道的记者。”几个话筒径直伸到刘军面前，其中电视台的特别靠前，就像拿着枪突然顶着他的胸膛一样，只差“举起手来，缴枪不杀”的怒吼啦。年轻俏丽、一头鬈发的女记者问：“刘律师，刚才在法庭上听了你的辩护，精彩至极。我的问题是：你认为法庭会采信吗？”

“采信与否不好说。但我认为，我们的辩护对法官弄清事实真相还是大有帮助的。”刘军心里暗骂，如此弱智的问题，还他妈的是出自法制记者之口，简直脑残！但他深知，这帮家伙既能把你捧成鲜花，也能瞬间将你骂成狗屎，不好惹。所以耐着性子，边走边回答，“因为，我们指出了一些证据的获取有悖于合法程序。”

“你能具体谈谈吗？”记者追问。

刘军推开话筒，挤出笑脸，“对不起，现在还不是时候。”

记者又把话筒伸向志勇，“张主任，你是律师界的权威，这个案子已成为媒体关注的焦点，请你就本案谈谈看法。”

“我的看法刚才刘律师和陈律师在法庭上已经说得很清楚了，没必要重复。”志勇说，“至于所谓媒体的焦点，那就是你们自己的事了。我只是希望媒体把目光集中在民生上，而不要过度关注法院尚未审理完毕的案件，进而制造所谓的焦点。”

“那么，你认为刘律师和陈律师的辩护对法庭的判决能起到多大作用?”记者紧追不舍。

志勇不耐烦了，“我不是裁判者，怎么能回答这个问题？你应该去问法官，他们最清楚。”

这时，志勇已走到了车前，打开了车门。

记者们尾随而至，“请张主任预测一下判决结果。”有记者问。

“我不是搞预测的专家，更不是钻进法官肚子里的孙悟空。你们别在这儿浪费时间了，去采访法官吧。”说着，上车，关门，发动车。

女记者看着缓缓离去的车，脸上洋溢着愤怒，以致漂亮的脸蛋都扭曲了。

一头长发，着衣如海军陆战队队员样的摄影师拎着摄像机大步过来，像提着重武器冲锋，到了她跟前，摇摇头，自言自语：“妈的，现在的律师怎么说呢?”接着咬牙切齿地蹦出一个字“牛!”

女记者眼睛挤成一条缝，射出令人心悸的寒光，“尤其是中州所的律师，真牛！不是拒绝采访就是闪烁其词，甚至冷言相向！名气大了是他妈的厉害!”她突然神秘一笑，对摄影师说，“据传，这个张主任和咱们的汪静副主任关系可不一般啊!”

摄影师摇摇头，讪讪地说：“这好像不是新闻了吧。据我们头头绝望地讲，他们两位才子佳人，不上床才令人奇怪呢！如你所知，我们头头在她面前大献殷勤，其贱相令人浑身起腻，但汪静就是不为所动，头头的心都碎了。”

“那应该让她来采访这个案子嘛!”

“是啊，但人家偏不来，主任都没辙，我们有什么办法。”

五

志勇立在办公室的书柜前翻着一本厚厚的工具书，陈燕兴冲冲进来，“张老师，法院决定延期审理啦。”

“噢，好。”他当然明白，按《刑诉法》第一百六十五条第一款规定，这就意味着指控方证据不足，“刘军知道吧?”

“知道，他打电话告诉我的。”

他合上书，“这说明辩护起到了作用，是你和刘军的功劳。”

“我只是跑跑腿而已。关键还是刘老师。”

“在实践中学习，我看你的水平完全可以独立办大、要案啦。检察院对此的态度是什么？”

“刘老师去检察院了，他说去看看它们的反应。现在还没消息。”

“是这样……”办公桌上的电话响了，他拿起话筒，“噢，关键是刘军和陈燕嘛，两人为这案子可谓呕心沥血啊！跑断了腿，磨破了嘴皮。对，你知道，公安又不配合，里边肯定是有些猫腻的。对，两人通过关系才核实的。好，好，先这样。案子毕竟没有了结。对，再见！”他放下电话，“耿昌的，他说他代表杨兵感谢你和刘军，而且一定要请你们吃饭。”

“我看应该，我和刘老师为这案子确实下了功夫，20天来没日没夜地跑，刘老师整夜整夜不睡，思考辩护思路。如果是一般当事人也就罢了，杨兵太有钱，耿总也太有钱了。”陈燕说，“就是最高档的酒店，最好的菜，我们才能吃多少，对他们也只是毛毛雨而已。”

他坐下，燃上一支烟，笑了，“委托人已经交付了20万元代理费，如果被判无罪的话，再交10万，这对于刑事辩护已经不低了，你还要再吃回来些不可？”

她也笑了，“这是两码事嘛。”

“明白了，你是看他们钱太多，心理不平衡。”

“基本如此。我对有钱人的看法很一般，总感到他们骨子里有霸气，以为只要有钱，什么事都可以摆平。”

“国人仇富观念源远流长啊，不患寡，而患不均。你是不是还有杀富济贫的强烈愿望呢？”

“看你说的，把我想象成女大侠了，我可担当不起。不过，张老师，我总觉得你身上隐藏着强烈的侠客气息，真的。”

“你怎么会有这种感觉？”

“不是我一个人这样想，不少同学都有这种感觉呢。”

他长叹一声，“予生也迟，闻道亦晚，未能躬逢游侠出没的春秋战国时代，成就一番事业，也算是憾事啦！”

“岂止一番事业，应该是霸业。”她突然收敛了灿烂笑意，认真地说，“张老师，你可要注意安全啊！”

“什么意思？”

“你还瞒着我呀！”她幽幽地埋怨道，“刘老师都告诉我了，你也接到了恐吓电话。”

“人家在暗处，你在明处，防不胜防。再说，该发生的事，就会发生，挡不住的。”他说着，心想，这个刘军真不像个男人，告诉她干什么，何必让她也担惊受怕呢。

“我真怕有人对你下手，不怕贼偷，就怕贼惦记。”

看她忧心忡忡的样子，他轻松地说："我会小心的，你放心吧。"

"你要真有个什么不测，我，我会受不了的。"

"别这样，好姑娘，我这不是好好的嘛！对了，我让你给王建女儿交学费的事办了吧？"

"你交办的事我怎么会忘了呢！"她脸色沉重起来，"她们娘儿俩绝对贫困啊，贫富差距令人震惊。"

刘军匆匆推门进来。

陈燕问："刘老师，检察院方面态度如何？"

刘军一屁股坐在沙发上，点燃香烟，"态度很硬，他们称，再开庭，如果法院判杨兵无罪的话，坚决抗诉。"

志勇若有所思，"明白了，这在我的预料之中。"

"公安违犯程序办案，证据体系漏洞百出，检方居然认可，还口出狂言！"陈燕愤愤不平。

"我们再认真商量商量，这个案子确实是有些蹊跷啊！"志勇说。

三人又一起梳理证据，研究再次开庭的辩护思路，不知不觉两个小时就过去了，当钟里的布谷鸟又出来叫唤时，窗外已是黄昏了。

陈燕应刘军之邀去参加法学院学生聚会，两人起身匆匆出了办公室。

志勇又燃上一支香烟，当他若有所失地踱步到阳台，立即看到了极不愿看到的一幕。深蓝色的暮色中，刘军搂着陈燕肩膀走到车前，为她打开车门。她咯咯笑着，轻盈地上了车。他为她关好门，从车前绕过来开门上车。车灯亮了起来，缓缓启动，驶出院门，加速，远去了。

他眼瞅着车消失，却感到她银铃样的笑声似乎留在院子里，余音袅袅。彻骨的失落不期然从心头涌起，有个声音在他脑际响起来："我拱手把她送到这个男人怀中了。"

苹果树叶发出轻微的滴答声，下雨了，先是一点一滴，片刻就形成藕断丝连样的线状，沙沙声响起，充满整个空间。房间映出的灯光中，丝丝缕缕的秋雨似千万条闪亮的线从夜空中垂了下来，树叶无声地享受着雨的抚摸，轻轻战栗着。追随雨丝，志勇的思绪又回到了两年前的广西，一次民法理论研讨会上。

皓月当空，空旷的海滩闪着微光，潮润的海风很大，她的裙子如旗帜飞舞。晚宴上，她不知深浅地多喝了几杯酒，方才还是喋喋不休，现在又没话了，揽着他的胳膊，把身体依在他身上，幽幽地说："张老师，我长得好看吗？"他说，"挺好看嘛！"他说的是真话，他真的认为她好看，"真的好看？"她又问。当他再次肯定后，她仰起脸，"那你亲亲我。"

如水的月光中，她的长发飘扬，被酒精烧红的脸闪着光，明亮的眼睛里燃烧着激情。他轻轻地吻了下她光滑的额头，然后异常坚决地说："该回去了，以后喝酒要注意。"她怔住了。

此时此刻，他又清晰地看到了那双眼睛，一双激情燃烧的眼睛。

9年前，志勇招她为自己的研究生，基本属无奈之举，因为她专业分数很高，更重要的是校长又出面打招呼。其实，他从骨子里认为，女性不适合做学问，更不适合搞法学，弄些风花雪月的诗词之类还可以。放眼世界，真正的女性法学大家少之又少，中国更是凤毛麟角，完全可以忽略不计。再说，如今女生考研又有几位是为了做学问呢？但她考到他手下后，经观察，他认为，她的潜质还不错，这多少也让他放下心来，但他察觉这位天资聪慧的姑娘除了认真做学问的同时，对自己有一种危险的倾向，而且越来越强烈，他开始担心起来。

六

志勇驾车驶出律师事务所的院子，失落感云烟样在心头弥漫开来。当途经通往南湖酒家的拐弯时，他迟疑了一下，打开了左转向灯。

步入前厅，老六见志勇过来，笑呵呵地说："这下雨天正是喝酒的好时候嘛！今天客人不多，兄弟和你来几杯。"

凉菜上来后，志勇心头郁闷，大口喝酒，不大工夫两人就下了一瓶，老六微醺了，"今天我和厂里几个老弟兄去监狱看王建，他说起你老兄，眼泪哗哗地，发誓赌咒，出来第一件事就是报答你的恩情，要不是你，他最少也得住10年。"

"他在监狱表现怎么样？"

"混得不赖，还当了号长。我看他像变了个人似的。"

"什么意思？"

"过去老实得三拳也打不出一个屁来，现在吹起来也是云天雾地的。这小子在监狱里可是长见识啦！整个换了个人似的。"

"监狱是个小社会，什么样的人没有，学好不容易，学坏可是快着呢！"

"那是，那是，我们纱厂那一片被劳改劳教的可是不少，我看学好的不多，一出来，更他妈的猛了。哎，勇哥，听说你和刘律师为杨三，噢，也就是杨兵辩护？"

"有这回事，你怎么知道？"

"道上朋友传的，你们可要小心点！"

志勇小酌一口，"为什么？"

"传说杨三和马东升，就是马二因为钱的事闹翻了。马二是黑道上的一个老大，要风得风，要雨得雨。别看他名义上搞房地产，实际上咱这几个有名的娱乐城都有他的股，什么事赚钱他就干什么。有朋友说，马二早想灭了杨三，可杨三像只老狐狸。马二心黑手毒是出了名的。"

一女服务员神色惊恐地闯进来，"关老板，有人砸车，你们快去看看，我们已经打电话报警了！"

老六忽地站起来，“什么，谁砸车。”说着就往外走，志勇紧随其后。两人刚出酒店门，几名黑衣人就猛扑了过来。老六还没来得及说什么，对方就开打了。志勇只觉嗡的一声，血冲上了头。

灯光中，志勇只见一人抡起棍子迎面打来，他本能地抬左胳膊招架，一声闷响，棍子击在小臂上。他右手迅速抓住棍子的同时，一道黑影掠过，只觉脸上又挨了一拳，接着背后又是一脚，几乎把他踹翻。他踉跄几步，半蹲，憋足气，猛然起身，飞起一脚，踢中对方，与此同时夺过棍子，劈头向他打了过去。

老六身板壮实，对于殴斗打架驾轻就熟，只见他左右开弓，大打出手，接连揍翻了两个。混战厮打在女服务员的尖叫声中进行之际，酒店的两名厨师，掂着明晃晃的菜刀，吼叫着冲出来。几名黑衣人看阵势不妙，纷纷向大门外已经发动的面包车跑去，争先恐后跳上了车，夺路而去。

“他妈的，这帮王八蛋想干什么?”老六抹了把脸上的雨水，“勇哥，你没事吧?”

他大喘着粗气，揉着胳膊，“没大碍，他们是冲我来的。”

“冲你?”

他只觉嘴里满是热乎乎的血腥，朝地上猛吐一口，“肯定是。”

厨师和服务员围上来，群情激愤，七嘴八舌。一位女服务员突然惊叫一声，“张老师的车!”

他们看去，灯光下雨中的车甚是悲惨，车窗和风挡玻璃被砸，车门悲惨地敞开，散落在地上的碎块玻璃散射着亮光，两个轮胎瘪了，前右轮胎上留下被利刃割开的长长口子。叶子板上贴着八开大小的一张白纸，上面是四个打印的黑体字：小心狗头。

“他妈的，你们都是干什么吃的，车成了这鸟样，你们都不管!”老六指着服务员们吼叫，“老子养你们干什么，早点放个屁也行啊!”

雨中，酒店的男女面面相觑，大气不出，一位大厨上前劝老六和志勇先进去避雨。

志勇自言自语地说：“他们果然下手了。”

“勇哥，你说谁们?”老六咬牙切齿，“也他妈的太张狂了，是谁?真的该把他的手剁了，到底怎么回事?勇哥，你说话呀!”

他脸色阴沉，无语，只是左手握着右手，骨节叭叭作响。

一辆警车驶来，刺眼的红蓝光交叉急速旋转，警笛发出尖锐的啸叫，大有把夜幕撕碎之势。

七

三名警察勘查现场，问完情况离开后，志勇由于方才一番激烈动作，此刻感觉浑身像散了架，疲惫不堪，半仰在前厅的沙发上吸烟，心头像有个硕大的仙人球在滚动，扎得难受。妈的，世道险恶，居然遭到暗算，肯定是马东升所为，这小子是毒……隔着前厅的大玻璃窗看到雨中两辆越野车一前一后疾驰而来，车前激起的水一米多高，像军舰劈波斩浪。他心头一惊，全身立即绷紧，妈的，又来啦！

老六脸色陡变，从沙发上跳起，扯开嗓子对服务员吆喝："快去后边喊人，让他们抄家伙，谁揍翻一个我发5000！"

两辆车先后冲进大门，随着尖厉刺耳的刹车声，急停在酒店门前，几条汉子跳下车，四处张望，如临大敌。一胖胖的家伙下来了，原来是耿昌，只见他快步跳上台阶，推门进来。

"你怎么过来了？"志勇诧异。

耿昌上下打量志勇，又拍拍他的肩膀，"老兄遭毒手了？没大事吧？"

志勇更是诧异，"你怎么知道的？"

老六上烟，招呼他坐下。耿昌向跟他进来的老黑和两位黑衣劲装、满脸警觉的年轻人摆摆手，看他们退出去后，说："我怎么知道的不重要，看来老兄还好，我的心就落地了。"

"昌哥，幸亏是在我这儿，真要换个地方，勇哥今天非吃大亏不可。"老六说。

"说的也是。"耿昌狠狠吸了口烟，脸上流动着阴沉沉的杀气，"他妈的，这个龟孙，不知天高地厚。"

"你指的是马东升吧？"志勇问。

耿昌不置可否，"老兄，现在你跟我走，也好有个照应。这龟孙要狗急跳墙，什么事都敢干。"

志勇淡淡一笑，"你也想得太严重了，现在的情况还不至于让我躲起来，再说，他们出手吓唬我的目的已经达到了。"

耿昌想了想，"说的也是。对不住了老兄，实在不该让你掺和这破事。"

"我会把这案子办到底的，你又不是不知道我的脾气。"志勇吸着烟。

"六弟，弄几个菜，我车里有好酒，咱们给大哥压压惊。"耿昌说。

"我这就去，这就去。"老六拍着脑袋，"怎么把这事忘啦。"

他们吃喝完已是后半夜了，耿昌开车送志勇到律师事务所门口，"老兄，千万小心，有事给我打电话。"

"无论怎么样，你不能乱来，明白吧？"他之所以这样叮嘱，是因为他清楚，耿昌与黑道有着千丝万缕的瓜葛，而且言必行，行必果。

"我又不是小孩啦，老兄放心。"耿昌说，"你快回去睡会儿吧。"

"你要还把我看成大哥，就不要轻举妄动。"

"明白。"

志勇下车，5.0 排量的发动机低沉怒吼，车快速启动，猛地蹿出去了。

志勇掏出钥匙打开院子的铁门，进去，锁好，又小心翼翼打开房门，刚蹑手蹑脚走进前厅，“啪”的一声，灯亮了，只见陈燕穿着睡衣立在走廊口，一副惊魂未定的样子，问：“是你，怎么这会儿过来啦？凌晨两点了。”

“把你闹醒啦？”

“汽车动静太大，又听到门响。”

“真是的，我有个小应酬，快回去睡吧。”他说着反锁好大门，转身上楼梯。

她疑惑地看着他消失在楼梯拐弯处。

他进办公室后，一屁股跌坐在沙发上，长出一口气，只觉得小臂疼得邪乎，火辣辣地钻心，伸手摁摁，庆幸骨头无大碍，又抚摸着肿起来的右脸颊，明确感到嘴里右边突然多出了一大块。如果一棍子击中要害，我就要去另一个世界了。想到此，不由冷汗津津，心存后怕。继而又想，真要这样死，倒也痛快，只是上有老、下有小……

手机响起来，他看屏幕上是陆地的名字，“这么晚还打电话。”

陆地说：“老兄受惊了，你在哪儿？我现在过去。”

“不用，不用，千万不要来，事情已经过去了。”

“伤不要紧吧？”

“没事，无非就是这样了，他们还能怎么样。”

“我判断他们现在也不敢再有动作了。我已经下了死命令，不把那几个小子抓住，就别来见我。好好休息，我明天去看你。”

他关了电话，起身脱外衣，准备进卫生间洗漱时，听到敲门声。打开门，陈燕进来，惊叫一声：“张老师，你的脸！”她细细的眉毛惊讶地挑起来，张开的嘴半天没合上。

他努力笑笑，“没事的，只是挨了一拳。”

“怎么回事啊！肿成这样？”

“刚才几个小子偷袭了我。”

“为什么？”

“现在还难说。”

“噢，我明白了，是因为杨兵的案子吧。你接到过恐吓电话，对吧？”

“也许与这事有关系，也许没有，公安正在处理。没事，快去休息，听话。”

她直直地望着他，抬起手抚摸着他的脸，“等着，下面冰箱里有冰块，我给你敷一下，你先用热水洗洗，我这就过来。”

看着她的背影，他心头一热。

片刻，陈燕又过来，硬拉他躺在床上，把冰袋敷在他脸颊上，“这样至少止点疼，到底怎么回事啊！”

他简单告诉她情况后，说：“既然已经公开化，你也不用担心啦！快回去休息吧。”

她用手堵住他的嘴，“什么也不要说，闭上眼睛，我再给你敷一会儿就走，行吧？”

他真的闭上了眼睛。但却清楚地看到她在海风中飘舞的长发，月光下冲动的脸，还有那双火热的眼睛……

八

“老兄，你的疑问还真是有些道理呢，不是空穴来风。这个马东升与交警支队的领导关系非同一般，经济上有来往，其中一名领导新购的房子，他肯定是赞助了。同时，他与检察院一位副检察长也是过往甚密。”陆地小呷一口。

斜靠在椅子上的志勇吸着烟，一手捂着还有些肿的脸，“这就符合逻辑了，也说明为什么交警支队办案如此之迅速。你想，案发当天晚上，为什么交警那么快就锁定了杨兵，就是从收费站调看过往车辆的牌照也需要一段时间吧？而且又在第一时间就抓获了杨兵？这只有熟悉杨兵当晚行踪的人才能做到，而这个人只能是马东升。”

“老兄，你有破案天才哪！来刑侦支队得了。侦破案件，有时还真是需要直觉的。我实话告诉你，给交警支队打电话的正是马东升，尽管交警支队对此保密，对外说是现场群众，而且是匿名。”

“这里还有个问题，马东升怎么会知道有车祸发生？我和刘军去实地看过，马的住处距案发现场两公里多呢。”

“这只有一个解释，就是杨兵离开后，马东升尾随其后，途经车祸现场，他立即想到杨兵。有迹象表明，马害杨之心由来已久，所以更有一种可能，他就是这起交通肇事案的始作俑者。死者是一名中年民工，而且还有智障，没有什么亲人，他在马开发的一个建筑工地看门。你仔细想想，他半夜不看工地，独自一人骑自行车跑到郊外的高速路上干什么？显然是找死。如果不是杨兵肇事，他就是被另外的车撞了。”

志勇听着，倒吸一口冷气，他记起老六所说马和杨的传言。“抛开马和杨有什么过节不说，单是马东升想赖掉这250万的动机也是显而易见的。”

陆地也燃上一支烟，“别说是250万，就是为10万、8万铤而走险的，也大有人在。”

“黑道如此险恶。”

“比这险恶的事多了，黑道上水深无测，任何事都可能发生。不过现在只是推测，人死了，恐怕就永远成为不解之谜了。”陆地摇摇头，“老兄，交警支队在处理这件案子上，正像你所说，确实有猫腻，也就是说，种种迹象表明，有栽赃陷害的嫌疑。但我明确告诉你，我所说的这些，你绝对不能泄露出去，更不能在法庭上讲。”

“为什么？”

“首先，事件的大致轮廓如此，但不少关键细节并不明晰。”

“是不明晰还是你不想弄明晰?”志勇喝了杯中的酒，盯着他问。

“两者都有吧。你要明白，我是私下派人了解的。如果事情真的都很清楚，而且像你推断的那样，结果是什么，你想过没有?可以不考虑马东升，也可以不考虑你的委托人，这两个家伙都不是什么好东西，狗咬狗一嘴毛，只是恶与次恶之别罢了。而对交警支队的弟兄，我成了什么人?吃里爬外，对同志下毒手，背后捅刀子!肯定会有一些警察完蛋，我真的不忍心。同时，更为关键的是，真要把事搞清楚，也并非易事，别说你，就是我也难以磨得动，现在只是有迹象表明背后有黑幕，但真正取证则难上加难。”

“兄弟，别说了，我明白。”志勇斟上酒，“我的目的很简单，只是不想让杨兵蒙受不白之冤，因为他是我的客户。其他的我不管，也管不了，事实上，我们在法庭上也是这样做的。你绝对放心，我们作为律师没必要蹚这浑水，再开庭，我们只讲他们违犯程序提取证据，其余绝不多讲。行吧?”

陆地轻松一笑，端起杯子，“这就对了。看来你是在做铺垫。”

“什么铺垫?”

“还想让我做你的秘密侦查员。”

志勇也笑了，“谁让我们是铁哥们儿呢?”

两人碰杯。

陆地一口干完了。“砸车的那几个年轻人很硬，一口咬定是偷车里的东西。”

“偷东西?这话鬼都不信!”志勇摇摇头，“不过，我估计你们也很难有突破。”

“我同意你的判断，已经有3个有头有脸的人找我说情，让我对他们从轻发落啦。”

“仅砸车这一事实，对他们刑事处罚都有些勉强。”

“劳教没问题。”

“我看算了吧，他们都那么年轻，而且又是受指使。再说，事实上劳动教养与住监狱也差不了多少。”

“你的意思是什么?”

“批评教育呗。”

陆地的手机响了。他打开电话，看了一下来电显示，想了一下，“噢，马老板，不行，不行，我过不去啊。那好，好吧。我在南湖酒家。”他关了电话，“马东升的。”

“他找你做什么?”

“自从抓了那几个砸车的年轻人，他已经约我三次了，显然是想为他手下的人说情，我故意没理他，这个王八蛋心里肯定不安稳。”

“他既然如此出手，早就设计好种种对策了。”

“是啊，他现在就是想着尽快把这几个家伙弄出来，以防夜长梦多。他来得正好，我可以敲打敲打他，也省得他再找你的茬儿。这事我真的是放心不下，尽管我已经让人给他捎过话了，但还是不踏实。”

“他能听你的?”

“想想吧，我可是本市公安局堂堂的副局长，而且主管刑侦，权力也不算小啦。你肯定是不怕我，但怕我的人还是很多的，而且还让不少人闻风丧胆呢。”

“这倒也是，一物降一物嘛!”

“你知道他们这路人最怕的是什么?”

“请你指教。”

“软硬不吃，一身正气。”

志勇想，这听着像大话，但这绝对是陆地做人行事的风格。他举起酒杯，“国家多些你这样的警察当是幸事啊！我敬你一杯。”

“老兄就少来这套吧！我从不认为自己是一名优秀的警察，至多是一名称职的警察。”陆地端起杯子。

志勇说：“我认为在你这个公位置上，不腐败就算是好警察了。”

“唉，现在各行各业只要有点权力的，如果不来点腐败之事，就好像不正常似的。”陆地摇摇头，“我有吃有喝有房足矣，人的欲望是无止境的。党和国家给我的待遇已经很好了，人不能没有良心。”

“这倒是实话，知足者常乐。党和国家不仅给了你高官厚禄，还赋予你很大的权力，用好权力是对一个人的考验啊!”

“权利和义务是对等的。说实话，我他妈的没时间，更没心思去做些腐败之事，你知道现在工作多难干，群众有仇警情绪，增大了破案难度，上级领导着急冒火，下面警察作难转筋。但眼看着大要案的积案率就是居高不下，你说我能不发愁?”他仰脖灌下杯中酒，长叹一声，“难哪！好不容易破了案，抓获了罪犯，而你们律师又千方百计为罪犯开脱，最让人恨的是从证据方面上开脱不了，就睁着眼睛说瞎话，胡搅蛮缠，捕风捉影，抓住一点，不及其余，指责我们警察违法办案，刑讯逼供。”

有人敲门，陆地大声说：“进来!”

门开了，一精壮的汉子走进来，他光头锃亮，点头哈腰，满脸堆笑，“陆局长，见你一面不容易啊!”

“这不是见到了?”陆地一动不动，不冷不热地说，“马老板，这几天一直急着找我，有什么棘手的事吗?”

马东升看一眼志勇，欲言又止。

“先坐，坐。我来介绍，这位是我大哥，张志勇，中州大学的法学教授。”陆地介绍，“这位是宏发房地产公司的老总，马东升，马老板。”

“噢，你好，你好。”马东升恭敬地说着，伸出胳膊与志勇握手。

志勇不露声色地打量着他，顿感这家伙满身上下都散发着浓浓的黑道人物的气质。他想，也许这些天说他太多，先入为主了？

“我先来给两位领导端杯酒，表表心意。”他斟上酒。

“先喝两杯入席酒。”陆地说。

“好，好。”他立即恭恭敬敬喝下两杯，这才分别给他俩敬酒。

陆地喝完，“马老板，你知道我的脾气，有事就直说吧。我大哥不是外人。”

马东升嗫嚅地说：“陆局长，实在是不好意思，给你添麻烦了。”

“我不明白，你没给我添什么麻烦啊！”陆地一脸惊讶。

“陆局长，你就别难为我了，我对手下管理无方，他们竟干出砸车偷东西这等下作的事来，我脸上挂不住啊！”他说着端起酒杯，“我自罚三杯，再给陆局长敬酒。”

陆地盯他一眼，端起杯子，仰脖喝干，把杯子撂在桌上，沉下脸，“你知道你手下砸的是谁的车？打的是谁？就是我这位大哥！不瞒你说，我和大哥从小到大亲如兄弟，大哥对我恩重如山。如今大哥遭此毒手，让我这个当公安局局长的兄弟脸往哪儿放？传到江湖上不好听啊！弟兄们会怎样看我？弟兄们还愿意跟我做事吗？你知道，义字当头是我做人的原则，谁和我大哥过不去，谁就是我的仇人。你说这事，就是我能咽下这口气，大哥能咽下吗？”

马东升的脸由红变白，灯光下可见额头上的汗珠闪亮。

志勇听着看着，心生感慨，这哪像位公安局局长，完全一副江湖嘴脸，活灵活现一位黑社会的老大。

“这，这，”马东升口齿不清了，他站起来，对着志勇，抱双拳，深深鞠躬，“张，张大哥，我，我替手下的小兄弟给你赔罪了，请张大哥多多包涵！他们年少不懂事，请大哥高抬贵手，放他们一马吧。”

“你又没动手，道什么歉。”志勇不冷不热地说。

“管教不严，责任全在我。我们公司赔你车，全包了，要不干脆买辆新车。只是不知张大哥喜欢什么样式和牌子的，现在我只听大哥一句话。”

“车的事就不劳驾你了，有保险公司呢。”

“大人不记小人过，还请张大哥说句话啊！”

“大哥不是不讲理的人，现在喝酒，待大哥消消气再议。”陆地说，“马老板也是海量嘛！”

“好，好，再上几个菜，我车里有直接从酒厂弄的窖藏30年的茅台。”马东升说，“我这就让司机拿来。”

九

二次开庭审理正在进行。

公诉人问：“被告杨兵，你对起诉的事实认可吗？”

杨兵坚决地说："不认可。"

30岁出头的公诉人，瘦脸亮晶晶地耀眼，像涂了一层油，并透出很盛的气势，"首先，我问你，案发当天晚上，你是否去清河别墅找过马东升？"

"确实去过，也是从清河路返回市区的。"有了第一次出庭经验的杨兵相当镇静，"但我根本就没撞人，这起车祸我根本就不知道。"

公诉人打断他的话，"你承认在案发时间途经车祸发生地，这就够了。"

"被告是否途经现场的问题，我们认为，公诉机关的证据合法可信，既有证人马东升的证言，又有被告的供述，相互印证，形成证据链。证明了被告杨兵夜间22时左右，从肇事现场经过的这一事实。"陈燕面色平静，"但这一事实的存在又能证明什么呢？众所周知，肇事者与经过现场的人，两者并没有必然的等同关系。经我们调查核实，这一事实只能证明，被告在事故发生之前经过现场，所以绝不能因此认定被告就是肇事者。"

公诉人目光炯炯，盯着陈燕，"为什么是'之前'呢？"

"因为被告在返城途中根本就没有看到有任何交通事故。"陈燕说，"我们之所肯定是'之前'，是因为被告行车经过出事现场，又行驶了近20公里，快进城时，发现迎面过来鸣着警笛、闪着警灯的警车和救护车，根据交警接报警电话及到现场的时间推断，当被告经过肇事现场时，尚未发生事故。"

公诉人冷笑，"有3位目击证人的证言证实，肇事车是一辆黑色的奥迪，由北向南行驶，而被告驾驶的正是黑色奥迪。如果这还不足以证明的话，那么，事故发生后，对该车进行痕迹检验，该车前保险杠有凹陷，前翼子板受损。这足以证明该车有肇事的重大嫌疑。"

刘军接上，"我们经过实地勘察，认为目击证人的证言并不完全可信。首先，3位目击证人距事发现场有60米之多，且又是夜间，为什么就能准确认定高速行驶的车辆是奥迪呢？交通肇事，尤其是高速公路上的事故，大都是瞬间发生的。就本案而言，高速行驶的车撞上自行车，而且又快速逃逸，用时极短。目击证人怎么可能认准是什么车型呢？当然，除非他们有孙悟空一样的千里眼和顺风耳，但这又是不可能的。"

旁听席上一片笑声。

刘军直视公诉人，"根据常识判断，就是专业人员，在这个距离，而且又是夜间，也很难准确认定。我们在实地进行了试验，也证明了这一点。退一步讲，即使这个可信，那么路上行驶的奥迪车也不会仅此一辆。案发时，车流量虽然不是特别大，但据交通部门日常的测算，在这个时间段内，每小时的车流量为五六十辆，也即每分钟平均一辆。那么为什么就能认定是被告这一辆呢？我提请法庭注意，目击证人证言有太多的令人怀疑之处，证言如是讲：他们听到一声巨响、刺耳的刹车声之后，然后看到一辆黑色轿车，像是奥迪加速离开。我们可以设想，肇事车辆从肇事到高速离开，是在极短的时间之内。如果不是有意观察，很难断定是什么牌子的车，而且 3 人当时正在聊天，怎么就能断定是奥迪车呢？更让人不解的是，3 名证人仅提供了书面证言，为什么不出庭作证呢？”

“3 名证人未出庭作证，自有其原因，我姑且先不论这一问题。”公诉人突然发问，“那么这辆车上的撞痕又如何解释呢？”

“至于说车上的撞痕，是案发一个月前，被告的秘书驾车撞了他人的摩托车，而且主要责任在她。私下解决时，赔付对方 2 万元。此事有证人证言，如果需要出庭作证的话，证人同意出庭作证。”陈燕说。

公诉人说：“我想提请法庭注意的是血迹鉴定结论。从该车保险杠提取的血迹和死者的血迹基因一致。这一鉴定结论表明，肇事者就是被告。”

刘军冷冷一笑，“我先不谈这一鉴定结论的准确与否，关键是交警支队勘验过程不符合法定程序。事发当天晚上，被告被带到交警支队后，要求当面封存该车，但被办案警察拒绝。至于何时封的车，被告根本就不知道。同时，机动车痕迹检验记录没有参加人、见证人签名，仅加盖了交警支队的公章。《刑诉法》第一百零六条明确规定：勘验、检查的情况应当写成笔录，由参加勘验、检查的人和见证人签名或盖章。《刑诉法》第一百一十五条更是明确规定：对于扣押的物品和文件，应当会同在场见证人和被扣押物品持有人查点清楚，当场开列清单一式两份，由侦查人员、见证人和持有人签名或者盖章，一份交给持有人；另一份附卷备查。据此，我们有理由认定，办案单位所谓的证据根本不合法，不能作为有效的证据使用。提取血迹的记录亦然，没有见证人签名，也不符合法定程序，据此做出的法医鉴定结论，也不具有证据的合法性和真实性，不能作为有效证据使用。”

公诉人与女同伴耳语着什么，两人似乎在争论。

审判长不耐烦了，“请问公诉人是否有新的证据向法庭提供？”

公诉人抬起头，停了片刻，“我们认为，我们向法庭提供的一系列证据，已经足以证明被告构成了交通肇事罪，所以不再重复了。”

审判长又问杨兵还有什么要补充的。

杨兵激愤地发问：“我到现在还不明白，我根本就没有撞人，这是为什么？”他怒目圆睁，看公诉人一眼，然后转向审判长，“我想说的，刚才刘律师和陈律师都讲了，我最后想说的是，这是天大的冤案啊！请法庭为我洗清这不白之冤。”

十

7 天后，一审判决下来了。结果是依据《刑诉法》第一百六十二条第三款之规定，作出判决如下：（一）被告人杨兵无罪；（二）被告人杨兵不承担民事赔偿责任。

刘军拿到判决书，从法院出来已是傍晚了。他坐进车里，拨通了检察院公诉处处长万梅的电话，万梅冷冷地说：“我知道法院判你们胜诉了，很得意吧。”

“不得意，但很高兴正义得到了伸张。”

“打电话什么意思，故意气我不成?”

“不敢，不敢。我想请你吃晚餐，敬请光临。”

“少来这一套，免了吧。”

“公是公，私是私，师兄求你啦，行不行？我真的想见到你。”

电话里半天没声音，好半天才传出，“那就给你个面子。”

刘军笑了，赶忙说：“谢谢我的好师妹，老地方，我等你。”他关了电话，接着又拨通了滨河酒店，订好房间。这才发动了车。

他驱车赶到酒店，走进古色古香的包间，看她还没到，先点了她最喜欢吃的几个菜。然后走到窗前的沙发上坐下，点上烟，惬意地吸了一口。窗外是闪亮的大河，不时有灯火通明的游船驶过，笑语欢声隐约传了过来。

他之所以在检察官面前如此放肆，是因为她是他的大学同学，更为核心的是，两人在学校时，曾有过说不清、道不明的那种朦胧的关系，只是阴错阳差谁也没捅破这层纸，以至几年后回首往事，两人颇为怅然。随着年龄的增长，这段甜蜜而又伤感的恋情也只有珍藏在心底了。4 年前，她当局长的丈夫大肆指责她太检察官，简直没人味，而且无药可救，并毅然决然提出离婚。其指责自然是有其原因的，他多位朋友找她在案子上通融，但她公事公办，尽管态度很委婉，但把他搞得颜面尽失。因此，万梅曾多次对刘军大诉其苦，无论怎么样，不能拿法律当儿戏，我真的做不来啊！她重获单身后，刘军常去看她，两人重温旧情。因此，刘军下决心与妻子离婚，一心想与她结为伉俪，圆年轻时的梦。但她坚决不同意，我不能做破坏他人家庭的第三者。更让刘军百思不得其解的是，她又找了一位外科大夫，而且已计划嫁给他了。她说，和他在一起踏实，有极强的安全感。

“想什么呢？大律师。”清脆的嗓音响起。

刘军转脸，见万梅已经走到了他跟前。她身着浅色套裙，显得修长挺拔，齐耳短发，圆脸，皮肤白皙，看上去也就是30 岁的样子。

“快请坐。”他为她拉椅子，“我在想，对这个判决你们还准备抗诉吗?”

“说实话，我们当然有这个意思。”

“那你就先听听我的意见，再做决定不迟。”他说完又对垂手而立的服务员说，“上菜我叫你。”

“好的，先生。”服务员退出去，还很职业地随手把门关好。

“你能有什么意见?”她品着上佳的龙井，“说吧。”

“我估计你听了出庭公诉人的汇报吧?”

她点点头。

“那你认为我们的辩护是否具有很强的说服力，尤其是我们指出的证据方面存在的漏洞?”

“我也在考虑，这个案子的证据是有些问题。”她紧锁着眉头，“责任主要在我，我只是听了汇报，没有仔细阅卷，实在是太忙。”

“不要自责了。按当时公安提供的证据，你们批捕起诉也不是大的问题。关键是，第一次开庭后，法庭决定延期审理，再开庭，我发现你们并没有补充新的实质性的证据，例如对封车程序不合法，并没有做出合理的解释；还有车痕检验没有见证人签名；提取血迹也没有见证人签名等。对此，你就没多问几个为什么?”

“公安办案粗糙，也不是一天两天的事了。”

“但在这个案子上不尽然啊!”他摇摇头，“按说，公安的办案人员补充上述证据并不是困难之事。你想，车痕检验和提取血迹记录上均已加盖了公章，填上见证人即可，但是，如此举手之劳的事，为什么就没有做呢?”

“是啊!”她眨着大眼睛，突然醒悟过来似的，“你说得对，即使重新填上某人的名字，也无须个人负责，自有交警支队负责，因为已加盖了公章嘛!既然如此，你能告诉我是什么原因吗?”

他看着她，“咱们作为老同学、老朋友，我可以明确地告诉你，各种迹象表明，这根本就是一个假案，这是解释公安办案人员反常行为的唯一理由。”

她吃惊地看着他，“有确切的证据吗?”

“你再把整个案件的过程及所谓的证据综合起来分析，凭你的智商，完全可以得出结论。至于确凿的证据，我想你会找到的。师妹，希望听我一句劝告，这事背景复杂，而有些话我现在又不便讲，能告诉你的是，代理此案后，我和志勇均接到过恐吓电话，志勇还遭暗算，车也被砸了。”

“这我倒是有所耳闻，竟有这样的事发生?”

“确凿无疑。”

“我再详细调查一下。”

“我相信你调查后，肯定会‘到此为止’的。”

“‘到此为止’是什么意思?”

“以法院判决为准。”

“这就是说，我们不抗诉?”

“对，证据表明，杨兵本来就没有犯罪。你再考虑考虑你手下参与起诉的检察官的行为，在如此破绽百出，而且不能自圆其说的证据面前，就急于公诉，而且还扬言抗诉，这是为什么?你呀，整日把主要精力放在大案、要案上，小小的交通肇事案你根本就没关注吧，你敢确保你手下参与此案的检察官是在秉公执法，而没有任何猫腻吗?”

“我需要认真调查分析。”她若有所思，“谢谢你的提醒。”

“我相信你会得出自己的结论的。”他停了片刻，严肃地说，“我刚才说的，是我们老朋友之间的私房话，不能外传。”

“知道，我又不是小姑娘啦。”

“你在我眼里，永远都是小姑娘。”他笑了，“我们是来享受美好的晚餐还是来讨论案子？”

“你又下套了不是，说正事呢。”

“正事已经说完了嘛！”他说着起身开门，招呼上菜。“师妹，你说我俩用完餐干什么呢？”

看着他一脸暧昧的笑容，她脸一沉，“你做什么我不知道，而我要去看我未来的老公。”

他隔着餐桌，握住她的手，“我会绝望而死的。”

她莞尔，“那就让我未来的老公给你做个外科小手术，让你断了非分之想。”

“那我此生就无烦忧了。”

听到敲门声，他放开她的手，说：“请进。”

十一

半个月过去，检察院没有提起抗诉。后来，刘军听公安的朋友私下传话，交警支队领导察觉到了有人在幕后运作，而且来头不小，所以没敢再催促检察院抗诉，检察院自然也就罢手了。万梅对刘军说，我仔细看了案卷，推敲了这个案子，取证有悖程序，证据方面确有漏洞，让人怀疑其中有见不得人的勾当。于是，刘军和志勇更加相信，这纯属一起人为的栽赃陷害把戏，只是手段太低级了些，技术含量太少了些。

杨兵身着深灰色笔挺的西服，大步走进充满明亮阳光的办公室，他摘下墨镜，白胖脸上满是虔诚，双手抱拳，“张主任，我真不知该怎么感谢你们了！”

“你交了代理费。我们就应该为你提供法律服务嘛！”志勇轻松地说，“谈不上什么感谢。”

杨兵在志勇对面坐下，从口袋里掏出一张卡，顺着桌子推到志勇面前说：“你一定收下，这不是代理费。”

他很坚决地推回去，“绝对不行。”

“小弟一点心意。为了救我，你还遭到暗算和毒手，我心里下不去啊！”

“心我领了。”

“请一定收下，我和耿总也是多年的老朋友了。”

“问问耿总你就知道了，要不现在给他打个电话。”

杨兵看志勇拿起了话筒，无可奈何地收回了卡，“那就友情后补吧。”

“既然你和耿总是朋友，就该知道我的脾气和为人。”

“明白，明白了。”杨兵停了片刻，“你现在心里肯定明镜，我差一点点就蹲大牢，跟马东升绝对有关系吧？”

“肇事案已经结束了，你还能把马东升怎么样？你能拿出确凿的证据吗？过去就过去吧，一切都结束了。你虽然受了些罪，但最终法院还是为你伸张了正义。”

“说实话，我不怎么懂法律，但我觉得我能逃过这一劫，并不是靠法律，也不是靠法院。”

“这我就不明白了，不靠法律，不靠法院，靠什么？”

“靠你大哥啊！”

“我靠的可是法律。”他虽然嘴上这么讲，但心里却想，如果没有陆地暗中运作，是个什么结果还真的是难以判断的。

杨兵颇有些神秘地说：“不对吧，如果你光靠法律，恐怕是救不了我的。风传大哥你神通广大，黑白两道都是平蹚。让我想不到的是，大学教授中还有你这等神仙！”

志勇淡淡一笑，“我可不懂什么黑道白道。”他不无揶揄地想，我一名堂堂正正的律师，竟被视为黑道上的风云人物了，这是他妈的什么事嘛！

“那为什么在黑道上绝对吃一路的马东升都怕你呢？他把欠我的钱连本带利全还了。还亲口对别人说，律师事务所的张主任手眼通天，公安局局长都是他的铁哥们儿，绝对是一方神圣，了不得。”

“这我就更不懂了。”

杨兵也笑了，笑得很诡秘，“看透不说透，才是好朋友。兄弟我服你，日后有用得着兄弟的地方，言语一声，我定鞍前马后。”

志勇不紧不慢地说：“杨兵啊，江湖上刀光剑影，风云变幻，你死我活，人心不测，绝不是条正道。你还年轻，规规矩矩做生意赚钱吧。”

杨兵连连点头，“那是，那是，我听大哥的，我听大哥的。”

第十一章

婚姻是男女双方性器官相互利用的法律合同。

——伊曼努尔·康德（德国哲学家）

基本案情：

朱华起诉至法院，请求与其妻兰珊离婚，并要求归还部分婚前财产；兰珊称，婚后未取得其财产，不存在归还问题，如离婚，必须按婚前协议约定，支付人民币100万元。

原告请求法院判处：

夫妻双方感情确已破裂，应准予离婚，且原告不支付被告100万元人民币。

一

行驶的轿车后坐上，瘪着长脸的朱华哀叹一声，“耿兄，没想到已过不惑之年，竟让一个小姑娘耍了一通，简直是光腚推磨，转着圈丢人哪！”

耿昌拍着他的肩膀，微微一笑，“兄弟，不丢人，不丢人，英雄难过美人关嘛！”

朱华笑得比哭还难看，本来就很长的脸显得更长了，令人联想到绝望的马脸无异，“美人？老谋深算的高手，精于骗术的妖精。”

“虽说这世道啥事都会发生，但绝不会有免费的午餐。享受过，就该付费喽！”

“天上不会掉馅饼，真要掉下馅饼，不是阴谋就是陷阱。付费也是应该的，如果10万、20万也就罢了，而是100万！费用太高了点儿。”

“是他妈的离谱，这笔钱往那儿一码，多少美女巴不得往你床上挤呢！”

“耿兄，别再笑话我了。你说，律师真的能有好办法？”

“有没有一针见效的灵丹妙药，我不敢打保票，我敢保证的是，他们在这方面稀奇古怪的事见多了，会有招的。王律师是这方面的专家，绝对的顶尖高手。如果不是我和他们的关系，没准还不受理你这破事呢。”

轿车驶进律师事务所的院子，两人下车，走进丰收的办公室。

丰收正手持小喷壶浇花，他办公室里的花还真是不少，但说全是花并不准确，除了两盆细藤左缠右绕爬上铁窗棂，其上有几朵半开的蓝色喇叭花之外，还有两盆已经熟透的金黄色麦子，一盆不多见的荞麦，还有一状似方鼎的硕大器皿里的谷子，半尺长的谷穗把指头粗的茎秆坠得弯了腰。

“王律师怎么在屋子里种粮食呢？”耿昌背着手惊讶地左瞅右看，“需要什么名贵的花草，告我一声。”

丰收一边招呼他俩坐下，一边收好喷壶，“不麻烦耿总了，我在农村长大，不能忘本的。”

“王律师高人高招，有点意思，有点意思。”耿昌若有所思。

“谈不上什么高人高招，玩玩而已。”丰收咧嘴一笑，“耿总，咱们抓紧时间，进入正题。先请朱总把情况谈谈，越细越好。”

“朱老弟，你就老老实实向王律师交代吧，绝不能撒谎啊！”耿昌说。

“我肯定实话实说的。”朱华沉思片刻，“说起来话长啊！她是三年前招聘到我公司的，在科研部工作。由于工作关系，我时常和她在一起，一来二去，就对她上了心。那时，我妻子病逝已经快两年了。当然，她年轻漂亮，也很会来事。不到半年，我俩就住一起了。当她提出嫁给我时，说实话，我还是有顾虑的，毕竟40多岁的人了，一是我身边并不缺少女人；二是她和我相差十几岁，我拿不准她是不是真心和我过日子。所以一直拖着。后来，她说，我和你结婚，并不是因为你有钱。如果不相信，咱们可以签个婚前协议，保护你的财产。她这样的态度让我动了心。于是，就和她签了协议，然后登记结婚。”说着从皮包里拿出协议的复印件，递给丰收。“其中有最重要的两条，一是婚前财产原双方所有的，如果离婚，仍归各自所有，这倒没什么问题。关键是第二条要命，当时，她要求存100万在银行，而且由我拿着存折。如果她提出离婚，这钱还是我的；如果是我提出离婚，这100万就是她后半生的生活费。”他摇着头，一副不堪回首状，“当时应她的要求学欧美人，我们俩还是在教堂举行的婚礼，在上帝面前，在众多的亲人、朋友面前，宣誓相爱一辈子，无论生老病死。这才几天哪！想起来，自己都觉得脸热，恨不得找个地缝钻进去！实在像个大傻蛋，被她结结实实玩了一把。婚后还正常，我觉得又有了一个家，但好景不长，她先是不上班了，号称是一心一意做家务。但没几个月，她就现了原形，就像白骨精现出原形一样，整日出入高档酒店，打牌，旅游，为此还让我给她买了一辆30万的越野车，这倒也罢了。令人不能容忍的是，她还时常嫌我给她的生活费少，一个月5000元零花钱能说少吗？我苦口婆心地劝她，不仅没有预期的效果，反而更加不可收拾。唉，本想着娶了一位如花似玉而且善解人意的好妻子，没料到是养虎为患。我经常在生意场上走动，有几个钱，所以在咱这个城市也算是个有头有脸的人物吧。她倒好，像个交际花似的满世界跑，我脸上挂不住啊！但事已至此，还能有什么办法，抱着凑合着过一天算一天吧，还幻想着，她随着年龄的增长或许会收敛的。之所以被逼提出离婚的根本原因是，一个月前，她居然背着我去医院做了人工流产。你想，她连我的骨肉都不要了，我还能和她一起生活吗？我提出离婚，她立马同意，条件就是按婚前协议办，给她100万。100万，对我来讲，虽然不能说是伤筋动骨，但也是个不大不小的数，这还在其次，关键是付给她，我觉得实在是窝囊，让她要啦，再帮她数钱。这算他妈的什么事嘛！"

"你的意思我明白了，"丰收说，"第一是想要回那辆越野车；第二是不想付这100万。"

他一下就从朱华陈述的繁复现象中，窥知了简约的核心。当然，如果需要的话，他也能从貌似简单的事向表面洞察到复杂的内涵。

朱华点点头，"关键是这100万，我认为她这是借婚姻诈骗我的钱财。"

"你这样认为无可厚非，关键是法庭认可才有效。"丰收说，"你是铁了心离婚，对吧？"

朱华说："是的。"

丰收又问："即使是付给她100万。"

朱华无奈地说："你们要没办法，我也只有如此了。我就是来请求你们为我挽回经济损失的，感情已受到了极大的伤害，再赔上巨款，你们说这是什么事！"

丰收说："如果你讲的一切属实的话，作为男人，我很同情你。但法律毕竟是法律，没有感情可言。你是耿总介绍来的，所以，我实事求是地告诉你，这事在法律上很复杂，现在我不能给你完整的答复，但我会为你的权益竭尽全力的。"

二

汪静推门走进来，正伏案看书的志勇抬起头，顿感眼前一亮，宛若一股清风扑面。他打量着浅黄色的T恤包裹着的秀美的身躯，牛仔裤的衬托下更显修长的双腿。

"我来啦。"她偏头理了理长发，脸上的笑容明亮，如洁净的阳光。

她真是越来越美，越来越有内容了，这也许就是"情人眼里出西施"的效应？他暗自思忖着站起来，伸了个懒腰，"欢迎大驾光临。"

"你们这儿可真好，像世外桃源。"

"至少比城里清静吧，喝茶还是吃苹果？我的意见是吃苹果。这是院子里树上早熟的，味道相当棒。"

她拿起茶几上盘中的一个苹果，端详，接着又拿起刀子，“盛情难却，我就来一个。”

“小心点，这刀子极锋利，足可杀死一头狮子。还是我来削吧?”

“谢谢，我自己来。”

他扫一眼墙上的钟，“你很准时，良好的习惯。”

她冲他一笑，“你是日理万机的大人物，小女我可不敢随意浪费你宝贵的光阴!”

一个小时前，她打电话过来，称有要事相告，但电话里说不明白，要求面谈。他几乎没考虑就答应了，因为想看到她。他感到有些日子没见到她了，想看她一眼的欲望强烈到自己都不敢相信的地步。于是自问，真的喜欢上她了，到底喜欢她什么呢？前些日子，他的车被砸的第二天傍晚，信息灵通的她匆匆赶到所里，听他讲了情况，看着他肿胀的脸，眼泪都涌了出来，毫不掩饰自己的担忧之情，真没想到，做律师居然这么凶险！她的举动，令他心生感激，但嘴上却轻松地说：“拿人钱财，必须做忠君之事嘛！人的命天注定嘛！据说当代最伟大的物理学家霍金从宇宙运动规律中得到启示，推算出人的命运也是一个定数。所以人生中，该发生什么一定会发生的，谁也无法扭转的。因此，不能总在杞人忧天的状态中生活，你说对吧。”她破涕为笑，“你还信命啊!”

“劳你这么远过来，有何要事相告，是公还是私?”

“公私兼顾。”她把一小块苹果放进嘴里，“好甜，水分真足。”

“这是王律师的功劳。喜欢的话，赠送你5公斤。”

“谢主隆恩!”她笑得很开心，眼神妩媚地闪动，但接着又严肃起来，“据我所知，你们代理的朱华离婚案一审败诉了?”

“真是信息世界。”他瞅着办公桌上判决书的复印件最后几行字：

……做出如下判决：(一) 准予朱华与兰珊离婚；(二) 三菱越野车归兰珊所有；(三) 朱华在判决生效后的十五日内，按婚前协议付给兰珊生活保障金100万元。

……

“你认为判决如何，下步怎么计划?”她问。

“判决有一定的合理性，但问题也多。法官对法律理解错误，而且还有对法条扩大解释的嫌疑。这也许是外部压力太大的缘故：首先是一贯毒舌的媒体大肆渲染此案，一边倒地偏向女方兰珊，民众的愤怒如野火样燃烧起来，造成媒体审判的效应；其次女方的代理律师是全国政协委员，影响很大，当然也有法律功底。至于下步怎么办。委托人态度明朗，坚决上诉，而且我们也是这个意见。”

“能透露这个案子的上诉思路吗?”她忽闪着明亮的眼睛，满怀期待地望着他。

法院未判决之前，绝不向媒体谈论案情，这是他坚持了多年的原则。拒绝的话已经条件反射般地到了嘴边，但硬是没说出口，“我可以先问为什么对这个案子如此关注，有什么特殊的原因吗？”

“媒体热炒这个案子不奇怪，著名富豪与年轻女人离婚还是能吸引人们的眼球的，问题的关键是我们台也参与其中，还直播了采访兰珊的节目，更关键的是，我也介入了。节目播出后，引发了广泛的同情，效果是轰动性的。但我们的头头得知你们是朱华的代理方，心里一直不踏实，七上八下的，说你们常打迷踪拳，出其不意，深不可测，诡计多端。特别担心你们二审胜诉，果真如此，我们电视台就丢大人啦！他派出几名记者采访王律师和陈律师都吃了闭门羹，你们中州所对媒体态度恶劣绝对是臭名昭著的，我们的记者对你们又恨又怕。在这种背景下，头头亲自命令我找你，还下了狠话，无论用什么手段，不惜多大代价，一定要探清底细，如果你们二审有胜诉可能的话，我们就不得不改变报道的角度了，这是事关我们电视台声誉的大事。于公如此。”说着意味深长地望着他，“于私是，我真的想，想看到你。”

“无论什么手段，不惜多大代价，真够狠了。”他冲她一笑，“甚至还包括美人计？”

“我算什么美人啊！”

“在我眼中美不胜收。”

“但愿不是玩笑话。”

“实话实说。”

“我就相信是真心话吧。”她意味深长地一笑，“还记得两年前，光明大厦的案子吧，我们综合分析各方面的情况，得出的结论是光明大厦一定败诉。结果呢？上级几乎把台长给撤了，我也数次写检查，害得我们苦不堪言啊！”

“据王律师讲，媒体大呼小叫，对于一审的结果欢欣鼓舞，简直像过狂欢节。你们电视台是急先锋！你有所不知，我基本属于不看报不看电视的家伙，获取信息上网而已。网上的态度一边倒，大肆声讨我们的委托人朱华，道德败坏、玩弄女性的恶棍形象呼之欲出，甚至还爆料不少赤裸裸的床上细节予以佐证。当然，道德上的愤怒可以理解，我们也无意为朱华做道德上的辩护，但如果是借道德审判从而影响法院公正判决就是别有用心了。”

“那你认为，朱华这人到底怎么样？”

“至少没有媒体上描绘的那么坏吧。”他踱到通向阳台的门前，凝视着笼罩在金色余晖中静静的苹果树，“据我们已取得的证据来看，事实绝不像媒体渲染的那样。媒体只是把这起案子中的富豪、美女、堕胎弄得云山雾罩，根本就没有从法律角度去考虑，也许根本就不懂。”

“那你告诉我真实的情况嘛！”她走过来，站在对面，“我想，一位年轻姑娘和一位40多岁的腰缠万贯的成功企业家，谁强谁弱，应该是高下立判的。做节目时，我见过这位兰珊，很可怜的，先被诱惑上床，再被百般玩弄，最终被一脚踹开了。”

“如果真相确实如此，一切都简单了。你为什么就相信兰珊呢？她虽然年轻，但道行不浅，或许背后有高人指点。诸多证据表明，她是在用美色诈骗钱财。”

她惊讶地瞪大眼睛，“这可能吗？”

“尽管开始我们也不愿意相信，但铁的证据面前，我们不能不相信。”

“那你们二审要达到什么目的？”

“一是用证据来证明，是谁造成了婚姻破裂，也即谁应该承担这一过错责任；二是从法理上阐明，两人的婚前协议某些条款是无效的；最终促使法庭判两人离婚，而且朱华不支付巨额钱财。”

“能具体谈谈吗？”

“我可以告诉你。”他脱口而出，“但有一个附加条件，这就是二审判决之前，绝不能报道出去。”

“好，好，我起誓，我起誓还不行吗？”

电话铃声响起，他过去拿起听筒，接完电话，看她两手背在后面靠在门边，一副沉思状，橘红色的光亮映红了她的脸。他脑海中冒出“日暮倚修竹”的诗句，深感眼前的景象宛若一幅俄罗斯风格的写实油画。

“愿意和我们一起吃晚饭吗？”

她抬起眼睛，“噢，我们，我们都包括谁？”

“王律师和耿昌，还有委托人朱华。”

“人家没邀请我，我去合适吗？”

“我现在正式邀请你，如何？”

“我非常荣幸。”

三

朱华灌下一杯酒，“张主任，你说这二审到底有多大把握？”

“我想王律师肯定告诉你了，只能说有希望。”志勇说，“能明确告诉你的是，如果二审败诉，代理费由我们支付。”

“这怎么行，我又不是花不起这几个钱。”朱华摇着头，“如果真败了，我就只有眼睁睁地看着小妖精讹走100万了，这笔钱捐出去保护老虎狮子，也比她拿去强几百倍。”

“兄弟大变，不再怜香惜玉，倒想起保护动物啦。”耿昌拍着他的肩膀，大笑，“我想有两位大律师在，二审问题不会太大。不要心烦了，车到山前必有路，最坏的结果也就是少了100万嘛！你就只当是保护快死完了的稀罕动物吧。”

“关键是窝囊憋气！”朱华又仰脖喝下一杯。

“你自己喝个啥劲，给两位大律师和汪记者敬个酒嘛！”耿昌劝朱华。

“是的，是的。”朱华恭恭敬敬斟上酒，敬志勇和丰收后，又给汪静端起，“汪记者，咱们第一次酒桌上见面，先敬你一杯。”

汪静小抿一口，放下酒杯，“谢谢。”

“其实，你一进来，我就认出你了，大记者。”朱华目光冰冷，不阴不阳地说，“我原先在电视上见过，你是副主任，还是有名的记者嘛！前些天，你们让那个小妖精在电视上哭天抢地，真是把我害苦啦！你还是那个直播节目的副监制呢。给个面子，咱们干了！我可是先喝为敬啦。”说着干完了杯中酒，直直地瞪着汪静，“你们特邀那个武律师，与其说是个大仙，还不如说是个神经病。”

“对不起，我不胜酒力。”汪静正色道，“至于说特邀嘉宾，是台领导安排的。”

丰收淡淡一笑，“朱总称武鹏是个神经病，我基本同意。事实上，有心理障碍的人不少，据专家统计，一般人群中约占20%，这也正常。但居然请武鹏这样的人在电视上胡说八道，信口雌黄，这就说明你们的领导很不正常了。如果用网络语言来定位武鹏的话，绝对超级牛人。不过，我还是相信，牛皮吹得再花也吹不成真牛嘛！”

大家笑了起来。

“我想，各行有各行的职责，再说朱总也有权发表看法的。但据我们的记者讲，你根本就拒绝采访，而且出言不逊。”汪静说。

“什么，我出言不逊？”朱华的长脸活脱脱一张倔强的驴脸，他一拍桌子，“操他妈的，这些狗东西……”

“怎么说话呢，兄弟，就不知道尊重女士，她可是我大哥的朋友。”耿昌沉下脸，打断他，“有话好好说嘛！”

“噢，噢，对不住啦，汪记者，我冤枉啊！”朱华的脸憋得猴屁股似的，仿佛有一肚子的委屈，“你知道你们的记者怎么采访我？上去就问我有多少家产，别墅多大，为什么抛弃了兰珊，为什么不给她生活费？好像我天生就是个大浑蛋！这也叫采访？完全是公安审犯人。还有记者问我怎么就看上了兰珊？我明白，实际上是在问我怎么把她弄上床的。我没兜脸扇他们，也没让保安上手，就是给他们天大面子了。媒体真他妈的黑啊！胡编乱造，无中生有，屎盆子全扣到了我头上，把我弄成了过街老鼠，而且已经影响到我的生意了。我老娘气得流泪，她老人家说，儿，不能有几个钱就做缺德事啊！网上更不能看，竟然还有人叫喊，逼我自宫，否则他们就动手。你说这他妈的是人话吗？真没想到，有两个钱，就这么遭人恨。”

“兄弟，今天不说行不？改日再向汪记者诉苦。”耿昌很是语重心长地说，“媒体也不容易，记者也要养家糊口，对他们要厚道些嘛！”

“好，不说了，我自罚一杯。”朱华说，“汪记者，你可别往心里去啊！”

“记者被人骂得多了，我见的也多了，没关系。我明天一定去采访你，只是不知你有没有时间？”汪静问。

“当然有时间，有时间。”朱华说。

“这就对了，要多沟通才好嘛！”耿昌说完，邀请志勇和丰收干杯。

“老兄，媛媛的签证下来没有？”耿昌关切地问。

“估计快了。”志勇说着与耿昌碰杯。

“我派人去北京看看？”耿昌说，“要是有什么坎的话，我想办法。”

“不会有什么问题。我说，你可不能背着我，娇惯她啊！又是买衣服又是买礼物的。”志勇说。

耿昌一笑，“老兄说的什么话。你整天忙得不着家，我就不能关心一下媛媛啦，我可是看着她长大的。现在她姐姐在英国眼巴巴等着，盼她快点过去呢。”

四

从酒店出来，耿昌拉着晕晕乎乎的朱华上了他的车，丰收自己驾车，他探出头，淡淡一笑，对汪静说，还是劳张主任送你吧，按他的酒量来说，今天他根本就不算饮酒嘛！也许就是为了亲自护送你才没开怀畅饮吧。汪静见多识广，自然理解他的意思，脸一热，是否红了，她自己也不清楚。

志勇驾车驶出长长的林荫道，上了大路，凉意十足的秋风从车窗吹进来，直让他感到身心俱爽。

汪静理着飘逸的长发，“你和耿昌的关系很不一般吧？他对你兄长长，兄长短的。”

“从小在一起长大，好多年了。”

“媛媛是你女儿？”

“是，签证一来，她就要起程去雾都了。”

“耿昌的女儿也在英国读书？”

“初中就过去了，现在牛津，还有个儿子在美国哈佛，已拿到了硕士学位，在西雅图开了一家公司。”

“人有钱就是了不得。”

“不能一概而论，他的两个孩子我了解，优秀得令人难以置信。”

“没有足够的钱，能出国读名校？”

“两个孩子学业很棒的。”

“据说耿昌本人在美国有投资，并持有美国绿卡，是真的吗？”

“确实如此。”

“现在有钱人忙着移民，科学精英也争先恐后往外国跑，而且是一去不返。

这说明我们的政策有问题了。”

“其他不说，就单说成功的民营企业家吧，他们当然担心自己的巨额财产了。中国的民企是从公有制和计划经济的环境中发展起来的，不少民企也确实有原罪，近30年来，总会有这样和那样的毛病，诸如保安打人、偷税漏税、账目处理不当等，要想找几个罪名是非常容易的。如果官员出事，还会涉及民企行贿。在这种情况下，只要一抓一判，财产就可以没收充公。你说他们能不怕吗？”

“说实话，我感到耿昌身上透出一种，怎么说呢，枭雄之气。”

“正常，民企成功人士的通病，你能指望他们身上充满贵族气息？我们的文化土壤不行。其实，西方崇尚的贵族精神，绝不会同平民精神对立，而是一种以荣誉、责任、勇气、自律等一系列价值为核心的精神。有些数据，我看后十分震惊，第一次世界大战中，大约有600万名英国成年男性参战，平均死亡率是12.5%，而贵族却是20%。伊顿公学的贵族子弟伤亡率更是高达45%；还有剑桥大学，仅在第一次世界大战中，就有2470人阵亡，伤者不计其数。这说明了什么？荣誉高于生命。”

她惊讶地望着他的脸，心中感慨，一位学识渊博的男人，像一本奇妙的书，内容丰富，故事多多，每每令她怦然心动。

“知道美国南北战争中，南军的最高统帅吗？”他问。

她想了想，“罗伯特·李。”

“一位真正的贵族，南军即将战败之际，军官中有人提议，化整为零，分散到百姓家中，进入山区继续打游击，绝不投降。而这位将军的答复是：战争是军人的职责，我们如果这样做，就等于把战争的责任推给了无辜的百姓。我虽然算不上一个优秀军人，但绝不能这样做。如果能用我的生命换来南方百姓的安宁，我宁愿作为战犯被绞死，结果他投降了。战后，这位将军选择担任了弗吉尼亚华盛顿大学校长，他这样解释自己的动机：我们就是曾经由于无知和误解，血腥地相互屠杀，而我也是其中的刽子手之一。如今，也唯有教育能给我一个赎罪的机会。”

她听得入迷，直到车进入城区，固有的各类嘈杂之声从车窗涌了进来，他才停下，升上玻璃，在她的指引下，行至新闻小区，直接把车停在楼前。

“谢谢你送我。”

“客气什么呢。”

“真想路再远些，听你讲讲贵族精神。”

“我在胡侃。”

“上去小坐会儿？我请你喝咖啡。”

他凝望朦胧夜色中更加秀美的脸，足有30秒，“谢谢，还是改日吧，我还有个卷要看。”说着伸手拍拍她的肩膀，“回家吧，再见。”

她没动，“家？什么家啊！”

五

一明得知志勇要去北京参加大学同学聚会，立即声称一定要饯行。两人还没出院子，碰上丰收和陈燕过来，一明吆五喝六拉他俩一起过去。此刻，他兴致勃勃地一边给大家斟上酒一边说："美国确实是个神奇的国度，任何事都可能发生。我弟弟发过来一则趣闻：近日芝加哥两位专打离婚官司的女律师花大价钱在市中心打出广告，奉劝大众离婚，广告词极有创意，'生命短暂，离个婚吧'。此广告虽因市民抗议被拆下，但两位律师却表示，事务所接到的咨询电话成倍增长。由此我想，鉴于王兄和陈燕办离婚案的专业水平，也应打出类似的广告啊。比如说，'离婚，失去的仅是锁链'；又如，'独往独来，回归自然'。怎么样？"

几人笑了。

丰收说："很一般，没什么震撼力。"

"你老兄的大脑是知识宝藏高度汇聚之处，设计一个嘛！来，喝酒，先喝酒！"一明招呼着。

志勇呷口酒，"你独来独往，天马行空，也算是一种不赖的生活方式呢。"

"有个家，不就是有个伴嘛，是好。但两个人，毕竟不是一个人，受约束不说，还要相互负责，麻烦。"一明说，"还是西谚说得好，婚姻是座城，外面的人想进去，里边的人想出来。我好不容易逃出来啦，打死也不愿再进去了。"

"海归派就是不一样，喝几年洋墨水就忘本了。"丰收说，"如果人人都像你这样的活法，我们的种族延续都是问题了，难道靠无性繁殖来进行。这有悖于人类繁衍的本能，其结果是人类断子绝孙。"

"王兄言重了，言重了，想成家结婚生子的还是大多数嘛！我非常同意美国霍姆斯大法官对此问题的答案，曾有法官这样问他：你可为一生无子嗣而悔恨？答曰：这个世界不是我想将孩子带来的世界。"一明笑着，"事实上，对偶的婚姻形式，自古以来就被许多圣人先贤所诟病，至少是视为爱情的坟墓，同床异梦的把戏。陈燕小妹，你可不要为我的危言耸听吓着啊！"

陈燕轻松一笑，"赵老师，这可吓不着我，我虽然没有亲身体验，至少也算是见过了吧，仅是跟着王老师办离婚案也有十几起了吧，形形色色的表演真是让我大开眼界，至少是让我对婚姻望而却步。"

"我在相当的程度上同意一明的看法。"志勇说，"婚姻确实是件比较麻烦的事情！"

"其实所谓的婚姻，在我看来，如果不涉及财产，并不复杂，感情相投就在一起，相悖就分手，从法律角度来讲应该很简单。事实上，婚姻是最小的合伙制股份公司嘛！我国的《婚姻法》既不负责爱情在婚姻中的延续，也不能确保婚姻生活的甜蜜，唯一能做的是为婚姻双方婚后的‘经营’行为，确立一个格式化的最低章程。在这个章程约束下，双方的利益能得到平等，仅此而已。几千年前的《汉谟拉比法典》就认为，结婚就像商业交易一样，依赖契约才有效，如其中第一百二十八条规定：倘若自由民娶妻而未订契约的，则此妇非其妻。伟大的哲学家康德对婚姻的定义言简意赅，甚得我心，婚姻是男女双方性器官相互利用的法律合同。事实上，婚姻的本质确实如此而已。”一明说，“在美国读书时，暑假期间，我专程到哥尼斯堡这位先哲的墓地凭吊，噢，‘二战’后这座城市从德国划归苏联了，改名为加里宁格勒。墓碑上刻着他的名言：‘有两种东西，我们愈是时常愈加反复地思索，它们就愈是给人的心灵灌注时时翻新，有加无已的赞叹和敬畏——头顶的星空和心中的道德法则。’多有诗意啊！但如此富于情怀的这位先哲，竟对婚姻如此冷冰冰的定义，更不能想象他终身未娶，这对我来说始终是个不解之谜。”

听他侃侃而论，志勇不由感慨他思想深邃，视野广阔。同时也对他自从婚姻失败后的旷达心生钦佩。

“陈燕，作为女性，你如何看兰珊的所作所为？”丰收问。

陈燕想了想，“不能想象一位才20多岁，受过高等教育的姑娘为了钱财居然用自己的身体做交易，而且还如此工于心计，令人匪夷所思！”

“这正是女人的可怕之处，表面柔弱，但内心刻毒。”丰收看陈燕一眼，补充道，“我可不是泛指。”

“古罗马历史学家塔西佗这样评价女人，‘女人的缺点还不仅仅在于柔弱和缺乏毅力，如果放松她们的话，她们会变得残忍、诡计多端和野心勃勃’。”一明说，“于是尼采就有了名言：去女人那里吗？别忘了拿鞭子。”

“男人对女人的攻击自古以来就有，就是当代也不乏其人。”陈燕说，“实际上女人总是受男人的压迫和奴役，结果还说女人是祸水，这实在不公平。”

一明笑了，“我们的陈燕在奋起捍卫女性的尊严了！作为男人，我当然不否认女性有美好的一面，而且这美好的一面，从古至今，令男人魂牵梦萦。温莎公爵宁要女人而放弃王位，而我们中国有多少皇帝因为美女亡国，仔细想想，每个王朝的消亡，似乎都与一位美女有关，夏桀时妹喜、商纣王时的妲己、周幽王时褒姒、大唐王朝的杨贵妃。我的意思是说，女人真要残忍起来，绝对令人毛骨悚然。不说国外，单是想想中国历史上几位著名的女人吧，吕后对刘邦生前的宠妃戚夫人是怎样的残酷，竟然把她的四肢剁下，扔进猪圈，视其为猪；武则天为加害皇后，掐死自己的亲生女儿，为了权力，先后害死自己的儿子、儿媳、兄弟姐妹不下20人，害死的高官就更不用说了，还把皇后和宠妃以比吕后更恶毒的手段，先是剁掉四肢，投入酿瓮中，令其骨醉。当然还有慈禧，想想吧。你们说，这是人干的事吗？要不俗语说，歹毒莫过妇人心呢。更让我不能理解的是，对于这些骇人听闻的恶行，居然有无聊的学者从生理角度加以解释，例如，称武则天之所以丧心病狂，是更年期综合征大发作。简直不可理喻嘛！”

“不过男人要恶毒起来，更是了不得，至少20世纪的两次世界大战都是男性发动的。”陈燕说，“死了多少人啊！”

“你们两位所言，似乎不在一个论域。”丰收说，“综合要点，如果概而言之，结论是：在地球上的所有生物中，人是最为恶毒的一群了。”

志勇笑了起来，“我认为这个结论符合实际，总有一天，恶贯满盈的人类会遭到惩罚的，届时，就是世界末日。”说这话时，他想起网上流传的“新女性”标准：撒过泼，出过轨，勾引领导下过水；装过神，弄过鬼，跟人家老公亲过嘴。

六

正午时分，志勇父亲住所的院子里，葡萄架下，笑语欢声，其乐融融。

志勇的父亲看着满桌的菜，摇着头说，大家吃顿饭，以示庆祝即可，这可是暴殄天物哪！

“爷爷，今天是你80大寿，许个愿，吹蜡烛。”媛媛搂着老人的脖子说。

老人鹤发红颜，脸上洋溢着慈祥的笑意，“你帮爷爷吹吧。”

媛媛扶他起来，故做严肃状，“这不能代替的。”

老人站起来，一口气吹灭了蛋糕上的烛光，在一片掌声中，端起茶水，“孩子们，谢谢你们了。”

大家都站起来，纷纷祝他生日快乐，寿比南山。媛媛把蛋糕上的大寿桃切下端到老人面前。他看着大家，眼睛都有些湿润了。“孩子们，大家都吃！”

看着健康的父亲，志勇心头欣然，一般老人的目光大都混浊，像是遮着幕布，或者是包裹着一层油，但饱经沧桑的父亲却能保持这样清澈明净的目光，真是奇迹。难道真的是皈依佛祖的缘故？

20多年前，这位历史系的副教授毅然决然离开七尺讲台后，戒烟戒酒戒荤，一头扎进佛经之中。当时志勇深感奇怪，他怎么能抛下耕耘了大半辈子中国历史这片学问的沃土，突然心向佛祖呢？问其父。他不冷不热反问，读过鲁迅先生的《狂人日记》吧？得到肯定答复后，他说，这位中国文化伟大的旗手总结中国历史仅两个字：吃人！简直就如两声炸雷，我直到这把年龄才顿悟，人生的一大憾事啊！

10年前，志勇的母亲病逝后，眼看着父亲如五雷轰顶，垮了，一时间精神迷乱，居然异常坚决地打点行装决意出家，而且执信之诚，奉献之切，在志勇看来已达走火入魔之境。尽管如此，他不敢稍有怠慢，也就真的陪他考察了远近不一的数处庙宇，结果却不遂愿。所到之处，善男信女无不是摩肩接踵，如同赶集，一炷香少则几十元，多则上百元。他想，快速发展经济，根本不用投资建厂，修庙即可，只要有了庙，就不愁钱财滚滚而来。看看那些稍有名气的庙，就是弱智者也会明白。民众大把大把上钱尚可理解，贪官污吏也趋之若鹜就殊难猜测是何种心态了。

老人因此大为伤怀，他目睹大殿上的出家人眉飞色舞地对着手机神侃，更是不悦，佛门弟子，身处净土，本应一心修行，怎能如此？当他听志勇讲一住持在城区购豪宅，养情妇，涉嫌诈骗被公安局通缉追捕一事之后，更是心灰意冷了。哀伤地叹曰：山寺微茫背夕曛，鸟飞不到半山昏，上方孤磬定行云。试上高峰窥皓月，偶开天眼觑红尘，可怜身是眼中人。观堂先生这首《浣溪沙》甚得我心！高山大川无数，竟难觅寸尺净土，我重生沙门，戒修苦行之愿看来休矣！但我这岁数，行脚托钵，云游天下也太老了些啊！

老人彻底打消出家打算，是因为在考察途中遇见一位老和尚所致。那天秋高气爽，阳光洗练。父子二人颇为绝望地离开山里人声鼎沸的大庙，在路人指引下，来到一处山洼，下车沿小路徒步了半小时，才看到了三间快要倒塌的老房子。走近，发现极为洁净的院子里一株老松树下，一位老和尚正在蒲团上打坐，好半天他才起来，行佛教礼，两位施主，有何事需老衲帮忙？

志勇打量着老和尚，袈裟破旧，居然还打着补丁，但十分整洁。他脸面清癯，双目透明。老父问如何在此独身修行，他用满含慈悲的声音回答，施主，大庙本是佛门净地，现已成旅游赚钱之处，红男绿女，风尘滚滚，如何能潜身修行？老衲故来此清静之地。只要胸中有佛，何处修行皆可。

从山里回来后，父亲向志勇提出，在学校的楼房住太乱，既不能仰望星空，又不能承接地气，人死得快。你如果想让我多活几日，无论如何得想个办法。志勇立即照办，费了不少周折，在距学校不远的河对岸的村子买下一个院子。老人大喜过望，不到半年就把足有三百多平方米的院子弄得有花有草有树，还有微型假山，小桥流水，如世外桃源一般。他坚持自己独居，并对志勇说，我喜欢静，而且现在完全能自理，真要不能动了，再议。

志勇想，真的醉心于佛教，沉浸灵休，或许还真是别有一番天地呢！

"王老师，"白雪对身旁的丰收说，"我看电视节目，有个富豪抛弃了年轻的妻子，而且还不给生活费。据说你们代理了这个案子，为其张目？"

丰收淡淡一笑，"这类节目你也相信？"

"到底有这事没有？"白雪板起脸，一本正经地追问。

"确有其事，但电视上所言仅是一面之词，甚至是颠倒黑白。"丰收边吃边说，"现在的记者非常喜欢胡说八道，以造成轰动效应，从中赚钱。"

"这只是你的看法。"白雪一副挑衅之态，"我认为你们的所谓的代理是为虎作伥。"

"这话言重了吧？有钱人也不见得都是坏人哪！"丰收端起酒杯，"来，我敬你一杯吧。"

"你俩说什么呢？"老人问。

白雪立即答道：“爸，他们支持一个富豪抛弃年轻妻子。现在的律师总是站在有钱人一边，原因就是为了钱。”

“我说师母啊！”一明笑嘻嘻地说，“现在是市场经济，从经济角度考虑，律师无疑都愿意成为有钱人的一方，因为他们才能付得起较高的代理费嘛！否则律师靠什么生活？”

“那也不能为了钱替坏人张目！”白雪愤愤然。

“为了钱就一定会替坏人张目吗？这从逻辑上讲不通嘛！你不搞法学，对案情又不清楚，不能如此定论。”

志勇看白雪脸上阴云升起，知道她的拗劲上来了，因为她最恨人说她不明白、不懂。因为她自信这个世界上没有她不明白的事。这种状态下，没准就会把丰收和一明弄得下不来台。他赶忙打圆场，“这事复杂，一两句话说不清楚。”

老人说：“我是跳出三界外，不在五行中的人啦。只希望你们要多做善事，即使做律师也该如此。”

“明白，明白。”志勇说。他清楚老爸根本就无心世事，极少看报，除了看看中央电视台的天气预报，绝大部分时间就是读经、打坐、养花弄草。

“我早就告诫过你，所谓律师不能算是个好职业，历史上恶名昭著，包揽词讼，操刀弄笔，串通衙门，从而取财，被称为珥笔之民。你不听，说什么现代法律云云，而现代法律真的就能带来公平正义了吗？”老人平静地说，“其实佛法才是宇宙间的大法，佛法无边。”

白雪顿时来了精神，“爸说得太对了，所谓的律师无非是有钱人的工具罢了。爸爸讲得精辟，你好歹也是律师事务所的领头人，可不能为了点钱就把大家往邪路上带啊！”

听这话，志勇像重重挨了一记掏心拳，想说什么，欲言又止。

“师母放心，张主任绝对是当下少有的正派人。再说，我认为你言过其实了，律师既不是天使，也不是恶魔，也就是普通人而已嘛！”一明说，“张主任绝对是有佛心、无佛面的人。”

“你还替他辩解，我看他心里只有钱，哪有佛啊！”白雪不冷不热地说完，又恨恨地转向丰收，“就说你们代理的案子吧，把姑娘一脚踢开，生活费都不给，这是什么道理？”

“也许应该有所补偿，但她要求的是100万。”丰收不动声色，“这就太过分了，讹诈钱财嘛！”

“青春是无价的，100万对于青春来说算什么。”白雪讥讽道，“难道说100万就能买到青春？”

“好了，好了，不讨论这事了。”志勇端起酒杯，“感谢大家来为家父祝寿，来喝了这一杯。”

“我看你除了喝酒表示感谢以外，就没有别的方式了。大家多吃点，我以为酒还是要少喝。”白雪说，“爸，我说得对吧？”

老人笑而不答，“孩子们，我给你们讲个故事吧。”

大家的目光都集中在老人气定神闲的脸上。他不紧不慢地开讲：“禅学里有一个苏东坡与佛印的小故事。一天东坡与佛印辩论，他问佛印：你看我像什么？佛印端详，回答：像佛。东坡又问，你知道在我眼中，你看起来像什么？佛印微笑着问：我像什么？东坡说：你看起来像堆牛粪。佛印微笑无语。东坡很得意地以为自己赢了，回去告诉苏小妹：我今天终于辩赢了佛印那个老和尚。苏小妹听了经过后说：你输了。东坡问：为什么？小妹答曰：佛印因为心中有佛，所以他看你像佛，而你心中是什么？东坡无语了。”

大家静默了，白雪像是得了圣旨，“你们明白了吧，爸爸的意思是，你们心中一定要想着多做善事，而不应为了钱，去替坏人说话。”

老人微微一笑，“我只是想让你们行事时记住，心存无边善念，路不会断头；手付举手之劳，缘不会尽头啊！”

院门开了，刘军搬着一盆兰花进来，放下花，说，刚出完庭，来晚了。说着冲着老人鞠躬，老爷子，晚辈给您老人家拜寿啦！

与刘军一同进来的陈燕把蛋糕递给媛媛，也向老人鞠躬。

七

朱华离婚案上诉中院6天后，志勇得知袁玫将主审此案，他两次打电话约她面谈，想与她交流，可她却推说忙。这让他心中惴惴然，也许她真的很忙，因为又升官了，现在是民二庭庭长，“副”字在两个月前去掉了。

周末傍晚，志勇打电话给李伟，问他明天是否出动。李伟显然是正在主持会议，只说了两个字：照旧。志勇明白，言下之意就是老时间、老地点。

第二天清晨，志勇驱车来到水库，停好车，沿小径下来，看到李伟已选好钓位，埋头整理渔具，距他十几米处有一红衣女人正把太阳伞扎进土里，打开。走近，居然是袁玫，世上的事有时就是怪，正所谓踏破铁鞋无觅处，得来全不费工夫。

“袁庭长也喜欢垂钓？”志勇问。

袁玫抬起头，洁白的脸上透出笑意，“噢，张主任，难道垂钓仅是男性的专利吗？”

“曲解我的意思啦！”志勇说着，朝李伟挥挥手，算是打过了招呼。

“听李院长说你俩是老钓友了。”她打开折叠椅坐下，从钓箱中取出鱼钩和钓线，“张主任这两天约我是想谈朱华上诉一案吧？”

志勇把手中的垂钓专用折叠椅打开，坐好，燃上一支烟，突然觉得面前的她有些不真实了，一身红色的运动服，在青山绿水间简直就像一团火，发型不再是简单的一个发髻，而是长发披肩，很是潇洒，显出成熟女人特有的风采，就像待摘的苹果。脸上挂着淡淡的笑意，而不是拒人千里之外的圣女状。

“我们的上诉状和有关证据你审查了吧?”他问。

“不敢妄称审查！这几天连续开庭，大致看了一遍。”她停止捆渔线，“说实话，这案子是有些棘手，倒不是因为‘一边倒’的媒体，尽管媒体能‘杀人’，关键是法理上有些复杂。”

“确实如此，西方有句名言，‘棘手的案件中，要么诞生伟大的法官；要么创造恶劣的先例。’请恕我直言，作为此案的审判长，你可以有很大的自由裁量空间。”他停了片刻，“此案的关键点，在于婚前协议是否有效。关于这一问题，你作为我信任的法官，我可以告诉你，前几日，我在北京与最高院的法官和著名专家探讨了一番。”

“是吗?”她很认真地问，“他们什么看法?”

“从法理上讲，本案的婚前协议确实与《婚姻法》立法本意相悖，我的导师也这样认为，只是目前未见过现成的判例。”

“能告诉我你找的最高院的哪位法官吗?”

“民一庭的南瑾。”

“你们什么关系?”

“大学同学。”

“明白了，我会认真考虑的。你的导师是哪位?”

当他说了名字后，她说：“婚姻法学的老前辈啊！我读过他所有的专著。”

他明确感到，南瑾和导师的观点对她触动很大。

“据李院长讲，你垂钓方式属‘神仙钓法’。”

“休闲而已，休闲而已，跟姜太公直钩钓鱼之境不可同日而语。我来帮你捆钓钩?”

“谢谢，自己来。”她熟练地捆着鱼钩，“据说你有很多传奇?”

“传奇？我?”他愕然，“试举一例。”

“你在律协当副手时，竟敢行文，令全市律师罢辩。”

“多少年前的事啦！那时年轻，血气方刚。”

“如果现在遇到类似的情况，还会像当年一样吗?”

“你稍加注意就会发现，现在的刑辩律师与集体罢辩相去不远嘛！还用行文吗?”

她沉思片刻，“你代理公安警察刑讯逼供一案时，在外地居然会拳脚相向，大打出手，而且据传你还会武功？大学教授来这手，我实在是不能想象。”

“武功谈不上，只是奋起自卫。那你一定知道，我被暗算、车被砸的事吧？因此，我以为，鉴于律师执业环境险恶，律师们还真应该认真习武练功，最好练‘金钟罩’、‘铁头功’，直练到刀枪不入才好。”

她朗声笑了起来，“别说律师执业环境了，看看我们法官，被杀，被炸，被硫酸毁容的恶性事件还少吗？”

“现在天凉，水温低，鱼不活跃，不会咬钩的。我先上山挖些山韭菜。”李伟走过来，手持一把军用小铁锹，“嘿，两位现在还没支家伙，干什么呢，是来钓鱼放松还是来谈案子？伟大导师列宁教导我们，不会休息就不会工作嘛！”

志勇站起来，“伟大导师列宁？前些日子，我可是听我们所的王律师讲，最新的解密材料披露，列宁是德国间谍。”

李伟说：“早就有这种说法，真假难辨，历史真相到底是什么，恐怕也是见仁见智吧。不说了，谁上山？我知道哪个地方山韭菜丰美，这可是确凿无疑的。”

八

无边的黑暗中，志勇摸索着打开床头的灯，看小闹钟显示的时间是凌晨3点10分。

妈的，这痔疮真是厉害！他恨恨地骂了一句。与此同时，真切地体验到，一阵阵针扎般的钻心剧疼由屁眼升起，并汹涌波涛般扩散开来，从上到下，灌注全身，而且是一阵紧似一阵。

他咬着牙坐起来，披件衣服，下床，扶着墙一步一步挪到妻子的卧室，开灯，蹑手蹑脚打开小床头柜的门。

“发什么疯，吓死我了。”白雪忽地坐起来，睡眼蒙眬地大叫一声，“梦游还是诈尸？”

他惊得一哆嗦，“找药，痔疮犯了。”

“酒喝得太少，烟也吸得太少，再多灌些多吸些就没事了嘛。”她烦躁不堪地讥讽完，又轰然倒下，拉被子蒙住了头。

他找到痔疮膏，关灯，扶着墙摸到卫生间，急不可待地洗干净，涂上药，如同濒死的人抓住了救命稻草。然后，又扶着墙一步一步挪回来，把自己轻放在床上，焦急地期盼奇迹出现。一分一秒地过去，半个多小时后，胀疼依然如故，肛门处像是塞进一个滚烫的铁球，似乎还能隐隐听到炙肉之声。这下他彻头彻尾地绝望啦！暗暗叫苦不迭，只有等天亮再做打算了。

深深的悲哀从心头涌起，漫卷开来。自己在受煎熬，走炼狱，她却没事人一样安然入睡，连一声问候都没有，这他妈的还是一家人吗？现在两人的距离仿佛越来越远了，外在的物理距离肯定开始于内心的距离。年轻时，两人总是相拥而眠，那时，她还撒娇，如果不在你怀中，怎么也睡不踏实嘛！后来，分被窝睡；再后来，分床；最终是分房间。她的理由倒也能拿到桌面上，实在不能忍受你打鼾，令我心惊肉跳。但问题的关键是，打鼾的毛病年轻时就有了啊。

他记起在农场的日子，她发现他举步维艰，立即问怎么回事。他不好意思说，但在她追问下还是告诉了她。她心疼得掉泪，又是跑到城里买药又是请赤脚医生，还和要好的女生抽空帮厨，刷锅洗菜，蒸窝头。更让他难忘的是，夜晚，她会来到四处漏风的土屋里坐在床前陪他到天亮。遥想当年，一个党委副书记的公主竟然委身于右派的儿子，在那年月里，需要多么大的勇气啊！后来，她的抉择更是令他终生不忘。她在中州大学读硕士期间，其父上调北京一所大学任党委书记，举家都到了北京。她拿到学位后面临两难选择：一是与家人团聚，其父甚至还答应将志勇调过去；二是当时志勇刚到中州大学任教，作为独生子，不忍离开父母；最终，她毅然留在他身边，结婚，生子。他痛苦地想，彼时的她去了哪里了呢？

志勇看窗外微明，咬着牙从床上挣扎起来，正在梳头的白雪见他龇牙咧嘴的样子，不冷不热地说："这就是你酗酒吸烟的恶果，去医院吧，挺不过去的。"

"这就准备去呢。"

"你自己可以吧？"

他当然希望她一起去，至少可以帮忙挂号交费什么的，但看她脸上满是幸灾乐祸的嘲讽，顺嘴说："可以，反正是手脚开车，又不用屁眼。"

"真恶心！你不觉得这话很粗俗吗？"

"我本来也不是什么高贵之人。"

"不高贵并不可悲，可悲的是自甘堕落。"

"我已经堕落到最底层了，再堕落还能怎么样？"

"下地狱吧。"

"地狱坏人太多，恐怕容不下我啊！"

"你还自以为是好人哪！披着大学教师外衣的讼棍罢了。你们竟与抛弃年轻妻子的黑心富商沆瀣一气，良心都让狗吃了。人没脸，树没皮，活着还有意思吗？"

"确实没意思，这些天正在找绳子上吊，但又唯恐绳子假冒伪劣，死不成再摔成残疾。"他突然感到钻心的疼一阵紧似一阵，无心与她打嘴仗，便悻悻然出门，扶着栏杆从二楼下到一楼。坐到车里后，大喘了几口气，刚想打着车，又停下来，伸手把座椅调低，因为他感到屁眼里炙热的铁球越来越大啦。

九

初冬惨白的阳光从玻璃窗映进来，照在志勇少气无力的脸上。

"怎么不早点打电话告诉我们？"一明说，"让我们来陪陪老兄嘛！"

半躺在病床上的他咧嘴笑笑，"你们都太忙，我本想手术也不大，不就是个痔疮嘛！可谁知……这他妈的哪是医院，简直就是屠宰场。手术还没做完，麻药的效力就没了，几乎把我疼死，操刀的大夫居然还讥讽我不坚强，真他妈的伤天害理哪!”

“听护士演绎，你的惨叫声震动整栋大楼，是真的?”丰收问。

“舌头都咬破了，满嘴是血，那种疼让你明确感到生不如死!”志勇心有余悸地说，“当时跳起来杀他们的心都有了。”

“坊间段子曰：‘医生见死不救，草菅人命，越来越像杀手；杀手出手麻利，不留后患，越来越像医生。’”丰收说，“这些市井流传的段子精准、过瘾，颇具乐府和元曲的味道，很有表现力。”丰收转向志勇，“耿总还一个劲儿地埋怨你不早打个招呼，他的朋友是这所医院的院长。”

“谁料到这么惨烈!”志勇说，“耿昌一来，医生护士可把我当成大熊猫啦，这才让我有了医院的感觉，而不是误入了黑店，成为任人宰割的羔羊。”

“你呀，性格使然，这就是死要面子、活受罪。”丰收说，“也就是一个电话，举手之劳嘛!”

“朱华案件何时开庭?”志勇问。

“后天。”丰收说。

“准备好了吧?”

“基本事实清楚，关键是从法理上辩。”丰收说，“对方的律师很牛啊。”

十

丰收仔细观察，发现兰珊确实年轻美艳，一袭黑色衣裙，更衬托肌肤的雪白，长发略显凌乱，不知是有意为之还是顾不上梳理。她正用沙哑又富有魅力的嗓音声泪俱下地控诉朱华的种种恶行：婚前百般诱惑勾引，骗她上床；婚后对她不管不问，夜不归宿，在外嫖娼；现在又恶毒地把她抛弃了。一副深受其害，满腹冤屈，但又无助的楚楚可怜状。

听着看着，丰收蓦然记起西方美学史上一个著名故事，古罗马法庭审判一位妓女，罪名是她诱惑了一位名人。妓女无以申辩，情急之下，突然脱去了全身的衣服。这一脱的效果是爆炸性的，众人齐声发出惊呼，因为她的身体太美了，美得没有一个男人不动心，不想拜在她的足下。这就是她的罪吗?审判者为她的绝色所感动，当庭释放了她。进而又想起，中国古代一个类似但结局不同的故事，姜太公审判妲己，为她的美色震撼，惊为天人，不忍下手，只好用袖子挡住自己的脸，挥剑把她杀了。

幸亏此案涉及隐私，未公开审理，否则，她的表演不知要换取听众多少同情的泪水。法庭只是在法院的一个会议室桌子上摆了审判长、书记员以及当事人等的牌子而已。

朱华几次想打断她，但都被丰收制止。

她在如诉如泣的过程中，一会儿仿佛是心绞疼，一会儿又仿佛是偏头疼，

“现在，我的专业丢了，工作丢了，最美好的青春年华也奉献给了他。然而，他却如此待我，他拥有上亿的资产，但拒绝给我一点赡养费，这让我怎么活下去啊！我真的再无心活在这个弱肉强食的世界上了。”说着掩面哭起来，直哭得趴在桌上，浑身颤抖，让法庭消化悲痛欲绝的深邃意境。

丰收听着看着，心想，如果不是与陈燕一起费尽周折对她的所作所为进行调查，掌握其诸多证据的话，定会油然而生同情之心的。此刻，他只是为她的精湛演艺才能折服，暗自思忖，这年轻女人没去当演员，实在是她的命运不济，而且也是演艺界的不幸。她的演技还真是让人心动呢！

“再一次听了你的陈述，我得出一个结论。”丰收说，“你对离婚确实没有异议，对吧？”

兰珊抬起头，立即警觉起来，一双水汪汪的大眼睛盯着丰收，就像一只可怜兮兮受伤的正在舔着伤口的猫，猛然间跳了起来，露出了狰狞面目一样。“对于这样的男人，而且又是他抛弃我，我还能说什么呢？我虽然一无所有，但做人的起码尊严还是有的。”

“这就是说，你真心实意同意离婚？”丰收问。

“你怎么这样问，是他抛弃了我啊！”她尖叫起来，像被谁捅了一刀，泪痕斑驳的脸上挂着冷笑，锥子似的目光刺向丰收。

丰收深感她的冷笑极其毒辣，与她的年龄不相符，“我问的是你的想法，而不是你丈夫，请你如实回答。”丰收口气硬了起来。

她迟疑着，“我同意，不同意又有什么办法呢。”

丰收转向审判长袁玫，“这正是我的委托人的诉讼请求之一。所以，在此问题上，我们对一审判决毫无异议。”

由于是不公开审理，袁玫未穿法袍，只是着件法院统一配发的蓝色的西服，但即使如此，仍让丰收感到法官应有的庄严神圣。她看丰收一眼，不置可否。

“现在再追究这个问题已无意义，开始就你们的上诉，也就是兰珊的赡养费问题陈述理由吧。”兰珊的代理律师说。

这位女律师看上去精明强干，脸上的皮肉极为紧凑，显示出某种金属的特质，不知她的身体是否也是如此质感？果真如此的话，那就是她丈夫的不幸，抑或说这位丈夫有某种特殊的爱好。丰收不无幽默地想。不过，这女人确实有法学功底和实战经验，一审时她滔滔不绝的雄辩给丰收留下很深的印象。他知道，她的名字叫那柳，与其钢铁般的外表极不和谐，太过柔弱了。她名牌大学毕业，省城一家很有名气的律师事务所的高级合伙人之一，在律师界走动也有十余年了，擅长民事诉讼，尤其是婚姻方面的诉讼，名气很大，跻身全国政协委员，好像还是省妇联下面妇女儿童权益保障协会的名誉主席，号称是弱势女性的代言人和精神领袖。

“所谓的赡养费问题是本案的关键，但无风不起浪，凡事必有前因后果，孤立地看问题是不符合辩证法原则的。”丰收针锋相对，“再说，离婚与否和所谓的赡养费是紧密联系的。”

那柳冷冷地说：“这样说，我同意，如果没有原告提出离婚，姑且这样说，实际上是把兰珊抛弃了或者说一脚踢出门外。这倒也罢了，因为婚姻自由，这是我国《婚姻法》的基本原则。原告当然有权提出离婚，但是，既然如此，他就要履行婚前的约定。我的委托人身心已经惨遭伤害，我们不能看着无助的她在经济上再受损失，以至于流落街头吧。”

“我提醒那律师注意，律师在法庭上的责任是陈述事实，而不是宣泄情感，更不是道德说教之地。”丰收说，“是否履行婚前约定，有一个重要的前提，这就是要看约定是否合法?”

“请问原告上诉人，当时你和兰珊签订协议时，是自愿的吗?”那柳突然目光炯炯盯着朱华发问。

朱华看一眼丰收，“当时，正在热恋中，没想那么多。”

“不必解释，你只需回答是与不是即可。”那柳的气势咄咄逼人。

朱华想了想说：“当时是自愿的。”

“我提请法庭注意，这就说明，上诉人对婚前约定是真实意思的表示，我的委托人自然也是真实意思的表示。所以，这份协议是兰珊和朱华在平等自愿的基础上签订的，双方意思表示真实。”那柳说，“《中华人民共和国婚姻法》第十九条规定：夫妻可以约定婚姻关系期间所得财产以及婚前财产归各自所有、共同所有或部分各自所有、部分共同所有；夫妻对婚姻关系存续期间所得财产以及婚前财产约定，对双方具有约束力。同时，这份协议也未违反有关国家政策、法律规定，理应受到法律的保护。具体到本案，完全应履行一审法院的判决。”

陈燕发言了：“我们的意见恰好相反，我们的委托人之所以上诉，关键就是对这份婚前协议的有效性持异议。首先，双方在婚前或婚后完全可以对其财产的归属做出约定。但前提条件是，必须符合法律规定。就这份双方均是真实意思表示的协议来讲，其他条款先姑且不说，单就其中第八款的约定而言：朱华拿出100万元，存入银行，如兰珊提出离婚，此钱仍归朱华；如朱华提出离婚，此钱归兰珊。这也确实是双方真实意思的表示。但是，我提请法庭注意，仅有双方真实意思的表示，并不能证明约定的合法有效，这就像两个匪徒一拍即合密谋去实施抢劫的约定不合法一样，尽管二人也是真实意思的表示。正是这项关键条款违背了我国《婚姻法》的基本原则。”

那柳脸上掠过一丝惊讶，她盯着陈燕说：“我愿洗耳恭听。”

陈燕说：“首先，按该条款约定，如果兰珊提出离婚，即丧失100万元巨款。这无疑在实际上约束了她提出离婚的自由；其次，就100万元的性质而言，实质上成为维系双方婚姻的保证金，所以，该条款实质上限制，甚至是破坏了婚姻自由的基本原则。婚姻的基础是情感，而不是金钱。所以，我们认为，该约定应视为无效。”

那柳认真听着，脸上掠过一丝慌乱，显然是受到了震动，但她仍冷笑着说：“这太牵强附会了吧。婚姻自由固然不以财产为条件，但必然与财产有关联，根据双方的实际情况，尤其是经济上作为弱势一方的兰珊，征得原告的同意，双方做出这样的约定是符合常理的。按上诉人与兰珊婚前的约定，将上诉人财产的一小部分分割给兰珊，并未限制朱华的离婚自由。事实上，也正是朱华提出离婚的，这恰恰说明，100 万并未束缚他的离婚自由。”

陈燕傲然盯着那柳说：“上诉人不能因提出离婚，就丧失 100 万元，果真如此的话，就是对离婚自由这一基本原则的践踏，因为离婚的代价也太高昂了吧！”

那柳毫不示弱：“双方在自由平等的基础上所签订的协议，实质上是对婚前、婚后财产归属以及离婚时处理所做出的约定，目的是避免离婚时在财产处理上产生争执和矛盾，有利于社会稳定，理应得到法律的支持和保护。我的委托人还年轻，涉世不深，与朱华这样拥有巨额资产的人结婚，为了保护自己，签订这样的协议自在情理之中。如果此协议不履行，结果将是，弱者得不到法律的保护，强者反而得到纵容，这才是违背我国《婚姻法》的立法本意的。”

丰收说：“关于立法本意的问题我先不谈，本案中的这份协议实质上是一种赠予协议，将兰珊和朱华谁先提出离婚作为赠予是否成立的条件，而这一条件事实上限制了离婚自由。所以，应视为无效民事行为。至于刚才那律师大谈所谓弱者或强者的问题，我认为与本案无关，因为，法律面前人人平等，就是《婚姻法》的立法本意也不能超越这一《宪法》的基本原则。结婚时女方一无所有；离婚时满载而归。这就是那律师言的男女平等或立法本意，我如果没有理解错的话。”

陈燕说：“事实上，纵观本案中的全部过程，兰珊与朱华结婚前，一再要求签订婚前协议，这一行为的动机是保护自己，这在当时的条件下，是可以理解的，正如那律师所言，当事人年轻，涉世不深等。但是在婚后，当事人的行为就让人难以理解了，她原本是搞科研的，而且也有这个基础，为什么就辞职了呢？”

兰珊竖耳倾听着辩论，目光如炬，如同潜伏在暗处紧盯着猎物的猛兽一样。她脱口而出：“我身体不好，而且这也是经过朱华同意的。”

陈燕看着她，“你自称身体不好，我也愿意相信，虽然我不清楚你患有什么疾病，但我这里有你一个月内在精品店、高档酒店及高尔夫球场的消费清单及次数。也许这些活动对治愈你的疾病很有疗效？”

兰珊思忖片刻，“我不能总待在监狱一样的家里吧？”

“如果有病的话，应该待在医院。”陈燕说，“我再次问你，请你如实回答，你是否真心愿意与朱华离婚？”

“是他要抛弃我的，而不是我提出离婚的。”兰珊说。

“我只是问你是否愿意与他离婚，并没有问你谁先提出来的，请回答。”陈燕追问。

兰珊低头不语。

一直倾听辩论，良久无语的袁玫追问："请你回答愿意还是不愿意？"

兰珊抬起头，"事实上，我不愿意也没办法，是他坚决要离婚的。"

"尽管你没有正面回答我的问题，但你的行为已经回答了。"陈燕底气十足地说，"这就是你背着你的丈夫去医院做了人工流产，事后又亲口告诉了他。经我们调查，医院证明你的身体及妊娠一切正常。如果你不愿意和他离婚，而是真心想和他生活的话，能把你俩共同的结晶无情地舍弃吗？尽管你口头上没有提出离婚，但这一行为表明，你并不愿意和朱华共同生活下去了，而且这一行为的潜台词很明确，就是逼朱华与你离婚。所以，我提请法庭注意，原告这一行为及其婚后的种种行为，不能不让人怀疑她有借婚姻诈骗钱财的目的。"

"你怎么说出这样的话啊！我骗他？我逼他？你还是女人吗？"兰珊大叫，发呆十几秒，突然仰脸爆发出直直的干号，其声尖锐，似玻璃的摩擦，令人心脏紧缩。接着怒目圆睁，瞪着陈燕，大有把她一口吞下去的气势。片刻，她突然爆出一声撕心裂肺的尖叫，接着就是起伏跌宕的号哭，双手捂面，进而又像被踩了尾巴的猫一样，跳将起来，一屁股坐在地板上，双脚乱蹬，两手猛拍地板，"这是对我的侮辱，法官也不制止，真是没有讲理的地方了，这让我怎么活下去啊！"她翻倒在地板上，痛苦万状地打起滚儿来。

丰收冷冷地看着，想起家乡麦场上黑驴打滚儿的景象，只是黑驴是在痛快地翻滚。

"我死给你们看，我死给你们看，好人要冤死在坏人手里啦。"她声嘶力竭，猛地蹿起，姿态矫健，怔了一下，转身冲向电视机，看样子是想以头相撞。

两名法庭工作人员似乎早有准备，迅速上前拽住了她，她更加疯狂，双脚腾空胡踢，"朗朗乾坤，你们法官是干什么吃的，你们就不能替我申冤，真是没有我这弱小女子的容身之地了，我还活着干什么，活着干什么？"

"啪"的一声巨响，袁玫敲下了法槌，她声色俱厉，"请当事人注意，这是庄严的法庭，不是撒泼之地！"

兰珊被袁玫的气势震慑，顿时止住干号，快速眨着眼帘，眼珠滴溜溜转。

"请工作人员放开当事人，如果她再有此种情况发生，就是藐视和破坏庭审秩序，直接请出法庭。"袁玫的话掷地有声，"现在辩论继续。"

兰珊讪讪坐回原位。

那柳抢先说："对方律师的推论过于武断，我的委托人已把青春献给了朱华，却被无情地抛弃，如果不履行婚前协议，我的当事人怎么办？"

"我们并没有什么推断，只是陈述了事实。"丰收脸色如同冰冷的石雕，"我认为作为律师，应该保持理智，而大可不必感情用事。离婚赔偿制度，新《婚姻法》第四十六条是做了明确规定的。具体到本案，到底是谁造成婚姻破裂的，也即是谁有重大过错责任。就我们列举的证据来看，过错方完全在于兰珊背着丈夫去做人工流产。至于你所举证的朱华的过错，所谓的嫖娼行为，即使属实，只是过错，且不在《婚姻法》的调整范围之内。《婚姻法》已将严重地违背夫妻忠诚义务，对方有权请求损害赔偿的情形作了严格而具体的规定，即重婚、有配偶者与他人同居等。除此之外的不忠实，是一些轻微的不忠实，属道德范畴，不在法律的强制调整范围之内。所以，朱华与兰珊两人的协议所指的婚外性行为，并不在列举之中。我想问的是，兰珊嫁朱华的真实目的是什么？如果真的是为了美其名曰的爱情，她为什么背着丈夫打掉他们共同的孩子，而且她又清楚地知道丈夫希望要孩子的强烈愿望。据此，我们只能认为，她与朱华结婚就是为了钱财。”

“狗律师，你血口喷人！”兰珊跳起来，如同发威的老虎，扑向丰收，“我和你拼了。”

工作人员又一次抓住了她。

袁玫不耐烦地摆手，“先请当事人退庭。”

那柳看工作人员将狂呼乱叫的兰珊架出后，说：“无论怎么样，我的当事人在婚姻中已经付出了很多，包括青春。她理应得到补偿。”

“我国提倡男女平等，事实上，婚姻自由中也包括男女平等。”丰收冷笑，“兰珊在婚姻中付出了，就应该有所得；那么朱华也付出了，而且并不比她付出的少，应该怎么办呢？你的当事人所请求的青春补偿费实属无稽之谈，因为我国《婚姻法》中并无此规定。当然，你所说的赡养费在《婚姻法》中是有规定的。但具体到本案，我们认为也不合适，如果他们俩有孩子，而且离婚后，又由兰珊抚养的话，支付赡养费是正常的。现在要钱算什么？我看称之为遣散费也许更合适一些。”

“请王律师打住，这一问题已经辩论过了，不需要再重复了。”袁玫打断他的话，“双方如果没有新的证据的话，现在休庭。”说完，法槌落下。

十一

志勇感到屁眼像是着了火，又似有千万根针在里边翻滚奔腾，更让他心惊肉跳的是，一阵紧似一阵。他明白，肯定还得起来，否则后果实在是难堪。狠下心，咬紧牙，下床，扶着墙，一步步挪向卫生间。小心翼翼褪下裤子，取下卫生巾（大夫的妙招，因手术创面大，时不时渗血），战战兢兢坐在马桶上，只觉屁眼处如千刀在割，揪心的疼由此迅猛地扩散到全身的每根神经。他大口大口地喘着气，感到就要虚脱过去了。眼睛被什么遮住，用手一摸，湿乎乎的，这才意识到自己又是大汗淋淋了。

卫生间里静得可怕，只有滴水声清晰可闻，而且就在他的屁股下面。他猛然意识到，不是滴水，而是自己在流血。也不知过了多久，终于感到一丝轻松，便使出全身气力站起来，扶着墙挪出卫生间，大口地喘着气，望着黑洞洞的窗外，只见树梢的枝条不停地敲打着玻璃，噼噼啪啪作响，时急时缓，他蓦然联想到，这就像贫下中农的棍子击打在自己身上一样……初冬的西北风呼啸，有种要把整个世界席卷而去的气势。他突然感到，这个世界上仅剩下自己了，仅有自己在饱受着煎熬，于是，实实在在的孤独感潮水样涌上心头。

突然，门无声地开了，汪静进来，看他满脸大汗，哆哆嗦嗦靠墙立着，大惊失色，忙把手中的鲜花放下，搀扶着他的胳膊，“怎么就你自己，怎么就不给我打个电话呢?”

他心头一热，努力挤出笑意，“你好，这么晚还过来，你不是在北京吗?”

她把他扶到病床上，盖好被子，脱下红色的羽绒服，坐在床前，“你的手机关了，总也打不通，在车站给赵律师打电话，才知道你住院手术了。”她一边说着，一边用纸巾给他擦脸，“这病很痛苦，我爸爸生前被折磨得要死要活的。”

“能挺过去的，比刚做完手术时好多啦。”他故作轻松。

“怎么自己，也没人来陪陪你。”

“我自己能行。”

“看你的脸色，还嘴硬。”

他伸手摸自己的脸，挤出笑容，“很难看，不会是像木乃伊吧？天这么晚了，你休息片刻，就回去吧。”

她突然抓起他的手，贴在自己红红的脸上，“我不走，不走了。”

一股暖流涌上他的心头，生出迷途孩子找到了亲人的感觉。

“不许赶我走，明白吗？看你刚才都要晕过去了，还想赶我走!”她做出很严厉的样子，“你应该吃一个苹果。”

“还是不吃吧，麻烦。”

“怕上厕所吧，没事，我帮你嘛！等着，我去洗一下。”她说着起身从自己的包里取出苹果，走进卫生间。

他怔怔地靠在床头，想起妻子下午在病房的情景。

他手术那天，她来了一次，这是第二次。一进门就像个医学权威似的发表宏论，据大夫讲，手术很成功，不出10天即可出院。看她像个大人物似的背着手在宽敞的病房里来回踱着方步的样子，他不仅头晕，而且也懒得对她说自己的病痛了。说起他手术时的惨叫，她意思不明地笑了，“真的有那么严重吗？小小的痔疮手术至于吗？大夫讲，你的号叫直让他毛发倒竖。见惯了血腥与死亡的大夫都心惊胆战，要是常人还不被你吓死！我看你也太不坚强了，这点痛苦都不能忍受。如果在敌人面前，根本不用人家动手，你肯定叛徒一个。”她在半高跟鞋与地板碰撞发出很有节奏的嗒嗒声中，喋喋不休地数落着，“吸取教训吧，我苦口婆心劝过你多少回，彻底改掉喝酒抽烟的恶习，你就是当耳旁风，我行我素，这下好了吧，事实证明，这就叫自作自受，搬起石头砸自己的脚。我实在是不明白，这烟酒比你的健康还重要？真不知这次你能不能痛改前非。”

志勇心里烦乱不堪，嗒嗒之声如重锤般一下又一下地撞击着他的心脏，他全部的想法只有一个，盼她赶紧离开！终于，她说，你好好小病大养，无病呻吟吧，我要回去给你的宝贝公主做饭啦，有事打电话。她终于离开了，她好歹是离开了。

“发什么呆，快来吃一口苹果。”汪静用刀削一小块，送到他嘴边。

“自己来，自己来。”他想欠起身。

“不许动，你可是重伤员。”

水分十足又很甜的果肉滋润着他干涩口腔的同时，脑海深处出现了似乎是很久以前的场景，在农场发高烧卧床时，白雪也是这样喂他。

吃完苹果，她又伺候他服药，然后催促他洗澡，他坚决不同意，谎称中午刚冲过。她说，你是病人嘛，有什么不好意思的。看他坚决不洗，她就用热毛巾为他擦脸，又端来热水为他洗脚。一切完了之后才说，休息吧。他说，你走吧。她没动。

他还真是困意浓浓。当他再睁开眼睛时，一片蒙胧，窗帘缝隙露出一线青灰色。他感到身边异样，这才发现，汪静坐在椅子上，趴在他枕头旁呼吸均匀，睡得正香，一只小手还在他的手中。看她仅穿件黄色的毛衣，一阵心疼，这姑娘，要感冒的。他轻轻抬头，看到羽绒服掉在她背后，这如何是好呢？

她一个激灵，醒了，抬起头，脸色茫茫然迎着他专注的目光，仿佛还在梦中，“你看，我真差劲，来看护病号，自己倒先睡大觉，实在不称职。”

志勇伸一个指头放在她嘴上，目不转睛地看着她……

十二

丰收走进中级法院袁玫的办公室。袁玫放下电话，看一眼墙上的电子钟，“王律师真是准时。我还有个会，长话短说，合议庭几经讨论，又两次与一些专家交流情况，结果是基本采纳了你们的意见。判决书正在打印。”

丰收如释重负，“判决结果是什么？”

“维持区院判决的第一项，准予两人离婚；撤销其判决的第二项，即付给兰珊100万元人民币。新的判决是，朱华付给兰珊一次性生活费20万元。你认为如何？”

“噢，”丰收沉思片刻，“新判决的依据是什么？”

“这主要是考虑到兰珊已辞去了工作，现无生活来源，生活确有一定的困难，由朱华给予一定的帮助。对于婚前协议的问题，说实话，在法理上，大家看法不尽相同，尤其是协议是否有效各执一词。合议庭考虑到兰珊婚后的行为，对于上述裁定，大家的意见还比较一致。”

丰收思索着，“这也算合情合理。”

“这个案子看似简单，实际上在法理上相当复杂，专家们的意见也不尽相同。”

“确实如此，你作为本案的审判长，如此判决是需要勇气的，因为舆论导向大都是仇富，且同情弱者。我想问的是，你是否担心兰珊寻短见？”

“你认为她会吗？咬人的狗不叫，她如果真想死，还会如此高调？”

“还是我们的张主任说得对，你是敢于公正执法的法官，我的看法亦然。”

“承蒙你们大律师的肯定，事实上做一名严格按法律判案的法官很不容易，我们也是普通的人。”敲门声打断了她的话，“请进。”

年轻的女法官进来，“袁庭长，判决书打印好了，已加盖了公章，通知当事人吧？”

“好。”袁玫接过判决书，“上诉方就不用通知了。”

女法官走后，丰收说，“事实上，婚前兰珊是否利用色相勾引朱华，这个问题确实不好认定，但她婚后的行为却表明，她确实是通过婚姻诈骗钱财。”

“这点合议庭的意见比较一致，但她的行为至多属道德范畴，并不违法。”她摇着头，“现在的姑娘可真是厉害！”

“你们这样判，我认为既合法，也合情理，只是朱华的经济损失偏大了些，不过话又说回来，这也是他为自己的行为应该付出的。”

“你在庭审中的高论，还真是让我长了不少见识。空闲时，再请教你！”

“不敢，不敢。”丰收站起来，“这个案子你费心，谢谢了。”

她与丰收握手，“王律师客气啦，我是依法判案，再说，通过这个案子，我很受启发。”

丰收心生感慨，多些这样的法官就好了！他在一楼出了电梯，穿过大厅，走到停车场时，看到那柳从旁边的车中出来。

她也看到了丰收，落落大方地说：“王律师，你好。”

“你好，来取判决书，想必你已知道判决的结果了。”

她似笑非笑，“我预感到要败在你手里。”

“哪能说败在我手里，我们都是法律的捍卫者嘛。”

“你这可是冠冕堂皇的大话啊！”

“愿听指教。”

“说句实话，袁庭长是我见到过的最为正直的法官，更为重要的是，对于这样的判决，我真的是说不出什么。这一公正的判决表明，我至少为我的委托人争取到了部分利益吧。”

“确实如此，你的委托人对这一判决怎么看？”

“基本满意。”

“基本满意？她真该知足了，20 万元，还有价值 30 万的车。结婚满打满算，还不足两年嘛！一年就净赚 25 万，值。”

“这可不像教授说的话，倒像是精于算计的商人。”

“事实上，我们律师在很大程度上就是商人，追求利益的最大化。同时，以形式理性为显著特征的现代法律基本是把情感因素排除在外的。”

“我还想告诉你的是，你和陈律师在法庭上的辩论很精彩，我佩服你们。”

“那律师过奖了。我想说的是，你的当事人的表演才称得上精彩，令人震撼，她真的该去当演员。”

“这话太损了吧，每个人都可以用自己的方式争取自己的利益，为什么非要用道德去苛求呢？再见，改日一定登门请教。”她说完，偏头捋一把不长的头发，转身而去。

望着她急速离去的背影，丰收微微一笑，转身打开车门，坐进车后，拿出手机打通朱华的电话。

第十二章

> 如果我们不维持公正，公正将不维持我们。
>
> ——弗朗西斯·培根（英国哲学家）

基本案情：

建筑公司副总经理牛建国与他人计划承建师范大学教学楼，中标后，该公司总经理吕刚提出入股该工程。牛建国向纪检委举报：吕刚向他索要20万元，否则就不在合同上签字，迫于此，他将10万元送给吕刚，吕刚收下后，据为己有。为此，纪检委将吕刚“双规”，后移交检察机关。检察院以索贿、受贿遂将吕刚刑事拘留，进而逮捕，向法院提起公诉。

被告律师辩护意见：

被告吕刚所收10万元是原告毁约后的补偿款，而不是受贿款，不构成犯罪。

一

宽敞的大客厅，色彩雅致的波斯地毯，硕大的真皮沙发，50英寸进口电视，无不显示房屋主人——刘军的气派。早在5年以前，他眼看着与妻子方宏的关系不可挽回地发展到视同仇敌的状态后，就以律师的精明，正确地预料到，婚姻最终破裂只是早一天晚一天的事。所以未雨绸缪，先给自己找个栖身之处就成了首要问题。但由于钱不凑手，直到一年前，才如愿以偿，购得并装修好了这套位于河滨的高档公寓。为此，他付出了很大的代价，不仅花光了多年来自己千方百计如特工般积攒下的400多万元私房钱，而且还欠了几十万元的外债，不过这代价与拥有这舒适窝的踏实感相比，则完全可以忽略不计了，这就是他此时此刻的感觉。

从广州参加律师论坛归来，飞机刚落地就给陈燕打了电话，舒舒服服地冲完热水澡，洗去一身旅途的疲惫，神清气爽之际，陈燕就过来了。

水晶吊灯柔和的光线中，他身着睡袍，靠在沙发中，凝视着身旁的她，“外出这几天，真想你。”

她啜一口浓浓的咖啡，说：“是真心话吗？”

事实上，她非常清楚面前这位眼冒情欲之火的男人是深爱自己的，但说不清为什么，还故意这样问他。

早在一年前，出于女性特有的本能，她就敏锐地感到他看自己的眼神不同寻常，协助他办案的过程中，他的言谈举止又无疑证实了猜想的正确。因为他的话题涉及婚姻家庭领域，并自觉或不自觉地倾诉自己的苦衷，夫妻感情已经恶化，妻子种种恶行已经逼得他走投无路了。在她的印象中，他是位顶天立地的男子汉，但万没料到他内心深埋如此痛苦，而且心地还有极为细腻柔软的一面。

那是一个大雨瓢泼的夜晚，她在所里刚准备休息，他仿佛从天而降，突然就出现在她面前，并献上一束娇艳欲滴的红玫瑰。她万分惊讶，问何故。他说明天是你的生日，本该届时再给你惊喜，但要到外地会见被告人，只有提前祝你生日快乐了。她问怎么知道这个日子的。他手足无措，腼腆笑着，对不起，未经允许，我看过你的身份证号。其神态与他刚烈之风大相径庭，令她大为吃惊，并怦然心动。

3个月前，她和他一起应酬法官，看他喝得偏高，开车送他回所里休息，当她要离开时，他情不自禁地抱住了她，震惊之余，她没有挣扎，他得寸进尺，更冲动地抱紧了她，随之就是澎湃的热吻。她感到无力拒绝似乎也不想拒绝，他更加疯狂，手伸到她胸前，脱她的衣服……他像一团燃烧的大火，熊熊烈焰，令她头晕目眩，身体兴奋起来，不由自主地配合着他越来越猛烈的动作，潮水般的快感将她淹没。大潮退去后，她恍恍然不知所以，眼中溢出泪水。他惊呆了，突然跪在了她面前，说自己醉了，请求她原谅，哭得像个孩子。她忍不住哄他，就像哄孩子一样。他对天起誓，只要她不嫌弃，他一定娶她。她不置可否。后来，她想，自己也喜欢这位男人，但在内心深处，又总觉得他并不是能把一生都托付给他的那种男人，他身上似乎少了点什么，到底少了点什么呢？她百思不得其解，后来顿悟，志勇在她心中的位置竟然是那样的牢固，镌刻在心上一样。

刘军从身旁的包里取出一个精美小盒子，打开，递到她面前，里边是一条金光闪烁的手链，“给你的小礼物，也不知你喜欢不喜欢。”

她接过来，取出，端详，“真漂亮，谢谢你了。但你要向我保证，以后绝不允许为我破费，不然我就不收了。”

“我保证，下不为例。”他目不转睛，“参加律师论坛期间，想你，就买了。”

她举起咖啡杯子，笑吟吟地说：“欢迎你平安归来。”

他握住她的手。

“我真想你。”他轻声说。

“我也是。”

他猛地把她抱在怀中，热吻起来，直把她亲得透不过气来。当他急不可待地反手伸进她怀中时，茶几上的手机不合时宜地唤起来。他说，别管它，别管它。但她还是腾出手拿起手机递给他，他接过，气急败坏地说，“刘军，谁？噢，噢，张兄，你说吧。”他听了片刻，“那好吧，我一个小时过去，再见。”

她笑笑说：“张主任这电话来的可真是恰逢其时。”

“真该把这破玩意儿摔了！无论在任何角落，就是天涯海角也能把你缉拿归案。现代科技给我们带来方便的同时，毁了多少乐趣和诗意，而且还带来了对人的摧残和控制！”他叹口气，沮丧地摇着头。

她一边整理衣服和头发一边问：“有要紧事吗？”

“耿昌的朋友，建筑公司一个老总因受贿，被检察院起诉了，指名要我辩护。掌门和耿昌在酒店等我过去。”

“你准备上吗？”

他燃上一支烟，猛吸了几口，“既然咱们的掌门要求我，我还能怎么办？你知道，对于刑事辩护我早已经绝望啦，你看有多少刑辩律师都改了行。事实上，在刑事诉讼中，被告人确实需要，而且也有权获得辩护，这是实现审判公正，切实保障人权的基本要求。但实际上呢？据联合调查显示，刑事案件中，律师参与辩护率仅占30%左右啊！在广州开会期间，同行对此均是忧心忡忡，达成的共识是，刑事辩护越来越成为一项需要勇气才能从事的行业，充满了风险与挫折，而且收费低廉，就算是有丰厚的回报，也越来越构不成对大部分精英律师的吸引力，反倒是越来越多的精英律师弃之而去。这次去开会，如去年一样，又有不少熟悉的面孔不见了。”

“你不是正在转行吗？”

“是啊！但名声在外，退出很难。再说，不少看着就是明显的冤假错案，不去做，我的良心上还有点过不去。这还在其次，关键是咱们的掌门一有要案，总想让我上，你知道，我确实也推了不少案子，驳了他的脸面，他心里肯定对我有看法，只是不直说罢了。耿昌出头的案子，实在是不好意思不做，掌门和耿昌是什么关系你也清楚。难哪！”

她无语良久才说：“我和你一起上这个案子吧？反正我协助赵老师办的合同纠纷案已近尾声了。”

“别蹚这浑水，应该向一明学习，尽可能多地参与非诉讼法律事务，听我的话，这才是你的发展方向啊！”

“你的心我领了，但这个案子我一定跟着你。”

他又紧紧抱住她，亲她。她笑着推开他，说：“怎么总想这事，我们有的是时间嘛！”

二

被告吕刚的妻子，一位披头散发的中年妇女正声泪俱下地哭诉："我们家老吕被纪检委放回来不到两个小时，检察院就把他带走了。他们像土匪一样，把我们家翻了个底朝天，抽屉、柜子凡是带锁的全别了，地板也撬了，恨不得挖地三尺啊！老吕犯了什么法？还不是那个牛建国。"

"请你冷静点，"刘军打断她的话，"你们既然让我们代理，为吕刚辩护，就应该把事实说清楚，感情用事，解决不了问题的。"

吕刚的女儿吕芳是一位容颜清秀、身材颀长的姑娘，忧郁地说："对不起，对不起刘律师，我妈实在是气不过。"她把纸巾递过去，"妈，你就不能冷静点，你这样讲，谁知道是怎么回事，还是我来说吧。"

刘军说："主要讲事实。"

吕芳说："我是公司财务部的会计，据我知道的情况，牛建国确实给了我爸钱。但前因后果是这样的：牛建国中标后，因资金不足，急着向我爸借钱。我爸同意了，但提出入股搞这一工程。他当时一口答应，还说，有钱大家一起赚。我爸费了好大的劲，筹好了300万，他却不着急了，后来干脆就明说不用了。我爸很生气，说他不守信用，一个多月过去，你说不用就不用了，我可是要偿还利息的。他说，我会给你补偿的。他们争吵时，三四个人在场。后来，他给了我爸多少钱，我不知道。但无论多少钱，我认为这是他因不守信用给我爸的补偿，怎么能说是受贿呢？"

吕妻忍不住又插进来，"你们听听，你们听听，牛建国他血口喷人，不把老吕送进监狱他不甘心哪。"

"妈，你让我说完好不好！"吕芳急得满脸通红，"打官司要的是证据！"

"我说的是不是实话？这不是已经把你爸弄到监狱了吗？"吕妻嚷着。

陈燕打断她，对吕芳说："这样吧，你把你所知道的，都如实写出来，一定要把时间、地点和有关人员写清楚。"

吕芳点点头说："我已经写了一部分了。"她又转向刘军，"刘律师，你是有名的律师，我爸和我们全家现在就全靠你们啦。"

刘军说："我们会尽力的。"

吕妻仍喋喋不休："刘律师，我们现在无依无靠，老吕一被抓起来，平时和他好的，巴结他的人躲得远远的，托他们去看守所给老吕送点东西都难。原来和他关系不怎么样的人更不用说了，都高兴疯了，恨不得老吕早死呢。要不是人家耿老总，我们连个好律师都找不到啊！你说，这是什么世道啊。"她突然停住，两眼瞪直，像是突然看到极为可怕的东西，嘴巴洞开，却没有声音发出，身子一歪，颓然倒在沙发上。

"妈，妈！"吕芳惊呼起来，"我妈的心脏病犯了，快打'120'！"

三

刘军和陈燕在看守所的会见室隔着铁栅栏见到了吕刚。他在光光的脑袋的衬托下，更显出满面皱纹的深刻与萧条，还有眼袋的沧桑。得知两人的身份后，灰蒙蒙的眼中闪出一丝希望之光。

他异常坚决地否认了检察院对他的指控，然后又冲动地指责检察院违法办案，审讯时对他威胁恐吓。

刘军问："这我就不明白了，如果没有什么过节，牛建国为什么会举报你呢？"

吕刚仰起委屈又充满疑惑的脸，深深的皱纹里透出的是无奈和绝望，他说："一个'权'字啊！钱根本不是问题，区区十几万块钱，对于他来说根本不算什么，他要的是权力，是急不可待地坐上我这把交椅。他当副职近10年之久，实在是等不及了。唉，我怎么就没想到这一点呢？实际上，我也快退休了，这把交椅非他莫属，可他就是等不了，竟然下这样的毒招！真是把我害苦了，我女儿的婚事也泡了汤。早知如此，唉！"说着，老泪纵横，泣不成声。

刘军盯着面前绝望的阶下囚，觉得似曾相识，突然记起，这位还是市政协委员呢。自己作为市政协委员曾与他一起开过会，而且还去过他公司参观、座谈。他那时的气派宏大，"大奔"伺候，很是牛气。

陈燕说："你冷静些，我们关键是想搞清楚你是否受贿的问题。还是具体说案情吧。"

"是，是，"吕刚说，"我现在的全部希望就寄托在你俩身上了。"

"不是寄托在我们身上，"刘军说，"而是要寄托在法律上。"

吕刚苦笑着摇摇头说："法律是人来用的。"

一个半小时后，刘军和陈燕一脸阴云地从看守所出来了。上车时，陈燕问，你说，他既然没有索贿、受贿的意图，为什么又要向纪委和检察院认罪呢？

刘军开着车，长叹一声，"你还年轻啊！人一旦到了那种极端环境，能顶住的人少之又少，也许有，但在我的办案生涯中还极少遇见过。人毕竟是血肉之躯，毕竟有七情六欲。我听人讲办案人员有的是招儿，其中之一是不让睡觉，既不打，也不骂，如此不用三天，你不精神恍惚，那你就不是人了。"

"真让人毛骨悚然。"她摇着头，"遏制刑讯逼供，喊了这么多年，怎么就不能从根本上杜绝呢？"

四

"事实上，这个案子从法律角度讲并不是特别复杂。"刘军说，"当时，牛建国中标后，需要向工程方缴纳信誉保证金600万元，他因资金不足，找到被告，被告同意为他筹了300万元，条件是入股承建这一工程。牛表示同意。10天后，被告筹好钱后，牛却称，暂时先不用，等等再说。又过了20天，被告再提此事，牛说，已筹到钱了，而且他的合伙人不同意被告入股。被告说，你说话不算话，双方发生争执。牛及其合伙人表示歉意的同时，表示给予补偿。后来，他们履行了承诺，给了被告10万元。”

“噢，证据确凿吧？”志勇从皮椅上站起来踱步。

“我和刘老师跑了几天，询问了当事人和知情人，证据基本没问题。”陈燕说，“我们律师取证真是难！尽管律师法对律师调查取证有明文规定，但实际上律师的取证权仍是形同虚设。”

“是啊！”志勇长叹一声，“律师取证不是公权取证，而是私权取证，不仅难，而且风险很大。第三〇六条还时常被公权者利用，成为打击报复律师的行之有效的手段。我曾认真考察了世界两大法系，没有任何一个国家有这样的规定，只有西班牙的刑法有一个相关的规定，是个例外。好在你是跟着刘老师办案，你要多向他学习。”

刘军摇头，“我能有什么好办法，也同样是战战兢兢、如履薄冰嘛！本案的关键是被告人的行为究竟是属于索贿还是要求补偿？从目前现有的证据来看，我们认为属于后者，但问题之所以复杂，关键在于法律之外。”

“这我知道，据耿昌讲他要取被告而代之，建筑公司的人好像都知道。”志勇说，“这也可以理解，想进步嘛，但这种手段也太毒辣了。”

“权力之争，肯定是你死我活。你知道，这事市纪委先介入，后又移交检察院。按你的要求，我们向检察院申请办理吕刚取保候审，但被拒绝了，理由看似很充分，他们称，吕刚态度恶劣，而且在‘双规’期间又有跳楼自杀未遂的行为。当然，这些和法律无关，我就不说了。仅是第一次开庭，审理程序肯定就有问题。”刘军愤愤，“我们要求公诉人提供审讯被告人的录音录像，他们竟然以涉及国家机密一口回绝。你想，被告既不是掌握国家机密的要员，案件涉及的工程也不是军事工程，仅仅是三座教学楼而已。更让人感到可笑和不能容忍的是，他们竟称涉及个人隐私。实在是胡闹嘛！再次开庭他们还玩什么花样，现在难以预料。”

“张主任，公诉机关实在是欺人太甚！控辩双方根本没有平等可言。我同意刘老师的意见，你做做法庭之外的文章吧。”陈燕说，“刑庭梁庭长是你的得意门生，他是这个案子的审判长。”

“我已经和梁栋沟通过了，并约他一起吃晚饭。”志勇看一眼墙上的钟，若有所思地说。

梁栋是志勇1996年带的研究生，在他心目中，这位学生不仅是自己多年来所带研究生中品行最为优秀的一位，而且还是不可多得的优秀法律人才。毕业后在他的极力推荐和运作下直接进了法院，从普通法官一步步走到现在这个位置。他对志勇的帮助自然是心存感激，10年来一直与老师保持着密切的联系。

“还有一个很棘手的问题，此案的知情人，即牛建国的合伙人马小东，我们反复做他的工作，但他铁嘴钢牙，什么也不肯讲，别说出庭作证了，连一纸证言也不出。”刘军愤愤地吸着烟，“他开始说，求你们别再找我好不好，我还想多活几天呢！后来态度恶劣得如同龇牙咧嘴的狼，你们该去哪儿凉快去哪儿凉快，别让我再看到你们！如果你们再来，没准我就控制不住要动手了。你说这是什么狗屁话！”

“面对他这副德行，我们一点办法也没有啊！”陈燕无奈地说着，“我看他提起牛建国，就像是绵羊见到饿狼，怕得要死。”

“这位知情人很关键哪！”志勇踱着步，“让梁栋出面做他的工作怎么样？”

“没戏。”刘军说，“梁庭长已经明确告诉我了，马小东不愿作证，谁也不能强迫嘛！”

“如果是这样，真的很难办了。”志勇说。

“我的意思是，请耿总找他或许还有希望。”刘军说。

“耿昌？”志勇问，“你凭什么认为耿昌能让他出庭作证？”

刘军说，“我们与他谈话中，给我印象深刻的是，他对耿昌敬重有加，因为耿昌帮他筹的款。”

“噢，是这样，我明白了。”志勇说。

陈燕说：“如果马小东能出庭作证，对法庭肯定有决定性的影响，比其他证言重要10倍。”

“那我找耿昌一试。”志勇说。

五

黄昏时分，一辆轿车停在南湖酒家前，看似文质彬彬的梁栋下车，夹着皮包快步走进酒店。他刚进前厅，志勇就从沙发上站起来，“梁庭长，迟到了23分钟啊！”

“张老师，这可让我无地自容啦！学生梁栋来迟了。”他白白净净的脸上挂着腼腆的笑意，“大名鼎鼎的刘铁嘴，刘老师也在。这些天按上级领导的要求，走进社区、学校、企业了解民情，主动化解纠纷，忙得昏天黑地。实在是抱歉，让老师久等了。”

志勇拍着他的肩膀，“我断定你们的领导不是学院派，法官到社区、学校做什么？舰着脸问人家，你们有无经济纠纷，家庭是否和谐，要不要离婚啊，老人是否得到赡养啊，这简直是令人匪夷所思，我看你们是寻骂嘛！”

三人说笑着走进八号包间，坐定，精致的凉菜端上来，酒也打开斟上了。

“张老师，你今天设下的是鸿门宴吧？”梁栋扶扶眼镜，笑容可掬，“不过说实话，真的是鸿门宴，学生也是一定要来的。”

刘军眨着眼睛，“鸿门宴刀光剑影，梁庭长不会像刘邦一样抽身跑了吧？”

梁栋大笑，“我相信张老师不会为难学生的。刘老师，你虽然没亲自教过我，但也是我的老师。不仅如此，仅凭你在刑辩界的大名，我就必须称你老师。虽然你是，怎么说呢，用我们院里法官的话来讲，你是刑事审判法官的克星。以至于我们法官一听说你出庭辩护，脊梁上冷汗直出。你看吕刚这案子，第一次开庭就是针尖对麦芒，搞得我相当被动。”

“天哪，怎么能说是克星呢！冤枉啊！”刘军表情夸张，“法官与律师的位置相比，你们高高在天上，而我们则在地窖里。”

“来，喝酒，先喝酒。”志勇端起杯。

“张老师，我先敬你一杯。”梁栋端起一杯酒，一饮而尽，“先喝为敬，先喝为敬。”

你来我往，几巡酒过去了。

“刘老师，你在法庭上攻势凌厉，锋芒毕露，这当然是你的风格，我不反对。但依学生看，稳扎稳打不是更好吗？”梁栋说。

刘军摇摇头说：“江山易改，本性难移哪！在这个案子上，检察院连审讯吕刚的录音、录像都不敢公开，你说这是什么意思？在我办案的生涯中，我曾无数次提出播放录音、录像，但没有一次得到完全满足，一次也没有！”

梁栋不急不躁，“既然控方咬定涉及国家机密，又涉及个人隐私，你说我该怎么办？总不能像个毛头小子硬逼他们，否则就不予认定，而去采纳你们的辩护意见？我从法官角度说句实话，请刘老师别往心里去。这就是如果律师的意见法官一律采纳，那律师就不称律师，而是圣人了，法官也就不是法官了，而成为圣人的仆人了。所以，律师再牛，也应该允许他人有不同意见嘛！再说本案情况确实复杂，古人云，‘欲速则不达矣！’”

“这我能理解，但为什么不采信我们的三份书证呢？”刘军又问。

“先不说证言含糊其辞，更为关键的是，这三份证言虽然也证明了一些事实，但均不是本案最根本的事实，充其量只能算是间接证据。这让我怎么能完全采信呢？”梁栋说，“如果你是法官的话，能全部采信吗？”

“你的意思是案子少知情人的证据？”志勇问。

梁栋小酌一口，“是的，比如牛建国的合伙人马小东，他为什么没有证言？”

“我们正在做工作。”志勇说。

“这位关键的证人敢于出庭吗？”梁栋追问。

“如果他真的出庭作证呢？”志勇反问。

“如果他出庭作证，这个案子或许有拨云见日的可能。”梁栋不露声色地说，“但也不能说是案子就一定能胜诉。”

“我想请问梁庭长，如果这位真的愿意出庭，你会让他出庭吗？”刘军问。

"来，刘老师，我敬你一杯。"梁栋端起酒杯，与刘军一碰，喝干了。"如果他真的出庭作证的话，你先和我沟通可以吧？"

"我明白了。"刘军说，"现在的问题是，不是证人不想出庭，是你们不让证人出庭，有的证人就在法庭外，就是不让出庭。我办了20年刑事案子，出庭的证人连5%都不到。"

"看来，这个案子对于你来说有些棘手啊！"志勇说。

"岂止是棘手？"梁栋仰脖猛灌一大杯，呛得直咳，眼泪都出来了，"张老师，简直是个烫手的山芋啊！直说吧，一方面是可以决定我命运的领导；一方面是恩重如山的老师，你们说我难不难？"

"关于领导方面，我和你们的主管院长李伟面谈，表明我的立场，尽可能征得他的理解。"志勇说，"你知道我和李伟的关系，也应该清楚他的人品。"

"这最好，还是张老师理解学生的难处！"梁栋深有感触地说，"我再敬老师一杯。"话音未落，他就一口干完，"作为法官，当然应该主持正义，公平裁判。但是，现实生活中的法官也是有血有肉的人，也有七情六欲，真正做到这一点很不容易。两位老师清楚，法律的天平，并不如人们想象中的那样容易平衡啊！实事求是地讲，公安和检察院把做好的饭给你端上桌了，你说怎么办？具体到这个案子，无论你们的辩护多么充分，但明眼人心里都清楚，被告就是那么清白吗？人家的生意，他却要借机插一杠子，什么意思？同时，他毕竟是有索贿意图的，而且也收受了钱的。如此行为是否构成犯罪，我就不多说了。"

"我说句心里话，梁庭长别往心里去啊！"刘军说，"这就是在不公正的法庭上，任何律师的雄辩均是噪音。"

梁栋直视刘军说："刘老师，你以为我不是公正执法吗？"

"我这是泛指嘛！"刘军打着哈哈，"我当然理解你的难处。但唯其如此，才能考验法官的水平，尤其是素养了。法律毕竟不是数学，对与错一目了然，而是一种公理判断加法律判断，正如被誉为'奥林匹斯山神'的美国大法官霍姆斯的经典名言：'法律的生命不在于逻辑，而在于经验。'对同一法条的理解，法官可以各不相同，如果用司法解释来衡量，司法解释前后不一、相互打架的现象并不鲜见；如果用学理释判，就像开学术讨论会，永远不会有一种统一、无争议的观点。从这个角度出发，法官要想黑掉一个案件的话，易如反掌，而且越是法律功底深厚的法官，就越能把一个错案做得天衣无缝，让你根本找不到漏洞。你说对吗？"

"刘老师所言极是。"梁栋说，"从这个意义上讲，就更能看出法官判案时的难处和内心所受的煎熬了。说句心里话，我认为法官大部分是秉公执法的，只是少数腐败法官坏了整体的名声。现在是信息化社会，法官腐败曝光，造成民众，当然也包括像你这样的学者对法官的坏印象。这毁掉了许多优秀法官长期努力的结果，古人云，'好事不出门，坏事传千里'，这同样适用于当代，只是比以往更甚，轻点鼠标，瞬间即至千里之外了。法官真的是很难，每天都被结案率压得透不过气来，仅是应对检察院和律师就已经头大了，还要应付当事人。有些当事人根本不把法官当人看，竟敢跟法官拍桌子骂娘，更有甚者，带着针孔摄像机到法官办公室，扔下钱就走，出门打电话，向纪委报案。二位老师，你们说这他妈的是什么事！我看别讲什么法官的尊严和神圣了，我们已沦为弱势群体了。如果与律师相比，怎么说呢？同时在办一个案子，律师可以收取高额的代理费，而法官只是拿固定薪水，难道律师就比法官的工作量或者贡献更大吗？作为律师，案子败诉了，也就是败诉而已，没人会追究你；而法官判案稍有瑕疵就会惊天动地，而且还会受到处理。压力之大常人难以想象啊！”

看着梁栋微醺的红脸，志勇不由在心里感叹，虽然法官的自由裁量权在扩大，但法官也实在是不容易。他想起耶鲁法学院教授柯维尔的名著《程序》中的一个故事：天庭上的众神大闹起来，因为世界处于灾难的边缘，谁去调解仲裁成为一个争论不休的大问题。血气方刚的容易受水仙女的勾引；老于世故的又不敢面对有权有势的直言。天上地下找遍了，竟没有合适的人选。最后，天帝旁边站起一位白袍金冠的女神，拿出一条毛巾，绑在自己的眼睛上，说，我来！众神一看，不得不点头同意：她既然蒙上眼睛，看不见争纷者的面貌身份，也就不会受利诱，不必怕权势。于是就有了古代底比斯城断手闭目的祭司，于是就有了断手闭目的法官。

但问题的关键是，现实中去哪儿找不食人间烟火的能公正裁判的断手闭目的法官呢？

六

由于志勇一再叮嘱刘军全力以赴办吕刚的案子，同时，马小东能否出庭作证至今也没个结果，这让刘军倍感压力，心里没个谱。他清楚的是，案子已被媒体捅了出来，弄得沸沸扬扬；他更清楚的是，尽管梁栋是志勇的学生，但他毕竟不是生活在真空中，而且牛建国深厚的背景对他肯定会产生重大的影响。所以，他深夜还在办公室伏案看卷，思考第一次开庭辩护的得失；准备第二次庭审的辩护。

电话响了，他拿起话筒，“噢，是我，什么？有新情况？你在小区门口？噢，那好吧。”

他放下电话，燃上一支烟。看墙上的电子钟，已是12点10分了。片刻，吕芳推门进来，脸色通红，小学生似的立在桌前，搓着两只手，像是多余的没地放一样，拘谨地问：“刘律师，这么晚了还在工作？”

“我习惯夜里看材料思考，心静。这么晚啦，你还过来，有什么新的情况？”

她局促不安地看着他，突然深深鞠躬，足有半分钟才直起身，嗫嚅地说：“我，我是来感谢你的，你在法庭上说得真好。”

“说实话，我们辩得好不一定结果就好，只表明我们尽心尽力了，现在还要第二次开庭，最终还是法庭说了算的。噢，你有什么新的情况，说给我听听。”

“我就是来道谢的。”

“这就是你来的目的？”他诧异了。

她在刘军对面坐下，“你和陈律师清楚我爸是被他们陷害的，你不知道的是，我爸一出事，落井下石的、幸灾乐祸的比比皆是，平时的好朋友似乎都不见了。我本来上一周举行婚礼的，但自从我爸被抓，未婚夫立马就变了脸。不过这样也好，让我看清了他本来的面目。我苦苦哀求我爸的好朋友帮忙，但他们却推三阻四地不出面。也许是我爸对他们没什么用了，也许是惧怕牛建国。我们家现在呼天天不应，叫地地不灵啊！我妈还躺在医院昏迷着，精神已经错乱了，就会说一句话，老吕冤枉啊！我弟弟刚从美国回来，气急之下旧病复发，也住进了医院。你说让我怎么办啊！唯一的一线希望，就是靠你们为我爸申冤了。”说着眼泪滚滚而下，抽泣起来。

看她绝望之状，他心动了，尽管他见过无数被告人亲属的种种悲惨凄惶。他想，这世道，哪还指望什么良心、情义，人与人尽是赤裸裸的利益关系，甚至夫妻之间亦然。“虎落平川被犬欺，凤凰落架不如鸡”，古已有之，只是现在演绎得更甚罢了。“你放心，我们会竭尽全力的。如果你没有新的证据向我提供的话，先回去吧，道谢就不必了。”

她抹着泪说：“我相信你，相信。”说着，从口袋里摸出一张银行卡，“你一定收下，这是我们家的一点心意。”

“这是干什么，绝对不行！”他这才明白她深更半夜过来的真正目的。

“你要不收下，怎么能让我相信你是全心全意为我爸辩护，而不是走过场？你和我爸素不相识，难道说仅仅是为了公平正义？代理费也没几个钱。”

听她这么一说，他怔住了，“我的职业道德要求我对客户尽心尽责，而且我也会严格遵循职业道德的要求去做的，请你相信我。”说完自己都觉得这话很苍白，完全像是糊弄人的大话。于是又补充道，“实话告诉你，我并不缺钱嘛！”

她泪眼汪汪地看着他，良久，像是悟出什么，喃喃自语：“是啊，是啊，我怎么就没想到你是著名大律师，根本就不缺钱呢？我真是笨，真笨。”她垂下了头。

“快回家吧，已经是后半夜了。”他劝她。

“是啊，你很有钱。只要能救出我爸，让我做什么都行，做什么都行……”她自言自语着，突然仰起脸，一副视死如归状，“那你就要我吧，我至少年轻。”说着就解外衣扣子，敞开胸怀。

他一惊，急忙绕过办公桌过来，她猛地扑入他的怀抱，抬起脸，“求你，要我吧，求你，我是你的。”

柔和的灯光中，望着她红红的脸，含泪的眼睛，洁白的脖子，半露的乳房，他心跳加速，周身热血奔涌，真是恨不得伸展胳膊紧紧抱住这年轻鲜活的身体。

她搂住他的脖子，把嘴唇凑上来，在他耳边轻声慢语，“要我吧，要我……”

他推开她，喘着气说：“好姑娘，不能这样，怎么能这样呢？你放心，我保证会用心辩护的。快回家吧，要么我去送你。”他说着，拉上她的衣服，并为她系扣子。

她木桩样立着，泪流满面，凝视着他，“那你答应我，一定要把我爸救出来啊！只要我爸能出来，你让我做什么我都答应你。”

“我刚才说了，我们会尽全力为你爸辩护的，请你相信我。”

她用纸巾擦着泪，“我相信你，你不用送，我自己开车过来的。你需要我做什么，给我打电话。好吗？”

他郑重地点点头，把她送到门口，看她驾车出院门，走远，感慨万分，父女情深啊！仅此就值得为她全力以赴。

回到办公室，仰在椅子上，寂静如初，他仿佛能听到心脏擂鼓样咚咚直跳，浑身憋胀难耐，两腿之间的家伙仍蠢蠢欲动不已，眼前是她含泪的眼睛，启开的嘴唇，洁白的乳胸，真与她春风一度又当如何？他蓦然发现那张银行卡仍在桌上，上面别着一张小纸条，写着密码。他拿起电话，想了想，又放下，把卡放进了抽屉。如果现在退，她显然会认为我不尽力，真要败诉了，再退不迟。

七

志勇盯着计算机屏幕，浏览网上有关吕刚一案的多如牛毛的文章和帖子。

这案子说不清是谁，出于什么目的被捅到了网上，引发了爆炸效应，有历数吕刚累累罪恶，疾呼严惩贪官污吏；有说其是党的好干部，蒙受不白之冤，欲死不成；还有指责检察院违法办案，不一而足，真假难辨。对刘军的评价也是五花八门，赞颂的、谩骂的都有，莫衷一是。

他不由感慨，这互联网是他妈的厉害！尽管其中泥沙俱下，鱼龙混杂，但毕竟越来越成为不容忽视的舆论平台了。

桌上的电话响了，他拿着话筒，是刘军，他问明天开庭，是否去旁听。他说，一定过去，并叮嘱他千万控制自己的情绪。放下电话，燃上一支烟，靠在皮椅上想，尽管刘军对刑事辩护的态度很是绝望，但只要一介入具体案子，还是对当事人高度负责的，穷尽技术手段，让每个案子办得接近完美。这无论是为了代理费也好，还是为了自己的名声也罢，总之还算保持了一位律师最起码的职业操守。

突然心里一阵痛楚，心头有股冰水流过，他哀戚起来。本来听到不少刘军与陈燕的风流韵事，心里就五味杂陈，说不清是个什么滋味，但他还是宽慰自己，一厢情愿地认为只是风言风语。但三天前的夜晚，现实却给了他重重一击，参加耿昌生日晚宴，喝了不少，没回家，直接来到所里。看刘军房间的灯亮着，信步过去，想问他吕刚一案的准备情况，推开房间门，最不希望的一幕展现眼前，刘军和陈燕在沙发上紧抱一团。他被电击一般震颤，接着就如万箭穿心。

他妈的，这个刘军也是，找谁不行，为什么非要和陈燕有这一手呢？后来冷静下来又想，有什么理由埋怨刘军呢，他知道陈燕对自己的恋情吗？知道她在自己心中的位置吗？不知者不为过啊！当然，这是他理智的想法，感情上却纠结成麻花，而感情总也说不清、道不明，就如一团麻，剪不断，理还乱。眼睁睁地看着本属于自己的心爱宝贝，随他人而去了……

瞥一眼墙上的钟，已近6点20分了，他摇摇头，在心里长叹，随他们去吧，有什么办法呢？起身收拾好桌上的东西，穿外衣下楼。到了院子，发现天灰蒙蒙的，春雨如丝。走到车前，刚准备开门，瞥见一明独自伫立在苹果花盛开的树旁，便收起钥匙走过去，缓步踱到了他身后，停下，“沉思呢？”

一明缓缓转过脸，脸色如春雨一样迷蒙，“感谢王兄，种下这苹果树。”

志勇看着满树的苹果花，伸手掏出香烟，燃上。

“读过高尔斯华绥的《苹果树》吗？”一明问。

志勇吸着烟，“读过，很久以前读过，还是当知青时。”他记起了那个伤感的爱情故事，心头猝然泛起一股温情，久远的已蒙上厚厚岁月风尘的记忆被唤醒了。多少年前，也是苹果花盛开的时节，在学校苹果园第一次亲吻心爱的姑娘，在黄河故道的苹果树下第一次领略了少女身体的美妙……真的有过这样的好时光吗？

“我永远也忘不了这个故事，就是这个故事让我懂得了爱，懂得了这个世界上最不能辜负的就是朴实相爱的心。还是高二时，我一口气读完英文版的《苹果树》，蒙头大哭。奶奶以为我病了，当她发现床头的书时，紧紧地抱着我说，孩子，这只是美丽的故事！但我从她含泪的目光中真切感受到，她曾经一定也被深深地感动过。”一明轻抚着一簇粉红色的苹果花，情不自禁地吟咏起来：“梅根，梅根！打山上走过来的可怜的小梅根！在那棵苹果树下等待着、张望着的梅根！死了的，打上美的烙印的梅根。”

志勇凝望着他的侧脸，无语。

“在他那蒙眬的泪眼前，现出了梅根的脸，浅色的湿头发里插着那枝苹果花……”一明停下来，似乎是有些不好意思，“我忘不了这个故事。”

“是令人难忘！故事的结尾，主人翁问他的妻子，写生画上少点什么时，主人翁自问，少了些什么呢？”志勇感慨万分，“那苹果树，那歌声和那金子。”

一明瞪大眼睛，直直望着志勇，仿佛不认识他似的，“真没想到，张兄你……”

“很多年以前，我也为那个小梅根落过泪。”

一明怅然叹曰：“现在的年轻人不会再为小梅根落泪了，看看眼下的社会是个什么样子？到处弥漫着急功近利和躁动不安的气息，也可称之为戾气，人们要么为钱财不择手段，要么为权力而疯狂，就是没有人追求美——诗意的美了。”

“现在人都很忙，没有人关注内心，关注人的意义了。”

“蔡元培先生说过，‘一个没有审美的民族是不知善恶的。’”

“歌德200年前就不无伤感地哀叹，‘在最近这两个破烂的世纪里，生活本身已经变得多么孱弱呀！我们哪里还能碰到一个纯真的有独创性的人呢？哪里还有足够的力量做一个诚实、本来是什么样就显示出什么样的人呢？’每个时代都有人哀叹世风日下，人心不古，其实，时代无所谓好，也无所谓坏，只是观念不同，价值观不同而已！”

“但作为灵长类动物的人，总该有真实的情感吧。”

“两位老师在赏花？”陈燕缓缓走过来。

志勇看她脸色忧郁，“发生什么事啦？”

“被告人吕刚的妻子去世了。”她闷闷地说。

八

陈燕身着淡紫色的西服，长发盘起，显得极为利落干练，白皙的脸上流动着凛然之气，很有气势地发表观点：“我们通过会见被告人、询问证人、查阅卷宗等一系列工作，令人惊奇地发现，控方把本是因原告违约而支付补偿款的行为，认定为被告索贿、受贿，并提起公诉，这实在是令人震惊。本案的证据表明：首先，被告人吕刚与牛建国有一个合伙经营或借贷的事实在先，双方存在一种债权债务关系。被告人索要的人民币10万元是经济损失，而绝非受贿款；其次，指控被告以不签字、不盖章相要挟索取贿赂与事实不相符。所以，按法律规定，被告人的行为不构成犯罪。”

旁听席上的志勇听她侃侃而论，从法条到法理，再到法律的适用，从小到大，环环相扣。不由感慨，几年前还像个初上战场的新兵，在法庭上语无伦次，曾被公诉人气得掉泪，而现在已是位应付自如的老手了，律师这行当确实锻炼人！他突然感到她像朵怒放的紫罗兰，但这朵美妙的紫罗兰与自己已渐行渐远了。

他之所以没有出庭辩护，是梁栋的意见，师生关系应该回避。眼下是信息社会，你又是名人，免得控方提出异议，尽管他们尚未如此，但要未雨绸缪，免得被动。他想，这个学生胸有经纬，考虑之多，由此可见一斑。

“被告人吕刚，你对指控你受贿10万元的事实认罪吗？”年轻的公诉人突然发问。

吕刚的老眼闪烁着怒火，盯着公诉人，“不是受贿，而是牛建国付给我的补偿款。”

“那么，你为什么向纪委和公诉机关承认受贿，而且还在讯问笔录上签了自己的名字？”公诉人追问。

“我实在受不了你们的折磨啊！”吕刚仰脸望着法庭的天花板呼喊道：“几天不让我睡觉，轮番上阵，当时，我真有生不如死的想法，你们让我说什么，我也只能说什么了。”

“那么请你举证是谁对你刑讯逼供，如果没有证据，你当庭翻供，是要负法律责任的，你明白吗？”公诉人打断他的话，声色俱厉，双眼瞪得溜圆，“而且我还想知道，你为什么出尔反尔？”

吕刚与公诉人对视，“经历了你们的审讯之后，我还有什么可怕的。尽管你们没动手打我、骂我，但办法很多，我是有口难说啊！但我绝对没有索贿，绝对没有！”

“你没有正面回答我的问题。”公诉人又一次打断吕刚的话，只见他身体大幅度前倾，随时要跳起来的样子。

“我提醒公诉人注意，陈述权、申辩权是程序正义的必然要求，公诉人不应该毫无理由地打断被告人的发言。”刘军愤怒了，“第一次开庭，公诉人以国家机密、涉及个人隐私为由，不公开审讯被告人的录音、录像，现在居然发展到连话也不让被告人讲了，而且还是在法庭上。我实在不明白这是什么意思，请审判长制止这种明显的违规行为。”

数百人的旁听席上一阵骚动。

梁栋敲响法槌，喊道：“保持法庭秩序，请各位肃静！”

刘军举手，“我不同意法庭的意见，作为辩护律师，对被告人问话未结束，按规定不能进入法庭辩论程序。”

梁栋直视着他，“辩护律师的意见法庭不予采纳，因为第一次庭审时此程序已经进行过了。”

刚刚静下来的旁听席上又一次骚动起来。“为什么不让被告人说出冤屈？”

梁栋脸一沉，怒吼如雷，“把严重扰乱法庭秩序的人带出去！”

法庭顿时静了下来，旁听席上众人脸上凝固着惊愕的神情。

公诉人低下头与女同行耳语。

刘军若无其事，这混乱的场面他又不是第一次经历，早已见怪不怪了。他的目光与旁听席上吕刚的女儿相对时，发现她正紧张地看着他。他想，这姑娘正在经历着煎熬，眼看着父亲的命运未卜，而自己又无能为力，这该是一种什么样的苦楚呢？

陈燕面色冷峻，手指上的笔快速旋转。志勇看着，似乎感到了她内心起伏的波澜。

法警将两名狂呼乱叫的旁听人带走后，场面平静下来。突然，法庭的灯全亮起来。志勇看表，已是晚上 7 点了，开庭已经 4 个多小时了。

梁栋敲响法槌，“我希望参加旁听的各位遵守法庭规定，不得发言，不得随意走动。这是庄严的法庭，不是集贸市场。谁再违犯规定，请出去，如果不出去的话，由法警请你出去。”他停了一下，“现在继续。”

看他一副任凭风浪起，稳坐钓鱼台的气象，志勇心生敬佩。庄严神圣的法庭闹成这个样子，确实令人悲哀。他又宽慰地想，刘军还算沉稳，控制住了自己，到底是年长了几岁，到底是碰过壁。7 年前，在庭审中，刘军由于愤怒，当庭大拍桌子，结果被法庭以“藐视法庭，不听审判长的警告，引发法庭混乱”为由拘留。但事实上，他只是要求法庭按法定程序审理，因为法庭多次违法，他才不得以多次纠正。但审判长根本不把他的提醒放在眼里。猛敲法槌，气急败坏地指着刘军狂吼：这里不是你律师表演的地方！事实上，绝对不是刘军藐视法庭，而是法庭藐视法定程序。只要律师与法官发生冲突，错误毫无疑问均在律师一方，这已成为铁定的程序了，什么时候，刑辩律师才能和审方、控方实现真正的平等呢？他想，法庭上公诉人和律师针锋相对，发生对抗，甚至言辞激烈是正常的，是庭审的进步。因为公诉权和辩护权的设计，就是互相对抗和挑刺。让法官尽可能地注意到所有疑点和隐情，兼听则明，择善而从。法庭上如果没有“两造对抗”，开庭审理还有什么意义？不正常的是，法官和律师也常发生对抗，其实律师对法官是尊重的，同法官闹翻肯定对自己的当事人大为不利。如果不是忍无可忍，律师怎么可能会故意与法官闹翻呢，除非是有病。

刘军说：“我们首先应该厘清查明的事实是，被告人有无故意索贿的行为？证据表明，被告主观上并无索贿的直接故意，更没有像公诉人指控的那样，向当事人索要 20 万元，否则就不存在合同书上签字的行为。前后时间可以清楚地证明这一点，中标时间为 2 月 12 日，2 月 16 日当事人拿着合同找到被告，被告当即就在法人代表栏上签了字，并让办公室加盖了公章。”

公诉人忽闪着眼睛，“过程是这样，但是，证据证实，被告讲过，不给 20 万，就不在合同上签字的话，以此威胁牛建国。”

“牛建国的证言表明，给被告 10 万元，是在签字之后，准确地说，是签字 17 天后，这是事实吧？”刘军问。

公诉人想了想，不置可否。

“这就说明，被告并没有利用职务采取刁难、要挟、拖延的手段，主动向牛建国索要贿赂。”刘军说，“因为在收到钱之前，已经在合同上签了字，不存在没有在合同上签字的问题。”

“我们认为，无论是签字前还是签字后，被告索贿、受贿的意图和行为是谁也无法否认的事实。牛建国是履行承诺，尽管是被要挟下的承诺。”公诉人底气十足地说完，颇为得意地环顾法庭后，“请问刘律师，具体到本案，事前和事后收受贿赂有什么区别吗？”

刘军冷冷一笑，“请你不要偷换概念，问题的关键并不是事前，也不是事后，而在于这 10 万元是什么性质？法庭已经驳回我们申请公诉方证人牛建国出庭的请求，我们尊重法庭的决定。但是，鉴于仅凭证人的一纸证言难以查清本案全部事实的情况，我们现在提请法庭，同意牛建国的合伙人马小东出庭作证。”

公诉人大惊，他显然没料到会有这么一手，不安地盯着梁栋。

梁栋与左、右法官耳语后，“为查清本案事实真相，同意辩护律师的请求。”

作壁上观的志勇心想，这下有好戏了。

这位关键的证人马小东由坚决不作证到同意出庭作证的转变过程，在志勇看来很是蹊跷。他与耿昌说此事，耿昌问，他出庭真的有用？志勇说，案子到了这一步，也只剩下这一撒手锏了。耿昌满口答应，但志勇放心不下，你到底有无把握，至少让我心里有个底。耿昌拍胸脯，放心就是了，这小子滑得像条泥鳅，又想挣大钱，又不想担一点风险，甘蔗哪有两头甜！后来，当他得知马小东同意出庭作证时，大喜。问耿昌使了什么招数。耿昌闪烁其词而言他，我走背运时老吕帮过我，滴水之恩当涌泉相报，做人不能没良心。看老吕现在的惨样子，老婆死了，儿子半死不活躺在医院。墙倒众人推，我不帮他一把，谁会去帮他。我知道牛建国和老吕因生意上的事有别扭，但为当个破董事长，就出这样的阴招，太过了，早晚要遭报应的。我能使什么招数？卤水点豆腐，一物降一物吧。志勇问到底使了什么手段。他只是淡淡一笑，这小子借我的钱，其他就别再问了。用你们的话来说，是商业秘密。刘军对此悻悻然地说，法律算个屁，还是耿总厉害！

此时此刻，法庭静得瘆人，只见身材高大的马小东在众人的目光中，半垂着头一步一步走到了证人席，停下。

旁听席上的耿昌斜靠在椅背上，手托着胖乎乎的下巴，饶有兴致地盯着马小东，就像等待蝈蝈掐架最后一搏。而马小东似乎是发现了耿昌的存在，头垂得更低了，1.8 米有余的汉子怎么看都令人联想到快死的瘟鸡。

梁栋证实了他的身份，又告知他作伪证的法律后果。

公诉人冷冷地说：“《刑法》第三〇五条明确规定，作伪证是要负法律责任的，你明白吧?”

马小东面露胆怯，小声说：“我向法庭保证，我要说的全是真话，如有假，愿负一切法律责任。”

刘军开始发问：“牛建国中标后，主动找到被告借钱。是这样吗?”

马小东神色紧张，“是，是这样，当时我在场。”

公诉人说：“我再次请证人马小东注意，作伪证是犯罪行为。”

马小东低声回答：“明白，我说的是事实。”

刘军瞪公诉人一眼，“被告曾对你和牛建国讲，钱已准备好，而牛建国说现在不用了，结果双方发生激烈争吵，有这回事吗?”

马小东说：“有。”

刘军说：“被告是否讲过，‘你说不用就不用了，这钱的利息谁来付。’牛建国说，‘我可以适当补偿。’是这样吗?”

马小东说：“是。”

公诉人又插进来，“这我就不理解了，先是急着用钱，后又不用，这是什么原因?”

马小东迟疑。

公诉人说："如实回答。"

马小东说："因为我们筹到钱了，而且多一个入股人，我们就少得一部分钱。"

刘军说："我的问题完了，请陈律师把前因后果再向法庭陈述一遍。"

"好，"陈燕说，"牛建国中标后，因资金紧张，主动找到被告筹集，被告当即同意，条件是入股。双方约定共同承建教学楼。为此，被告向亲戚朋友借到300万元。8天后，被告找到牛建国，牛建国称现在不着急，又过了20天，牛建国说不用了。于是双方发生争吵，牛建国提出补偿5万元给被告，被告要求20万元，最后协商为10万元。从这一过程看，双方有约在先，这10万元是牛建国违约后，对被告的补偿款，而绝不是公诉机关指控的所谓受贿款。被告借钱需要出利息，这是天经地义的，违约承担相应的责任更是法律规定的。公诉机关认定被告受贿的关键事实是，被告讲过，不给钱就不在合同上签字。该公司规定，对外承包工程，需要法人代表签字。本案的一系列证据表明，从牛建国在公司开介绍信参加投标到中标，被告均未提要钱一事，那天早上，也就是2月16日，原告拿着合同书找到被告，被告当时就在'法人代表'一栏上签了字，根本就不存在不给钱就不签字的行为。而且这10万元是以后的事，至于这10万元的性质，我不重复了。公诉机关就是以这样的事实，将被告逮捕，并起诉到法院的，我不理解它们是如何办案的，更不理解它们是以什么标准办案的。"

旁听席上响起零落的但是响亮的掌声。

"我再向法庭陈述一个事实。"陈燕说，"从受贿、索贿的主观心理上看，受贿人无论采取明示或暗示的方式收受贿赂，均不愿意第三者知道，总是希望知道的人越少越好。而从本案看，原告给被告10万元一事，不仅是当事人知道，第三人知道，本单位的人和上级领导也知道，而且是被告主动告诉上级领导的，所以说是公开的。从这点看，不符合受贿罪的一般心理特征。所以，我们认为公诉机关认定被告索贿、受贿证据不足。"

旁听席上再次响起掌声。

刘军说："我们坚决支持党和政府打击腐败犯罪的力度和决心，也痛恨贪官污吏。但要严格依法惩处，严格把好法律关，否则就会违反罪刑法定原则。我国《刑法》规定，受贿罪主观上必须是直接故意，即明知利用职务上的便利为他人谋取利益而索取、收受的行为有害于社会，却故意实施的行为，间接故意和过失都不构成本罪。据此，我们认为，本案被告索要的10万元补偿费，不应以索贿罪论处。"

梁栋问公诉人还有什么要补充的，他停了片刻才说："暂时没有了。"

梁栋又问吕刚。吕刚仰起老脸，几乎是哽咽着说："我相信法庭会按法律依法判决，还我一个清白！"

梁栋环顾法庭，宣布休庭，法槌落下。

九

刘军伫立客厅的窗前，直直望着窗外灰蒙蒙天空下灰蒙蒙的河和鳞次栉比的死气沉沉的水泥森林，脸色沉重得如同灰蒙蒙的天一样。

门开处，陈燕进来，一边脱外衣，一边问："请我吃什么？"

刘军转过身，望着她红红的脸，"你想吃什么？"

"哟，说好请我吃晚饭，现在还没准备呢？"

"你小憩片刻，咱们去酒店。"

"你不是声称自己做吗？又去酒店。怎么，你有心事？"

"在想吕刚的案子。"

"怎么啦？你应该高兴才是啊！法庭采纳了我们的辩护意见，吕刚无罪释放，这说明我们的辩护很成功。现在无罪判决少之又少，95%以上的案子是有罪判决啊！"

"我可高兴不起来。这么清楚的事实，按《刑法》根本就不构成犯罪，尽管被告有索贿的意图，但我国的《刑法》和司法解释都明确规定了'利用职务之便'、'为他人谋取利益'是构成受贿罪的客观要件，而本案的指控基本是出于主观臆断。这与'莫须有'有什么区别呢？"刘军闷闷地说，"你知道主诉检察官对我说了什么？他说，企业老总有几个不贪不腐的，被告是个吃喝嫖赌之徒，民愤很大。真没想到他的合伙人居然会出庭作证，让他漏网了。你们办的好事，因为你们律师，有多少坏蛋逃脱了惩罚！"

"单从道德层面看，检察官说得有道理。"陈燕说。

"就这个案子而言，如果不是志勇从中斡旋李伟副院长，如果不是耿昌设法让证人出庭作证，更重要的是，如果没有梁栋这样敢于秉公执法的优秀法官，真不知是个什么结果呢。"他长叹一声，"我现在真的是越来越相信'打官司就是打关系'这句经典名言了。"

"你今天是怎么啦，官司赢了还这么感慨？"

"你下午没在场，如果在的话，肯定会哭的，岂'悲惨'两字所能言尽。"他注视着她，"当然，吕刚对我们的感激之情溢于言表，但是，他的冤屈也是不言而喻的。他挥洒老泪对我说，我是被无罪释放了，但平白无故就经受了一场牢狱之灾啊！老伴走了，儿子成了植物人，女儿的婚事也完了。这一切向谁说理呢？你说让我申诉国家赔偿，我知道肯定是遥遥无期，而且还难说是个什么结果，就是赔我些钱，对我又有什么用呢？我缺的不是钱啊！因为这场横祸，我的官丢了，牛建国现在已经兴高采烈地走马上任了。你说，这是什么事啊！"

她听着，脸上的笑意退去，自言自语地说："对于这些，我们又有什么办法呢？"

"没办法，我们不是救世主！"他说着，轻轻地把她揽在怀中。

第十三章

为了拯救和保护当事人，律师要不顾任何风险，不惜任何牺牲。这是律师义不容辞的职责。

——布鲁厄姆爵士（英国大法官）

基本案情：

第一原告地税局副局长周良驾驶轿车到大河酒店开会，次日，发现该车失踪。于是诉至法院，要求大河酒店赔偿损失——车辆附加费15万元、保险公司理赔后与车值相差的13万元；第二原告保险公司主张，对投保人——第一原告应当进行理赔，但按保险规定，因涉及第三者，现就理赔部分取得了代位请求权，大河酒店应支付理赔款。

一审法院判决：（一）被告赔偿原告车辆损失（附加费）15万元；（二）被告赔偿原告保险公司理赔后，与车值相差的13万元；（三）被告支付保险公司应理赔的保险损失75万元。上述三项，共计103万元。

被告上诉请求：（一）被告未承担车辆保管责任，故对车辆失踪不应承担赔偿责任；（二）被告对车辆失踪不存在直接责任，故不构成保险公司代位追偿对象。

一

志勇一边驾车一边对副驾驶位子上半眯着眼睛的一明说："你的同学够黑，竟然没采纳我们的辩护意见，一条都没有，哪怕采纳一条，我们对客户也算有所交代。这也他妈的太没面子了，至于耿昌那边倒在其次。"

这个案子是耿昌委托的，他从美国数次打电话过来，叮嘱志勇上心，“一个女人在江湖上混不容易，帮她就算是帮我了。”一审败诉后，耿昌又打来电话，问二审有无希望。听口气，志勇感到他大有立马飞回来的架势。

“昨晚老同学对我讲，原告是市领导的小舅子，让我怎么判？他还力劝我就此罢手。”一明打着哈欠说，“这家伙正在锐意仕途呢。”

“这我能理解，但这样判太过啦！”

“说实话，我了解他，尚不属于那种狗胆包天、枉法裁判的江湖法官，毕竟科班出身，水平还是有的，尽管他是看院长的脸色行事。但这样判，我认为，也不能说一点道理也没有，我国在这方面的法律、法规不像发达国家那样比较健全，缺乏专门的法律规范来调整。”

“往下怎么进行，考虑了吗？”

一明往靠背上一仰，“唉！昨晚彻夜未眠，两难哪！如果到此为止，我个人的名声面子可以不考虑，忍忍也就把这口气咽下去了，终归是为了老同学的情谊，也算是事出有因。但大河酒店败得太惨，按一审判决执行，损失百余万，从法理方面看很冤，我又于心不忍。上诉吧，先不说官司的胜败，首先就把我多年的老同学得罪了，他对我讲，自己属寡妇命，上边没人，所以当庭长8年之久一直没动，就是抗日也该有戏了。眼下他们系统调整干部正在节骨眼上，他有希望上个台阶，当副院长。原告又正是市委管干部副书记的外甥。在这个关键时刻，我虽然不能助他一臂之力，但也不愿拆他的台。你想，如果上诉成功，老同学的脸往哪儿放？”

“噢，明白啦。”

“先听听委托人的意见，再做决定吧。”

“如果你觉得难，就撤出这个案子。”

“谢谢老兄理解，可怎么撤啊！我毕竟是中州所的合伙人。老同学已对我放了话，这事就拜托给你了，还恳请我做你的工作。”

“中国毕竟是人情社会，而人情社会对司法的影响绝不可低估。”

“老兄，如果当事人认可一审判决呢？”

志勇迟疑了半天，“果真如此的话，退还代理费。”

“知我者，兄也！这对我来说就是最好的结局啦，尽管这样对我们的委托人不公平，但我又能怎么办呢？两害相权取其轻。不过，果真如此的话，我的良心恐怕也会终生不安的。实际上，我认为，只要上诉，胜诉希望很大，甚至能创一新的判例。”

“没休息好，哈欠连连的？”

“今天上午有两节课，昨晚下榻学校了，晚上几只蚊子捣蛋。妈的，校园里大师越来越少，蚊子却越来越多。”

“岂止是少，而是大师难觅，蚊虫遍地。”

“一针见血。其实睡不好的根本原因不完全是蚊子骚扰，也不是绞尽脑汁考虑此案，而是惊吓后遗症发作啦！”一明半真半假地笑着，“记得去年我上课迟到的事吧？太他妈的具有喜剧性啦！又是通报批评，又是扣奖金，令我吃惊冒汗，整得在下无法招架，就像美国飞机把伊拉克炸得无法招架一样。”

“得了吧，你特立独行，怕过谁啊？”

“很严重，真的很严重，彻底崩溃啦！从那以后，每当上午有课，前一夜定是心惊胆战，唯恐睡过了再惨遭毒手。手机定铃，闹钟定时，但仍不踏实，担心科技玩意儿不过关。于是，漫漫长夜，辗转反侧，等这两个玩意儿叫唤，一夜能醒起来几次！我绝望地感到，这辈子永远都睡不着了！直到手机和闹钟依次铃声大作，我才困意十足，但此刻必须起床了。老兄，有了这噩梦般的夜晚，能不头疼欲裂吗？幸亏我身子骨还算结实，否则早死翘翘啦！妈的，大学又不是军营，我也算是有点名气的教授了吧，但晚去几分钟就大动干戈，这是谁给他们的权力？”

志勇笑了，“你以为是在美国的大学？”

“当然不是，所以，我们的大学看上去遍地大师，满天博导，其实狗屁不是。我们的大学只出大楼，出不了真正的大师，根本原因之一就是教授不能成为大学的主人，这也回答了一个重大天问，为什么我们就培养不出各学科的领军人物和杰出人才呢？”

“想成为大学的主人？我看难！你想，比起市场化、产业化的强大洪流，人文主义、学术自由、教授治校等构成大学精神或大学理念的核心思想，几乎可以忽略不计。”

“我刚进哥伦比亚大学，就听到流传甚广的一个故事。1952 年，时任该大学校长的艾森豪威尔发表讲演，他使用了 Employees（雇员）一词，诺贝尔奖获得者 Rabi 教授当即站起来，打断他的话，Mr Eisenhower，We are not the employees of Columbia University. We are Columbia University（艾森豪威尔先生，我们教授并不是哥伦比亚大学的雇员，我们就是哥伦比亚大学）。你听这话多么气势！这就是美国大学的理念。看看我们的大学，想想我们这些教授在大学的地位，真的感到很悲哀。有位著名教授说得好：我们的大学与其说像衙门，还不如说就是衙门。”

“美国的大学理念当然不赖，但想想你自己吧，如果真具有美国人的理念，还会在法律和人情之间如此耗费心血，举棋不定吗？”

一明不尴不尬地笑了，“咳，毕竟身处中国嘛！我们的法律传统可是有亲亲相隐原则的。”

“两面派。”

“岂止两面哪！”

二

志勇和一明刚出电梯，就看到大河酒店的董事长方菲在走廊迎候，到了她的办公室，两人刚在宽阔的意大利真皮沙发上坐下，服务员立即把茶端了上来。

方菲 30 岁出头，一身剪裁得体的浅蓝色裙套，明亮的半高跟皮靴，令人想到漂亮空姐。

“方总，昨晚已给你打过电话，一审结束了。”一明说，“今天和主任来听听你的意见。”

“你们在法庭上的表现令我钦佩，有理有节，尽管结果悲惨，但你们尽力了。关键是那个崔法官乱判。”她平静地说，“丢车的周良是领导的亲戚，地球人都知道。”

“败军之将不言勇。”一明一半调侃一半真诚地说，“辜负你的信任啦！”

“不能以成败论英雄嘛！”她浅浅一笑，“我认为成王败寇不能算是我们中华民族的一种好传统。”

“我们来听听你的想法，是就此罢手还是上诉？”志勇问。

“赵律师，你的想法呢？”她把目光转向一明。

“是否上诉是你的权利。”一明字斟句酌地说，“我们又认真研究了案子，并询问了北京的专家，他们的意见不尽一致，如果上诉，结果不好判断。”他说完，暗暗祈祷，上帝啊！让她放弃上诉吧，果真如此，一切都结束了。

“实话实说，这个案子确有法律之外的我们不能把握的因素。”志勇说，“你是我们的客户，我们是为你服务的，拍板的是你。我还可以明确地告诉你，如果到此为止的话，由于败诉，你已付的15万元代理费如数奉还。”

“你们是否有劝我放弃上诉的意思呢？”她惊讶了片刻，语气坚定地说，“我坚决上诉！知道为什么下这个决心吗？其实并不仅仅因为周良是个泼皮无赖。”

两人无语了。

“法律对我来说太过复杂，同时上诉后，也不知道结果如何？但我明白，与其坐以待毙，不如一拼。你们想，我还有退路吗？当众被周良侮辱，颜面尽失，官司又输得这样彻底。这种情况下，上诉就是再败了，也没有什么可以再失去的了，无非就是些费用而已，这是一方面。”她颇有几分悲壮地说，“另一方面，之所以下这个决心，是被你们的敬业精神感动，赵律师顶风冒雨，在停车场与我们的保安谈话，拿皮尺一遍遍丈量提示牌到停车场的距离，后半夜又跑过来找保安问话。这简直是玩命，哪像个教授，像个名律师啊！我也见过不少律师，说实话，给我的印象极差，大都是闪烁其词，如同走江湖卖艺的，还没见过像你们这样的。另外，我在法庭上听赵律师所言，确实有道理，让我们酒店全赔，实在是太冤枉啊！”

“方总，我希望你不要感情用事，而是理智地考虑后再做决定。”一明说，他万没料想到她的态度竟如此坚定。但他又自问，如果我是她，能咽下这口气吗？

他知道，此案发生的当天晚上，原告周良酒喝高啦，席间公然把手伸进女服务员的裙子。在座的头头脑脑不仅没一人制止，反而起哄，以此为乐。当然，如此群魔乱舞的场面，作为酒店老总应邀作陪时见得多了，比此更甚的亦比比皆是。尽管心里极为不悦，但还是好声好气地劝他。不料这位非但没有收敛，而是变本加厉，不仅大放厥词，说方菲施展手段，把某位市领导迷得颠三倒四之类，而且还动手动脚，狂言，不知美丽的小妹妹施展了什么妙法，让领导往你石榴裙里猛钻，你到底有何手段，让哥哥开开眼嘛……方菲忍无可忍，玉臂抡了个大半圆，给了他一记耳光，其声清脆响亮，周良应声翻倒。这倒不是她有什么武功，力道强劲，而是他喝多了。

场面顿时一塌糊涂，难以收拾。更让人咋舌的是，与周良同来的一条漂亮的苏格兰牧羊犬见主人挨打，暴怒，一跃而起，竟腾空越过桌面，咆哮着蹿上来。幸亏方菲躲闪及时，才没伤及皮肉，只是裙子被撕了条大口子，春光外泄。于是场面更加一塌糊涂，而且还多了色情的意味，有人面上看是保护方菲，实则是趁机摸了她诱人的乳胸、翘臀和雪白的大腿几把。当然，狗对这些并不知情，它的行为仅是毫无疑问地证明了对主人的忠诚，当然，也证明了“狗仗人势”的经典。

酒店保安打了报警电话，警察看是五星级酒店的事端，出警很快，但一看这事，先是让人把周良扶回房间休息。然后大劝方菲，尽管周局长是领导，但酒喝多了也和常人一样，酒后无德嘛！你怎么能计较呢？再说，你们酒店服务员太靓，穿着也太那个，很容易引发客人的非分之想，我们建议改进一下嘛。听着看着，方菲也只有打掉牙往肚里咽了。事后她对一明说，什么领导，流氓！一明说，确实流氓，但与丢车案毫无关系。她说，这我也知道，我只是想让你清楚他是个什么东西。一明说，无论他是个什么东西，从法律角度看，对于本案的胜败可以忽略不计。

“昨晚，周良的律师许立来找我，劝我认可一审判决。他说，你想想周局长何等人物，虽不敢说是一言九鼎，手眼通天，但在这块地盘上跺跺脚还是地动山摇的。再说，中国的法律就这么回事，不能真的相信，这就像你喜欢音乐，欣赏欣赏当然很不错，但不能当吃当喝。你请的中州所律师够牛了吧？结果怎么样？法官听谁的，不是法律，而是领导。无论什么法，就是《宪法》也有上位法，应该称为领导法吧。上诉没用，崔庭长和高院关系铁着呢！如果不上诉，我可以向你保证，赔款在数额上至少减20万。如果上诉，一分钱不减。你再考虑一下，如果得罪了周局长，其他不说，税务局肯定会进驻酒店，猛查你偷税漏税，就算查不出大问题，也得恶心你一年半载的。难道说，你真不想在这个城市混了……”“我当众受辱没人管，还得赔笑脸，官司又输得这样彻底。”她说着，眼泪涌出眼眶，顺白皙面颊潸潸而下，“我想，中院法官是看领导面子判的，但不愿相信高院也这样，如果高院的法官也胡判。那么我就是死，也死个明白了。”

“既然你决心已定，我们当全力以赴。”志勇说。

一明望着窗外罕见的清澈蓝天，心头愤愤，妈的，是欺人太甚了！

三

两人谢绝方菲共进午餐的盛情邀请，快步走向停车场。

方菲义无反顾的决心置一明于两难之境，他心头很是郁闷，如果不顾方菲退出，于心不忍；如果上诉出庭，老同学那边怎么办？但又必须做出抉择，而且还无中间路可走。

志勇打开车门，上车，“我们的委托人不到黄河心不死哪，你意下如何？”

一明关上车门，颓然仰在靠背上，无语。

“出庭有问题吗？”志勇打着车，挂挡加油，驶出车位。

“事已至此，我还是硬着头皮上吧。”

“还是我和陈燕出庭吧。正如你说，中国毕竟是人情社会，同窗之谊也不能不考虑。”

弯道上突然蹿出一辆黑色轿车，志勇一惊，急刹车，砰的一声闷响，与前车撞上了。

“妈的，驾驶员眼瞎了！”一明骂着，推开车门下车，看到前车的右后门略微凹进去巴掌大一块，并不严重。他想，这亚洲版本田车的钢板像纸一样薄，别说撞了，一拳都能打出个大坑。

车里蹿出四名年轻人，气势汹汹，一看就知来者不善。一戴墨镜的跳到一明面前，“妈的，怎么开车呢，眼瘸，直直地就往上撞！”

“怎么说话呢，叫什么叫，嘴给我干净点。”一明怒气十足地回敬。

“墨镜”邪恶地狞笑，对迅速围上来的众人说：“大家看，看看哪！撞了我的车，还有理了！”

“你怎么驾车的，不看后面，就往路上冲！”一明愤愤地说，“我们就是辆牛车也停不住的。”

“我开车十几年了，没见过你这号的。你还讲理不讲了。”“墨镜”指手画脚。

志勇冷冷地看着他，“你说怎么办吧？”

“怎么办？”“墨镜”思忖着，“这样吧，私了拿2万，咱们各自走人，该忙什么忙什么。如果公了咱这就给交警打电话。”

“想讹钱吧？”一明怒火中烧。

“大家看哪！我还真碰上无赖了。”“墨镜”一蹦一跳地说，“现在的无赖怎么这么多呢？”

“你才无赖。”一明回敬。

“那老子就要个无赖给你看。”“墨镜”话音未落，突然向一明挥拳。

志勇已看出事态不对劲，很是警觉，见“墨镜”动手，箭步上去，扭住“墨镜”的手腕，发力，同时右腿跟进，“墨镜”干号一声，倒在地上，他挣扎起来，吼一声：“打这个无赖！”

三名年轻人扑了上来，一明没防备，当胸挨了一拳，翻倒。

志勇眼疾手快，有力的老拳放倒一个，扎好架势迎接又上来的一个。此时，斜刺里杀出条汉子，灵活得宛如一头豹子，他一拳把刚跳起来的“墨镜”揍了个狗吃屎，同时又飞起一脚，一高个光头腾空而起……他矫健的身手，一看就知道是训练有素之人。

围观众人爆发出一阵惊呼之声。

此刻，志勇看汉子居然是吴处，他刚想说什么，看吴处把手指放在嘴上，就把话又咽了下去。

“墨镜”从地上跳起来，脸上的凶相立即全无，斗志涣散了。他捂着半边脸，惊恐万状，哆嗦地叫着：“吴队，吴队……”

吴处不冷不热地笑着，左手抚摸右拳，观察着撞痕，根本就没看他。“小四啊！总玩这手，也不觉得腻歪?”

“吴队，他们撞了我的车。”“墨镜”可怜巴巴。

围观众人窃窃私语，有人笑出声来。

“是吗？完了？继续给我编，再往下就该是，他们不赔钱还打人，对吧？妈的，知道这两位是谁吗?”吴处黑脸上满是谐谑之情。

“知道……不知道，不知道。”“墨镜”结结巴巴地说，“真的不知道。”

“你小子怎么就恶习不改呢？我都替你脸热。看你和我是老关系，我就给你个面子。两个处理办法，你任选一个：一是跟我到支队里接受调查；二是自己滚蛋。”吴处说。

“我滚，我滚，这就滚，谢谢吴队，谢谢吴队。”“墨镜”说着向其他三人摆摆手，“还不快走。”

他们连滚带爬上车，鸣着喇叭快速离去。

一明笑了，“公安厉害！吴处，这帮家伙见你像是耗子见了猫。”

吴处咧咧嘴，说不清是个什么表情，“前年，我处理过领头的小四，劳教了一年。他惯耍这手，讹人钱财。”

“要不是你天神下凡，定会有一场厮杀。”一明说。

吴处说：“凭张主任的身手，对付这几个小混混不在话下嘛！”

“你来酒店有事?”志勇问。

“参加战友聚会，有位战友成了腰缠万贯的大老板，摆阔，非安排在这五星级酒店。”吴处说着突然问，“你们代理这个酒店的丢车案，败了，是吧?”

“案子还没完，委托人坚决上诉。”志勇说着，递给吴处一支烟。

“丢车人周良是个官二代，恶少一个，坏事做了不少。”吴处点着香烟，皱起眉头，“他妈的，这个狗东西，是不是想吓唬吓唬你们哪！”

志勇想了想，“有这个可能吧。”

“要警惕啊，现在的人很坏，黑事多着呢。”吴处认真起来，“当个律师也这么悬，有点像是走黑道，原来因为杨三的案子，张主任不是还遭了毒手吗。”

“做哪行都不容易。”志勇说。

“复杂的案子少接就是了。”吴处大口吸着烟，“你们代理酒店的这个案子，我看不大好办，真不行就退出来。”

“吴处，你的好心我领了。”志勇说，“作为一名律师，如果不能诚心诚意为当事人维权，保护当事人的利益，遇到困难退缩逃跑，那么，这名律师是不能被原谅的，因为他不是一名合格的律师。”

吴处的手机响了，他打开，“噢，已到酒店了。”他关上手机，“战友们催我了，张主任，我佩服你！需要我做什么，一定给我打电话，你知道我的号码。”

“谢谢了，吴处。”志勇说。

四

志勇坐到餐桌前，刚拿起筷子，就发现白雪脸色诡谲。他心头顿时忐忑，猜想她一定要要什么花招或出惊人之语，果然不出所料，白雪发话了。

“回来做顿饭很罕见哪。”她不冷不热地说。

“你知道我的职业，既要教书育人，还要办案挣钱，身在江湖身不由己。”

“不仅仅是忙案件和教学吧，或许还忙里偷闲做点别的什么吧？”

看她一切尽在掌控之中的神态，他感到浑身发凉，“还能做点什么呢？”说着，快速转动脑子，但就是猜不出她下面要说什么。

“真想不起来啦？那我给你提示一下。”她一副老师提问学生的气度，“你住院时，据说有位电视台的记者陪床，她很年轻？”

他的心往下一沉，好似万丈悬崖上一脚踩空，硬着头皮说：“她是我的朋友。”说完大口喝汤，只想快些离开。

“仅仅是不错的朋友吗？真是动听！”

她嘲讽的口气直让他头皮发麻，而且他明白无论怎么解释，绝对于事无补。

“这位所谓的朋友至少两个晚上下榻医院，彻夜不归。有这事吧？”

“噢，有。”

“这样合适吗？”

“我有病，你很忙，还不准别人陪陪吗？”他感到屁眼发紧，如同刚做完手术时的那种感觉，尽管手术已经过去三个多月了。

她冷笑，“一个小小的痔疮手术至于吗，还要人天天守着？记得当知青时，你的痔疮多严重，还不是照样下地劳动挑水做饭。现在胳膊腿硬了，反而娇气了？小病大养，又是专家会诊，又是住高级病房，这是什么意思？”

“能有什么意思？那时年轻，现在老了。”

“老了？但人老心红嘛！”

“什么心红，而是凉了。”

“我看热乎着呢？大律师，名教授，老牛吃嫩草，脸皮厚得也太离谱了点吧！我虽然人老珠黄，但女人的直觉还是有的。”

“当然，而且敏锐异常。我病成那样，能做什么？”他放下碗筷，站起来。

“能做什么我不清楚，只是清楚你越来越离谱了。”

“你这是没事找事。”

“我没事找事？告诉你，你的丑事地球人都知道，就我还傻乎乎地蒙在鼓里。”她猛地把碗摔在地板上，碎了。

他离开餐桌，拿起外衣。她追过来，“你给我说清楚！”

“和你说不清楚，惹不起，总躲得起吧。”他拉门就走。

“想一走了之，就永远别回来……”

五

志勇快步下楼，坐进车里，急不可待地掏出香烟，燃上，大口大口吸着，心里骂道：“妈的，这是过的什么日子，她怎么就成了这个样子？”他又记起住院时，她去医院看他，本来让他心生感动。不料她却对他冷嘲热讽，尤其是听大夫说，酗酒极易诱发这种疾病后，更是喋喋不休地指责他见酒不要命。她还很诡异地问，知道断头台是谁的发明吗？他说，千奇百怪的杀人工具不在我的研究范畴。她得意地说，那我来告诉你，法国的锁匠国王路易十六，结果他被这令人恐怖的杀人机器剁下了脑袋，这就叫自作自受。

手机响了，他打开，看屏上是一明的名字，做深呼吸后，才接电话，“噢，都谁在？好吧，哪个酒店？好。”关了手机，发动车，驶出家属区，片刻就驶进人们发明创造的最疯狂的水泥钢筋丛林中。他冷眼看着亮晃晃的花里胡哨的街景，绝望地自问：难道是我有问题了？她怎么会变成这样？从温柔娴雅的姑娘眼睁睁地就演化成了尖酸刻薄的怨妇，这实在是令人难以置信……唉，汪静是位苦命的姑娘。他瞥一眼仪表盘上的时钟，看时间的同时，发现是4月25日，心头一震，时令4月，该是春天了。看车外，除了形状各异的楼房，就是电的刺眼光亮，哪儿有一丝春的意味？脑海中浮现出黄河故道的春日，天蓝云白地绿，深蓝色闪亮的燕子上下翻飞，暖暖的懒洋洋的空气中柳絮飘扬，苹果花怒放，生命在酝酿、在涌动。他拉着白雪温热柔软的小手，走过碧绿的麦田，走过长堤，走进繁花似锦的苹果园。她穿件洁白衬衣，天蓝色长裙，脸上的笑容像是盛开的粉红色苹果花，明媚春光中，秀色可餐……

停好车，隔着风挡玻璃看霓虹灯闪烁的酒店大楼，听着旁边建筑里传出的可怕的音乐声，志勇又燃上一支烟，大口吸完才下车，走进酒店，在服务员的引领下，来到包间。

一明站起来，夸张地叫道："中州所的掌门终于大驾光临啦！"

他看在座的两位，一位是比一明低一届的大学同学，中院民三庭庭长崔进，周良"丢车案"的审判长；另一位是原告的代理律师许立。

他与许立有过交往，还算熟悉，这位身形壮硕的汉子在他看来实在是没有律师的气质，倒像是油滑无比的掮客，与武鹏不分伯仲。但不能否认的是，这家伙代理案子的胜诉率确实很高，也如武鹏一样，美女香车，锦衣玉食，属律师界的名士，与武鹏一道号称"中原双雄"。他的故事甚多，其中广为流传的一则是在娱乐城床上被当场摁住的经典段子：他正与小姐颠鸾倒凤，云雨正猛，被闯进来的警察逮了个正着。但这位不仅毫无仓皇狼狈之色，反而像是位临危不乱的将军，对警察说，请你们先出去，我穿上衣服就跟你们走，反正我也跑不了嘛！警察认为他的话有道理，退出等候。万没料到的是，当他和小姐出来时，居然一脸凛然正气，请问，你们找我有什么事吗？警察大怒，什么事你还不清楚？他茫茫然，我接受服务员摁脚服务，违法吗？警察说，你明明正在嫖娼。他大怒，证据，你们的证据呢？小姐铁青着脸发誓，我确实在给这位先生做脚部按摩，你们就是打死我也是脚部按摩。他掏出手机，你们没有证据就不要血口喷人，我现在就给我的朋友、你们局的纪委李书记打电话举报，你们看有这个必要吗？几名警察被他的气势震住，面面相觑。

"感谢老同学的一片盛情，判我败了官司还不忘同学情谊。"一明点明了宴会的主题。"张主任，我虽然是败军之将，但败在老同学手下也不能算是丢人吧，毕竟是长江后浪推前浪，再说律师除了败给法官，还能败给谁呢？"

志勇看他兴致高得有些反常，一时搞不清楚他葫芦里卖的什么药。只是坐下来，打着哈哈喝酒。由于心头郁闷，没喝几杯就觉得头晕了。

几巡酒之后，一明开始敬酒，他酒量平平，但敬酒却花样繁多，奇招迭出，场上气氛热烈起来。

许立已有醉意，"张主任，赵教授是位了不起的律师，不是轻易言败之人哪！这次虽然马失前蹄，但也不能以成败论英雄。"

志勇看一明一眼，说："对此，我没说什么吧？"

一明笑着说："你说虚心向许律师学习嘛。"

"张主任，有幸和你共进晚餐，我敬你一杯。"崔进说着端起酒杯。

志勇不待见他的面相，白净，细眉细眼，嘴巴上、下无须，并呈一条线，就像一条刀疤。几年前第一次看这副尊容，他就断定这家伙属于那种喜怒不形于色，城府极深之人。"崔庭长，我们还是共饮，先喝为敬啊！"说完一口干了。

"我知道张主任海量。"崔进说，"再来一杯。"

"崔庭长，我们既然坐在一起，有话就直说了。请教你一个问题，你主审这个案子，是否有行政干预在其中？"志勇说，"因为原告确实是领导的外甥嘛！"

他颇为神秘地一笑，显得高深莫测，“张主任如果你这样问的话，那么，我可以明确地回答你。绝对没有，而且院长亲自对我讲，这个案子你要慎之又慎，秉公执法。因为案子涉及的法律关系复杂，后来还上了审委会。”

“噢，明白了。”志勇做出恍然大悟的样子，但心里却嘲讽道，鬼话，只有鬼才相信，这案子还上审委会？即使是上了审委会又能怎么样？审委会是不看病就开药方的行政化的机构，正如法学界对各级法院审委会所诟病的那样：审者不判，判者不审。审委会的设立，看似发扬了民主，对疑难案件进行讨论，然后集体作出决定。但其实谁都明白，这并不是审委会审理的结果，而是开会的结果，其主导因素不是司法，而是行政。

“不仅上了审委会，还请了专家论证。”崔进又进一步解释。

志勇淡淡一笑：“看来是‘铁案’了。”

“不敢妄称‘铁案’，但我们认为，基本不会有大的差错。实话告诉你，在判决之前，我还私下征求了高院资深法官的意见。张主任对此案的结果是否还有异议？”崔进很认真地问道。

“只是问问。”志勇端起酒杯，“来，崔庭长，咱俩干了这杯。”

他俩刚碰完，许律师就邀请一明碰杯，一明只是小抿一口，他说：“你知道，我不胜酒力，人生一大憾事啊！”

“明白，明白。”许立说着，突然把话一转，“赵律师，你的委托人对一审判决什么态度？”

“说实话，她觉得很冤。”一明说。

“她有上诉的打算吗？”许立再问。

“现在还未定。”一明说，“你什么意思吧？”

“我的意思就直说，案子已经到了这一步，劳你再做做当事人的工作，就此罢手，上诉没有多大意义。”许立说，“在赔偿数额方面，我们可以让步的。”

一明看着他，“我当然可以按你的意思劝劝当事人，但人家要坚持上诉，我可就没有办法啦，做律师不忠于客户可不成，我们的衣食父母嘛！”

“官话，官话。”许立满脸放光，“我相信，只要你愿意，你的办法多多嘛！一定要给我个面子。姑且不说这层，你和崔庭长是老同学老朋友，你说同学情谊重要还是当事人重要？”

“许律师，这就是酒话了。”崔进脸上透出一丝笑意，“我俩的关系还用你讲评吗？”他的手机响起来，“对不起。”他起身出去，片刻返回，满脸歉意，“对不住啦，张主任，院长召我过去。许律师，你代表我一定要陪好两位大律师，要尽兴！”

崔进离开后，许立又是给志勇敬酒，又是共饮，一副生龙活虎状，“方才赵律师称当事人是我们的衣食父母，兄弟不敢苟同，应改为法官才对。如果法官总判你败诉，还会有当事人找你代理案子吗？张主任意下如何？”

志勇不动声色，“见仁见智，不能概而论之。”

“赵律师，你和崔庭长是老同学，多好的人脉关系，一个委托人算什么！你想，如果崔庭长升任副院长的话，有这棵茁壮的大树护着，你还不是财源滚滚，何计一城一地得失呢？”许立说，“崔庭长是很信任你的。”

一明笑着说：“关键是我们的委托人的态度啊！”

“恕我直言，尽管赵律师也在律师这片江湖上走动十几年啦，可还是未脱学究气啊！”许立感叹，“作为律师，我们能做什么呢？就算你一厢情愿地为你的委托人追求所谓的公平正义，但如果没有法官的帮助，结果也只是有心杀贼，无力回天。两位的学问比我高，自然应该了解律师在当今社会是个什么地位？法律又赋予律师什么权利？什么铁肩担道义，妙手著文章，那是狗屁。”

听他侃侃而谈，志勇突然想起人们攻击律师的名言：天天都愚人节，把办案变成作案。这家伙当是代表之一。

也许是酒精闹的，许立似乎没察觉两人已露出厌烦之色，继续喋喋不休，“现在法官倒还是可以有所作为的，自由裁量权在扩大嘛！对同一事实，会有不同的法律适用，这是法官的自由裁量；对同一事实会有不同的认定，也是法官的自由裁量。说实话，我为什么胜诉率比较高，难道说我确实比其他律师水平高出多少？完全不是这回事嘛！这点我还是有自知之明的。再说这个案子吧，如果你们上诉，二审开庭，是个什么情形，我们已经自相残杀一次了，难道说再来第二次？双方像他妈的野兽相遇，龇牙咧嘴，然后互相撕咬，无论谁胜，最终我们律师双方均是伤痕累累哪！还是作罢的好，我可以让酒店方少支付赔偿费，怎么样？”他终于看出面前两位脸色上的不耐烦，“班门弄斧了，班门弄斧了。走，我代表崔庭长请两位桑拿放松放松。”

两人婉拒了。

走出酒店后，一明看出志勇偏高，拉他坐自己的车，志勇确实也感到头重脚轻，就顺了他。

“看来他们心虚，想捂你的嘴。”志勇说。

一明苦笑，“兄长火眼金睛，他们就是怕这手，尤其是崔进。但现在当事人坚决上诉，我只有全力以赴啦！”

“崔进那边怎么办？”

一明摇头，“说实话，对当事人敷衍塞责走过场，我实在是做不到。如果我退出来，对不住当事人是一个方面，更重要的是，只要二审胜诉了，崔进仍会认为我做得不到位。思来想去，还是上吧。”

志勇释然，“其实昨天你对当事人的态度表明，你已经为老同学尽力了。我想，是朋友绝对得罪不了，能得罪的也许就不是真正的朋友啦。”

“这话有哲理，有哲理。”

“这边拐，这边。”志勇提示道。

“不回家了？”

“回所里。”

“又和师母发生不愉快了？我能感觉出来。”

“夫妻间的事，说不清，道不明。”志勇深深叹了口气，“真想像你一样，独往独来！”

“你上有老、下有小，怎么能和我一样呢？”一明说着打方向，掉转车头。

六

志勇回到办公室，只觉得酒精激起的波涛在体内汹涌翻腾，让他生出腾云驾雾之感，急忙进卫生间冲了淋浴，出来猛喝了两杯水，半歪在椅子里，燃上一支烟，拿起桌上的电话，拨通女儿的手机，“噢，媛媛，在哪儿？”当他得知女儿已回到家时，说，“爸在办公室看案卷，不回去了。”

“爸，你和妈又吵架了，怎么回事啊?!”

“一两句话说不清，你睡吧。”

“我睡得着吗，你在哪儿?”

“你看电话号码，我确实在所里。”

“噢，听得出来，你又喝多了。听我的话，多喝水，早点休息。”

“好，好，我的好姑娘。”

“老爸，再这样，我至少一周不理你!”

“老爸一定按你的要求做。”

他放下电话，仰在椅子上，女儿噘嘴生气的样子恍若眼前，突然又想起妻子冷嘲热讽之相，耳畔仿佛回荡着她尖厉的吼声，你永远别回来!

办公室很静，钟表秒针轻微的嗒嗒声清晰可闻，春天的风从洞开的窗子吹进来，暖暖的。他盯着移动的秒针，心头泛起一股凄凉，夫妻之间弄成了这样，真要是自己倒也罢了，关键是还有媛媛呢，她怎么想?

汪静的倩影浮现在脑际，想见她的欲望气球样膨胀起来，他盯着桌上的电话，打还是不打？一时拿不定主意了，此时，响起了敲门声。

他坐起来：“请进。”

陈燕进来，有几分惊讶地问：“没回家?”

“喝酒偏高了，你这么晚才回来?”

“同学聚会。”她打量着他，“我开车送你回去?”

“不走了，你也休息吧。”

她坐下来，望着他，期期艾艾地说：“一直想告诉你我个人的事，总也没时间。”

“什么事？这么沉重。”看她窘迫的样子，他故作轻松地说，“需要我帮忙吗?”

她长长叹了口气说："晚了，太晚了。"她捋了把头发，仰起迷惘的脸，"怎么说呢？如果你愿意帮我的话，早就帮了。"

他突然意识到什么，无语。

"刘军很郑重地告诉我，他要离婚，请求我嫁给他。"她的脸泛起了红晕，"你说我该怎么办？"

他怔住了，半天才开口："让我怎么说呢？你是成年人了，自己拿主意吧。"

"这事对我很突然，尽管我早就知道他和妻子关系恶化不是一天两天了，他离婚我也能理解，但要我嫁给他……我想，我和他在一起，怎么说呢，在很大程度上是冲动之下，才和他……当然，他对我挺好的。"

他燃上一支烟，默默吸着，实在不知该说什么。

"老师，我只是想问你，我和刘军这样，你认为很不道德吧？"

"谈不上，人人都有追求幸福的权利，即使超越道德界限，也应该理解。我说的是心里话。"

她如释重负，深深望着他说："无论怎么样，我就当你说的是心里话，这样我会好受些。"

钟表里的布谷鸟叫唤起来，已是零时了。

他长叹一声："休息吧，情感问题很复杂，别说是你，就我这样的年龄也是雾里看花，说不清，道不明。"

"对你说出这些，我轻松多了，你也快休息吧。"

看她迟迟疑疑从沙发中站起来，很不情愿地离开后，他又吸了一支烟，才宽衣倒在床上，但毫无睡意，辗转反侧，也不知过了多久，酒劲才落潮样退去，困意上浮，沉沉睡了过去……陈燕款款来到床边，目光深情依依，缓缓脱去外衣、裤子，直到一丝不挂，雪白的身子如梦如幻。你为什么就不能要我呢，为什么？她喃喃自语，钻进被窝，拱入他的怀中，他感到丝绸般的柔软光滑，阳光般的温暖。于是，热血沸腾，情不自禁伸手抚摸着她鼓鼓的乳房，亲吻着她火热湿润的嘴唇，舌头搅在一起……她仰面娇喘着自语，我应该是你的，应该是你的，我要你，你，你来呀……他抱紧她的身体，分开她修长的腿……正要急切地合二为一之际，脑海里有个声音在叫，我为什么拒绝她，她如此年轻，如此浪漫，为什么……他奋起进入，耳边响起她畅快的呻吟，久违的甚至已经忘怀的火热的快感潮水样充溢周身，再看身下美丽的脸，眼睛模糊了，居然是汪静，她紧抱着他的腰，往上挺着身躯，把弹性十足的乳房贴在他胸上……他的动作越来越猛，她娇喘之声越来越大……畅快，一泻千里，他伏在她柔软洁白的身体上不动了……张老师，我到底是谁呀！一声叫喊，令他一惊，细辨认时，一切又回归黑暗……他这才恍然意识到，美妙绝伦的云雨，一场梦而已，多少日子没有做爱了……睁开眼睛，灰色的晨光透过玻璃窗映进房间。又是一个早晨了，但与其他早晨并无什么区别。他想，居然没拉上窗帘，与此同时，感到浑身疲软，筋脉像被抽去一样，没有一丝气力，而且心如死灰……

但起床是必需的，按每日设定的既定程序，调查取证，出庭，授课，辅导研究生……每天并无什么差别。想到此，一股怨恨之气蹿上心头，这样活着，有他妈的什么意思，是为他人活着，而不是自己。蓦然间想起希腊神话中的西绪福斯，这位受众神惩罚的家伙，终日地工作就是把一块巨石全力推上山顶，但巨石又会滚下，再推，如此往复，永无终日。妈的，我亦然哪！生命就在无效无望的劳作中消耗殆尽了……但他还是坚持坐了起来之际，感到内心深处有一种撕裂感，禁不住握紧拳头，重重地砸在床头。

七

一明和同学在官司中遭遇已经不是第一次了，想必也不是最后一次。每遇这种尴尬的场面，总让他联想到我国近代史上著名的黄埔军校，联想到20世纪20年代到40年代国共两党的内战，双方如此多的将领本是黄埔的同窗好友，但在战场上却各为其主，你死我活，杀红了眼，这恐怕也算得上中外战争史上的奇观之一吧。当然，美国南北战争时也是如此，南军司令罗伯特·李和北军司令尤里乌斯·格兰特两人不仅是西点军校的同窗好友，而且毕业后同在联邦军队服役，又并肩战斗参加对墨西哥的战争。但在南北战争中却成了死对头，各自统率千军万马杀得鬼哭狼嚎。

好在此刻是二审，不用再看崔进的脸面，可以无所顾忌地上阵了。

“本案原告至被告的酒店开会，是被告的消费者。被告是涉外酒店，按旅游行业的标准，涉外酒店应具备为住店客人服务的停车场，而且被告也确实有这一设施。由此可见，给客人提供停车场所是酒店为住店客人提供的附加服务，属酒店的服务内容之一。赵律师对此没有异议吧?”许立瞪着闪亮鼓凸的金鱼眼，盯着一明问道。

一明说：“没有。”

“那么，酒店的服务行为，应达到《中华人民共和国消费者权益保护法》第七条、第十八条规定的保障消费者接受服务时人身、财产安全的要求。”许立气势逼人，“本案中，在被告自备停车场因故不能停车的情况下，被告的保安引导原告将车停在其指定的广场，这一事实表明，此停车场是被告停车场的延伸。所以被告完全应对该处停车场负责安全保卫工作，但被告在另一单位的会议结束后，未通知提醒原告，也即驾车人将车停放于地下停车场的情况下，即撤回广场的保安人员，造成车辆丢失。这一事实表明，被告对于车辆丢失负有不可推卸的责任。据此，一审判决，于法有据，并无不当。”

“我们不同意许律师的意见。”一明正色道，“首先，酒店保安秦玉宝并没有引导原告将车停放在广场，据此不能认定广场是上诉人停车场的延伸；其次，距酒店215米作为临时停车的广场设有极为醒目的1.5米×1.2米的两块‘车主自负泊车风险’的告示牌，这是因为这一广场不属于酒店，只是因有大型会议，酒店临时借用的。更为明确的证据是，原告未能停在已满的地下车库，自己驾车到临时停车场，见到秦玉宝后，他既未向秦玉宝讲明身份，也未告知其房间号，只是说来此开会。秦告知他，这是临时停车场，并不属于酒店。请过一会儿下来看看，待酒店的地下车库有位置时，将车停在地下车库，晚上7时，我们就下班了。据此，完全应由停车人自负车辆丢失的责任。不知一审法院对此事实为什么不予认定?”

许立当即辩解，称是秦玉宝引导原告将车开到了广场，并非常肯定地对原告讲，在此停车没问题。当事人秦玉宝跳起来反驳，说根本没有此事。两人你来我往争执不下。

年轻的审判长见此，敲响法槌，“注意法庭秩序，注意法庭秩序!”接着与身边的法官耳语后，冷冷地说，“对于原告律师，被告当事人秦玉宝陈述中有关的是否引导进入临时停车场的情况，两人陈述相互矛盾，又未能提供其他证据予以佐证，法庭暂不给予认定。”

志勇开口了，“我们完全同意法庭的意见，上述事实如何来证明，尽管很重要，但并非本案的关键。刚才许律师引用《中华人民共和国消费者权益保护法》第七条、第十八条之规定，保障消费者接受服务时人身财产的要求，并指明被告有过错，应负主要责任。我们认为，根据本案的法律关系，仅仅适用此法是不恰当的。因为就本案来讲，原、被告双方的法律关系，并不是，准确地说并不完全是消费与服务的关系，而是双方是否存在车辆保管合同关系，具体说，也就是被告对于原告停放在临时停车场的车辆有无保管责任。请问许律师，对此你有疑问吗?”

“双方当然存在车辆保管合同关系，但被告的违约责任是显而易见的，也就是说被告有过错，未尽到应该尽到的责任。”许立说，“证据表明，当晚7点，被告撤走了广场上的所有保安人员，而且未通知车主。这是事实吧?”

“确实如此。”志勇心头暗喜，这家伙还是上套了，只要他承认存在车辆保管合同关系就好办了，但他表面依然淡定，沉吟片刻：“撤走广场上的保安是事实，原因是大型会议结束。至于为什么没有通知原告，这是因为保安既不知道原告的姓名和身份，更不知道原告身在何处，如何通知？同时，保安已经告知他，要下来看地下车库的停车情况。据此，我们认为，当事人已经尽了应尽的义务。”

“我不同意!”许立叫起来，其声如锋利的刀劈砍着法庭紧张的空气，“当事人没有尽到通知原告的义务。”

当事人秦玉宝大怒：“我确实提醒他下来看地下车库的停车情况，还告诉他我们7点下班。”

“如果没有新的证据，双方不要再纠缠这一问题了。”审判长不耐烦地打断他的话。

志勇说："根据原告并未把车停在酒店地下车库这一事实来看，我们认为，被告与原告之间并未构成事实上的车辆保管合同关系。保管合同是寄托人与保管人达成的寄托人有偿或无偿地将物品交保管人保管，保管人于一定期限内返还保管物的协议。保管合同的法律特征之一，即不仅是双方当事人的合意，还必须将保管物交付保管人，使保管物置于保管人占有和控制下。从本案来看，原告的车停入临时停场后，并无明确表示将车交付被告保管，讼争轿车实际上也未置于被告的控制之下；客观上原告与被告没有就车辆的停入、保管、领取、风险承担等权利义务订立过具有保管法律特征的合同或任何口头约定。因此，双方之间并未构成保管合同关系。既然保管合同不成立，那么，法律亦无明文规定客人住宿期间，酒店必须对客人停在酒店以外的车辆负有保管义务。所以，我们认为，原审法院判决被告承担全部赔偿责任缺乏证据和法律依据。"

"事实证明，被告是有过错的，而且正是被告的过错，导致车的丢失，自然应负赔偿责任。"许立的脸色如紫茄子又遭了霜，大声吼了起来，"原审法院判决于法有据，并无不当之处。"

"有理不在声高。"一明不屑地看他一眼，平静地面对法官，"我要补充的是，关于责任划分的问题，尽管双方虽未形成车辆保管合同关系，但是原告到被告的酒店开会住宿，双方之间形成了服务与被服务的关系，被告大河酒店理应依法及依约保证所有服务内容安全到位。然而，被告借用广场临时停车，但未告知客人该情况，无论是什么原因，确实是未尽到责任，所以，被告对此具有一定的过错。原告会前预订了车位，但未向保安人员讲明，导致车辆停入外借的广场，之后又未告知保安人员房间号及联系方式，致使保安人员无法通知其移动车位。所以，原告存在更大的过错。"

"这一过错，我们绝不认可，原因如前所述。"许立怒气冲冲，像个粗鲁的莽汉。

"如果没有新的证据向法庭提供，上述问题到此为止。"审判长果断地说，"现在由上诉方对原审法院关于保险公司对被告行使代为追偿权之判决不服举证。"

一明说："一审法院以被告对保险事故发生负有责任的第三方，就理赔部分行使代位追偿权的判决明显缺乏法律依据。根据《中华人民共和国保险法》第四十四条第（一）款规定：'因第三者对保险标的的损害而造成保险事故的，保险人自向被保险人赔偿保险之日起，在赔偿范围内代位行使被保险人对第三者请求赔偿的权利。'该条款中的'第三者对保险标的的损害'是指第三者对保险标的有直接损害。本案被告并非车辆的盗窃人，对车辆丢失根本就不存在直接责任。因此，被告根本不构成作为保险公司代位追偿的对象，原判支持保险公司的诉讼请求明显缺乏法律依据。"他轻松自如地进行了陈述，之所以如此，是因为原判法院，也就是一明的同学崔进实在是枉法裁判。正如二审法官后来所言，与专业水准没关系，而是良知出了问题。

八

终审判决终于下来了，虽然姗姗来迟，结果却让大河酒店的方菲喜出望外。终审判决的主要内容是：大河酒店赔偿原告经济损失 15 万元，最为关键的是，对于保险公司代位请求大河酒店赔偿已理赔的保险损失 75 余万元之诉，法庭不予支持。

汪静正向志勇、一明了解本案的情况，计划就此案做一期节目。办公桌上的电话响了，志勇伸手拿起，耿昌的。几句寒暄后，耿昌说，老兄，你一定要给方总个面子，过来吃顿饭，我请客总可以吧。志勇笑了，这倒可以考虑。他放下电话，说，看来不去不行，咱们一起过去吧。一明说，你太认真了，方总请你几次，你都不答应人家。志勇说，她是我们的客户，而耿昌是我的朋友。完全是两个概念嘛！

三人到了大河酒店的豪华包房，方菲和耿昌已在等候了。

耿昌拍着方菲的肩膀，"你打官司的事，我说有贵人相助，贵人就是我大哥嘛！怎么样，我说定能逢凶化吉，遇难呈祥。这回相信了吧。为了你这点破事，大哥用心不说，赵律师和他法院的老同学都成仇人啦！"

"耿哥，你怎么不早告诉小妹这些呢？"方菲一副撒娇状，"把我蒙在鼓里。"

"我还不是让你少操心！"耿昌说，"你知道不知道一个样，大哥干板直正，他又不吃请客送礼这一套。现在快给大哥敬酒吧。"

"好，好。"方菲立马起身斟酒，双手端起，笑容灿烂。"张主任，还是称大哥吧，这杯水酒一定干了，给小妹个面子，别让耿哥笑话我呀！"

本来一位十分矜持、气质高雅的职业女性，此刻却像位坐台小姐。志勇颇感奇怪，人真是复杂动物，女性更甚。他连续与她碰了三杯才算过了关。

"妹妹好酒量嘛！"耿昌大脸上流动着淡淡的笑意，"周良那小子没再找茬儿吧？"

"好哥哥，我都头晕了。"她笑盈盈地说，"他们查账的人撤了。"

听他俩说起周良，志勇立即想起有关他的传言，准确地讲，是他那条漂亮的苏格兰牧羊犬，也不知被谁用利刃齐展展把头割下，摆在了周良门口，身体倒吊在别墅前的路灯上。在保安众多，到处都是摄像头的高档住宅区居然出了这样血腥的事，其效果令人毛骨悚然。正如一明所言，手法狠毒，来去无踪，一般人肯定做不了，显然是很专业的高手所为，真还有点好莱坞大片的味道了。

一明偏高，冲着汪静坏笑，"你今天问了那么多，到底是想歌颂我还是张主任？"

"当然是赵律师啦。"汪静脱口而出，"你知道，张主任最讨厌宣传他本人，用他的话来说是涉嫌炫耀，同时他对记者也没好感嘛！"

“那你的意思是我喜欢被歌颂啦。”一明眨着眼睛，“我当然知道主任一向不待见记者，但对你却网开一面，这本身值得深思，啊？”

“赵律师，真会开玩笑。”汪静打断他，“说心里话，两次开庭我都去了，你在法庭上言语犀利，旁征博引，风采真的令人着迷！”

“张主任沉着稳健之风范，令人想到运筹帷幄之中，决胜千里之外的大将军啊！”方菲举起酒杯，“大哥，我再敬你一杯。”

“方总过奖啦。”志勇与她碰杯后，转向汪静，“想不到你也会恭维人了！这可与你一贯的批判性风格不符嘛！”

她冲他一笑，“实事求是，赵律师确实很棒。”

“各位看到的仅仅是表层啊！这个案子是有人高兴有人愁，方总赢了官司当然是高兴，但我和老同学的关系彻底终结了。他对我说，真没想到，你连多年的同窗之谊都不顾了，难道说只有钱是真的？除了赤裸裸的利益之外，就没有一点真情了吗？如果你缺钱，我可以支援你啊！”一明感叹道，“这还在其次，好几位同学因这事对我冷言相向，大肆声讨，就像我冒天下之大不韪，干了一票大逆不道的勾当，犯了众怒，现在我就是浑身是嘴也说不清了。”

“我理解你的苦衷。”志勇安慰道，“只要自己问心无愧就好。”

“说得对，至少我的良心清清白白。”一明端起酒杯，“不说了，喝酒。”

“好，我来陪赵律师尽兴如何？”方菲举起杯，“赵律师，我先喝为敬啊！”

看她明媚的笑脸，一明心头欣然起来。

九

劲烈的风肆虐，灯光中，只见枯叶被风卷抛起来，漫天飞舞，宛如众多的疯狂蝙蝠大聚会，路旁高大的法国梧桐树剧烈地摇曳。路上人稀车少，只有残枝破叶飘舞、翻滚。黢黑的天幕上划出不规则的蓝色闪电，隆隆的滚雷声隐隐传来。

志勇感到车像是波涛上的一叶小舟，方才还是觥筹交错，笑语欢声，眼下却置身于山雨欲来风满楼的险恶氛围中，这让他生出一种时空倒错的不真实感觉。酒精在燃烧着神经，又觉得浑身轻盈，飘飘然，思绪如同鹰击长空，无限风景。

“想什么呢？”副驾驶位置上的汪静凝视着他的脸，轻声问。

“噢，高尔基的《海燕》。”

“《海燕》？”她眸子闪亮，神色似火，也像是酒精闹的。

他吟咏起来，“在苍茫的大海上，狂风卷集着乌云。在乌云和大海之间，海燕像黑色的闪电高傲地飞翔……这是勇敢的海燕，在闪电中间，在怒吼的大海上高傲地飞翔。这是胜利的预言家在叫喊：让暴风雨来得更猛烈些吧！”

“豪情满怀啊！”

“触景生情，老夫聊发少年狂啦。好多年以前，为这篇散文如痴如醉，大雨瓢泼之际，和陆地脱光衣服，故意行走在大雨中，黄河长堤上，手舞足蹈，疯狂地大吼着，不能自已。结果发高烧，在床上躺了好几天。”

“竟有这样疯狂而诗意的故事。”

“多少年前的事情啦。”他感慨道，“青春的狂热永远逝去，再不会有了。”

“你们这一代的生活经历丰富多彩，不像我们乏善可陈。”

“也许是吧。”他长叹一声，“人老了，脑子也在衰退，今天结识的人一起喝酒吃饭，也许明天就忘得干干净净，但二三十年前的无数生活琐事却历历在目。”他脑海中浮现出金色的黄沙，清澈的天空，黄河边大片的芦苇……

“我在你眼中也是过眼烟云吧？”

他不自然地笑了。

雷声越来越近，滚滚而来，如千军万马杀过来一样。仿佛近在车窗前，一道刺眼的树枝形闪电撕裂厚实的天幕，瞬间照亮了整个世界，炸雷响起。汪静大惊，两手抓紧他的胳膊。

雨突然从天而降，越来越猛，车顶像是军鼓齐鸣，雨水从风挡玻璃上如瀑布样顺流而下，雨刷器虽然忠实地劳作，但几近摆设，徒劳无功，车像是行驶在水帘洞中。迎面射过来的朦胧车灯中，他发现她正仰脸看着自己，“害怕雷声？”

她点点头，靠在他肩膀上，“人在大自然面前太渺小了。”

车拐进小区，志勇把车一直开到楼道门口，停下了，“快上去吧，再见。”

“今晚很愉快，谢谢你邀请我。”

“由于你的参加，我也很愉快。”

她没动，看着他，“请你喝杯咖啡如何？”

他沉默了足有一分钟，“好啊。”

她立即打开车门，冲进楼道。他锁好车，冒雨跑过来，跟着她上楼，楼道暗淡的光线中，她扭动着的婀娜细腰，牛仔裤紧裹着的圆圆的臀，紧凑、结实，令他怦然心动，并不期然涌起热乎乎的欲望。

进门，换鞋，他坐在松软的布衣沙发上，打量着不大但很雅致的客厅，中央是一块碧绿的长毛地毯，其上是方形的玻璃茶几。镶在墙上的万宝槅内有花瓶，毛茸茸的狗。另一面墙上挂着两幅油画，还有一张她的写真照，风华少女，青春靓丽，再一张是她和弟弟汪明的合影。半落地窗挂着淡蓝色的天鹅绒大窗帘。

一种类似于茉莉花的淡淡香味儿钻进鼻孔，他思忖，闺房的味道？

她穿一身宽松的白色睡衣走出来，递给他一条毛巾，“擦擦，看你头上的雨水。”

他接过毛巾，闻到的是也茉莉花的清香，“我可以吸一支烟吗？”

“我始终认为，这是不良嗜好。不过你可以，但我这儿可没有香烟。”

“只要有烟灰缸即可，看来我这不良嗜好是难改了，就像我这个人身上的诸多毛病均不可救药一样。”

“每个人都会有缺点，只有上帝永远是完美的。”她说着，从茶几下拿出一个纸杯，“你稍等，我去煮咖啡。”

他燃上烟，深深地吸了一口，仰在沙发上，看面前袅袅飘散的轻烟，突然就感到被一种温暖包裹了，就像躺进浴缸被温热的水抚摩全身一样。这么晚了，请我喝咖啡，显然不仅仅是礼节性地喝一杯咖啡吧……他想入非非之际，嗅到了咖啡的香味儿。目光再次停到油画上时，觉得眼熟，起身走过去细看，一幅与南湖酒家八号包间的一样，列维坦的《平静的伏尔加河》；另一幅居然是著名的曾令他震撼不已的《符拉基米尔之路》。年轻时，他就知道这条著名的路，沙俄时代的流放者、苦役犯去西伯利亚的必经之路。画家笔下没有动人的风景，只有一条孤零零的小路，通向不可知的天边。整个画面流淌着一种深沉辽远的哀伤。

她端着咖啡，款款过来，放在茶几上，“要糖吗?”

“谢谢，还是原味的好。”他转过身，“怎么会把这幅画挂在客厅？你真是有悲观倾向啊。”

“我本来对生活就不抱有什么希望了。”

“这幅画实在是令人遐想太多，俄罗斯广袤无边的原野，皑皑白雪，静静的白桦林，还有意志坚定的‘十二月党’的革命者，以及心甘情愿陪丈夫去遥远的西伯利亚的年轻妻子们。”

她偏头捋把长发，惊讶地望着他，“你如此熟悉这幅画，还有这条路?”

他走过来，坐下，看着冒着热气的咖啡，“年轻时对俄罗斯的文化心向往之。”

“这条路，总是让我想起‘十二月党人’的妻子们。”

“‘十二月党人’为自由为理想起义的壮举虽然英勇，但令人印象深刻的却是‘十二月党人’的妻子和情人，她们的故事更为长久地留在了人们的心中。‘十二月党人’起义失败被捕后，沙皇尼古拉一世命令他们的妻子与罪犯丈夫断绝关系，为此专门修改了不准贵族离婚的法律，只要哪位贵妇提出离婚，法院立即给予批准。但出乎意料的是，没人提出离婚。不瞒你说，年轻时，自认为硬汉的我，被她们的故事感动得泪流满面。如特鲁别茨尔卡娅在西伯利亚监狱与丈夫相会，先跪下吻他的镣铐。这一吻，使人类的爱情因这冷酷、冰凉的镣铐而更加圣洁，成为俄罗斯女性爱情的象征，还有美丽娇柔的穆拉维约娃，她的丈夫劝她，你还是回莫斯科吧，我不愿你与我一同身受饥寒之苦。她说，为了我们的爱情，我要永远跟随着你，让我为你失去一切吧，名誉、地位甚至宝贵的生命。”他停下来，正碰上她专注的目光，“话多了，话多了。我想你很熟悉这些故事吧。”

她点点头，“‘十二月党人’的妻子中，最后辞世的亚历山大·伊万诺夫娜的话最实在，也最感人，她说，诗人们把我们赞美成女英雄。我们哪是什么女英雄，我们只是去找我们的丈夫罢了……噢，咖啡要凉了，你品一下，味道怎么样?”

他小抿一口，咂着嘴：“挺好，挺好，口感润滑，味道芳香。”

“你很有鉴别力，这是同学从美国给我带来的蓝山。”

“蓝山？”他想起了什么，“噢，著名品牌啊！这种咖啡豆产自牙买加的蓝山。你想象一下，蓝山这名字听着就极富诗意，据说此山海拔超过2000米，在阳光明媚的日子，加勒比海的粼粼波光映照在群山之上，是为蓝山名字的由来。”

她凝望着他，“你对咖啡也有研究？”

“略知一二而已。”他啜一口咖啡，“这小小的咖啡豆了不得啊！曾引发了波澜壮阔、影响极为深远的欧洲启蒙运动，奠定了近代各国以及全球现代化的思想基础。”

“有这样的事？”她问。

“你想，伟大的启蒙运动为什么起源于法国呢？”他突然感到有很多很多的话想对她说出来的强烈欲望，“自从咖啡被引入欧洲后，品喝这种饮料很快就演变为一种时尚，就像现在京城的小资很喜欢跑到星巴克炫耀自己的情调一样。法国的知识分子本来就浪漫，喜追求新颖，于是，咖啡馆自然就成了诸如伏尔泰、狄德罗、孟德斯鸠、卢梭等启蒙运动的领袖级人物的常去之地，这些优秀的大脑在咖啡因的刺激下，更加兴奋，思维越发活跃，类似我们大唐的李白、杜甫等一大批诗人在酒精的刺激下，吟唱出流传千古的诗篇一样吧。他们高举进步理性自由平等、自由经济、民主政治等一系列伟大的旗帜，更为重要的是，提出‘天赋人权’来对抗‘君权神授’、以政治自由对抗专制暴政、用信仰自由对抗教会权威、法律面前人人平等的启蒙运动的核心理念。所以，有学者形象地总结：‘咖啡改变了世界历史。’”

她听得入迷，不由感叹，面前这位男人如此的丰富多彩，简直就像是一座待开发的宝库。

“说实话，我对咖啡的了解只是皮毛而已，真正有心得的是赵律师，他要讲起来，绝对引人入胜。”

“赵律师真是一位很会享受生活的人。”

“是啊！而且见多识广，堪称渊博。”

“尽管他表面上玩世不恭，但我觉得依然透出绅士风范。”

“你的感觉很对。也许是血统关系吧，他爷爷的爷爷是清朝的正二品官员呢。”

“有贵族的血统啊？”

“抚养他长大的奶奶也是正宗的贵族。”他环视着客厅突然改变了话题，“你的小天地很温馨嘛！”

她怔住了，半天才幽幽地说：“栖身之地，仅此而已。”

斜雨打在窗上，发出不均匀的声响，眼泪似的顺玻璃流下。

两人的目光碰在一起，他发现她清澈的眼睛中，有异样的光泽。

“谢谢你纯正的蓝山。你休息，我告辞了。”他慢慢站起来。

她走到他面前，直直地望着他，嗫嚅地，“我不像女人吧?”

“这是什么话，”他凝视着她，“你年轻，而且很美。”

“不对。”她的声音充满幽怨，“如果是的话，你连多待会儿都不情愿?”

“你真的很美。”他抬手抚摸着光滑温热的脸，“这是心里话。”

在他看来，这张脸确实很美，而且显得玲珑剔透，一汪秋水样的眼睛，睫毛长而浓密，挺拔的鼻梁，嘴唇棱角分明，微微开启，似乎期待着什么。

他轻轻地吻她的前额，她把嘴唇凑上来……他感到火热、柔软、润滑，身体在刹那间像是被点燃的火炬，他蓦然记起那个梦境，仿佛看到她雪白的身子，挺拔的乳房……抱紧了她，热烈地吻着。她战栗起来，伸手把睡衣解开了。他冲动而又略显笨拙地揉摸着，她一边亲吻，一边拉他到了卧室，两人倒在床上。她站起来，脱去睡衣，又无声地解开他的衣服纽扣……脑际有个声音在喊，有多久没有这事了！他手忙脚乱地脱去衣服，紧紧把一丝不挂的她抱在怀中，继而深深亲着她，她热烈地回应，激情席卷的脸像是明媚春光中的红玫瑰。手从她乳房情不自禁地滑向她下身时，她立即无声地分开腿……他翻身起来……如潮的快感在他全身蔓延开来的那一刻，在无边的朦胧中，有个声音从心底油然冒出：我还行！还行啊！

火山爆发般的快感过去了，通体的轻松如小溪在体内缓缓流淌。他靠在床头，不敢相信一切就这样发生了，深感如身在梦中，咬咬嘴唇，疼，看臂弯中是洁白柔软的身体，她的脸还靠在胸前。一切真实无疑。

她拱在他怀中，婴儿样睡得踏实香甜，窗外雨像是停了，雷声退到了很远的地方，只是隐隐约约似有似无地传过来，闪电也走向很远很远的地方……他回味着激情四溢的场景，她火热的身体，修长的腿，快乐颤抖，幸福的呻吟犹在耳边……你自称老了，可比20岁的年轻人还生猛……

他突然感到自己发生了变化，似乎是身体和精神重新焕发了生机，像是许久没人居住的房间，又有人气了。

已是天命之年了，竟然还有这样的事？也许是我前世积了德，才有这样的好报。与此同时，又突然觉得一种罪恶感黑云般从心底生出，并弥漫开来。

第十四章

人们通常会发现，法律就是这样一种网，触犯法律的人，小的可以穿网而过，大的可以破网而出，只有中等的才会坠入网中。

——申斯通（英国诗人）

基本案情：

被告证券公司交易部经理徐胜利，采取内转手段，将20余家单位在交易部认购的国债资金1500万元挪用给投资咨询有限公司，供其在股票市场申购新股和炒股牟利。案发后，涉嫌挪用的公款被追回。公诉机关以徐胜利的行为构成挪用公款罪、受贿罪向法院提起公诉。

被告律师辩护意见：

被告的行为不构成挪用公款罪；受贿罪证据不足，不应认定。

一审判决：

公诉机关对被告人的指控不成立，被告人无罪释放。

公诉机关抗诉意见：

一审判决认定事实有误，被告的行为已构成挪用公款罪。

一

首都机场2号航站楼大厅内，灯火辉煌，肤色各异的旅客来往穿梭，细看，国人均显得很匆忙的样子，而金发碧眼的外国人则轻松自如，谈笑风生。

志勇和媛媛坐在距大玻璃窗不远的蓝色排椅上，他看着外面夜幕下川流不息的车辆，心头空空荡荡的没个着落。

8个小时前，从家上路时，白雪泪水涟涟，说是实在受不了在机场的离别，没有来。父亲倒是执意要来，但考虑到他的身体，长途坐车难以承受，好说歹说才劝住了他。出小院门上车时，他从怀里掏出一尊玉佛，戴在媛媛脖子上，说，这是奶奶生前一直供奉的，你继续吧。说着紧紧拉着她的手，清澈的眼中闪着泪光，仰望凌晨无云长天叮咛道，媛媛啊，爷爷现在就能看到，你前程远大，一片光明。因为你心地善良，佛会保佑你的！一定要记住，佛无时无处不在。爷爷老矣，也许这是今生最后一面，你无论身在何处，只要记住爷爷会每天都在佛面前为你祈祷就行了。媛媛搂着爷爷的脖子大哭，白瓷样的脸上泪珠滚滚。两张脸黑白分明，青春与苍老对比格外强烈。一时间，志勇明确感到父亲其声如空谷梵音，其预言，让他觉得父亲真的看到了未来，心头一阵惊悚，老父难道真的来日不多？但愿只是说说而已，不会一语成谶的。由此看来，他老人家毅然决然皈依佛祖数十年，但远未修行至“破谜开悟，离苦得乐”之境界，仍为人世间的亲情所困。

“爸，想什么呢？”媛媛推他一把，“眼睛跟没魂似的。”

“我在想，时光如梭，原来的小姑娘转眼间就长成大人了，而且还要只身越洋过海，出国闯荡。古人讲，父母在，不远游啊！”

“什么时代啦！”媛媛把头靠在他的肩膀上，“爸，我就要远去英国了，现在可以问你一个很私人的问题吗？”她的目光闪闪烁烁。

他不假思索，“当然可以，爸对心爱的女儿没什么可保留的。”

“你不会和妈妈分手吧？”她忽闪着大眼睛，

他一怔，随手掏出香烟，但意识到这里不是吸烟之处，又慢慢装了回去。“你怎么会有这想法？”

她沉稳地说：“我不是小姑娘了。我清楚你和妈妈这些年来不和谐，我更知道，她对你不好，也不理解你。但因为她是我妈妈，作为女儿我又能说些什么呢？”

他拍拍她的肩膀，“媛媛，责任不完全在妈妈，这是个很复杂的问题。”

“爸，你受了多少委屈，还替她说好话，依我看主要都是她做得不好。虽然我不清楚这是为什么，或许是更年期综合征或许其他什么原因。但因为她毕竟是我妈妈，而且她又爱我，所以，我也只有同情她了。”

“媛媛，千万不要为这事操心，我会尽力处理好的。”

“那是你俩的事，我操心也没用。我只是想让你明白，我爱你，不论你和妈妈发生什么，我都爱你。”

他心头涌起一股温情，迅速灌注了周身。女儿对自己的爱，虽然平时也没什么大喜大悲的流露，但日常小事上就让他体会深矣。偶尔喝高回家，妻子怒气十足，恶语相向。媛媛总是挺身而出，冲她叫，妈，你就少说两句吧，爸压力这么大，多喝几杯怎么啦！你休息就是了，我来照顾。她又是倒茶，又是拿热毛巾给他擦脸。但过后却拼命摇他的肩膀，两只粉拳像擂鼓打在他身上，爸，找死啊！你就不能控制点，我可不想有一位酗酒的爸爸啊……

“爸，该走了。”她抬手看表。

“噢，上路啦！”

父女俩来到国际航班出发入口，已有人排起了队。不少父母来送出国的儿女，一对母女抱在一起哭得昏天黑地，父亲拉都拉不开。

“媛媛，飞机落地，一定先打个电话给我。”

“爸，记住了。你多保重，少喝酒，最好戒烟。”

他看着她，点点头。

父女俩四目相对，无语。她突然扑在他怀中，紧紧抱着他，片刻，抬起脸，轻声说：“爸，离开你，我还真的有些怕。”

他心头一颤，搂着她的肩膀，“勇敢点，老爸想着你呢！”

“我也想着你。”她说着，掏出护照、机票，拉起行李箱，“爸，再见！”

他塑像般一动不动，看着她进门，又看着她离开门。她拉着行李箱停下，转过身，用力向他挥手，大喊：“爸爸，回去吧，再见！”

他还是一动不动，只觉得眼睛泛酸。

夜色很浓，车窗外是无边无际、深不可测的黑暗，车灯雪白的光中，是单调的无穷无尽的路和路旁呈线状疾速向后退去的栅栏。他想，前方将会出现什么，绝对是未知的，这就像人生，你肯定清楚终点——死亡。但在过程中会发生什么，你永远不可能预知。也许，只有上天清楚，更可能的是，冥冥之中，上天早已为你设定好了不可抗拒的路径和必须经历的程序。

德沃夏克的《致新大陆》的旋律在车厢里荡漾，亲切、辽远，充满对故乡的眷恋。他满脑子都是女儿小时候的场景，电影画面样变幻。

那是多少年前啦？女儿3岁时，他在房间的墙上用铅笔画印，看着女儿一天一天长高。她仰着小脸问，爸爸，我又长高了吧？他欣慰地笑着，真的长高啦。她睁着明亮的大眼睛，认真地问，为什么要长高呢？一时间，他认为这还真是个哲学问题呢，正如，我是谁，我从哪里来，要往哪里去一样。

那是女儿才上小学吧。阳光、沙滩，她从大海边跑过来，坐在他身旁，手撑着下巴，像他一样，静静地遥望着海天一色的朦胧远方。“爸爸，那最远处是什么地方？”她闪亮的眼睛里充满向往之情。

“地平线。”

“地平线后面呢？”

“还是大海。”

“大海再后面呢？”

“又是像我们这一样的城市和村庄。”

“我明白了，等我长大，一定要去看那边的海，那边的城市和村庄。”

小小的年龄就有这么大的想法？而现今就真的去了那边的海，那边的城市和村庄。不知不觉中她就长大了，我也就老了！如果能永远定格在那个年代该有多好，那充满希望的日子……

手机响了，他拿起，是刘军，“对，已上了飞机，对。正在返回的路上。噢，估计明天早上到。什么？所里的账又被税务局抱走了？明白，我在高速上，回去再说。”

他关了电话，怒从心头起，恨恨地骂道，妈的，又这破事！接着不无怨恨地想，这个刘军就是不听劝，因小失大，找这麻烦！

天蒙蒙亮，快下高速公路时，他给陈燕打电话，让她通知合伙人来所里开会。

二

志勇赶到所里后，极为困乏，简单洗漱，喝一杯速溶咖啡，踱到阳台上。此时天色微明，整个空间呈现出淡淡的紫色。两只麻雀在苹果树枝头亲密地相互对视，扇着翅膀接吻，开始新的一天的第一次歌唱。突然，那只大白出现了，神态似大人物闲庭信步，它踱到树下，停住，偏着头，像在很严肃地思索着什么，颇有哲人的意味儿。接着极为轻盈地蹿上树，稍停，仰头向上看一眼，身体十分诡异地匍匐下来，一点一点接近枝头正在唱歌的麻雀，距离越来越近了，还有近半米时，它又静止不动了，塑像一样，足足有 3 分钟之久。突然，闪电般跃起，咬住其中一只，从枝条间跌落树下后，翻了个滚，抖抖身体，似乎根本没有感觉到嘴中麻雀的最后挣扎，很绅士地一步一步走了。另一只惊飞起来，凄惨地鸣叫着，在晨曦中无奈地翻飞、盘旋。

这只猫厉害，野性的生猛犹在，绝不是家养的宠物，见鼠不抓，甚至还与鼠打情骂俏之流。他感慨万分，两只唱歌的麻雀，也许正在蜜月中，唱着爱情之歌，怎么会料到大难临头呢？人的境况很多时候不也是如此吗？螳螂捕蝉，黄雀在后，天有不测之风云，命运无常！

20 分钟后，他们都过来了。志勇阴沉着脸，“先说说情况吧。”

“我姐姐账做得不严谨，被他们查了出来。”刘军沮丧地说，“他们称我们漏税，口气很横，丢下话，至少也要罚 30 万。”

刘军的姐姐是 5 年前来所里负责财务的，当时聘请的老会计患病不能坚持工作。刘军提出让他姐姐来所里管理这一块，大家认为是自己人，一致同意。

丰收说：“这次寻事，是有备而来，意图报复。那个周良至今还在与保险公司打着官司呢，保险公司认定他对丢车负有责任，拒不理赔。”

“这是另外的问题，关键是人家确实也查出了纰漏。”志勇大口吸着烟，“刘军，这是第三次了吧，咱们抛开那个副局长恶意寻事不说，也不要说你姐姐。我早就对你讲过，该交的税就交。这事传出去，说好听的，影响我们中州所的形象，难听话就是，丢人败兴！”

“其他律师事务所都是在想办法，千方百计地避税。”刘军像受了天大委屈，冲动地说，“张兄，我也是为咱们所的合伙人着想，难道说是为了我自己！”

“啪”的一声巨响，志勇拍案而起，“我丢不起这个人，这事我讲过多少次了，你就是不听，一而再、再而三，这至少是第三次了吧！还有完没有？”

“急有什么用！”丰收冷冷地打断他的话，“事已至此，埋怨刘军于事无补。”

“你这是什么态度？难道我为大家，当然也包括你，就罪不可赦？”刘军从沙发上跳起来，冲着志勇叫道，“不就是30万，我自己拿出来。”

陈燕起身拽住他，“你少说两句行不行啊，你！”

“这是钱的问题吗？”志勇火气十足，“他们要是诉至法院，是个什么影响，你想过没有？”

“他们绝对不会到法院的，主要是出口恶气，讹诈钱罢了。”丰收肯定地说，“我认为，刘军这样做，也确实是为了我们大家，每年我们少交多少税？至少也是20多万吧。现在仅仅是技术上的小失误，才出了这事，大家应该谅解才是。”

听这话，志勇心里很不是滋味儿，这不是公然为刘军鸣冤叫屈吗？他直想冲着丰收吼几句，但还是强忍住了。说他什么呢？前两次因漏税，被税务局罚了几万元不说，请客送礼、桑拿也不说，单是低三下四说好话，就让他觉得颜面丧尽，实在是有种睾丸被人捏住一样的感觉。事后，对刘军大道理小道理都讲了，但他还是我行我素，而且大家也都默认了。他还能说什么呢？

半天没吱声的一明说：“各位老兄都冷静些，大家在一起做事相互要理解，既然事出了，覆水难收。眼下想办法把事摆平才是上策。”

“我同意一明的意见。”丰收立即接上，“遇到事情发脾气有什么用，还是想办法解决为好。国家不给钱，还要我们律师纳很重的税，现在已高达15%了。这恐怕是法律人里边唯一的纳税行业吧，太不公平！绝对属‘恶税’之列，正如法国大文豪雨果怒斥所谓的‘门窗’税，是对阳光和空气征的恶税一样。再说，我们所连续几年为本市创造的税收每年都以不低于25%的速度增长。”

志勇斜视了他一眼，心里很不以为然，“那你有何高见？”

“能有什么高见，屡试不爽的老办法，请客送礼，托关系。”丰收随口说，“人在屋檐下，不得不低头。”

“我去省政府走动一下，看有没有得力的关系。”一明说，“我想，这样做是最行之有效的路子了。”

刘军说：“我打听过了，大湖集团耿总的妹夫升为省地税局的局长已经3个月了，如果他能给市税务局的领导打个招呼，事就好办了。”

志勇发现他们的目光都聚向了自己，不表态肯定是不行了。于是，无可奈何地说：“我去找耿昌，眼下也只有先如此了。”

“有你这话，我就放心了。你脸皮薄，在幕后指挥，我来伸头跑。”刘军说，

“这事我有责任，真要是摆不平，一切我担着，罚款我自己出就是了。”

“刘军，我并不是指责你有什么责任之类，这点希望你明白。”志勇语气沉重，“关键是我们对问题认识的角度不同！这才是我们要认真思考的问题。各位，也许我的思想不解放，观念不更新，再加之水平有限，深感当这主任力不从心。为此，我也反思很久了，结论就是，请你们认真考虑推举一位负责咱们中州所，我非常乐意让位。就这样吧，耽误各位的早餐了。”说完，起身，大步走出办公室。

大家面面相觑，谁也没动。

三

和煦的阳光照进公诉处宽大的办公桌上，映在处长万梅冷若冰霜的圆脸上，她愤愤地说：“没想到法院居然判徐胜利无罪，真是没想到！”

刘军斜靠在沙发上，一副幸灾乐祸的样子，“小梅，开始我是怎么分析的，被告的行为确实违反了相关规定，但构不成犯罪，但你就是听不进去。”

她瞪了他一眼，斩钉截铁地说：“我至今依然认为他的行为确实构成了犯罪，否则我们不会逮捕他。”

“作为你们自办的案件，当时逮捕、起诉他，并无不妥。但开庭时，两位主要证人均推翻了原来的供述，坚决不承认向他行贿。你还能怎么办？依我看还是就此罢手吧。否则，你会更被动的。”

她捋了把短发，“怎么罢手？现在已是箭在弦上，主管检察长也发了令，坚决抗诉。再说，我也是这个想法。你知道，我们要求公诉案件有罪判决率要达到100%，出现一起无罪判决就要当成错案追究责任的。”

“但这仅是你们检察院一厢情愿的要求，实际执法中怎么可能呢？在抗辩庭审方式下，对抗因素增大，起诉结果的不确定因素增多，法院判决取决于控辩双方的证据，而不是检察机关单方面提供的证据。所以，不能用审判结果来反证起诉时证据标准掌握得是否正确，仅仅用审判结果衡量公诉工作的质量危害性很大。据资料显示，西方国家的无罪判决率往往达到10%～20%，个别国家达到30%。你能据此说明这些国家和地区的检察机关工作质量就差吗？更为严重的是，这会引发职业冲突，检方为了证明自己依法，而且正确无比，自然就会将法院和律师逼上绝路，如果只是将律师逼上绝路，问题还不严重，因为律师手中没有公权利器，如果是法院呢？”

“眼下不考虑这些了，抗诉的决定不可更改。”

“你呀，这么多年了，怎么还是这个倔脾气呢？你说，师兄还能骗你吗？”

她摇摇头，“这个案件怎么恰巧是你代理呢？”

“稍有点水平的律师都会像我这样辩护，谁辩护并不是关键，重要的是证据。

再说，现在诉讼的控辩双方，律师绝对是属弱势群体。按理说，控辩双方在法庭上对抗，应像竞技体育一样，比赛应是同一个级别，比如说摔跤吧，总不能让48公斤级对90公斤级吧，但实际情况，我们律师连48公斤级都不到。即使这样，你们检察官对律师的反感，已经不仅仅是某种态度和习惯，而是条件反射的生理现象了。再说你们检察院的权力太过凶猛，其中有些权力大到了荒谬的地步，比如说自办的案件，公诉机关自己调查取证，而且自己审查起诉。”

“别得了便宜还卖乖啦。”她站起来，背着手踱到窗前，一脸嘲讽，“有弱势群体，但你不是，法官都怕你三分。教授，法院、检察院专家委员会成员，著名律师，是位影响很大的人物嘛！”

“此言差矣！法官会听我们律师的？很多时候，律师合理合法的辩护意见就是不被法庭采纳，这是困扰律师界，甚至是中国法治的尴尬问题。当公众考问律师的功能和作用时，律师的羞愧和无奈往往成为冤假错案的注脚。如果法庭能真正倾听我们的意见，我可以肯定地说，全国的冤假错案至少能减少30%。”

“鬼话，我看你们是成事不足，败事有余。”她话锋一转，盯着他问，“我问你，你们收了徐胜利多少代理费，如此为他卖命？”

“我们的原则是一心一意为客户提供法律服务。”他快速眨着眼睛，“至于说这个案件收了多少代理费，我只能告诉你，确实不少。但具体数目属商业秘密。”

“你们律师已经越来越堕落成有钱人的走狗了。”

“好师妹，你这是抬举我还是骂我呢？”他冲她一笑，“你把我视为低人一等的动物，狗，是骂我吧？但实际上狗的品格比人类高尚得多，罗兰说，当我与愈多的人打交道，我就愈喜欢狗。弗洛伊德说，狗爱他们的朋友，咬他们的敌人，和人不同，后者无法纯粹地爱，在客观关系中，总是爱恨交织。还有达尔文说过，对人的爱已经成为狗的本能，这几乎不容置疑。”

她忍不住也笑了，“贫嘴！”

“要不人送绰号‘刘铁嘴’呢。”

“你非气死我不成。”

“好师妹，我天天祈祷你幸福美满，哪有气你之心哪！”

四

“检察院坚持抗诉。”刘军面有难色，“二审怎么判我心里没谱。”

“说实话，我也担心。”志勇在办公室踱着步，“我重新思考了这个案子，从面上看，一审判决依据比较充分，徐将款挪给投资公司时，该公司非私有公司。这说明徐的行为并不违法，而且主要证人当庭咬定没有向徐行贿，这又证明徐未从中获取非法利益。所以徐的行为并不构成犯罪。但仔细分析，徐实施这一行为时，虽说这个公司为集体，但不久就改为私营了。这问题就有些麻烦了。”

“名义上挪给集体，但实为个人使用是否构成挪用公款罪，法律规定不尽明确。所以，法院有很大的自由裁量空间。”

“这是一个方面，被告咬定从该行为中未获取任何个人的非法利益，这话很难令人信服。如果没有个人利益在其中，他会冒着巨大的风险，将如此巨大的款项挪给他用吗？关键是主要证人推翻了原先的供述，眼下检察院只是未取得有力的证据罢了。我深感奇怪的是，证人在检察院的控制之下，竟敢推翻原来的证词？这确实让人感到匪夷所思啊！”

刘军深深吸了口烟，“幸亏我没有直接与这两位证人接触，否则检方肯定要对我挥舞‘三〇六之剑’了。说实话，对此我也感到疑惑，后来听检察院朋友私下讲，办案人员对这个案子认识不一致，甚至有分歧，而这又是徐的妻子一手造成的。这女人能量巨大，手段颇多，了不得！案子到了这一步，如果检方果真获取了有力的证据，徐被定罪的话，就不是我们的辩护之过了。”

“果真如此的话，我们至少对客户也有个交代，他们毕竟是付了100万的代理费。下一步，一方面，看检察院方面是否能获取新的证据；另一方面，看高院从哪个角度审理了。”

“对检察院方面我们没有任何办法，万梅的脾气你也清楚，只能由他们抗诉。但对高院方面，我们不能静观。主动进攻才是上策。”

“什么意思？”

“你不是有位关系不错的同学郭斌在高院刑三庭任庭长吗？”

“已调离刑庭了，现任政研室的主任。”

“让他从中穿针引线总行吧。我从事刑辩律师行当这么多年，感触最深的就是，胜与败的关键并不在于法庭上，而是在庭外，这就像好诗功夫在诗外一样。第一选择是庭外沟通，而非处心积虑地准备法庭上的交锋，一味追求庭审效果，那只是作秀而已，结果肯定是适得其反。而庭前交流做得好，心平气和地对法官施加影响，对当事人而言就可能有最好的结果。调查取证当然是很重要的基本手段和途径，但与此同时，我以为与法官搞好沟通同样是不可忽略的，甚至更为重要。后者在很多时候，往往能起到事半功倍的效果。老练的法官对此虽不宣之于口，却明了于心。”

志勇考虑片刻，“那就按你的意思办，我先和他沟通一下，然后你去和他面谈，怎么样？”

“有你老兄的面子，我想他一定会关照的。”

志勇拿起桌上的电话，摁号，很快话筒里就传出瓮声瓮气的嗓音，“志勇兄弟，久不闻你的声音了，还在闷头发大财？我正忙着呢，有什么指示快点吩咐。”

“发什么大财啊！郭兄，有一案子请教于你，我手头有事，脱不开身。刘军律师去找你如何？”

“接旨，你如亲自过来的话，我一定请你品尝在我的指导下农家自酿的玉液。”

“就奔着自酿的玉液，我改日一定去看望老兄。再见!”

“回见喽!”

志勇放下话筒，点燃香烟，“你先与他沟通一下，有什么情况咱们再议。”

“好，我这就去准备了。”刘军说着起身离去。

志勇仰在椅背上，大口吸着烟，记起大学读本科时，他与这位来自农村的同学上下铺，这家伙很是憨厚，寝室里打热水、收拾卫生等一系列杂活他全包了。他瓮声瓮气的嗓音已经很令人印象深刻了，更让人难忘的是常常屁声如雷。他开始睡上铺，下铺的志勇深受其害，头顶总打雷似的动静给他的感觉很坏。有次深更半夜，砰的一声巨响，志勇被惊醒，实在是忍无可忍，憋足气力，双脚猛地往上一蹬，薄薄的铺板断开，他惨叫一声，从上铺滚落下来。你以为我是故意的，这是生理现象，我也没办法呀，要不你睡上铺好了。他满脸委屈地说。从此志勇就换成了上铺。志勇对他不赖，看他很能吃，而且又是总吃不饱的样子，隔三岔五给他饭票。他说，我会还你的。但也只是说说而已，因为总是忘记还。有一次，他患急性肠胃炎，拉稀不止，直把80公斤的汉子拉得浑身软绵，趴在床上动弹不得，志勇把他背到校医院，陪他输液五天五夜。他拉着志勇的手，哭了，你比亲兄弟待我还好。

桌上的电话响起，志勇拿起话筒，“什么？在哪家医院？明白!”他脸色陡变，因为白雪在电话中告诉他，老父病危，在医院抢救。

五

灯光柔和的奢华包间里，荡漾着似有似无的轻音乐，透过半圆形的大玻璃窗清晰可见繁星点点的夜空和皎洁月色中波光粼粼的大河。

“刘律师，你的辩护太精彩了！一审之所以胜诉，你的辩护绝对起了举足轻重的作用!”徐胜利的妻子举起晶莹透亮的高脚杯，意味深长地望着他，“我代表我丈夫还有我本人由衷地感谢你。”

刘军与之碰了杯，轻抿一口琥珀色的琼浆，体会着橡木的浓香缓缓流过喉头的绵软，回味着悠长的余香。他清楚，进入肚子的液体，是每毫升50多元人民币的XO。

又一道菜上来了，手戴雪白手套的服务生训练有素地打开银光闪烁的盖子，盘子里两片碧绿的叶子上是小块的枣红色的法式鹅肝。

“刘律师，你请。”她轻声细语地说。

他微微一笑，“Lady first（女士优先）。”

“谢谢。”她拿起刀、叉。

他清楚面前这位姿态优雅的女人很特别，不仅礼数周到，而且似乎每句话都能说到他的心坎上，而绝不像有一些有钱的委托人那样，根本不尊重律师的劳动，只要败诉，就肆无忌惮地、恶毒地指责律师；一旦胜诉，则踩在律师头上摘果实，是我们托人找了铁关系，律师费支付的太冤枉了等，仿佛律师只是个摆设。开始刘军和她谈代理费时，就感到了这位女人不露声色背后的磅礴大气。当她问代理费需要多少时，刘军考虑到案子标的很大，咬咬牙报出80万。她淡淡一笑，这对于你这样身份的律师太少，我的意见是100万。我丈夫的身家性命都交到你手上了，钱算什么。

她经营着数家化妆品公司，资产过亿。看上去是位气质极为高贵的女人，意大利Versace浅蓝色套裙，衬出相当优美的身段，雪白的手腕上是ROLEX珍珠淑女型名表。或许是酒精的作用，白皙的脸微微泛红，越发显得神采奕奕。她举杯，饱满红润的嘴唇象征性地小抿一口，缓缓放好，拿起洁白的餐巾，轻轻在嘴上按了两下，转身从皮包里取出一个红包，递给刘军，“一张现金卡，我的一点心意，不属已付的代理费。”

他没接，“案子没完，不行，不行。”

她诚恳地说：“这是我的感激之情，请一定笑纳。”她拉起他的手，把红包拍在他手上，“一档是一档，即使二审败诉，但你一审功不可没。”

“惭愧，无功受禄。”他说着把红包装进了口袋。

她浅浅一笑，“我们知识分子最大的毛病就是脸皮太薄，中国历史上，知识分子看似清高不俗，实际上是华丽的瓷器，中看不中用，极端的说法是：成事不足、败事有余的软体动物。千百年来，所谓的知识分子，大多数时间倒极像我们的祖师爷孔圣，‘累累若丧家之犬’。另一最大的毛病就是太把自己当真了，自以为是盘大菜，其实连根咸萝卜都不如，什么匹夫有责，什么精英之类，完全是装腔作势，正如网上说的那样，‘姿势分子’，玩些拙劣的行为艺术而已。不知刘律师意下如何？”

“一语中的。”

“知识分子诸多坏毛病中，还有一个最不能让人原谅的毛病。这就是在很多时候，自己又看不起自己。”她很有感慨地说，“现在好了，在滚滚的商潮之中，有所觉醒，知道钱很有用了，至少懂得在这世界要活得体面有尊严就必须有钱，女人没钱老得快，男人没钱就如猎豹少了利爪和速度。劳有所得，很正常的，当然，有脑力劳动，也有体力劳动。”

他笑笑，无语，思忖道，这女人是不同寻常，不仅仅是出众的长相和高贵的气质，而且还很是有些手段的，据万梅分析，两位主要证人当庭翻供，她肯定是脱不了干系的。

她端起高脚杯，凝望着闪亮的酒，很是有些怅惘地说：“刘律师，我受过4年的高等教育，还读了3年硕士，修的是汉语言文学。走向社会后却绝望地发现，社会需要的并不是汉语言文学，而是Money（金钱）和Action（行动），因为人们已经堕落到有奶就是娘，有钱就是爹的地步了。再也不是诗意的社会了，诗意的社会已经永远逝去了。于是，我美好的梦碎了一地，好在还年轻，抛开不切实际的幻想，脚踏实地打拼，这才有了立足之地。”

“有道理，重要的是身体力行，于是，你就是成功的女性了。”

“成功谈不上，仅是不为衣食住行发愁而已，如此这般，才能享受些许精神文明吧。想当初，在我起步之时，最困难的时刻，胜利伸出援助之手。他的帮助，决定了我的成功和人生！滴水之恩当涌泉相报，他身陷囹圄，作为他的爱妻，我不救他，谁救他。人没有感恩之心就等于没良心，常怀感恩之心活得才踏实。这也许是女人之见吧。”

难得一见的好妻子哪！他感慨无限，这样的女人真的不多了。联想到自己的妻子，心脏就像挨了一刀，猝然一阵痛楚，如果我进了监狱，她一定会高兴得发疯。“你的心情我完全理解，所以还当竭尽全力，你放心就是了。”

“谢谢，现在只是取得初步胜利。”她呷口酒，“令我百思不得其解的是，检察院的办案人员列席了法院的审委会，也认可了一审的判决。但回去却遭到公诉处万处长的大肆指责。她为什么要坚持抗诉？非把我丈夫送进大牢才罢休。这是为什么？如果仅仅是为了所谓的公平正义，我绝对不相信，难道说她是生活在真空中，或者是外星人吗？”

看她满面疑云，他问：“你不是托人又到检察院走动了吗？”

她摇摇头，“情况不理想，尤其是那个万处长，很不好说话，这女人罕见，生得很，滴水不进。一位副检察长答应再做做她的工作，但我判断仅是托词而已。事情到了这一步，说实话，我心里也没了底。”

“实话实说，我估计做不通，还是准备二审吧。”

“你也这样认为，难道一点希望都没有？”

“很不幸，确实没希望，因为我非常了解万处长。”

“这就对了，这就对了。”

“什么意思？”

“不瞒你说，一审的审判长和我们是同一战线的，正如他判断的那样，万处长那里没门，这个女人糖衣炮弹不吃，而且刀枪不入。根据法官的指点，现在的主攻方向应该在二审法官。你以为如何？”

“确实如此。”他小呷一口，“你们与高院的法官接触了吗？”

“接触了，问题的关键是至今未找到得力的人，只是在外围徘徊。而中院的法官告诉我，他们与高院对此案能产生重要影响的人物关系一般。但他们讲，你们律师和高院有关系，而且出面活动方便，不像他们，一是出手不大方便；二是太招风。”

“我们已经着手准备了。”

“那你判断二审会是什么结果？”

“从目前情况分析，我只能说是胜负各半。这还是在检察院未获得新的不利于你丈夫证据的情况下的结论，如果他们获得你丈夫确实有罪的证据的话，那就凶多吉少了。”

她思索片刻，说：“我想，高院方面请你先去走动走动，你搞刑事辩护这行多年，应该有关系吧？”

“这在我们的计划之中，而且也有关系。”

“还是刘律师想得周全啊！”她面露难以掩饰的喜色，立即转身从包里拿出一小本，写了什么，撕下，连同一张卡递给他，“上面有100万，这是密码。”

他推开，“这不合适。”

“你去高院运作，两个肩膀扛一个脑袋，绝对不行的。”她硬往他手里塞。“一审的经验告诉我，法官绝不是吃素的，就像老虎不是大熊猫一样。”

“那好吧，我如果用了的话，过后算你交付的二审代理费。”

“这就不对了，如果我丈夫能出来，卡就是你的了，代理费另算。”

“如果败诉，如数奉还。”

“好，刘律师，我喜欢和你这样的人打交道，直来直去，没那么多弯弯绕。我一向认为，聪明人就是善于把复杂的问题简单化；反之就是愚蠢。我再敬你一杯，”她端起高脚杯，“我丈夫的命运就托付给你了，《辛德勒名单》这部电影中有一句经典台词令我难忘：‘救一个人就是救一个世界。’”

他举起杯，“我尽力而为吧。”

六

街灯初明，但灰蒙蒙的城市依旧灰蒙蒙的，甚至比白昼更加灰蒙蒙，弥漫着构成复杂，而且说不清道不明的物质，让人感到好似黏黏糊糊的浓痰，比重很大，直刺得人嗓子眼发痒，鼻孔干燥，至于其对内脏等器官的影响，应该属温水煮青蛙式的。诡异的是，城外的人对这种气体笼罩的城市却趋之若鹜，千方百计往里钻。人这种高度精密复杂的生命的很多行为殊难理解。

“标的这么大的案子，张主任也该出面，但他的脾气，真没办法。”陈燕驾车缓缓行驶在拥挤的车流中。

副驾驶位置上的刘军摇摇头，“是啊！他对诸如此类的运作很有些不以为然，也许是性格所致吧，不愿意给别人说好话。但现在的社会风气中，要达到目的，这一套确实行之有效。掌门太保守啦，在这个问题上，我知道他对我有意见，甚至是耿耿于怀。你说，我时常和法官们交流，何错之有？非用得着人家了再临时抱佛脚？”

“也许是因为你在这方面投入的钱多了些吧？”

“是多了些，但我是为了什么？还不是为了咱们中州所的发展，为了我们每名合伙人多挣钱。我精神很正常，还不至于傻到把咱们的血汗钱流水样花在法官身上，之所以如此，最终目的是什么？花1块钱，就有可能回报10块。这在经济学上是很浅显的道理。你说呢？”

“虽然我做不来，但我能理解。”

“还有一点，我想告诉你，你明白就行了。他们嘴上不说，但我心里都明镜，自己也觉得惭愧。事实上，我为所里出力不小，但钱贡献得少。刑事辩护收费不可能高，不像一明、丰收他们的民事案件，代理费动辄就是标的的10%～20%。一个标的大的案件下来，数以万计、十万计，而我呕心沥血的刑事辩护才有几个钱？而且近两年来，我接的重大刑事案又不多。”

“据我所知，并没有人对此说什么呀。”

“唉，你太年轻了，还用说出来吗？”他停顿片刻，“这个案子对我们来说十分重要，你知道，一审的代理费是100万；如果二审胜诉，再付100万。”

“我明白。”

“必须承认，我们身处一个弱肉强食的世界，我不想做牛羊一类的食草动物，而成为食肉猛兽的美餐，因为我不是耶稣，不具有殉道者的情怀，尽管我也不奢望成为虎狼。你看联合国每年都在公布一个数字：一年有1000万个儿童死亡，日平均3万，直接原因是营养不良。但这触目惊心的数字并未引起人们多少震惊，而美国的‘9·11’事件却牵动了全世界的神经，为死去的3000多人难过，以至还有著名学者狂呼‘今夜我是美国人！’为什么？强者毕竟是强者，而没有任何人高喊，‘今夜我是亚洲人’或者‘我是非洲人’。”

她不置可否，尽管她感到他所言也无大谬之处，但听着还是不舒服，总觉得有些不对劲，因为人毕竟不能完全等同于动物。

“高院的法官也是一请就到，看来和基层院的法官也差不了多少。”她说。

“人之常情，高院的法官也是人嘛。不过，如不是志勇的同学从中联络，我们恐怕还真请不动他们呢。说句心里话，我也不愿如此，这实属无奈之举啊！”他长叹一声，“20年前，刚入律师道时，在委托人再三撺掇下请法官吃饭，我的同学约他们，结果法官、庭长都来了。席间，同学让我按规矩敬酒。法官们居高临下，逼我先喝、多喝，一圈下来，我醉了。这么多年过去，我仍然忘不了，而且永远也忘不了他们鄙夷的神色，好像他们能出席就已经把我看到天上了，尤其是庭长的眼神，看我就像看一条狗。那时我真是不想再做律师了，堂堂正正的大学教师，来做看人眼色行事的尊严丧尽的小伙计。那时还年轻，脾气直，不仅得罪法官，还得罪当事人，别说挣钱，反而赔进去不少。有个案件给我留下很深的记忆，法官宣读一份依职权调取的书证，让我发表意见。我要求过目，法官居然不同意。我当庭与其顶撞后，一气之下退庭了。法官大怒自在情理之中，意外的是委托人随后就与我解除了委托关系。他认为，我的行为无疑是疯了。我理解他的思路，不但不讨好法官，还当庭顶撞，不是疯了是什么。那时，武鹏时常语重心长地劝我，你这样下去，会一无所有的。别以为你精通法律，门里出身就能赢了官司，完全不是这样的，完全不是这样的。事实上，你不能不承认他说得对，刑辩律师所谓唇枪舌剑、力挽狂澜之类，只是一个传说或者说是乌托邦罢了。”

她无语。

他直直望着她的侧脸，轮廓优美，挺拔的鼻梁，长长的睫毛，情不自禁冒出了一句：“你今天显得格外漂亮。”

她确实漂亮，黑亮的长长的柔顺披肩发，衬得脸更加白洁，紧身的淡蓝色毛衣勾勒出极优美的诱人曲线，一对隆起的圆圆乳房格外引人注目。

她淡淡一笑，“是吗？这有什么不对吗？”

“我真愿天天都这样看着你，但现在却担心你的美引起法官的不良欲望。”

“有这么严重吗？把法官看成色狼了。”

“怎么说呢？倒不是当下色狼比历史上更多，而是现在的色狼更加无所顾忌，随时都敢于行动。”

她淡淡一笑说：“一会儿你与法官喝酒把点量，你要是醉了，可就没人管我啦！”

“放心，你一百个放心就是了。”

七

刘军和陈燕来到包间片刻，两位着休闲装的人说笑着进来。

“你好，郭主任。”刘军起身与之握手，他与这位相当熟识。

五大三粗的郭斌介绍戴着眼镜的看似文文静静的小伙子：“刑三庭的周法官，周建设，法学博士。”

“你好，刘律师。”周建设与刘军热情握手，然后又与陈燕握手。

落座后，刘军把精美的菜单递过去，“也不知两位领导喜欢吃些什么？”

“随意，随意。”郭斌说，“周建设，你来，你美食心得多多。”

“那就恭敬不如从命了。”他根本没看菜单，随口就点了几个，然后很客气地说，“也不知对不对各位的口味？英国有句谚语，A person’s food, is another’s poison（一个人的美食，可能是另一个人的毒药）。”

刘军时常与法官出入高档酒店，一听菜名就知道这位属于美食家的档次，点的菜不多，但均是名吃，长岛野生鲍鱼、深海红石斑、冬虫夏草辽参汤等。服务小姐问到喝点什么时，他脱口而出，就轩尼诗XO吧。

这家伙厉害，几句平常的话，万余元已经归酒店了。刘军意识到，这家伙肯定是遍尝山珍海味的高手。但此时此刻这位高手却兴致盎然地论起素食的种种益处，“科学研究业已证明，人类内脏的生理构造并不适合肉食，从猿类发展进化而来的人，本来就是素食者。人的牙齿细密，肠子长，为的就是消化富含纤维的蔬菜谷物和水果的，而肉食动物则肠子短，牙齿尖利。”

“看来兄弟想变成食草动物啦!”郭斌笑着,“有这个决心吗?”

“从环保的角度讲,我们也应该素食啊!”周建设认真起来,甚至还显出几分神圣,“有素食者计算过,养活一个肉食者耗用的耕地足以养活14个素食者;生产1斤牛肉所用的耕地可以生产17斤黄豆或是250公斤马铃薯。据保守的估计,按照常规的喂养方式:得到1斤牛肉或者是1.6公斤猪肉需要喂进7倍的饲料。研究表明,饲料里添加牛骨牛肉,牛吃了以后就成疯牛啦。所以,我们世界的秩序是上帝安排的,该吃草的一定要食草,乱来就会出毛病。”

服务员上菜打断了他的侃侃而论,几杯酒下去,话题就转向了。

“志勇兄弟这些年把事业做大了,名利双收啊!”郭斌说,“陈律师,跟着这样的老师是你的福分哪,既长学问又发财。来,咱们干一杯。”

陈燕推辞,“郭主任,我真的不喝酒,端端就算,你的心我领了。”

“好,好,再来点嘛!这算是我给志勇兄弟带的酒。”郭斌看着她说,“律师走南闯北,接触形形色色的人,不会喝酒,对于交流是个很大的弱项啊!学学你的主任,他可是豪饮啊!来刘律师,你多喝几杯无妨,有陈律师给你开车保驾嘛!”

刘军与他碰杯,喝完放下杯子,“程序有误,程序有误,还没给两位领导敬酒,你们倒反客为主啦。”

“既然坐在一起,没什么客人主人,都是朋友。”周建设腼腆地微笑着,“咱们共同干杯,量力而行。我对咱们此地的敬酒之风实难承受啊!”

“此言不虚,我可以作为证人当庭证明。”郭斌干完杯中酒,“刚来院里时,参加饭局,翻倒了好几次。”

“不堪回首,不堪回首。”周建设摇着头,“当时我只知道中原大地民风强悍,性格刚烈。但真没想到有这样的饮酒习惯,而习惯又是一种令人望而生畏的力量。本意入乡随俗,但身体委实不堪领略。我时常抱怨,上帝为什么不赋予我一个强健的体魄呢?悲哉!吾不能如孔圣那样豪饮百斛,又著千年春秋文章啊!”

你来我往,宴会在欢快的气氛中进行,当刘军点到徐胜利的案子时,周建设严肃起来,“我一贯的原则是酒桌上不谈案子,但都是朋友,简单说两句也无妨,领导也正在倡导餐叙,提高工作效率嘛!纵观此案,法理上较为复杂,新《刑法》实施后,对于经济犯罪,特别是金融、证券犯罪,我认为立法者本身都没搞清楚,学者也没搞清楚,专家论证时,常有分歧。况且我们的证券市场、金融市场本身又处于初级阶段,市场发育不成熟,这使得法官在法律上认识更加困难,但从另外的角度审视,也给了法官很大的裁量空间。”

“周建设所言高屋建瓴。”郭斌微微笑着,“只要看看我们股市的乱象你就会明白了,有专家对此断言,连国外的规范赌场都不如。坊间调侃股市的段子很是生动:杨百万进去,杨白劳出来;宝马进去,自行车出来;西装革履进去,三角裤出来。”

刘军以他接触法官的经验立马心领神会，话都说到了这份儿上了，就是白痴也能明白其潜台词：就这个案子来讲，他怎么判都不违法。所以，看周建设起身，说去卫生间时，他立即尾随他出来。在走廊里，他说，这个案子周法官费心了。他点点头，郭主任交代了，但我认为关键还是证据。

两人进卫生间，刘军把上有10万元的卡塞进他裤子口袋，他根本没什么反应，平静如初，只是淡淡地说，证据是最重要的。

这下刘军心里更加明镜了，这家伙不仅仅是美食家那么简单。

两人从卫生间出来，刚回到房间门口，郭斌出来。

周建设说："怎么把漂亮的陈律师冷落了？"说着推门进去。

刘军看走廊没人，迅速把5万元的卡递到郭斌手里，他一边往口袋里装，一边笑着说："咱们还有这程序。"

刘军说："都是朋友，操心了。"

宴会接近尾声时，刘军想，无论怎么样，总算是结束了。看人家脸色，低眉顺眼陪酒的滋味实在不爽。没料到郭斌却提议引吭高歌，他说："我们的博士不仅法学功底深厚，而且嗓音堪与帕瓦罗蒂一比。"

周建设脸上泛着酒足饭饱后特有的鲜艳明亮的光泽，"在下无地自容了，不过今天是周末，放松一下，我不反对。"

刘军听这话，急忙打电话联系。于是，他们说笑着上楼，进了大包间。

随着舞曲响起，周建设笑逐颜开地邀请陈燕，"陈律师，我首先隆重请你跳一曲如何？"

陈燕刚站起来，他就拉着她起舞。走了两圈，她发现刘军和郭主任不知去向，心里无端紧张起来。他此时抱紧了她，轻声赞叹，你很美！随着旋转，她感受到手被握得越来越紧，而且感到他还用手指挠掌心。对于这明显的挑逗，她没做出任何反应，不料他变本加厉抱紧她，手从腰间下滑，摸到屁股。她愤怒了，直想抬手给他一个耳光，但突然想到这个案件的胜负或许就在这个道貌岸然的家伙转念之间，强忍住了，只是盼着舞曲尽快结束。

舞曲刚停下，刘军和郭主任进来了。

"陈律师舞跳得就像她本人一样，很漂亮！"周建设闪亮的眼睛透出色迷迷的神采，"我们再来一曲。"

陈燕说："对不起，去卫生间。"

刘军随她出来，问："你脸色不好，有事？"

她欲言又止，最终还是说："没什么，我头疼，先走了。"

"他，他怎么你了？"

"我看他醉得不轻。"

"真的没什么事吧？"

她摇头，"没什么。"

"我看他也是喝高啦，妈的，这些人，我知道，没一个善茬儿，你先走，我来应付两个家伙吧。"

她的眼泪都要下来了，转身就走，又停下叮嘱："千万别再喝酒了。"

他点点头，看她走远，深呼吸，进了包间。

周建设问："你那位漂亮的律师小妹呢？"

刘军笑着说："她漂亮什么，我的未婚妻。我让她先走一步，在这碍事。"

"噢，刘律师金屋藏娇啊！我是说……"

房门开了，几位袒胸露臂的光鲜姑娘走了进来。

八

志勇驾车行驶在郊外的小路上，车前，铺满了静静的金色落叶；车后，落叶腾空，如群蝶乱舞。秋收后的田野土地裸露，惨白的阳光下荒原一般。

自父亲去世以后，他深感白雪对自己的态度有了很大的变化，像是换了个人似的。脸上居然有了平静的笑意，话语也不尖酸刻薄了。虽然对此百思不得其解，但仍让他颇感欣慰。

"昨晚，我又梦见了爸爸，他老人家从鲜花丛中走过来，满面笑容，他对我说，'小雪，我已到了极乐世界，不回去了！'但我发现他眼里却含着泪。"副驾驶位置上的白雪脸色迷惘，"梦有时很奇怪的。"

"但愿他果真去了极乐世界。"

她叹了口气，幽幽地说："真快，老人家已经离开我们五七三十五天了。"

他心头戚戚。

那天，他从律师事务所火急火燎赶到医院时，老人实际上已经到另外一个世界了。

出事的那天，白雪恰好在家给父亲洗被子。父亲说累了，便躺在小院的摇椅上休息。白雪洗完，给他泡了茶水，端过去时，发现他已经没有了呼吸。立即拨打'120'，救护车姗姗来到后，医生煞有介事地插管打点滴，输氧，到了医院，又折腾了一个小时，医生才说没有希望了，但没确诊死因，后来的结论是原发性心脏病，猝死。

他坚持认为父亲是圆寂，老人家自己觉得应该离开这个世界，去佛祖净地了。让他感到绝望的是，父亲居然没能留下临终之语。

"我想，爸的在天之灵会感激你的。"

这是他的心里话，自10年前，母亲去世后，留下父亲孤身一人。白雪实实在在尽了孝道，以致老父说，就是亲女儿也不过如此吧。他时常叮嘱志勇，她有一颗善良的心，你要善待她。想到这些，他突然觉得愧对了父亲，同时也对不住白雪。自己对父亲贴身嘘寒问暖的时间太少了，倒是白雪做得很好。

“现在还说这些。多么好的老人，可惜命运却不眷顾他，仅‘右派’帽子就戴了20多年，大好的年华都在屈辱中度过了。我曾多次劝他写回忆录，把他的经历给我们留下。他说，‘都是不堪回首的往事，就让它留在我心里，和我一起走吧！这个世界上的苦难已经够多了，为什么还要再让你们难过呢？’”

“昨晚的梦中，爸还嘱咐我……”她停下，似有难言之隐，将脸转向窗外。

“说嘛，都是老夫老妻了。”

“爸对你放心不下，说你从小心硬，有路见不平拔刀相助的侠客之气，但他怎么也没料到长大竟做了个不三不四的律师，委屈你啦。他要我好好照顾你。这方面我，我做得不好。”

“别这样，别这样，我这人毛病甚多，对你关照不够。”

车拐上山坡，沿一条蜿蜒小径到了公墓。两人下车，走进形状各异、质地不同的墓碑组成的碑林中，在父亲的碑前停下。她打开袋子，把水果等供品摆好，又焚上一炷香。

他席地而坐，吸着烟，看她有条不紊地忙活着，突然感到自己确实有愧于她。父亲走的那天，医生离开抢救室后，他看着父亲安详的面容，握着他已经冰凉的手，抑制不住哭出声来。她哭成了泪人，但与此同时，她招呼他端水，取浴液，把父亲全身擦洗干净，又把已准备好的全套寿衣，从里到外给父亲穿好。她一边哭，一边念叨：“爸爸，您的儿子、儿媳都在您老身边，现在送您走了，干干净净上路吧，什么也不要牵挂。”她还劝志勇，爸爸走得安宁，他老人家说过，一口气不来，便是来生。

她把一大束鲜花放到碑前，“过来吧，咱们给爸鞠躬。”

他过来，深深地鞠躬后，跪下了。菊花和马蹄莲很鲜艳，散发出淡淡的幽香。他凝望着镶嵌在碑上父亲的相片，眼睛发酸。

“别太难过了，爸这么走，也没遭什么大罪。”她说，“我总觉得他生前有预感，曾几次对我唠叨，看那瘫痪在床、久病不起的老人，实在是不能理解，自己遭罪，还要拖累儿女，这是很不人道的。我要是不幸到了这一步，肯定会自己解决的，或者老天开眼，让我陡得病，痛痛快快赴黄泉。他说，其实人生无非是业力轮回的顺生与还灭而已，我一旦走了，倒不敢奢望你们鼓盆而歌，如庄子那样，但绝对不要太悲伤。”她哽咽了。

“唉！老人家对于离开这个世界也许真的有预感。”他说着，回想起父亲出事的前一天傍晚的情景。那天，正在办公室看一个‘知识产权侵权案’的卷，只觉得精神恍惚，精力集中不起来，怎么也深入不到案件中去，而且左、右眼皮均跳个不停，隐隐感到将会有某件重要的大事发生。他下意识地想，凡重大事件发生，总会有些征兆的，就像地震前井水沸腾、青蛙排队上路、耗子搬家。电话果然就雷鸣般地响了起来，居然是父亲的电话。他知道，父亲极少打电话。他心惊肉跳地拿着听筒，谁知父亲只是淡淡地说了句“不忙的话，回来一趟吧”。当时，他想都没想，仿佛被一种神秘的力量裹胁，放下手中的一切，不由自主地驱车上路。匆匆赶到家后，却见父亲半躺在院中的摇椅上，一动不动地凝望着满天的晚霞。

他忐忑地问有什么事。父亲平静地说，也没什么事，你总是很忙，见面少之又少，我这把年纪，来日不多啦。他笑了，爸，说什么呢，有佛保佑你呢。他嘴上这么打着哈哈，心里却想，老父说得对，自己来看他的次数太少了。

那个静静的傍晚，老父亲的话特别多，但大都是久远的往事，家乡的青山小溪，鸡鸣狗叫，儿时的伙伴，还有更为久远的他的父亲母亲。他说这些时，不疾不徐，宛如小溪流淌。

他听着，看着他历尽劫难后淡定的眼睛，感动莫名。

说起白雪时，他神色严肃，叮嘱再三："小勇啊！她毅然决然嫁给你，是你的福分，该知足了。记得当时我也不同意你们的婚事，为什么？因为门不当，户不对，你配不上她。她为你付出了很多。人要讲良心，你说对吗？"

最后说起媛媛，他责备志勇："不该同意她去外国读书，一个小姑娘只身去那么遥远的国家，无亲无故，你就能安之若素？"

那个傍晚真的很静，小院上空飞过鸽群，翅膀与空气的摩擦声清晰可闻。

"让人难受的是，他老人家临终也没见她心爱的孙女一眼啊！"白雪泪流满面。

他点燃了烧纸，微风吹来，灰烬如黑色的蝴蝶在透明的空气中翩翩起舞，飘散。人的生命，说没就没了，其实一切的一切又何尝不是如此呢？过眼云烟而已。

天空有什么鸟在鸣叫，他仰起脸，高远的天空，一行大雁缓缓南飞。看着，看着，脑际浮现出很多很多年以前，自己上小学时读的课文：大雁一会儿是"人"字，一会儿是"一"字，去南方过冬天。

他的目光停在与父亲相片并排的母亲的相片上，母亲去世10年了，这下，他们也许在另一个世界重逢，从此不用天各一方苦苦守望了，但愿真的有另外一个世界。他默默祈祷着，突然感受到一种彻天彻地的孤独，蓦然意识到，在眼下这个世界上，自己永远不再会有爸爸和妈妈，已实实在在地沦为孤儿了。他想，真该像古人那样，结庐墓旁，为父母守孝，终其一生。

九

"砰"的一声巨响，门被撞开了，伏案看书的志勇猛地一哆嗦，只见刘军的妻子方宏旋风样卷进来，像一头张牙舞爪的猛虎，怒气冲冲地咆哮："张主任，你一定要管管刘军，他越来越疯狂了。"

他怔住，满头雾水，"发生什么事啦，坐下说，坐下说。"

她一屁股跌坐在沙发上，两手拍着茶几，目光直直的，样子骇人，"你知道吧，他竟然背着我买了一套高档房子，和你的学生陈燕鬼混。我含辛茹苦和他生活了十几年，他要一脚把我踢开！逼着我在离婚协议上签字，我能同意吗？坚决不同意。我为什么要顺着他，让他和那个小婊子成就好事，打死我也不行！”

看她一副村妇撒泼样，他心烦意乱，本来印象中一位言语不多、很文静的女人，怎么还有这样一副尊容。尽管她是生命学院的副教授、实验室主任，但她首先是女人，而女人似乎具有撒泼胡闹的本能。

他点燃一支烟，“我说方宏，冷静些行吗？关于你讲的刘军和陈燕的事，我确实不大清楚。退一步讲，即使如你所言，我又能怎么办呢？他们都是成年人啦。”

“你是兄长，又是他们的领导，就眼看着他俩公开鬼混吗？你就不能采取措施制止他们吗？这是你当领导的责任！”

听这话，他更是烦上加烦，“你说，我能采取什么措施？仅仅是道德谴责恐怕也无济于事吧。你说我能怎么办？”

“至少也要对奸夫淫妇进行批评教育吧，怎么能看着他们公然践踏道德，其恶劣行径愈演愈烈呢？”

“我连情况都不了解，怎么对他们进行批评教育？”他不客气地说，“即使批评教育，会有效果吗？”

“那你至少也得表明态度吧！”

“你要我表明什么态度？”他实在是不耐烦了，“刘军提出与你离婚，这是他的权利，因为结婚和离婚自由是我国《婚姻法》的基本原则，至于你是否同意，由你自己抉择。我能说什么呢？”

她从沙发上蹦起来，用手点着他，“你们律师怎么没有一点正义感和同情心呢？”她紧盯着他，悲伤的目光中透出强悍，“还口口声声说什么匡扶正义，狗屁不是！”

“这是另外的问题了，我有无正义感恐怕你说了不算数。你也是有文化的人，怎么就没有平等自由的理念呢？我劝你还是要冷静下来，心平气和地与刘军沟通，解铃还需系铃人。”

“我不和他沟通，绝不！事情到这一步，我去学校告他包养二奶，我就不信没有主持正义的地方。如果真找不到讲理的地方，我一死了之，也省得受气！”说着，猛一跺脚，狠狠地瞪了他一眼，一甩头，甩门而去。

妈的，这与我何干！刘军与她离婚，好像是我错了。志勇仰在椅子上，怒火中烧，女人真生了气，简直像是脱缰的惊马，又像是疯狗一样见谁咬谁，不可理喻。他又燃上一支烟，刚吸了几口，看丰收和一明一前一后进来。

“方宏刚走吧？”一明说，“我们在大门口碰见了她，像只暴怒的青蛙，气鼓鼓乱蹦乱跳，视我们如仇敌。”

志勇愤愤地说：“她居然指责我没管好刘军，岂有此理！”

“这个方宏啊！”丰收摇头叹气，“前天去找我，让我帮她拿主意。我说清官难断家务事，实在是不好说。你们知道她说什么？勃然大怒哪，就差唾我一脸了。这娘儿们点着我的鼻子，‘看你平时像位大哥，但是现在，我算是看透了，你和刘军一样，都是精通法律的讼棍。’这是什么事嘛！”

“与这样的女人离婚也罢。”一明眨着眼睛，“这点我理解刘军，不过，他找陈燕让我感到别扭。怎么说呢？还是那句老话，‘兔子不吃窝边草’嘛。”

“这话不对，不在窝边怎么能相互了解，从而萌生爱慕之情呢？”丰收说，“我看，方宏这么一闹，肯定把刘军逼上梁山了。他的脾气我知道，本来这事或许还有挽回的余地，现在恐怕是没一点指望了。”

志勇大口吸烟，心里乱麻一团。

十

眼大且圆的公诉人正慷慨激昂地指控，“被告人徐胜利以交易部创收为幌子，利用职务之便，擅自将20余家单位在交易部认购的1500万元巨款挪给私营的投资公司，供其在股票市场上申购新股和炒股牟取暴利。上述事实证据确凿，而且被告人对此也供认不讳。但一审法院居然判被告人无罪。所以，我们提请二审法庭，根据事实对已构成挪用公款罪的被告人依法进行严惩。”

刘军冷冷地看着比较熟悉的绰号为“蚱蜢”的公诉人，因为他是方宏的老同学。他很纳闷，学生物的居然就成了检察官。此刻他想，他的指控还是一审时的那一套，并无新的证据。“对于公诉机关指控的上述事实，我们并无异议。我向二审法庭说明的是，被告是代表交易部与投资公司签订融资合同，将客户的资金给投资公司使用，目的是为交易部创收，事实上已为本单位创造了利润。这笔资金虽然是投资公司使用，但并没有脱离交易部的监管，投资公司无法转走或提取现金，这一事实是很清楚的。问题的关键是，这一事实是否能证明被告人的行为构成挪用公款罪呢？我们认为，一审法院的判决于法有据，并无不当。《刑法》第三百八十四条规定，挪用公款罪的主体是指国家工作人员利用职务上的便利，挪用公款归个人的行为。被告自从10年前辞去电力公司的职务后，就失去了国家工作人员的身份，既然不具备国家工作人员的身份，那么就不符合挪用公款罪的主体。”

“证券公司属国家管理的企业，被告的身份当然应该构成挪用公款罪的主体。”公诉人说，“如果这还不清楚的话，请刘律师重温一下《刑法》第九十三条的规定及其司法解释。”

刘军不屑地说：“国家工作人员是指国家机关中从事公务的人员。证券公司及其交易部的业务属于国家公务吗？如果说赚钱营利属于国家公务的话，那么引车卖浆之流的经营活动就是国家公务活动了。”

旁听席上一片笑声。

公诉人细长的脸上没有任何表情，“《最高人民法院关于审理挪用公款案具体运用法律若干问题的解释》中有明确的规定，挪用公款给私有公司使用的，属于挪用公款归个人使用。被告明知投资公司是私营企业，仍将巨资挪给其使用。不是挪用公款又该是什么行为呢？上述事实，有工商管理部门的证明。所以，被告的行为，属于依法严惩的行为。”

“公诉人的所谓证据在时间上有误，并不完全符合事实真相。被告与投资公司的行为是发生在3年零8个月之前，当时投资公司为集体企业，这里有原营业执照的复印件。”陈燕向法庭展示后说，“公诉机关的鉴定是3个月前，也即案发后的鉴定。认定被告是否将公款挪给私营企业，应该以被告实施行为时的企业性质来认定。所以，被告人在当时，主观上并没有将公款挪给私营企业使用的故意，因为其行为发生时，投资公司还系集体企业。退一步讲，如果挪用公款给名为集体实为个人或私营企业使用，虽然存在公款被挪用给个人或私营企业的事实。但是，如果没有证据证明挪用人知道该企业为私营，也不能以挪用公款罪对其定罪处罚。”

“我提请法庭注意，如果没有利益驱动，被告为什么会把如此巨款挪给投资公司使用？”公诉人跳起来，其声响彻法庭。他两手撑在桌上，窄窄的肩膀耸起，两只距离较远的大眼目光炯炯，昂首直视刘军。

看其姿态，刘军猛然感到，他实在像是一只大蚱蜢，而且是一只蓄势待发的随时都可能跳上桌子的大蚱蜢。

“请公诉人遵守法庭规定，注意身份，坐下发言。”身着法袍正襟危坐的周建设虽面无表情，但话语中却透着不容置疑的威严气势。

陈燕看他凛然一副法官的气度，蓦然间，舞厅的情景仿佛就在眼前，那是一张欲火中烧的脸，自己像是又被他紧紧抱在怀中。屈辱感像针扎在心脏上，一片刺痛。

旁听席上的所有人都屏声敛气，审判大厅一片寂静。前排的徐妻伸着脖子，紧张地注视着刘军。

“有理不在声高，而且这里又有良好的扩音设备，大家听得很清楚。这是在摆事实讲道理的庄严法庭，不是展示美喉的艺术殿堂。当然，也许公诉人天生嗓门大，或者是练过美声男高音。但声音大并不代表脑子也大。”刘军冷笑着，“我真没想到，检察官重又提起这一问题。一审时，两名你们指定的主要证人当庭推翻了向检察机关的供述，这就是向徐胜利行贿，而且是巨额。为此，我们有理由怀疑，公诉机关所谓的证据是通过不正当甚至是违法手段获取的伪证，而你们正是依据伪证将徐胜利逮捕并起诉的。幸亏一审法庭英明地查明了真相，并采信了我们的辩护意见，否则又会是什么结果呢？既然你现在又向二审法庭提起，那么请你举证。”

周建设看着公诉人，“同意辩护律师的意见，请公诉人举证。”

公诉人说：“根据我们的调查，仅凭被告徐胜利的个人收入，根本就不可能开奔驰车，住豪华别墅，生活腐化，花钱如流水。”

“我反对。”刘军打断他的话，“这是另外的问题，请你向法庭出示被告收受巨额贿赂的证据。”

周建设说：“反对有效，请公诉人列举证据。”

一直低头不语的被告人徐胜利抬起头，怒视公诉人，“你这是人身攻击，我怎么就生活腐化了？至于开名车、住别墅的钱，我早就给了你们证据，是我弟弟给我的，他在加拿大做生意。我实在是不明白，你们凭什么就认定我受贿，又凭什么就逮捕我？请二审法官为我洗清罪名，早日还我清白啊！”

周建设直视公诉人，再一次说：“请公诉人当庭举证。”

公诉人面露窘态，“我们已列举了被告住豪华别墅等证据，有关新的证据目前我们正在调查。”

周建设说：“法庭判决依据的是确凿的证据而非正在调查的证据。”

刘军说：“我今天在庄严的法庭上又见奇闻，这就是公诉人把正在调查作为证据来抗诉，这如果不是对法律的嘲弄，那就让人怀疑脑子进水了。”

公诉人立即回敬：“你的脑子才进水了，这是人身攻击。”

“我提醒控辩双方把握自己的情绪。”面色严峻的周建设打断检察官的话，“法庭不是控辩双方互相攻击的场所。法庭上的每一句话，都应有事实和法律依据。”

“我提请法庭，还有被告人注意，有这样一个事实。”公诉人义正词严，“这就是被告的辩护律师无视社会公德，在未与妻子离婚的情况下，就与年轻的助手同居。为此，我有责任提醒法庭，从公正的法律角度看，他们所谓辩护有多大的可信程度。”

旁听席上一阵骚动。

志勇怒火蹿上头顶，直想大吼：我抗议！他注视着刘军，担心他面对这样的寻衅失去理智。还好，只见他脸色阴沉地看着周建设，而陈燕则惊呆了，如蜡像一样。万梅在心里叫道：过分了，太过分。

周建设冷冷地说：“请公诉人再认真看看这是什么地方，这里是高级人民法院庄严的刑事审判大厅，正在审理公诉机关因对被告人徐胜利一审判绝不服而抗诉一案，而绝不是道德审判的场所。作为本法庭的审判长，没有必要去考察辩护律师的道德人格，而且法律也根本没有这样的规定，我注重的是证据和法理。”

“人民检察院刑事诉讼规则明确规定，公诉人在法庭上的职责只限于公正全面地证明被告有罪、罪重或罪轻，并没有规定攻击律师。”刘军睥睨着公诉人，“你可以对我进行人身攻击，但你不要借公正的法律之名，因为这是在公然亵渎法律的清白。”

周建设敲响法槌，“我再次提醒控辩双方注意，保持理性。无论什么论点，都必须有论据来支撑，不要空喊口号，要说清楚依据的是什么法律。”

公诉人把目光移向徐胜利，“我提醒被告人，对于这样道德品质的辩护人，你放心吗？为保护你的合法权益，我有必要核实一下，你是否需要更换辩护律师？《刑诉法》第三十九条规定，被告人可以拒绝辩护人继续为他辩护，也可以另行委托辩护人辩护。这就是说，你有权更换。”

徐胜利吼道：“我明确告诉你，我信任刘律师和陈律师，绝对不换！”

“对，不换，就是被判死刑也不换！”旁听席上的徐妻站起来，大声喊道。

“注意法庭秩序！”周建设再次敲响法槌，“被告辩护律师还有什么要讲的？”

刘军的眼神异常愤怒地直视公诉人，他声调却不高，但极有穿透力，“公诉人的言行，让我想起拳王泰森与霍利菲尔德的比赛，泰森眼看处于下风，竟然在众多目光注视下，咬对手的耳朵。作为国家公诉人，出庭公诉，是一种职务行为，你怎么指控，从哪方面指控都是可以理解的，但是，你必须限于起诉书的范围，针对犯罪方面进行公诉。也许我孤陋寡闻吧？从事刑事辩护20年，今天第一次听到公诉人在法庭上居然针对律师抛出如此言论，对律师进行人格侮辱，这是一种极其恶劣的伎俩。对此，我很愤怒！但与此同时，我也很高兴，因为，这说明你已经黔驴技穷了，你的指控已经完全输了。我的话完了，谢谢法庭。”

公诉人脸色“五彩斑斓”，颓然靠在椅背上，但目光仍充满了愤怒。

十一

舞池里，光线朦胧，乐曲舒缓，男女双双起舞，一对男女在小舞台上动情地轻吟台湾校园歌《外婆的澎湖湾》。舞台上方一条醒目的横幅，上书“难忘八六届亲爱的同学”。

角落的沙发上，刘军呷一口啤酒，目光停在万梅白皙的脸上，“毕业都20年啦，我真的感到自己老啦。”

万梅一袭深色的连衣裙，女性的曲线毕露，脸上无一丝检察官的威严，而是显出些许伤感，让人想到夕阳中的牡丹，“发什么感慨，你正是年富力强，享受着大展宏图的好时光呢。”

“展什么宏图啊，律师这行当催人老！”

“日进斗金还不满足？我的压力绝不比你小，但挣的钱还没你零头多呢。”

“堂堂共和国的检察官，竟发如此牢骚，不应该，不应该。”

“还共和国的检察官呢，徐胜利的案子让我栽到你的手里。”她幽幽地说，“这家伙太狡猾了，他的妻子能量之大令人难以置信，数次向我行贿倒也罢了，竟然能运作到我们的办案人员和一位副检察长那里。”

这个案子由于检察院未能取得徐胜利获取非法利益的证据，二审法院依照《刑法》第十三条和《刑诉法》第一百八十九条第（一）项之规定，驳回抗诉，维持了原判。

“还想这事呢?”他轻搂一下她的肩膀,微微一笑,“你说栽到我手里,这话可不对,法官裁判如此,我只是履行了律师对客户的义务而已。而且你也清楚,在刑事审判中,控、审、辩三方,辩护律师的位置轻如鸿毛。什么控、审、辩三方相互牵制、互相制约的理论,其实是扯淡。看看你们检察官在法庭上的拙劣表演,如果往前推几年,不当众掏枪把我毙了,也得把我送监狱劳动改造,再往前推到包公时代,他一定令刽子手开铡,非当庭把我铡成两截不可。”

“眼瞅着收受巨额贿赂的蛀虫得不到严惩,他是个什么心境?当然,业务水平是有待提高。”

“说得轻巧,仅是业务水平因素吗?这是你们对付律师惯用的手法,斗不过你,就赶你走;赶不走你,就收拾你。不仅你们检察官如此,法官也如此。”

“我们检察官哪有法官厉害,只是提起公诉而已,裁判权在法官手中。所以,律师总是与法官相互勾结嘛!”

“这话就不对了,总该有个因果关系吧?我刚才说了,在控、审、辩三方中,律师没有任何权利而言,基本上就是聋子的耳朵,不看法官的脸色行吗?”

“所以,律师就越来越沦落为挣钱的工具了。”

“此话说对了一半,还应加上谋生的工具。如此这般,不仅仅是律师的悲哀,更是社会的悲哀。”

“花言巧语的狡辩。”

“肺腑之言哪!师妹,现在总是叫嚣律师行贿法官,但这要看问题出在哪儿。苍蝇不叮无缝的蛋,为什么要把脏水都泼在律师身上呢?律师行贿法官,也包括你们检察官,实属被逼无奈!不如此,你们这些手握国家权力的人不答应,事实上,委托人为了求得好的结果也不答应。结果,猛打苍蝇,而不问到处裂缝招苍蝇的蛋的责任吗?”

“多少律师以追求公平正义之名,行赚钱之实,千万百计地腐蚀我们检察官,还有法官。”

他当然清楚,争论最终的结果是谁也说服不了谁,就如先有鸡还是先有蛋的问题一样。更清楚的是,一个多月来,她对徐胜利案的终审判决一直耿耿于怀,而且没有停止调查。就在5天前,终于获取徐胜利收受巨额贿赂的证据,仅这一证据就足以对其定罪,但徐胜利一家四口却在20天前出国了。

“就是因为你们,徐胜利一家才得以移民到了加拿大。”她说。

“我们有这么大的能量吗?”

“至少也是帮凶。”

“好师妹,我是律师,徐胜利的辩护律师。美国著名辩护律师艾伦·德肖微茨教授在其名著《最好的辩护》一书中指出,‘辩护律师,特别是在为确实有罪的被告辩护时,他的工作就是用一切合法的手段来隐瞒全部事实。’我实话告诉你,在这个案子中,我只是感到他极有可能受贿,但这不属于我应该去调查的内容。如果我知道，我想我不会故意替他隐瞒，而置你们于极为不利的境地。你相信吗?”

她想了想，“这我倒愿意相信。”

“事实上，你们如果取得证据再早些，根本等不到他移民就把他送进监狱了。”

“我眼睁睁地看着他大摇大摆地走了。现在虽然发了通缉令，但要把他缉拿归案难度很大。”

“小梅，你别心理不平衡了好不好，如果他真的有罪，也只是一条小鱼而已，漏网的大鱼还少吗?英国诗人有这样的名言：‘人们通常会发现，法律就是这样一种网，触犯法律的人，小的可以穿网而过，大的可以破网而出，只有中等的才会坠入网中。’”

她若有所思。

“唉!”他长叹一声，轻轻搂住她的肩膀，“我们总在为别人操心，而无暇自己的事。”

“什么意思?”

“他待你怎么样?”他知道上个月她与那位外科大夫举行了婚礼，尽管他没有出席。

她抬头望着他，“是位很好的男人。”

“噢，这就好。”

“曾经的金童玉女躲在这说悄悄话呢。”一位醉意浓浓的同学发现了新大陆似的叫喊道，“快，给大家献歌，是你俩的经典保留曲目!”

两人起身，走向小舞台，同学们的掌声响起，《同桌的你》淡淡的伤感旋律在大厅荡漾开来。

第十五章

> 我不同意你说的话，但我誓死捍卫你说话的权利。
>
> ——伏尔泰（法国哲学家）

基本案情：

原告演出公司与体育中心共同商定，9月20日在体育中心举办大型明星演唱会。演出公司邀请了国内外极有影响力的演员参加，并分别与著名艺术家张某等人签订了演出合同，先行支付了50余万元的定金。同时还支付了场地租赁费、演出广告费等60余万元。9月12日，市《晚报》在第二版醒目的位置登载一篇《著名艺术家已不可能来本市》的报道。该报道登出第二天，有10余家单位向原告退回团体票1000余张，个人退票2000余张，并有8家演出赞助单位退出。原告立即找到被告交涉，被告于9月17日才刊登出更正声明。原告前后共损失120余万元。为此，演出公司向法院提起诉讼。

原告请求法院判处：

被告行为构成侵权，应承担侵权责任，并赔偿由此给原告造成的经济损失。

一

寂静的湖边，午后洁净的阳光照耀着郁郁葱葱的白杨树，深蓝色微微跃动的斑驳树影下，青草丛中，汪静依偎在志勇怀中，像只半眯眼睛晒暖的小猫。

一条尺把长的金色鲤鱼从水中蹿出半米高，身体呈弓形，很有张力的样子，画过一条弧线，跌落水中，溅起一片银色的浪花。

“我的同学安山实在是走投无路了。”汪静虽然手持精致的鱼竿，但显然无心钓鱼，因为她根本没看水中彩色的醒目鱼漂，而是偏头看着他。

“他的动作也太过猛烈了。”他盯着眼前两根高射炮似的鱼竿，“事实上，解决纠纷的方式无非是政府和法律，如果这两者都无望的话，那么民间方法，准确地讲江湖方式自然也是选择。但如果都这样来解决纷争，以犯罪方式打击犯罪，那么我们的社会与黑社会火并还有什么区别呢？”

“他被逼疯了，债主穷追不舍，东躲西藏，有家不能回，法院又迟迟不立案。你说该怎么办？用他的话来说，遗憾的是现在没有英雄啸聚梁山，如果有的话，杀了报社的狗官，就上山入伙。”

“幸亏水泊梁山已是历史了！以不择手段对不择手段，以暴易暴，这就是中国历史上所有治乱更替循环的根源。”他淡淡一笑，伸胳膊搂住她，“放心，我来运作，同时让一明介入。我考虑，法院立案不应该有什么问题，但怎么判，还真不好说。”

“只要你们代理就好，走一步，是一步吧。”

“你和这位同学的关系很铁？”

“这倒谈不上，但毕竟是老同学，他又求到我，总不能拒绝吧。真是不好意思，又给你添麻烦。我看这事相当复杂，报社怎么会轻易认输呢？”

“我还巴不得为你效劳呢？官司输赢尚在其次，但我会尽力的。”

“我是你什么人，值得你这样？你又不欠我什么。”

他转脸看看她忧郁的眼睛，又把目光移向远处的黄河二道长堤上，心想，她把身心都交给了我，而我能给她什么呢？再看50米开外的沙洲上，那只雪白的鹭鸶还是缩着脖子，单腿伫立一动不动，显得很梦幻。

“说实话，我想逃离这个社会，真的，只是想和你一起走，走得远远的。”

“跟我一起走？”他一声叹息，“好姑娘，你想过没有，一个大你20岁的男人，能给你多少生命的空间呢？”

“年龄是个问题吗？你已经给了我很多，很多让我憧憬的生命空间，我应该知足，而不能贪得无厌，只要不失去，我就心满意足了，哎！哎。”她惊叫起来，因为鱼竿脱手，快速远去，显然是被咬钩的大鱼拖走了。

“随它去吧，随它去吧。”他伸手搂住她的肩膀。

她抱紧他，“也只有随它去了。”

鱼竿消失了，水面平静如初。

看着阳光透过簇簇叶子映在她脸上，鼻梁两边的雀斑清晰可见，他回味起昨晚与她在一起的畅快，她无声无息，很含蓄，但年轻的身体洋溢着活力，两条纤纤玉臂紧紧箍着自己的腰，修长的腿也缠在自己身上。从幸福的云端返回现实后，她小鸟依人，呢喃细语，别走，求你别走了，我想在你怀中，直到永远。后来，她抚摸着他后背以及胸前触目的条状伤疤，大惊失色地问怎么来的。他恍然记起，被棍棒暴揍后令人心悸的绽血伤口，记起后来从中溢出黄色黏稠的脓，

“那是无法无天的时期，你没亲身经历，很难理解的。”

“只要你不像鱼竿一样，无影无踪就好。”她拱入他怀中，伸手抚摸他的脸颊。

他低下头，吻她前额，她搂住他的脖子，把嘴唇凑上去。

那只鹭鸶突然振翅起飞，掠着水面从他俩面前缓缓而过，越飞越高，消失在明亮的秋阳中。

二

一明半歪在椅子上，听演出公司总经理安山的控诉，看他时而龇牙瞪眼，与虎狼肉搏状；时而顿足捶胸，仰天无泪之态。他的神情并无什么大的变化，当事人寻死觅活的绝望之状见得太多了，这也许就像屠夫习惯了血腥，自然是见怪不怪一样。

“整个情况就是这样。我知道报纸能杀人，但没想到如此毒辣，而且兵不血刃哪！”安山一张很帅气的脸扭曲了，“一张《晚报》，区区几百字的消息就让100多万打了水漂啊！”

“那个名气很大的张姓唱歌的不是如约而来了吗？”一明问，“怎么还有如此大的损失？”

“是来啦，但因为《晚报》的消息，退票的高达2000多张，这就20万了，关键是准备上广告的几家很有实力的单位临时退出了，等《晚报》再登出更正的信息后，为时已晚啦。”他咬牙切齿地说，“前期的投入太大了，精心策划组织几个月，毁于一旦，不瞒你说，现在我跳河、上吊、摸电门的心都有！”

一明问：“报社什么态度？”

“态度？找了无数次，它们先是软磨，说是补偿3万、5万，还有一说，你要得太多，这不是讹诈嘛！我据理力争，它们根本不听，后来干脆玩消失，还放出话来：‘我们就是这态度，想去哪儿告就去哪儿告吧，而且你也有这样的权利嘛。’”安山叫喊起来，“赵律师，你说，这他妈的是人话吗？更上火的是，告到法院，他们推三阻四，就是不立案，反要我去找报社协商解决。这衙门真是朝南开，有理没钱莫进来！我实在是没辙了，才想到去宣传部讲理的。谁知它们也不讲理了。”

汪静说：“那你也不该动手爆粗的。”

“我说老同学，它们把我往死里逼啊！宣传部又把我告报社的信转给了报社！你们看，这不等于把秦香莲的状纸批转给陈世美阅处嘛！你们知道那个宣传部部长叫嚣什么，他居然说我胡闹，骂我无赖。当时真是想杀了这狗官。”他摸着自己的大光头，苦笑，“就因为我找它们说理，就把我拘留了15天。你说，这世道不是逼着我去杀人放火打家劫舍吗？赵律师，我在万般无奈之下，找到汪静，她说你们一定有办法。”

一明不置可否，因为他已知道，安山领着几位员工大闹宣传部，不仅砸了桌椅，还一巴掌扇得部长口鼻蹿血，对他治安拘留正是罚当其罪。

“赵律师，我现在就全靠你们了。”安山说。

“汪记者，你说我们会有什么妙招呢?”一明笑得诡谲。

“赵律师，你就别卖关子了。”汪静说，“你是著名的专家，能没有锦囊妙计?”

“打官司可不像你们媒体惯用的把戏，翻手云，覆手雨，颠倒黑白，无中生有，死的能说活，活的能说死啊!”一明说，“需要的是证据。”

“你对媒体怎么会有如此大的偏见呢?”汪静说，“总是把媒体看得很坏，而且无可救药。”

“你想，如果安总所言属实，你说报社是什么行为?无异于图财害命嘛!这比打家劫舍厉害得多，而且风险又小。你注意一下眼下的媒体，仗着舆论工具在握的优势，盲目自大，老子是无冕之王，天下第一，随意对司法判决和专业性的法律问题指手画脚，而无视法律程序。自以为全知全能，以舆论干涉司法活动，助推人们对司法的不信任，破坏我们国家正在建立起来的司法程序正义原则，甚至故意发起媒介审判，这在法治成熟的国家绝对是不允许的，因为它会伤害司法的尊严。正如美国的苏特大法官在1996年所言：‘除非跨过我的尸体，否则摄像机休想进入我们的法庭!’他的逻辑是，‘最高法院不是美国娱乐产业的一分子。’”一明说，“你以为如何?”

“帽子可真是大!”汪静伸伸舌头。

“一点也不大，正合适。”一明说，“这种现象称为舆论审判，媒体法官!这让我想起若干年前，一位因交通肇事被判死刑的公安官员，他临刑前哀叹道：‘我死在你们记者手中了。’这个案子至今被学者当作‘新闻审判’和‘媒体杀人’的典型例证。”

“说得太好了，赵律师，你判断一下，我这事有戏吗?”安山问。

“安总，从目前的证据看，是个至少有两种以上答案的多选题。”一明说，“更因为你是汪记者的同学，所以，我就更不能误导你非打官司不可。在没有进一步调查之前，我只能用句广告语回答，‘一切皆有可能’。”

“这话我相信。”安山说完，迟疑片刻，“赵律师，我想问，代理费大约需要多少?”

“此类案子，我们所的基本收费标准是标的的10%～30%，当然要看案子的复杂程度。你这案子就按10%算，至少也得10万元吧。”一明说。

“噢，噢，”安山一脸痛苦，像是当胸挨了一记重拳，半天才开口，“我，我能不能打完官司再交?”

一明突然轻松一笑，“完全可以。不仅如此，而且败诉了，我们不收代理费。”

“真的?”安山瞪大眼睛，嘴半天才合上，“赵律师不是开玩笑吧?我可是跑了好几家律师事务所的。”

“君子一言，驷马难追。”一明说。

“太感谢了，我真不知该怎么感谢。”

一明打断他，“不用感谢我，要感谢的是汪记者，我们的掌门对她可是言听计从。”说着对汪静眨眼坏笑。

汪静顿时脸大红，“赵律师，你!”

一明说：“还不好意思，难道我说得不对吗?”

三

天空灰蒙蒙的，一副要下雨的样子，但从早上到现在就是没下来。

正驾车的一明说，我看这抑郁的灰色天空和水泥森林样的城市倒是十分匹配。副驾驶位置上的丰收问，什么意思?一明说，钢筋水泥建筑需要阳光吗?它们又不是树。

“人类越是发展，越是喜欢人为的玩意儿，而抛弃自然。难道说这就是文明?你看这城市的绿化，弄些常绿的树和草，不见枯荣，也不见它们在四季中的变化，这就像人，永远是一个德行。这他妈的不是有病吗?”一明恨恨地骂道，“人们还恨不得把四季都改造成恒温，幸亏还没研究出这样的技术。”

“看看我们的城市，绿树一片片减少，大楼一幢幢雄起，搞得四季都不靠谱了，夏日酷热，要么无雨，要么下淹了，冬天干冷无雪，给人乱了套的感觉。更为严重的是，这城市越来越大，楼越来越高，而其中的人却越来越渺小，越来越无足轻重，成为城市的陪衬。”丰收说，“这就是马克思他老人家入木三分地指出的‘异化’。”

“我看人类糟蹋地球的种种恶行，早晚会有报应的。”

“报应已经开始了。”

“准确，准确!”一明说，“王兄，掌门对汪记者绝对一往情深。听陈燕讲，她正向他汇报案件。他一接电话，脸色陡变，说声有急事，就蹿下楼，发动车，冲出院子。她说，从未见过主任如此惊慌之状。我和他通电话，才知道是汪记者出了车祸。”

“很严重?”丰收问。

“他只说车撞在高速公路的护栏上，她受了重伤。我们到医院就知道了。”

“我知道近些年来，他和白雪不顺当，但他只是闷在心里不说罢了。男人嘛!尤其是像到了我们这样知天命的年龄，有时内心是很孤独的，需要有女人说说话。”

“王兄也有相好吧?”

“想有，但糟糠老妻对我确实不赖，我很知足。再者，这种事可遇而不可求。”

“这倒是实话。惧内并不是什么丢人事，不过掌门惧内可是声名远扬、路人皆知的。他这样洞阅人世，尽窥天道之人竟然如此，实在是让我觉得不可思议。我认为，师母很可能患有更年期综合征，有点歇斯底里，例如，我们春节聚会时，她竟当着我们的面指责掌门酗酒，还摔了酒杯，而他居然也就认了，一句话也没有。”

“家家都有一本难念的经，你看刘军，也是不上不下的，方宏坚决不同意离婚，法院怕出事，又不敢硬判，搞得他身心俱疲，人不人鬼不鬼的。”

“这倒也罢了，陈燕也受拖累。”

“是啊！”丰收叹口气，突然问，“据说你的护照过期了，又在办理？”

一明惊讶，“你怎么知道的？”

“信息社会嘛！我有个学生在公安局。”

“噢，明白了。”一明沉默片刻，“我弟弟想让我到美国看看他的律师事务所。”

“看来兄弟还是想走啊！”

“我确实还没考虑好呢。”

丰收摇着头，“我明白，你这一走，多半是回不来啦！”

车缓缓停下来，一明伸头前后观察后，又升上玻璃，“完啦，看阵势没个把小时是动不了啦！”

“有什么办法？又不能飞过去，等呗。”

一明斜倚在座位上心里感慨，真是信息社会啦！昨天晚上陈燕就小心地问他是否要去美国做律师。他说有这个打算。她说与刘军的事弄得满城风雨，也想出国，并眼泪汪汪地求他帮忙。他心一软答应了。

四

陈燕引领两男一女走进二楼的小会议室，他们是晚报社的钱副总编和本地的律师郝伟，还有北京来的律师李楠。

“王老师呢？”一明问。

“给菜地浇水，马上就过来了。”陈燕说。

钱副总编50多岁，合身的深灰色西装挺括，裤缝笔直，皮鞋锃亮。方脸白净清癯，鼻梁挺拔，花白的长发齐整整向后背，金丝边眼镜腿上还系着细细的绳子，看上去颇有几分儒雅之风。他背手饶有兴致地浏览完墙上的风景油画，又看着落地窗外亮丽秋阳照耀中的树和生机勃勃的菜地，微微笑着，“赵律师，你们律师事务所像是神仙居住之地啊！”

“谈不上，谈不上，清静些而已。”一明说，“我们的非合伙人律师在市区的写字楼，一般的案件都在那里，有专门的接待员，登记办理手续。”

丰收匆匆进来，穿着满是泥水的球鞋，挽着的裤脚也没放下，他搓着手，“对不起，做些农活，不过你们提前6分钟到了。”

一明看三位来客惊讶不已，笑了，“我们的王律师曾是农艺师，一天不干点农活就技痒难耐。”

“这可让我联想到马锡五法官炕上地头开庭调解的情景。”一脸矜持的李楠显出一丝意思不明的笑意，“真想不到，教授律师竟还有如此雅兴，真是让我开眼啦!”

“噢，马锡五法官的方式已经不适应现代社会了，法官应该与社会保持一定的距离，这在很大程度上才能增加法官职业的神圣性嘛!”一明说，“我们开始吧。”

看上去机智干练，年龄与一明相当的郝伟说：“昨天与赵律师在电话中协商，如果我们调解成功的话，既可使双方当事人不受诉讼之累，又可节约司法资源。”

“我完全同意郝律师的意见。”一明说，“咱们尽可能简单扼要。只要你们赔偿合理的损失，我们的委托人当然就可以撤诉了。”

“事实上，我们报社是极其憋屈的。”钱副总编真像是受了天大委屈，“作为新闻人，其职责和使命就是要监督社会，针砭时弊，总说些不痛不痒的官话有什么意思？但现实却是，只要说真话，动辄被告上法庭，什么恶意诽谤啦，什么侵犯名誉权啦，令人眼花缭乱的大帽子大棍子纷至沓来，更让人愤怒的是，法院也为利益驱使，而不能公正裁判。就拿这个案子来讲，我们的报道基本事实没问题，但法院居然立了案，这简直是不可理喻。如此局面，新闻的自由何在？”

看他慷慨激昂之状，一明很不以为然，心里骂道，妈的，这家伙是来调解还是来给我上理论课的，“钱总编，你以无冕之王自居可以，报社以圣人自居我也不反对，你们无视事实可以，就是偶尔说几句谎话也没什么大不了的。但对法院无端指责，我作为法律人就认为有些过分了，这就像妓女挨操打呼噜装没事人可以理解；她浑身颤抖，大叫其床也没什么不对，但她强烈要求立贞节牌坊这就有些过了吧？”

钱副总编狠狠瞪了一明一眼，想说什么，但只见嘴唇嚅动，却没发出声来，显示出一副倒憋气的样子。陈燕看他的脸有红似白，强忍着没笑出来。

李楠不高兴了，嘲讽道：“赵律师的话糙了些吧？”

“糙了些吗？”丰收吸着烟，似乎沉思着自问，然后自答，“生动形象，道理精辟。”

“你们是来调解的，而不是来讨论媒体性质或新闻自由度的吧？”一明说，“我这人直来直去，有冒犯的地方还请包涵。大家都很忙，咱们还是直奔主题吧。”

“我首先表明态度，为了息事宁人，我们是有诚意补偿演出公司合理的损失的。”钱副总编说。

“钱总表态了，下面我想由你们提出具体的补偿数额。”郝伟说，“怎么样?”

“至于具体的数额，诉状中很明确，127万。”丰收说，“但考虑到是调解，我们委托人的意思是可以适当降低，不知你们计划赔偿多少?”

李楠看上去30岁出头，短发，脸略显狭长，眼睛很大，且闪亮有神，皮肤不白，但很细腻，整体上虽称不上大美人，但也算得上漂亮了。她目光中透出的是公主样的高傲，一副龙骧虎视的气度，她扶扶精致的黑色大框眼镜，“刚才钱总编的话，用法律术语来讲，是报社的行为略有瑕疵而已，因此，可以适当补偿原告合理的损失。但如果按起诉的数额为基础，显然是不合适的。这个数额，是你们在认定报社侵权的前提下，计算出来的，怎么能作为调解的基数呢?”

“你的意思是否可以理解为，报社的行为不构成侵权，仅是略有瑕疵?”一明问。

“正确。”郝伟说，“正如李律师所言，报社的行为仅是略有瑕疵，这是调解的前提。”

“这瑕疵也太大了些吧? 以至于大得不能定义为瑕疵了。”丰收说。

“王律师，这就有些咬文嚼字了吧?”李楠紧绷的脸皮上挂着一丝轻蔑的笑意。

“咬文嚼字? 这不仅对作为大学教授的我如此，而且每个中国人也必须如此。你想，一个对自己母语都不认真的人，还能期望他对什么认真呢?”丰收不冷不热地回敬道。

“报社的行为是否构成侵权? 我想，李律师是著名的专家，民法学博士，多次参与了立法与法律的修订，应该是有发言权的。”郝伟说。

听这话，一明想，“外来的和尚好念经”应该改成“外来的尼姑好念经”。现在有钱有势的，一遇诉讼，热衷于高价聘请北京等大城市的律师，借以扯虎皮拉大旗造势唬人。但事实上，大城市所谓的大牌律师很多是盛名之下，其实难副。哼，就是条真龙，这次也得让你盘起来。他瞟了一眼郝伟，“当然有发言权，伏尔泰的名言是，我不同意你说的话，但我誓死捍卫你说话的权利。所以，我们愿洗耳恭听李律师的高论。”

“我们经过调查分析，证据表明，报社的行为基本不构成侵权，最多有轻微的侵权现象，基本上是不应负赔偿责任的。”李楠说，“报社之所以诚心诚意补偿原告一些损失，关键是不想受诉讼之累，这点你们应该明白。”

“姑且就算明白吧。”一明说，“你们就直说数额吧。”

“那我就直言了。”钱副总编说，“20万元，怎么样?”

一明爆笑起来，“钱总编，我想你不是开玩笑吧?”

钱副总编一本正经，“怎么是开玩笑，这是开玩笑的事吗?”

一明收敛笑意，“那我负责任地告诉你，这个数，怎么说呢，像是在打发乞丐。”

“话不要说得这么难听，如果这个数不行，你们可以提，我们再协商嘛。”郝伟说。

一明和丰收耳语后，“那我们也直截了当，调解的基数应该定在100万元。”

郝伟说：“如果你们坚持这个数额，我们就很难进行下去了。”

李楠说：“我发现你们的委托人没来，不知是有意为之还是有其他什么原因。所以，我想问的是，你们能否全权代表委托人？”

“这完全没有问题。”丰收说。

李楠轻松一笑说：“既然如此，我想说的是，由于委托人并不一定熟悉法律规定，所以其诉讼要求往往不着边际，在很大程度上是于法无据的，属于漫天要价。而你们两位是通晓这方面法律规定的律师。所以请你们认真考虑我们的调解意见，尽可能做通委托人的工作。”

“我明白了。”一明不无嘲讽地说，“你的意思是让我们同意你们所谓的调解意见，而置委托人的利益于不顾。”

“你们已经为委托人争取到了他应该得到的利益了，至少法院已经立案了嘛！”李楠说。

“李律师，听你的话，我怎么感到这么别扭。你猜我由此想到了什么？”一明不等她回答，“臭名昭著的《慕尼黑协定》。告诉你，我们绝不会出卖委托人的利益，尽管你的委托方有权有势，财大气粗。”

“看来你们对调解诚意不足，我可以负责地说，如果上了法庭，我不能说报社绝对胜诉，但根据现有的证据，你们最后得到的绝不会比你们想象的多。”李楠半仰着脸，一副权威状，“所以，接受报社调解的条件，对你们还是有利的。请你们认真考虑一下，不要丧失这个机会，一旦上了法庭，后悔就来不及了。”

“感谢李律师的一片菩萨心肠。”丰收揶揄道，“但如果不答应刚才我们提出的条件，咱们就别在这里浪费口舌了。”

“真的没有余地了？”郝伟问，“是否再考虑一下？”

“很遗憾，看来只能法庭上见了。”丰收说。

“我真没想到你们作为律师竟也如此固执，而不设身处地考虑委托人的利益。”李楠捋一把短发，似乎觉得意犹未尽，“这也许与你们中原人的性格有关？”

“李律师此言差矣！你们美其名曰来调解，但又不承认侵权，这能说明你们是抱着诚意来的？”一明眼中满是轻蔑，“如果我们答应了你们开出的玩笑似的条件，当然正中你们下怀，但这是对我们委托人的背叛。至于李律师所言中原人性格等，我倒想问，中原人的性格怎么啦？招你惹你啦？希望你记住，中原这片热土是最早的文明发源地之一，也是中华民族的发祥地，5000多年前就有了人类居住，是伟大黄帝的故里，是古往今来20个朝代的古都，不仅有震惊世界的甲骨文，还有博大精深的周易；不仅孕育了老子，还孕育了庄子等伟人；这不仅路人皆知，而且是小学生都烂熟于心的历史常识，难道李律师不清楚吗？如果真的不清楚，我可以给你免费启蒙。”

李楠顿时面红耳赤，“我们来，是就演出公司诉晚报社一案的法律问题进行协商，而不是讨论中原历史和文化的。”

“既然如此，你就更没权利就中原人的性格说三道四了。”一明一副不依不饶状。

丰收气定神闲，如同老和尚打坐，他瞥一眼欲言又止、满脸通红的李楠，突然记起曾国藩老先生的一句话：“京城女子，性情多半乖戾。”

五

“师兄，我最近强化锻炼，而且饮食少肉。你看减肥效果如何？”法官肖霞在办公室踱着步问。

一明打量着她，笑而不语。

“发表看法嘛！”她追问。

“效果甚佳，虽不能说是身轻如燕，但绝对像是年轻了10岁。”一明说。

“不是昧着良心恭维吧？”她白胖的脸上有种掩饰不住的喜悦之情。

“我是那样的人吗？”一明一本正经地说，“不过‘减肥’一词很难听，总让我联想到饲养动物的行当。在文明发达的国家，直说人肥胖是极不礼貌的言行。”

“师兄到底是受了西洋文明的洗礼，很绅士嘛！那他们如何称肥胖之人呢？”她饶有兴趣地问道。

“The horizontal direction is challenged by the people.”一明看她有些不解，“汉语的准确意思就是，水平方向受到挑战的人。”

她大笑起来，“拐着弯骂嘛！他们损人也这么含蓄。”

“我的好师妹，咱们说正事吧。”一明说，“他们开出的条件最多是30万，而我们的底线是85万，双方差距太大，谈三次了，根本没戏。你开庭就是了，我负责任地告诉你，你要再拖着不开庭，我连你一起起诉。”

他在女法官面前之所以如此大胆，是因为他和面前主审这个案子的法官肖霞是大学同学，虽然他比她高两届，但相当熟识。否则，他就是真理在握，也不会对法官出如此狂言。

肖霞脸上满是无奈，一屁股坐在办公桌后的椅子上，“真的一点希望都没有？”

“没有。”一明说，“这就像你喜欢吃辣总上火，而不肯戒掉一样，没治了！”

她颓然仰在椅背上，长叹一声，“开庭容易，但判起来就难了。一方面是财大气粗，又掌握着生杀予夺大权的舆论工具，还有北京著名的专家级律师；一方面又是你老大哥老朋友，而且还是以十分难缠而著称的名律师。让我怎么判？”

“按法律规定判，这有何难？”他脱口而出，“聪明过人的师妹怎么如此犯难？还有合议庭、审委会，你推嘛！”

“这说起来容易，做起来难哪！现在面上毕竟是审判长负责制。”她说，“这还在其次；问题的关键是，事实确实有些扑朔迷离；更为关键的是，我看你们双方无论是谁败诉都不会善罢甘休。如果上级法院再认定判得不当，我可就落入了两头受气的境地啦！你知道，现在案件发回重审就当作错案处理，我们法院可是有错案追究制的！年终考核要被扣分的，这不仅影响物质奖励，还会影响晋升的。”

“错案追究制，当然好了，但依我看则属于播下龙种，收获跳蚤之举。”他一脸不屑，“这导致上、下级法院之间更加紧密地沟通，以确保判决不会被上一级法院改判、纠正、发回重审，使得上、下级法院越来越和谐，越来越没有真正意义上的独立审判了。这就像某些法律超越了现实，要求太高，以致大家都实现不了，最终法不敌众，大家都规避法律了。”

“我的好师兄，我可不想听你论法理，这对于开庭无疑是远水不解近渴。”

“那我来给你指点迷津。”他脸色神秘起来。

“有何高见，快快给师妹道来。我知道师兄有功能强劲的大脑。”

“判我们胜诉。”

“想得美，对方也有充分的证据，稍有差错，它们不在媒体上弄得满城风雨才怪呢！你看报上已经刊出这个案子的消息啦！”她指指桌上的报纸，“互联网上也有，把关注这一案子的民众胃口吊得很高。记者们几次采访我们，他们的潜台词是：如果报社败诉，他们绝不罢手。到时如果媒体再一边倒地大炒起来，院领导不把我杀了，也得整个半死。你知道，现在的领导是很惧怕媒体炒作的，简直是畏之如虎！”

“师妹说得也是啊！这媒体如箭，一旦怒将起来，保管把你射得像个刺猬一样，血流如注，这可怎么办呢？我非心疼死不可啊！”一明做着鬼脸，“不过，师妹大可不必怕他们，秀才造反而已，报社记者是在唬人，根本就不足为惧。届时师兄定会挺身而出，保护师妹。问题是这案子总拖着怎么行呢？往好里说，是打太极推卸责任，其实就是枉法，我想师妹应该明白其中的道理吧。依我看，这样吧，晚上我请你吃正宗的四川火锅，然后，再给你详述一遍我们的证据和法理，如何？你应该相信我，我能把心爱的师妹往火坑里推吗？”

“火锅我是想吃，但我已经听了你几遍教唆了，也听对方几遍了。看来不开庭肯定是不行了，真是发愁。”

他快速眨着眼睛，“师妹，我给你支一招，绝对管用，你记好了。”

“你说吧，我看你嘴里真能吐出象牙来？”

“这是在美国，一位得罪了法官的律师曾有这样的经历，刚开庭，法官突如其来对着他发出嘶嘶之声，就像一条蛇，而且在这位律师发言期间他还不时如此，搞得律师心惊不已。我认为，你也给被告的律师来这一手，把他的思路搞乱，怎么样?”

她笑了，“我看先要把你搞乱才好。”

“说正经的，我再教你一手，这还是在美国，一名新法官请教老法官怎么样应付庭审，就像你现在请教我的情形一样。”

她收敛笑容，等待下文。

“老法官说：这极为简单。开庭前，喝一口水泡在嘴里，休庭时再吐出来。”他故作严肃，“这可是真传，天机不可泄露啊!”

她把刚喝进嘴里的水全喷了出来，笑过之后，“你去死吧，师妹遇到难处，你当师兄的还有心开玩笑。”

“我可是真心想帮你啊!”他一本正经地说，“同时，我们有最新的录音证据。”

“这最后一句我倒愿意听。请讲吧。”她严肃起来。

六

一明端着水杯，轻手轻脚推开办公室的门，“忙什么呢?”

“看学生的毕业论文，实在是烦。”志勇把目光从电脑荧屏上移开，抬起头，伸了个懒腰，“哎，你怎么后半夜神神秘秘冒出来啦，像个幽灵。”

电话响起，志勇抓起电话，听了片刻，“什么，她怎么通过答辩？噢，先这样说吧。再见。”他不耐烦地扔下话筒，“辅导员的，你知道她说什么？为学生求情，让她的论文通过。原因是已有两名女生跳楼自杀，如果我不让她通过，担心这位学生寻短见。这他妈的什么事嘛!”

一明摇头，“学生接二连三自杀，辅导员自然胆战心惊了。”

他燃上一支烟，深深吸了一口，“学生的毕业论文水准太差了些，简直让人啼笑皆非，这个女生简直就是木头脑子，我已经三次给她提出了具体修改意见，但她只会从网上下载，七拼八凑，根本就不知所云。还有位男生发过来的论文，上书，‘我的论文狗屁不如，请老师审改’。”

“这学生还挺有自知之明嘛!”一明说。

“我批了一句话就退回去了。”

“什么话?”

“写得像个狗屁后再发过来。”

一明笑起来，“经典，经典!”

“现在不是一个学生，也不是几个学生，而是整体水平低下。”

一明收敛笑容，“不仅水平低下，而且还不走正路。期末考试前，居然有多名学生找我打探试题，甚至有女生暗示，只要我透题就跟我上床。你说，这成何体统！后来又想，现在教授、博导都忙着学术腐败，在抄袭横行的氛围中，学生如此也属正常。这种邪气弥漫的境况下，还奢望出真正的科学家、大师？我看只能出妖怪，而且还是不中用的小玩闹，像白骨精那样有些层次，能干些事情的妖怪都出不了。《自然法权基础》的作者费希特曾说，‘学者应该成为所处时代道德最好的人，’如果连学者都腐化了，还到哪里寻找道德善良呢？”

“言之有理，言之有理，学校只是地盘越来越大，学生越来越多而已。哎，这么晚了，你不会是专程来和我讨论大学教育的吧？安山的案子进展如何？”

“我和几位朋友喝酒欢聚回来，看你这儿还亮着灯。”一明笑笑，“安山的案子你不用担心，肖霞听我提供的证据，决定开庭了，她的耿直脾气你也知道的。”

“噢，你办案我还能不放心吗？”他点着香烟，“看样子你没喝高嘛！”

“只是小酌了几杯，”他说着神色认真起来，“老兄，心里有话不对你讲，就感到对不住你。”

“有话就讲，好话坏话，我都能听。”

一明摆弄着手中的杯子，良久才说：“咱们从创办中州律师事务所到现在，已经十多年啦！真是不敢想，弹指一挥间，风风雨雨十几年就过去啦。想想还真是有些，有些，‘多情应笑我，早生华发，一樽还酹江月’啊！”

“多愁善感起来啦，有话就直说吧。”

“我是想告诉你，我要走了。”

“明白，背井离乡，去美国发展。”

“你怎么知道？”

“只是早一天，晚一天吧。”

“说实话，心里很矛盾，舍不得走，这么多年了，能遇上你这样的兄长不容易。古人说，人生得一知己足矣！但咱们所情况实在是不尽如人意，与前些年相比，有了很大的变化。那时，我们同心同德，团结紧密。现在呢，我不说，你心里也明白，虽不能说是离心离德吧，但已初现端倪了。刘军公开和你叫板，王兄和稀泥，其实他和刘军是统一战线的。再加之刘军和陈燕的事弄得路人皆知，前景堪忧。更重要的是，国内律师地位偏低，执业环境实在不尽如人意。第三最关键，我弟弟数次邀我过去，他的律师事务所缺少信得过的弟兄。思来想去，还是去看看吧。”

志勇大口吸烟，“我理解，你毕竟年轻，还有一拼。至于你说咱们所的情况我也不想再多说什么了，实话告诉你，我早就有考虑，就像你一样，三十六计，走为上策。与其在一起别别扭扭，大家心气都不顺，还不如好聚好散。但最根本的原因是，我实在不想再领头了，心太累！做一名普通的尽职尽责的律师足矣！”

“事实上，你不说，我也感觉到了。高智商的精明人在一起共事，患难创业时可风雨同舟，但事业一旦有成，各种问题就接踵而至啦。老兄计划去哪儿？”

“经纬所。”

“咱省的一个大所。”

“主任是我的老朋友，他得知我的想法后，数次邀我加盟，条件非常诱人。其实我的条件很简单，合伙人身份，只管办案，不管其他。”

“唉，你一走，咱们中州前景真的堪忧了。”

“长江后浪推前浪，我还是由衷地希望刘军、王兄他们继续扛好中州律师事务所这面大旗!”

“他们应该珍惜，这面大旗不仅影响巨大，而且很值钱啊!”

七

李楠气势恢宏地侃侃而论，“本案证据表明，并非原告律师所言，被告的行为构成了侵权。该著名歌唱家确实因重感冒住进了医院，这一铁的事实任何人都不能否定。”

“我们否认这一事实了吗?”一明回应道，“而且该歌唱家还就此打电话告知了原告。”

“那好，既然这一事实存在，《晚报》对此的报道就是真实的，既然报道是真实的，那么报道者对原告就不构成侵权。”李楠理直气壮，“按你的逻辑推导，如果侵权的话，只能是该歌唱家住院这一事实侵权。但是，在我国乃至全世界，我还从未见到过这种侵权的形式，而且也从未耳闻过。”

这厮真他妈的难缠！一明心里骂了一句，“我的逻辑并不是由你来推导的，对于《晚报》报道该歌唱家住院这一事实，我们并无异议，更没有认定是侵权。但是，报道中对此事实作出的判断却构成了侵权。我想你学过形式逻辑，应该知道什么是偷换概念。该报道的标题是：‘著名歌唱家张某已不可能来本市。’这对于具有初中以上文化的人来讲，显然是十分肯定的判断，而且也不会引起什么歧义。据我所知，李律师具有博士学位，所以我们认为，对此判断的理解不应该有什么问题。该文的内容指出：‘本报讯，本省歌迷期待已久的大型明星演唱会，因著名歌唱家张某患病住院，目前尚未康复，歌迷一睹明星风采的愿望看来是无法实现了。’无法实现，这也是十分肯定的判断。我想问的是，被告凭什么作出这样的判断?”

“凭的是该歌唱家的病情和医生的结论。”李楠底气十足地答道。

“无论凭的什么，事实证明这一判断是错误的，因为该歌唱家准时出席了演唱会。”一明说，“这才是谁也无法否认的铁的事实。我百思不得其解的是，在这一不容置疑的事实面前，被告方的律师居然视而不见，避而不谈。这不能不让我怀疑，是眼睛有毛病还是思维紊乱。”

“请原告律师注意表达方式。”审判长肖霞果断地打断他的话，“你的职责不是臆断，而是陈述事实，列举证据，阐明法理。”

旁听席上有人笑了起来。

一明看一眼身着法官袍，神色威严的肖霞，“对不起，气愤之下口误，口误了。”

李楠似乎没有受到一明挑衅的影响，沉稳地说：“审判长制止对方律师不恰当的言辞十分正确。就本案来讲，退一步讲，尽管这篇报道中个别判断性的语句不够准确，但也不能要求每名记者都是医学专家吧，即使专家对于患者的病情也不可能100%判断准确吧。该歌唱家因高烧，肺部炎症入院，记者根据医生的结论和常识做出个人的推测，这是极为正常之举。所以说，这篇报道的内容基本属实，而绝没有侵权的故意。根据我国关于侵权的法律规定，如果不能证明行为人具有侵权的故意，或者侵权的主观状态为过失，均不能构成侵权。”

丰收开口了，“根据本案现有的证据，我们认为，被告已经构成了侵权的故意。第一，被告作为当地一家发行量很大、影响也很大的报纸，对于以‘本报讯’的方式刊登的新闻，应严格认真地审查。一方面，由于‘本报讯’的含义是指基于本报记者自己采访所得到的新闻或源于本报的信息，发布者应当对其负有严格的审核和保证其内容真实的义务；另一方面，一旦以‘本报讯’的方式发布新闻，将会使公众产生合理的信赖，其影响是巨大的。对此，被告应当非常清楚。但是在本案中，被告在刊登此消息时，就对歌唱家因病住院的事实，作出与事实不相符的错误的判断，并以‘本报讯’的方式发布。这表明被告的过失不是一般的过失，而是重大过失，甚至不能排除被告发布此消息具有故意的可能。即使是重大过失，按照我国《民法》‘重大过失等同于故意’的规则，完全可以认为其已构成故意。第二，被告不仅应该知道商业演出对于主办单位利益重大，而且应该清楚这种不确切的消息登出，将会影响商业演出的正常进行，直接损害他人的重大商业利益。但是被告仍然刊出不确切的消息，并臆断该歌唱家不会来。这表明被告具有侵害他人债权的重大过失，而且还有证据表明是直接故意。”

肖霞说：“这是本案的关键点之一，请原告律师举出证据。”

丰收说：“安总，请你向法庭陈述事实。”

原告席上的安山环顾法庭，“我向法庭提供以下证据。9月10日，钱副总编与一位记者来到我的办公室，称为了宣传报道这次演唱会，要求提供门票。我免费给了他们10张，平均价格每张500元。但他们嫌少，我说这是商业演出，而且记者凭记者证即可入场，拒绝再增加。第二天上午10点10分，钱副总编打电话给我，要求再提供10张门票，我说确实有难处，没答应。他就以威胁的口气说，没想到你还在乎几张门票，这点面子都不给。这样对你和你的公司都不好。说完就把电话挂断了。所以，我有理由相信，他对我们心怀不满，故意报复。”

“请被告方当事人回答，有这样的事情发生吗？”肖霞一双大眼直视钱副总编。

钱副总编脸色不自然起来，他扶扶眼镜，平静地说：“情况是这样的，为了宣传报道，扩大这次演唱会的声势，演出公司免费提供了10张门票是真，至于说打电话威胁，纯属子虚乌有。”

“钱副总编，你明明给我打过电话再次索要门票，怎么就不敢承认呢?”安山狠狠地盯着他，“你拍着自己的胸口，摸着自己的良心，假如你还有良心的话，你敢说你没再次打电话索要门票吗？做人要讲良心的，总昧良心你就不怕遭雷劈?”

“你怎么恶语伤人呢？电话打过，但我要票了吗?”钱副总编若无其事地冷笑着，“我俩只是谈如何报道演唱会的问题嘛!”

“果真如此吗?”安山冷笑着问，“我真是佩服你扯谎就像说真话一样的本领。现在我们让法庭来听听吧，幸亏我留下了电话录音，否则这事还真说不清楚呢。”

肖霞不露声色，“请工作人员放录音。”

录音很清晰，与安山的陈述基本一致。

“被告当事人，对此你有什么要解释的吗?”肖霞问。

钱副总编的脸色又白又紫，说不清是个什么表情，像是刚吞了黄连。但他还是梗起脖子，“打，打电话与我们的报道并无联系，二者风马牛不相及嘛!”

旁听席上一片嘘声。

安山跳起来，指着钱副总编吼起来，“你当庭撒谎，你，你脸都不要了，还什么风马牛不相及，你这是‘裸奔’。”

“原告当事人坐下，法庭未准许你发言之前，请你闭嘴。”肖霞敲响法槌，声色俱厉，“这是法庭，不是攻讦撒泼之地!”

安山瞪着钱副总编，讪讪坐下了。

李楠和郝伟耳语。

“这段录音各位都听了，我们认为，法庭可从通话内容作出判断，得出被告是否对原告心怀不满，而这种不满是否可以形成故意。”一明说。

丰收发现李楠的表情有了微妙的变化。他想，或许她真的不知道钱副总编还有这样的下作行为。

李楠捋了把头发，“我提请法庭注意，报社向演出公司要票也许是过分的要求，但仅仅是两人就此的通话，并不能证明被告刊发消息就是故意。”

一明怒上心头，“我想，北京律师名气大，所以无视事实的胆量和魄力自然也就大了。事实表明，报社向演出公司勒索门票的行为不仅仅是过分，而且是极其恶劣的行为。这无异于仗着掌握舆论工具的优势敲诈勒索钱财，因为这是商业演出，不是公众集会。更令人发指的是，当消息于9月12日刊出，损害已经发生。在原告与歌唱家通过电话，歌唱家明确表示准时出席演唱会的情况下，原告于9月12日当天找到被告，说明情况。被告却以要核实等理由搪塞、拖延，直到7天后的18日才刊出声明，而且是仅仅指出‘8月20日的演唱会如期举行，著名歌唱家基本康复，有望登台演出’。一句承认错误的话都没有，更别说道歉了。这一事实表明，在损害发生后，被告本应及时采取措施尽可能减轻损失，而且也完全有这个机会，但被告并没有及时刊登更正消息，这又表明，被告有明显的过错。所以，我们请求法庭对被告造成的损失及损失的扩大承担赔偿责任。”

肖霞问李楠对此还有什么要说的，李楠与郝伟又耳语片刻后，表示该讲的已经讲完了。于是，肖霞当庭宣布休庭30分钟。说完与两位法官离席。

再开庭时，肖霞当庭认定，被告的行为构成侵权。然后请双方就赔偿范围及数额的计算进行了辩论。此时，原、被告双方的律师都明白，这已不是问题的关键，既然法庭认定被告侵权成立，原告就胜诉了。

庭审结束，丰收走出法庭后，深有感触地对一明说：“你的同学可真是有气魄，当庭就敢判了，这可真不多见啊!”

“她性格就这样，只要认准了，绝不拖泥带水。”一明说，“有男性的刚烈之风。”

“这案子赢得令人荡气回肠。”

“确实如此，所以，我明天要进山休息一天。”

“又是和徐萍吧？你对女性的杀伤力大矣!”

“大哥一同前往如何?”

“去浪漫吧，我可是过了这个年龄啦!”

八

安山一身笔挺的西服，满面春风，左手持一束鲜艳的红玫瑰，右手提鼓鼓的袋子，轻轻推开病房的门。志勇正用勺子喂汪静喝水，病床上的她脸色苍白，脸颊上有小片擦伤，头上缠着绷带，一条胳膊上也吊着绷带，左腿上打着石膏。见他进来，浅浅一笑，“祝贺你赢了官司。”

“祝贺我？如果没有赵律师和王律师，我必死无疑。”安山一脸严肃，他把鲜花放在床头，转过身直直地看着志勇，“张主任，我该怎么感谢你呢?”说着突然单腿跪下，“我这厢有礼了。”

志勇急忙扶起他，“怎么能这样，怎么能这样。”

“男儿膝下是黄金哪。”汪静轻声说。

“黄金算什么？我安山也算是个男人，我这双膝上跪天，下跪地，中间跪父母。今天，我跪的是救命恩人。没张主任伸出救援之手，我恐怕早就鱼死网破，命都没了。这是感谢救命之恩!”

志勇拍着他的肩膀，“现在还有上梁山入伙的念头吗?”

安山不好意思地笑了，“暂时不会吧，但以后就指不定啦。现在这不公平的事太多了，道德沦丧，社会底线失守，有钱就可以得势，有权就能捞钱。如果不彻底扭转这种局面，长此以往，社会生活中出现西西里化趋势是必然的，真的到了那个时候，谁又能保证不上梁山或这山那山的?”

志勇感慨，“安总的担忧不无道理啊！不过事实上，你就是上了梁山亦无大用，江湖根本无法支撑社会正义之重，只不过是社会秩序的山寨版而已。如果没有了法治和道义，这个社会必将会被撕裂的。”

汪静深深地望着志勇，心中感慨，一名忧国忧民的学者啊！

九

朦胧中，床头柜上的闹钟响起来，一明伸手摁住，从床上坐起来。身边的徐萍也醒了，她靠在他胸前，睡眼惺忪，“唉，良宵苦短！”

他倚在床头，抚摸着她的秀发，“我也有同感啊！亲爱的。昨晚你哭得好伤心，像个小姑娘似的，一个劲地喃喃自语。”

“是吗？我都说了些什么呀！快告诉我。”

“大都不知所云，能听明白的是，亲爱的，紧紧抱着我，你一定安全回来，我等着你呢！”

“这就对了，这就对了。昨晚我真是做了很伤感的梦。你猜我梦见了什么？”她脸上流动着模糊的笑意。

“这我怎么猜得出来？”

她抬起头，回味着梦，“我好像是置身于俄罗斯的宫廷舞会，那么多的年轻英俊军官和美丽高雅的贵妇，在华尔兹的旋律中尽情起舞。突然，大厅里响起沙皇那句铿锵名言：‘军官们，上马吧，欧洲爆发革命了！’后来，又挽着你的胳膊，送你去海港，因为你要上前线打仗了。你一身戎装，精神饱满，但军衔仅是个上尉。我很是为你不平，堂堂教授，好歹也该套个上校吧。谁知你一脸严肃地说，‘巴顿将军讲过，实际上公民的最高义务和权利，就是拿起武器保卫祖国。’你还说，‘《中华人民共和国宪法》第五十五条明确规定，保卫祖国，抵抗侵略是中华人民共和国每一位公民的神圣职责。’作为你的妻子，在蒙蒙细雨中，我紧紧抱着你，不放你走。一想到战争无情，你这一走生死未卜，不知何时才能回来，我的心都碎了。你在我耳边说，‘亲爱的，我的好乖乖，敌人都打到家门口了，保家卫国是男人的天职啊！’你还开玩笑哄我，‘小宝贝，听话，我一定会凯旋的，你看我现在是上尉，回来就是将军了……’军舰的汽笛呜咽起来，起航的时刻到了，我就是不让你走，要你紧紧抱着我……”

“亲爱的，你可真是位铁杆军迷啊！做梦都是打仗的事。”

她伸胳膊搂住他的脖子，“好不容易遇上你这样让我心动的人，但又要离开了，我真是苦命啊！到美国后，尽快打探项目，我这也着手准备。”

“没问题，我只是由衷地希望你三思而后行，如果你成为投资移民后，生意的前景实难预料。”

“有你在，我还怕什么呢？再说，仅我的资产足够我俩下半辈子用的了。”

“还有孩子呢，你说要生一群孩子的。”

她扑在他身上，“现在我就想要孩子。”

“亲爱的，真的该起来了，还有一个案子呢。”

“你一定要答应我。”

“好，我答应。”

她下床，用指尖挑窗帘，从缝隙往外看，别墅前阳光明媚，司机正在擦拭着锃亮的宝马。她转过身扑入他怀中，“亲亲我，亲亲我再起来嘛!”

第十六章

> 法律应当与道德保持一致。
>
> ——富勒（美国法学家）

基本案情：

公安局戒毒所3名工作人员将该所戒毒人员石磊殴打致死，被分别判处有期徒刑后，石磊的母亲向法院提起诉讼，要求国家赔偿。

原告诉讼请求：

戒毒所应赔偿石磊死亡的赔偿金、丧葬费。

一

静静的病房中，汪静靠在床头出神地读着一本厚厚的书，仲秋的阳光映进来，像是在她脸上涂了醒目的橘红色釉彩。

门无声地开了，志勇进来，停下，注视片刻，自言自语，“像是一幅写实油画！”

她抬起脸，“什么，油画？”

“陶醉在小说里啦？伤员该用晚餐喽！”

“我可一点也不饿。”她放下书，轻声说，“辛苦你了，我还不如死了呢，让你轻松几天。”

“看你说的鬼话。”他把她吊在架子上的腿小心翼翼地取下，放好，轻车熟路，将专用的桌子摆在病床上，再把塑料袋里的大、小盒子依次取出，“医生说要大补，骨折才能愈合得快。这冬瓜炖猪蹄是百年老字号煨出来的。”

“你要把我喂成猪了。”她噘嘴怄气。

“猪又何妨？至少是无忧无虑吧，不像你这样整日愁眉苦脸。”

她又笑了，“猪确实是无忧无虑。”

他扶她坐起来，又在背后垫上一个枕头，“我来吧？”

“我可以，都喂我好多天了，你再喂，我不吃了。”

“那好，那好，别生气，多吃点啊。”他说着随手从枕头旁一摞书中拿起一本，是《静静的顿河》，坐在沙发上翻看着，“好书啊！”

“现在重读与在大学时感受不一样了，真没想到居然可以静下心来读小说了。”

“让人羡慕，我恨不得也摔断腿，躺在病床上读小说呢。”

“说傻话了吧。”

“真心话，活得太累，哪有时间读小说。我曾有过读小说的大好时光，是在当知青的岁月里。”

30 多年前，他牲口样累死累活地在田间劳作，做大锅饭之余，信步到黄河大堤上呆坐，看黄河涨落，看漫天黄沙，看黄黄的太阳沉入似乎也是黄色的地平线，想着自己的生命就这样一天又一天逝去，那凄凉是透心的，深深悟到活着和死去根本没什么区别。幸亏有白雪，更幸亏有可以读的书。多少年后，回想 3 年知青生活，最大的收获肯定不是接受贫下中农再教育，而是如饥似渴地阅读了大量的书，尤其是中外小说。此举成为潜移默化影响他一生最重要的事件。当然，这并不是说明他本来就特别喜欢读书，而是穷极无聊的生活寂寞难当，日子难熬，硬逼着读书，并变成喜欢读书的人了。那时可读的书自然不是正道来的，正道的除了毛主席的雄文四卷，是没其他什么书可看的。当时，只要回家，总是找借口到图书馆找父亲，这并不是说多么想念他，关键是千方百计弄些书，因为知青的日子太难打发了。

《静静的顿河》就是他趁图书馆的老师在地下室整理旧书时偷偷揣进怀里的。他清楚地记得，一位和父亲同是“右派”的白发苍苍的老人——陆地的父亲肯定是发现了他的盗窃行为，但他什么也没说，只是冲他会心一笑。此事没一个月，他就因为搬书摔倒，脑溢血去世了。但那苍老脸上的会心一笑却永远留在他心头，多少年过去了，只要回忆起这一笑，他就心头震颤，感动莫名。

偷来的《静静的顿河》是 20 世纪 30 年代上海国光出版社出版的，纸页发黄，还是繁体字竖排版，读起来相当费力，尽管如此，他还是连续半个月，日以继夜地读完了。那是寒冬季节，入夜后，黄河故道上的风肆无忌惮地怒吼，仿佛有千军万马在厮杀。四处透风的伙房泥屋里，他蜷曲在被窝中，把能盖的全都堆在身上，就着手电筒的光，在俄罗斯茫茫大草原上游荡，在四季变换的顿河之滨徜徉。哥萨克士兵的凶猛剽悍令他心驰神往，血脉贲张，也为他们轮奸波兰姑娘痛心不已。他清楚地记得，葛里高利那很伤感的话，现在的人变得比狼还坏，四周都是仇恨的眼睛……

“想什么呢?”汪静看他发呆，轻声问。

他抚摩着书的封面，怅然叹曰：“现在的年轻人不读书了，读好书的更为罕见了!”

“也许用不了多久，纸质的书就会成为历史的回忆。”她说。

“也许吧，我抽支烟就回来。”说着，他来到走廊，打开窗子，点上烟，深深吸了一口。心想，现在吸引年轻人的东西实在是太多了，没脑子的演艺明星、体育明星、无头苍蝇样乱窜的超女快男，还有互联网，太多了。他们可能不知道李白与张飞是哪个朝代的，也分不清林黛玉和穆桂英各是做什么的。可问题是，即使知道这些又能怎么样呢?小学生又开始读《三字经》，背《唐诗》《宋词》，号称延续国学之脉，就算如此，再出些李白、杜甫又当如何?中国缺的是大思想家、大科学家呢。

这些天，他累得不轻，汪静一日三餐他基本上包了，稍有空闲就过来，甚至抱着案卷来病房看。电视台派来的女记者，只要见他一来，就像飞出笼子里的鸟，立即无影无踪。不过他也乐意她消失，好单独和汪静在一起聊天，以致那位年轻的记者为此感动得掉泪，她很是认真地对他说，在当下这样信仰缺失、唯利是图的年代，我要有你这样的男朋友，一生足矣!

手机响了，他接电话，“好，法院的裁定下了，好!真是个好消息。没问题，请你吃大餐，一条龙?当然可以。好，好，回见。”关上手机，又回到病房，掩上门，看看餐桌，“还说不饿呢，基本上吃完了嘛，真是个听话的姑娘。如果坚持这样吃下去，很快就能下地了。”说着，搬下餐桌，“待我洗刷完，告诉你一个好消息。”

“什么好消息?我现在就想知道嘛!”

看她撒娇的样子，他说：“汪明的裁定下来了，减刑3个月。”

“真的?”她不敢相信。

“确实如此。”

她怔了半天，眼里涌出亮晶晶的泪，喃喃地说：“终于快获得自由了，终于快获得自由了。”

他把纸巾递给她，她握住他的手，“谢谢你，谢谢，我真不知道该怎样报答你，真的不知道。”

“那我来告诉你。”

“你说，我一定按你的要求做。你说嘛!”

望着她泪打梨花样的脸，他说：“听好了，只有一条，尽快痊愈，我希望看到活蹦乱跳的你。”

她破涕为笑，“你呀，这是条件吗?”

“当然，这是我最大的心愿了。”手机响了，他接电话，“什么事这么严肃?

不，不，是法律援助。还有什么？那好，见面说。”

“你有急事的话，先走吧，小王说她9点钟过来。”

“陆地的。我和丰收代理的一个案件，涉及戒毒所赔偿。”

“噢，当事人叫梁素英，对吧？”

“身在医院，还心系热点新闻？”

她的脸色沉重起来，“她本人是下岗职工，儿子在戒毒所被殴打致死。一位孤苦伶仃的老人被政府、法院和公安局皮球样踢来踢去，居然4个月之久，硬是没人管，其行径实在是令人发指，以致老人哭昏在公安局的大门前。不说国家工作人员应该尽职尽责，至少也该有一点同情心吧，怎么能这样对待一位可怜的老人呢？”

“别激动，别激动。我们已经接了这个案子，会尽力为她讨回公道的。”他想，现在人们的同情心实在是罕见了，比越来越少的濒危动物还罕见，真的如葛里高利所言，人变得比狼还坏，四周都是仇恨的眼睛？

“我知道，办法援案子等于尽义务。听同事讲，好几个律师事务所不接这个案子，气得法援中心的郑主任掉眼泪，是这样吗？”

“据郑主任讲，她联系了几个律师事务所，它们要么称已经完成了法援指标数；要么就是太忙，反正是推托。”

“你还为老人垫付了医药费？”

“她现在还躺在医院的走廊里打点滴，看着让人心酸。”

“这社会到底是怎么啦！幸亏还有你这样的好人！”她叹了口气，“我准备就这事写篇东西，3家报刊已经约我了。”

“我实在算不上什么好人，至多是还有点良心罢了。你如果要写这事，千万不要提我垫付医药费之类的事，更不要提我的名字，涉及律师只点明中州所即可。”

“人们千方百计要出名，你却避之唯恐不及。但你一定要给我提供素材。”

“人怕出名、猪怕壮嘛！当然，提供素材没问题。”

二

志勇匆匆走进八号包间。神色悠闲地欣赏墙上的油画的陆地转过脸，“噢，来得挺快嘛！”

“有何重大事件，非面谈不可？”

“慌什么？来，坐下说。”陆地很熟练地打开酒，分别斟满，“先喝。”

志勇满脸疑云，慢慢端起杯子，“这唱的是哪一出嘛！”

陆地一口喝完，慢慢放下杯子，咂咂嘴，“入喉顺畅，留下满口余香。”说着伸手拿起状似出土文物的酒瓶，“你鉴定一下，1981年的剑南春，真他妈的好酒!”

他接过酒瓶，端详片刻，“罕见之珍品也，但你不会是让我专程来品酒的吧?”

“老兄最近忙得很?”

“岂止最近。哪天不忙呢?”

“听说你要和我们打官司?”

“什么意思，有话就直说，噢，是关于石磊案吧?”

“要我们赔偿20万元。你们收了多少代理费?”

“我刚才不是在电话里说了?这是法律援助中心指定的案件，350元，国家支付。老人的温饱都成问题，哪有钱付代理费?”

“噢，是这样。”陆地小呷一口，“你们这些腰缠万贯的律师也真应该做些善事，否则要遭报应的。”

“你们公安太不像话了，让一位老人折腾十几趟，最后竟然分文不给，这是坏良心哪!”

“我正搞一个要案，不大清楚这事，据说是招聘的临时工犯的案，不符合国家赔偿的法定条件。”

“纯属狡辩，堂堂公安局竟然如此!”

“你们一定能赢这个官司?”

“从我和丰收调查取得的证据来看，按国家赔偿法，戒毒所必须支付此款。”

“好，那就提前祝你们胜诉，来，喝酒，喝酒。这事到此为止。”陆地举起杯，“今天找你来是说另外的事。”

“什么事?”志勇警觉起来。

陆地一口喝完杯中酒，“酒壮英雄胆，我虽不是英雄，但喝了这酒也胆气升腾，老兄，按你们律师的说法，这是你的隐私。”

“隐私?有事直说，少给我拐弯抹角。”

“嫂子找我几次了，让我怎么说呢，你3次夜不归宿，而且也不在律师事务所，是在医院陪汪记者吧?”

志勇端起酒杯，停了片刻，仰脖倒进嘴里，“确有其事，她需要照顾。”

“非你去不可吗?”

“你知道，她孤单一人，弟弟又在监狱服刑，关键是我愿意去。”

“我知道，我知道，话先说明，我没有谴责你的意思。”陆地解释道，“我想说的是，你和嫂子，如果总这样下去，不是个事啊!”

志勇点上一支烟，“说实话，你就是谴责也对，但我还是没有什么好办法，这事太复杂了。”

“是啊，复杂，实在是复杂。”陆地摇着头，长叹一声，“变化怎么会这么大呢?原来你俩爱得死去活来，甚至以命相许。我看着都感动得掉泪，现在却恶语相向，水火不容。你说，怎么成了这样呢？你就没认真想想？”

“怎么没想，脑壳都想爆了，就是想不出个所以然！这女人过了40岁实在是让人琢磨不透。当然，我俩确实有过好时光，我怎么会忘了呢？”

他确实忘不了那已经逝去的好时光，一杯入喉，又一杯下去，往事在眼前就清晰起来了。

在农场的日子里，他和白雪正在热恋中。那时的热恋可不像现在，动辄上床，成就好事。而绝对属柏拉图式的，充其量也就是亲吻、拥抱罢了，但心中却充满了阳光和希望。她的一句，我喜欢你，就让他热血激荡好长时间，想起来就心潮汹涌，浮想联翩，不能自已。虽然他也知道上床的事一定会发生的，而且也应该发生，但没想到会等待那么久。

当然也有物质层面的，他在伙房时，只要改善，总也忘不了她。每次杀猪，他宁可自己不吃，也要千方百计留给她，曾有过把煮熟的肉偷偷藏在大衣里，送给她的事。她为此感动得流泪。那时，为了她，他什么都干得出来，而且还认为是理所应当的。

那是一个阴沉沉的傍晚，白雪对他哭诉，她到村子赤脚医生家取感冒药回知青的住处时，在村边与村支书相遇。村支书色胆包天，欲行不轨，她奋力挣脱了。他的头炸了，但也没多说什么，把她送到宿舍后。立马蹿回伙房，操起菜刀，揣进怀里，直奔支书家。

他清楚地记得，那个初冬时节，风很大，很生动，短促有力，荒地上是一层白花花的盐碱，如一层长年不化的霜，其上仅有一些耐碱的茅草在战栗。风中的他，头嗡嗡直响，胸中大火熊熊，如果不去把那个脸上有疤的家伙杀了，肯定会被烧死的。冲进支书家的院子，踹开门进去，揪住正在吆五喝六猜拳的他，举刀就砍，支书躲得快，肩膀上挨了一刀。正与支书喝酒的汉子以及支书的三个儿子群起而上，厮打起来。邻居们听到动静纷至沓来，院内顿时铁锨、锄头乱舞，尘土暴扬，鸡飞狗跳。他抡着菜刀，困兽犹斗。正无力招架之际，陆地狂吼一声，闯了进来，他虽然有些武功，接连放倒了两个，但人家毕竟是人多势众，最终两人被掂枪赶过来的民兵五花大绑，扭送到公社。后来两人脖子上挂了大牌子，上书“打人凶手”，像狗一样由民兵牵着游街示众，不仅在本村，而且还去邻村接受批斗。他想，斗地主老财坏分子就是这样，斗大学里的专家教授也如此。20多天过去，支书才善罢甘休。这种情形与当下越来越少见的公审大会类似，与常见明星大腕“走穴”更为相近，所到之处前呼后拥，不同的是迎接他俩的不是鲜花笑脸，而是仇恨的目光、叫骂声、唾沫，甚至半截砖。他至今也忘不了那仇恨的目光，目光中充满了嗜血的渴望，剥其皮、食其肉的冲动。

事后，陆地对他说，我听白雪说你不见了，就料到要出大事，因为我知道你为她神魂颠倒，虽然不大理解喜欢一位姑娘就像鬼魂附体一样的这种现象。志勇说，当时真为她死了，也心甘情愿。陆地说，我算什么呢？志勇笑了，为朋友两肋插刀嘛！

“那时多年轻！”志勇感慨万分，“她找你到底什么意思？”

“概括起来就是，从前你对她如何如何好；现在是如何如何坏。”

“前一句实事求是；后一句纯属梦话。你清楚我这个人。我对她一如既往，但她变化太大，实在是令我头大眼晕。说句心里话，前些年，她性冷淡，搞得我是备受煎熬，后来也冷了，但她又说我不行。我去医院检查过，没问题。她对我，怎么说呢？我所做的任何事，没一件合她的心意。在她眼中我就是放个屁也比他人更臭、更恶毒。就说媛媛出国读书的事吧，孩子有这个梦想，但她说三道四，搞得孩子和我都很是别扭。你知道，媛媛被录取，她却哭天抢地，坚决不同意，对孩子说了很多过激的话，诸如断绝母女关系之类，让孩子伤透了心。而且还大肆指责是我出的馊主意，硬说我们父女俩联合起来非把她气死才甘心。你说，这是什么话，完全不可理喻！孩子出国，她竟然送都不送，搞得孩子有泪往肚里咽，实在是不像话。”

“这事她倒是说了，一个女孩子，只身到国外，她实在放心不下。”

“她对你说这说那，就没提出个解决办法？”

“我看嫂子不愿失去你，还是真心想与你过日子。但她说你被汪记者蒙骗了。”

“就这些？”

“主要就是这些。老兄，我的意思是都大半辈子了，你俩在一起经历了多少风雨坎坷，好不容易过来啦，就凑合着往前走吧。嫂子年龄大了，嘴碎，正常。女人到了这年纪都这德行！你弟妹不也这样，整天唠唠叨叨，我耳朵都长茧子啦。再说，我始终认为，嫂子的心地很善良，从她对你爸你妈的态度和做法，你还看不出来？”

志勇苦笑，“是啊！她对我爸我妈那真是没说的，我不能不承认，她比我这个当儿子的做得都到位，这点我很感激她。但我百思不得其解的是，她为什么对我就一点道理不讲呢？不过，自从老父去世后，也说不清为什么，她对我的态度有所改观，像是变了个人似的。我知道她心地善良，和她一路走过来，20 多年啦，爱过，闹过，但毕竟是过来了。说实话，也积累下很多很多人生珍贵的情感财富。我真的也是难以舍弃啊！”

“老兄也是曾经沧海、阅人多矣的年龄，作为兄弟，我也不知该说什么好。只是劝你不要一时冲动，毁了 20 多年的家庭！这就是我今天找你的根本原因所在。”

“明白了，谢谢兄弟，喝酒，喝酒，真是好酒，现在可酿不出这么有味的好酒了。”

“抽刀断水水更流，借酒浇愁愁更愁啊！人生在世，怎么可能时时事事都顺心呢？不如意事十之八九。”陆地小呷一口，“我还有一事需要你老兄帮忙。”

“说吧。”

“记得我们法制处的吴处长吧？”

“怎么，他有官司在身了？”

陆地笑了，“职业病了不是！他儿子今年大学毕业，死心塌地要考你的研究生。”

“好啊，吴处人确实不赖。”

“让他儿子先去你们所实习，如何？”

“可以，我指导指导他，给他列出要读的书目。”

“好，有你这话，我就绝对放心了。另外，老吴请吃饭，你一定要去，这是人家的一片心意。你要不去，老吴会以为你看不起他，而且我也没面子。”

“提前说，我准时到。”

陆地的手机叫唤起来，他不耐烦地拿起电话，“什么？看守所犯罪嫌疑人脱逃，明白了。”他挂了电话，苦笑着，“老兄，我还真是怀念咱们在农村的日子，想怎么喝就怎么喝，直至翻倒，没人打断你，更没这破电话。现在喝酒都不能连贯，真他妈的败兴！”

志勇咧咧嘴，“我看你这是斯德哥尔摩综合征发作啦。”

陆地摇摇头，站起来。

三

法援中心的郑主任是一位美丽的女人，黑亮的头发梳得精细雅致，脸色苍白忧郁，透过窗户映进来的阳光照耀更显得惨白，她无奈地说：“律师事务所对于法援的案子能推则推，实在推不开也是敷衍，走完程序就算，胜败与否，它们根本就不上心。”

“这个案子办得也太毛糙了，后来为什么没有向法院提起国家赔偿，为她争取经济上的利益呢？”志勇说，“让一位孤苦伶仃的老人怎么生活！”

“原来的代理白律师说，法院判过了，如果进行国家赔偿的诉讼，另请高人。”郑主任摇摇头，“具体细节他们根本就不说，所以我们也不大清楚。”

“我们直接去找白律师了解一下情况。”丰收说，“郑主任，你把他的电话给我。”

“好，好。”她说，“这案子就拜托你们两位大律师了。老人实在是可怜，我看着就想掉泪。”

“放心，既然我们接下了，一定会尽心尽力办的。”志勇说。

“我相信你们，相信。”她分别与志勇和丰收握手，“我不相信你们中州所，还能相信谁呢？”

两人离开法援中心，志勇面色阴沉地打着车。

丰收说："现在已是午时，吃完饭再去。"

"现在就与这家伙联系，完事后我请你。"志勇说着，挂挡加油。

丰收终于拨通了原代理律师的手机，与其寒暄几句后，"对，时间紧，20分钟后见。"他关了手机，"他在大华酒店。"

志勇掉转车头，快速而去。

两人刚走进大华酒店的前厅，只见一肚大腿短，头发很长，颇像艺术家的年轻人上来打招呼，"我就是白律师，两位大名鼎鼎的律师急着找我何事？请坐下讲。"

"戒毒所伤害致死一案是你代理的吧？"丰收问。

白律师像女人样偏头捋着长发，想了半天，"是，是的，请坐，已经结案几个月了。"他轻松地笑着，"两位大律师造访，我深感荣幸，先请两位用餐如何？这对我来说，是难得的学习机会呀！"

"谢谢好意，还是说正事吧。"志勇点上烟，"当时为什么没有提起附带民事诉讼，以致让被害人的亲属在经济上一无所获？"

"这个嘛，考虑到3名被告的实际经济状况，让他们出钱难度太大了，只得放弃。再加之均判了实体刑，已经罚当其罪了。"白律师说。

"是怕麻烦吧？"志勇问。

他不解地摇摇头，不置可否。

"判决后，为什么不走国家赔偿这条路呢？按法律规定戒毒所完全应该承担赔偿责任的。"丰收又问。

他显得不耐烦了，"我们的法治环境想必你们比我更清楚，国家赔偿官司旷日持久，没有一年半载下不来，而且最终结果还没个准头。另外，公安方面是个什么概念？公权力机关。我这个小律师实在是没这个能耐嘛！"

"有无能耐是一方面，做与不做是另外一个方面。"志勇看这油头粉面、瞪着螳螂圆眼的家伙闪烁其词，心头就来气，这鸟人怎么看怎么像个小日本浪人，"根本原因在于这是一件法援案子，当事人又是下岗工人吧？"

"都是同道，还用说透？我确实不能在这个案子上浪费时间，做无效劳动。"他嬉皮笑脸，"咱们一起吃饭，我的朋友还等着呢。"

志勇突然想起老人那张皱纹累累，如同核桃一样干巴巴枯瘦的面孔，绝望得已经没有泪水的茫茫然的黑洞一样的眼睛，干瘪的肢体和垂挂在其上的灰色衣服，完全枯木朽株一般。这一切告诉他，她在这个世界上的日子不会太久了。他把大半截烟狠狠戳在硕大的烟灰缸里，"人在做，天在看，你就不怕遭天谴？"

他似乎并无察觉志勇脸上已阴云密布，哈哈大笑，"天谴？哪还有天哪，上帝早就死了。"

"你他妈的还是律师吗？"志勇眼中透出杀气，盯着他问。

他一脸惊诧，站起来，耸肩摊手，“我当然是有执照的执业律师。”

“你是个没心没肺的王八蛋，根本不配做律师。”

他通红的脸上写满了愕然，“你，你怎么骂人啊?”

“他妈的，老子今天就是骂你了!”志勇怒吼着，弹簧似的从沙发上跳起来，猛地挥拳打过去，但被丰收拦住，才没击在白律师脸上。

丰收用力揪住志勇往外拉。

他呆呆地看着两人出门，不知所以地笑着，“还他妈的著名的大律师呢，这么野蛮，什么玩意儿，吃错药了吧。妈的，真是名气大脾气也大。”

来到车前，丰收从志勇手中夺过车钥匙，拍着他的肩膀，“兄弟，年过半百了，怎么还像个小愤青?有病了吧。”

“我不像你一样研究过《易经》，也不懂什么相面，但我一看这家伙，就强烈地感到不是个好东西。”志勇喘着粗气，“真想揍这个浑蛋，他，他怎么能这样对待一位快要入土的老人，难道说他的心不是肉长的?!我们律师的名声都是被这些唯利是图的家伙毁了。”

“消消气，消消气，老弟，关键是这样的律师并不在少数，你能挽狂澜于既倒，扶大厦于将倾?”

“妈的，这唯利是图总该有个底线吧，哄骗有钱人或许还能理解，甚至可以原谅，但如此狼心狗肺地对待一位老人，实在是太可恶，太可恶!”

后来的情况更是出乎志勇的意料，这位白律师也实在不是个善茬儿，他居然将此事反映到律协，声称不仅当众受了侮辱，而且还几乎挨打，强烈要求对这一野蛮事件进行调查处理。律协主任是丰收的同学，听丰收讲了情况后，说这小子是欠揍，你真不该拉走张主任。白律师看律协没动静，竟然就此事在网上发了帖子，名为《野蛮律师爆粗口狗血喷人》，还配有现场的照片，当时在场的好事者用手机拍下的。此帖还真是引发了不大不小的波澜呢，跟帖者甚众，声讨谩骂，甚至还有一幅漫画，志勇身着纳粹制服，一脸凶恶，正向已倒在地上的满脸是血的年轻律师挥拳。一明恨恨地说，这种德行的律师不仅该打，而且斩立决才对。他调侃，不过，漫画还挺他妈的有水平!志勇看后气得咬牙，但懒得与他理论，汪静咽不下这口气，先是在网上猛烈回击，又写了长篇报告文学在纸质媒体上发表。此事件的附带效果是，白律师一时间名声大火，就像一些混混大骂名人名声立即大火一样。

四

刘军走进志勇办公室，见他仰在椅子上，半眯着眼，一副思考状。他咳了一声，“老兄想什么呢?”

“噢，考虑梁素英的赔偿案。”他缓缓抬起身，“这么晚了，有事?”

“想和你说几句话。”刘军在对面坐下，递上烟，并为他点上。

“有心事？”志勇看他心事重重的样子，“这么深沉。”

刘军摇摇头，大口吸烟，期期艾艾地说：“一直想和你交交心，总是忙。让我怎么说呢？太丢人哪！”

“咱们这么多年了，有话直说嘛！需要我帮忙，也就是一句话。”

刘军站起来，双手抱拳举了举，“实在是对不住，给你道歉了。方宏这娘儿们竟来找你撒泼，她不仅找你，还闹到了学校领导那里。”

“学校领导为此传我过去，我说这是家务事，而且你提出离婚也不违法。他们还能怎么样？女人一旦丧失理智，我估计谁也没办法。至于给我道歉，大可不必，真的大可不必。”

“有你的理解，我心里就踏实了。”刘军如释重负，“没想她竟这么能闹，弄得满城风雨，好像我真的犯了弥天大罪一样，就连学生看我的目光都有些异样了。”

“你和她生活十几年了，对她应该有所了解。做出决定之前，就没考虑到她有这一出？”

“被逼无奈已经到极限，考虑不了那么多了！再说，和她离婚绝不是突发奇想，早就有这个打算了，而且也并不仅仅是因为陈燕。这女人已经到了穷凶极恶的地步，如果再忍受下去，不是我疯掉，就是把她杀了。”刘军大口吸着烟，“和她在一起生活10多年，实在是受够了！她对我唯一的要求就是要钱，一会儿是她弟弟结婚，买车买房；一会儿又是她妹妹出嫁，而且还是二婚，也要买车买房，这倒也罢了。她还霸着我的工资卡，并要我每月再交2000元。我在她眼里根本不是丈夫，而是人体银行。这我也忍了，更恶劣的是，她病态般地以为我对她隐瞒收入，数次找我姐姐，逼着她说清，我到底挣了多少代理费，把我姐姐气得直掉泪啊！老兄你说，我还能和这样的女人生活下去吗？”

刘军面色发青，眼圈都红了。听他的控诉，志勇蓦然想起一句似乎是很流行的名言：“幸福的家庭都是相似的，不幸的家庭各有各的不幸。”如果刘军在经济上被压榨成这样，那确实令人悲哀。然而自己虽然在经济上独立，但幸福吗？真是各有各的不幸。

“你已经起诉到法院了吧？”

“只能如此了。她向法庭提了两个条件：一是儿子由我抚养，这没问题，我肯定会对儿子负责的，我的亲骨肉啊！而且儿子也表示坚决跟着我；二是由我付她50万元精神损失费。你听听这是什么条件，明显的讹诈。”

“你准备付她50万？”

“不付，她坚决不同意离婚，总不能让她把我拖死吧。这女人什么时候都忘不了钱，你想，她不把我榨干能放过我吗？我太熟悉她了，只要50万到手，她定会兴高采烈地同意离婚，这点我绝对有把握。”

“是这样。我知道你和陈燕……她是位好姑娘，你要善待她，对她负起责任。”

“老兄所言极是，但现在她的态度真是不好讲，说实话，我真是很喜欢她，而且我以为她也喜欢我。可怎么说呢？或许是方宏这么一闹，对她打击太大，就是想和我在一起，迫于汹涌的舆论，也却步了。无论怎么样，我首先要做的是，先摆脱‘吸血鬼’再说。”

“说的也是，如果有什么需要我帮忙，一定告诉我。”

“我知道陈燕听你的话，老兄闲时劝劝她，让她想开些，同时告诉她，我真心等着她。”

志勇未置可否，事实上他也确实不知说什么才好。

“还有件事。”刘军欲言又止。

“有话直说嘛！”

“借你的30万容我缓些日子再还。”

“没问题，我不急着用。”志勇说。

五

志勇应陆地所约，走进酒店的包间，陆地和吴处及其儿子已在等候了。

“到底是大名人！非最后一个到才能显示出尊贵的身份。”陆地讥讽道，“我们已等了15分钟了，你才大驾光临。”

“你的嘴就积点德吧，我和丰收取证，城里塞车，这实属不可抗力嘛！”志勇笑了，“要说迟到最根本的原因，还是因为你们公安局不讲道理，对一位老人无情无义。”

“张主任，你是说戒毒所打死人的案子吧？”吴处突然嘿嘿一笑，“没想到你们代理了这个案子，好啊！这下那老婆婆就有指望了。”

“我们尽最大的努力吧。哎，怎么没见你这位法制处处长出面？”

“怎么说呢？法律上我说不大清楚，但看老婆婆挺可怜的，应该照顾一下。但戒毒所认为不应该出这笔钱，分管领导也这样看。我的意见他们听不进去，还他妈的说我吃里爬外，所以，我就不管这事了。处里新来的张弓伸头协助他们，他坚决认为从法律上讲，不能出这笔钱。”吴处说，“这孩子仗着大学法律专业毕业，牛皮哄哄，还放言要在法庭上与你们一论。”

“老吴，你今天是来干什么的？”陆地打断他，“讨论案件呢？”

吴处一拍脑门，“儿子，这是我常给你说的大律师、教授，张伯伯。”

“张伯伯，你好！我叫吴铁军。”他说着给志勇鞠了一躬。

看他又高又壮，黑铁塔似的，粗糙的脸上洋溢着灿烂的笑容，一副生机勃勃的样子，志勇心生感慨，有其父必有其子。

"张伯伯，我特别佩服你们中州所，尤其是敬仰你，你们代理的大案子我几乎全知道，而且还用心研究过呢。"铁军粗声大嗓地说。

志勇很有兴致地看着他，"看来你对我们还很关注嘛！好好努力，欢迎成为我们的一员。"

"今天是孩子的拜师宴会，老兄你是主角，多喝几杯。"陆地举起杯，"来，干杯。"

"张主任，我儿子报你的研究生，我真是打心眼里高兴啊！"吴处说，"下面就看他的造化了。"

"铁军的学习成绩我清楚，关键问题就是看张教授愿不愿收这个学生了。"陆地说，"你说对不对？"

"有你和吴处的指示，只要公共课过线，这个学生我收定了。"志勇干了杯中酒，"我的态度可以吧。"

"谢谢张主任，谢谢啦！从现在起，我就把儿子交给你了，你可要好好调教他啊！"吴处说，"我敬你一杯。"

陆地的手机响了，他掏出电话，"讲，好，明白，立即启动应急方案，封锁现场，对。我这就过去。"他关了电话，神色严峻地说，"凶犯劫持人质。"说着抓起衣服就往外走。

吴处跟出来，"陆局，我也去。"

"你陪张主任吃饭。"陆地说。

"人手少，我去。"吴处说，"儿子，你和伯伯先吃饭。"

"爸，你开车小心点！"

"没问题。"吴处说着就跳上越野车。

陆地拍着志勇的肩膀，"出来干吗，好好给他儿子传经送宝吧"说着也跳上已发动的车。

吴处从车窗伸出头，冲志勇一笑，摆摆手，"对不住了，张主任，友情后补。"

寂静的黄昏中，车上的警报器猝然尖啸起来，刺眼的红蓝色光闪烁，车向后蹿，急停，掉头，轰然而去。

志勇看着疾速远去的车，心中感叹，公安警察这行当难哪！此时此刻，他无论如何也没料到的是，这竟然是最后一次与吴处相见。

两天后，他在医院的病房见到陆地，身体一向结实的他，因血压高翻倒在会议室。他像变了个人似的，一脸疲惫，眼睛血红，还噙着泪，直直地瞪着志勇说，当时在现场，老吴瞅见疯狂的犯罪分子向一位战友开枪，他冲过去，推开他，自己却被击中，贯穿伤，没拉到医院就不行了。你知道他弥留之际对我说了什么？用最后的气力抓紧我的手说："陆局，这次挺不过去了，儿子就交给你了。"现在，烈士的儿子就交给你了……

吴处追悼会那天，志勇看到了那么多的警察，还有不少老百姓。陆地告诉他，前来与吴处告别的众人绝不是组织的，而是自发而来的。他咬着牙说，真该把那个罪犯的头揪下来，祭奠老吴！

志勇凝视有机玻璃棺材中吴处与生前相差无几的遗容，万千感慨世事无常，多好的一条汉子，刹那间就生死两隔了。在吊唁大厅，目睹那么多的警察痛哭失声，不能自已，还有年轻警察在棺材前长跪不起，抚膺大恸。他不禁悲从中来，虽然社会上对公安警察有这样那样的诟病、骂声，但至少应该想到他们也是普普通通的人，他们也有着普通人一样的七情六欲，而且从事着风险极高的职业，实在不容易！他听到传言，本可生擒罪犯，因为受伤的人质已脱离罪犯之手，但还是被当场击毙，身体被打成了马蜂窝状。就此问陆地，他黑着脸，硬邦邦地说，我下的命令，而且是我开的第一枪。这号劫持孩子的罪犯还是人吗？留着何用？让他们随便怎么处理我吧，生死与共的战友又走了一名，活着的我还在乎什么呢？

送吴处那天，陆地凝望着从焚尸炉高高的烟囱冒出的淡淡灰烟，流泪了。老兄，老吴命苦！他参加对越自卫反击战，钻猫耳洞落下一身病，转业后，因立过二等功，本可去行政机关，但他非要干刑警。20 多年来，他风里来，雨里去，破了多少案子，亲手擒获了多少罪犯，但除了 3 次负伤，他还得到了什么？老兄，刑警对社会稳定贡献大，得到的太少，委屈他们了！

那天，志勇紧握着吴处儿子的大手，说，孩子，你放心，无论如何要你读我的研究生。他哭了，谢谢伯伯一片好心，我现在计划考公安警察了。志勇惊愕地问，你修了 4 年法律，怎么突然就改变志向？他神色坚毅地说，我反复想了，律师固然能帮助他人维权，实现公平正义，但对付不了恶人，我要为我爸报仇！

志勇看着他那张黑黢黢的脸，良久无语，因为他实在不知该说些什么。

六

浓浓的夕阳余晖给医院的小树林和花园涂上一层柔和的橘红色，如梦如幻。

志勇搀扶着汪静沿弯曲的小径走过来，她把腋下的拐杖递给他，微微喘着气，坐在小路旁的长椅子上，“真好！我最喜欢这宁静的夕阳余晖。”

经过治疗，汪静的伤情大有好转，三处骨折愈合良好，已形成骨痂，除了脑震荡留下的后遗症——有时头晕以及右腿恢复性治疗外，基本没什么大的问题了。

他在她身边坐下，点上一支烟，默默看着花坛里凋谢的玫瑰，枯萎的枝叶，心头不期然生出些许苍凉。

几只麻雀，在少叶的枝头蹦来跳去，喳喳叫着，仿佛不愿归巢。

她凝视着他塑像样的侧脸，“你的意思是，赵律师一去不返了？”

“多半如此。”

“你就不能再做做他的工作，留下他吗？”

“他铁了心要走的，我理解他。”

“他这一走，你手下少了一员和你心心相印的大将啊！”

“无所谓了。”他转过脸，“实话告诉你，我也要走了。”

“什么？你也走，去哪儿？”她大惊失色，猛地抓紧他的手，“也远走高飞去国外吗？”

“我走不远的，也就是离开中州所到经纬所而已。”他淡淡地说。

“吓死我了。”她长出一口气，“为什么突然离开？”

他长叹一声，“古人说，‘道不同，不相为谋，’更主要的是，我也太累了，实在是不想再操心主事，做一名律师足矣！”

“噢，这样也好，你确实太忙了。”她把头依在他肩膀上，“我要告诉你一件很重要的事。”

“说吧，我听听有多重要。”

“但你要起誓，绝不对你妻子讲。”

他突然怔住了，“好吧，我起誓。你说吧。”

“你妻子来医院找过我两次，我们谈了很多。”

“我猜到了。”他忐忑不安，心乱如麻，“她为难你了？”

“没有，没有，看你说哪儿去了。”她抬起头，眼睛湿润了，良久才开口，“她哭得伤心极了。她对我说，你们在一起20多年了，你曾经很爱她，她也很爱你，爱得刻骨铭心。这一切她忘不了。你们一起经历了人生的很多大事，当知青，上大学，生孩子，有那么多幸福甜蜜的好时光。是这样吗？我求你说实话。”

他深深吸着烟，仰起脸，呆望着紫罗兰颜色的天空，叹息一声：“是的。”

一时间，太多的往事涌上心头，仿佛又置身黄河故道上的林场，拉着她的手，走过黄泛区特有的冷寂的深秋风景，走过白茫茫的雨雾，一起凝望着壮阔黄河汹涌向东……春天浩荡的风刮个不停，漫天的黄沙飞舞。那片苹果树盛开的花如云霞般烂漫，引发他胸中春潮涌动。夜，风停了，很温暖。苹果树下的青草丛中，他吻着怀中的姑娘，澎湃的激情把他淹没了。当他把手伸入她火热的怀中之际，她颤抖了，别，别这样。他急切地说，我真想。于是，她不动了。他先是摸到厚厚的胸罩，一旁有一排小扣子，待她解开，他第一次看到她雪白的年轻乳房。非要这样吗？她喘息着问。为什么不呢？他说着，动作并没有停下来。两个年轻的身体势不可当地合二为一。那天晚上满天的星星，夜色透明。不远处的水塘里蛙声一片。后来她哭了，自言自语，我怎么做出这种事来？他搂着她轻声说，是为了我。他拂去飘落在她脸上的苹果花瓣。她说，我是你的人啦，你会永远爱我吧？他抱紧她说，永远，永远。

“她说，你们闹过，甚至恨过，但无论怎么样，风风雨雨一路走过来了。”她眼中饱含着晶莹的泪水，直直地望着他，“她请求我，看在你们老夫老妻的面子上，远远离开你。”她抽泣起来。

他转脸望着她，轻轻把她揽在怀中，无语。

七

“梁素英的国家赔偿案，判决下来了，胜诉不容易，公安表示赔款一周内到位。”志勇说，“我们也算是做了一件善事吧。”

“我下午去医院给老婆婆送判决书，你们能想到她说什么吗？她哭天抢地向我发誓，赔款到了，一定给我们5万元。”丰收的脸色很沉重，长叹一声，“穷人是很容易满足的。”

志勇神色凝重地依次看4位合伙人，说，“好了，今天就到这儿。下面，再耽搁几分钟，我有心里话告诉各位。”他燃上一支烟，深深吸了一口，“让我怎么说呢，近来，我回顾咱们中州所从创办到现今的历程，可谓历尽坎坷，风风雨雨，已经十几年了，令我感慨良多。我们风雨同舟，荣辱与共，从小到大，从弱到强，各位都付出了太多的心血和汗水啊！”

几人怔住了，眼睁睁地看着他，不解其意。

深秋的风从小会议室洞开的落地窗扫进来，窗帘飘飘，几片焦黄的枯叶蝴蝶样飞舞，小会议室里静得能清晰听到它们落地的窸窣之声。

“现在，我们中州所，虽不敢称在全国，但我可以肯定地讲，至少在全省林立的律师事务所中，绝对是一棵茁壮成长引人注目的大树吧。各位兄弟，当然也包括陈燕，都尽心尽力了。当年，我虽然才疏学浅，但承蒙各位看重，推举我掌舵。从那时，我就深感责任重大，这十几年来，自认是殚精竭虑，须臾不敢稍有懈怠。扪心自问，虽然没对弟兄们做出什么像样的贡献，但自认尽职尽责了，一句话，问心无愧。当然，肯定会有做得不合适之处，还请你们谅解。之所以说这些，是因为深感年龄增长，身体欠佳，精力，更重要的是能力有限，再领导中州所对我来说实在是力不从心。基于此，我已决定离开，去经纬所当一名普通的合伙人。待协助刘军办完耿昌委托的伤害案就走，这是我为咱们中州所办理的最后一个案件了，绝不留下尾巴。”

大家惊愕不已，蒙了，谁也没吱声。

“怎么回事啊！”丰收打破沉寂，“我们一起这么多年了，怎么说走就走呢？”

“王兄，原因我刚才说了，纯属我个人的因素。”志勇又燃上一支烟。

“张兄，我希望你重新考虑，更希望你留下，继续领导我们。”刘军说，“如果我们，尤其是我有对你不住之处，你就直说。”

“绝对没有，倒是由于我性格耿直，很可能在一些事上伤害了你们，我在此真诚地表示歉意。”志勇停了一下，“我想，我和一明离开后，你们可再吸纳合伙人，继续把中州所的事业做大、做强。这是我由衷的希望，而且我相信这也一定会成为现实的。”

“张老师，真的非走不行吗？”陈燕哭了，“我们真的需要你啊！”

志勇无语，只是默默吸烟。

“我想，人各有志，张老师既然做出了这个重大决定，肯定经过深思熟虑的，就像我决定去美国一样。”一明觉得眼睛发酸，他从志勇身上感受到一种壮士暮年的苍凉。“天下没有不散的筵席。我想说的是，和各位兄长在一起十几年，我受益匪浅，在此我感谢各位。”他说着站起来，深深鞠躬。

“好，就到这吧，这是我以主任身份主持中州律师事务所最后一次合伙人会议。谢谢各位，谢谢！”志勇说完，站起来深深鞠躬。

八

志勇驾车沿灯火通明的滨河路行驶，不时瞥一眼右边宽阔的波光闪烁的大河，既感到一种轻松，同时也有深深的失落。一个声音不断在脑海中回响：结束了，终于结束了。

走进家门，白雪迎上来，“才回来，已经8点多了。”

他脱下外衣，“事太多，忙啊！”

她埋怨道：“你总是忙，难道说要忙到死吗？”

“从今天以后就好多了。”

“什么意思？”

“我告诉过你，不想在中州所主事，只想做一名普通的律师。今天我向他们正式宣布了。”

“我认为这个决定很对，早该如此了。他们的态度怎么样？”

“想挽留我。”

“我估计是礼节性的吧？”

“也许。”

“吃晚饭了？”

“说实话，没吃呢。”他打量着她，好生奇怪，今天是怎么啦，居然如此平静，真像位善解人意的妻子。

“正好，我做了不少菜等你回来。”

他越发摸不着头脑了，就像奴仆不习惯当主人一样。

“我问你，今天是什么日子？”她盯着他问，“真的想不起来？”

他茫茫然，摇着头。

“你真的是老了，这么大的忘性。”她叹口气，“今天，是我俩结婚25周年的纪念日啊！”

他一惊，拍了下头，“这么重要的日子居然让我给忘了，真是该死！我请你吃饭。”

“幸亏你还想起请我吃顿饭。”

“那咱们现在就去，如何？”

“算了吧，你去洗手，陪我在家吃饭就算是我的福气了。”

“那好，那好。”

他从卫生间出来，到餐厅，看到餐桌上已摆好了菜，居然还有几根未点燃的蜡烛，心头突然泛起说不出的滋味儿。人生如此重要日子怎么就忘得如此彻底呢？看来这就是我对婚姻或是对她的态度。但她没有忘，而且还如此用心。他自责的同时记起，婚后的岁月里，每逢这个日子无论怎么都要表示一下，一定赠送她礼物，而近两年呢？

“发什么呆，”她斟上红酒，端起，“咱们老夫老妻干一杯。”

他呷了一口，放下，一时不知说什么好了。

“不敢想啊，一晃25年就过去啦。”她叹息着。

“是，时光如梭。”他随口说着，感慨起来，真是不敢想，1/4个世纪就这么过去了。面前的她，脸上也实实在在刻下了岁月的痕迹。两鬓花白，眼角鱼尾纹清晰可见，多少年前，这可是一张清纯的苹果花样的脸啊！

“我问你，还记得25年前的那天吗？”她抚摩着酒杯，意味深长地望着他，“好好想想。”

“不用想，我记得，记得，怎么会忘了呢？”

俩人的婚礼异常简单，即使在20世纪80年代也显得简单，只是两家人在城区的酒店吃了顿饭，没有通知其他的人。饭后，他和她各骑一辆自行车，回学校筒子楼的一间新房。那时，从城区到学校仿佛很远，两人出城区，沿着长堤行进。那时，长堤上还是土路，像是很久很久以前的原生态。

“那是晚秋，我记得天蓝得透明，长堤上的落叶像金色的波涛，河水清澈，闪着耀眼的光。”她的眼睛湿润了，“你吹着悦耳的口哨，是苏联歌曲《红梅花儿开》，对吧？”

他点点头，脑际浮现出蓝天白云大河，还有新婚充满希望的日子。

“我说累了，你说休息。我们就并肩坐在金色的缓坡上，看大河无声东去，看河对岸撒网起落，说了很多很多山盟海誓的话，直到太阳在远方地平线沉下去，河面泛起一片金光。你说，你永远爱我。对吧？”她沉浸在遥远的回忆中，“你说话啊！”

“多少年前的事啦，像是在昨天。”他说。

“那年，我25岁，你26岁。但现在我们，我们都老了。”晶莹的泪，顺着她的面颊滚滚而下。

“我们真的是老了！”凝视她挂满泪水的脸，志勇心头震颤，这样年龄女人的眼泪实在是沧桑啊！

第十七章

法官是法律的国王，除了法律就没有别的上司。

——卡尔·马克思（德国　马克思主义创始人）

基本案情：

公安机关以刘军指使医生出具虚假证明，触犯《刑法》第三〇六条，构成辩护人妨害作证罪为由，将其刑拘，后由检察院批准逮捕，向法院提起公诉。

被告律师辩护意见：

被告刘军依法履行律师职务，其行为没有违犯法律规定。妨害作证罪不成立，请求依法对其作出无罪判决。

一

志勇推开八号包间的门，只见耿昌两手托着圆鼓鼓的肉下巴，一动不动地盯着餐桌上大角羊头的森森白骨发呆。

“出神呢?”他惊诧莫名。

耿昌一怔，“这圣物好好的，就从墙上蹦下来啦。”他大脸上疑云笼罩，目光发直，像是中了邪，“老兄，这是凶兆，凶兆啊！你想，它早不下来，晚不下来，我刚进门，就下来了。我听老六讲过，这是他从西藏纳木错湖求的，很有灵气。”

他知道，近一年来，耿昌对占卜、星象之类的事突然兴致大增，投资请高人看天象，经营决策前算卦，就是出个门也要找个黄道吉日。时常去大庙烧香磕头，求神拜佛，还听信一大仙指点，五迷三道地改造了别墅的门和窗户，搞得动静很大。

"但愿不是凶兆。刘军呢？"

"我打电话，他手机关了。"耿昌说着起身，恭恭敬敬把羊头放在了书架上，双手合一，垂首一拜后，才转身说，"中午就和他约好见面的。"

"搞什么名堂！"他掏出手机，拨刘军的电话，依然是关机。"他一向不关机的，今天上午我还和他通了话，他说在县城运作老黑的取保。来，咱们先吃，待会儿再和他联系。"

耿昌端起杯子，举了举，小酌一口，斜靠在椅背上，望着晶莹的酒杯，神情似乎是回到了常态，"我托人给县看守所的头头打点了，估计老黑在号里不会受什么罪，就和在家里差不多。但这小兄弟窝在里边，今天已经是第十天了，我心里憋闷得实在不是个滋味！"

他刚听耿昌说这案子，就断定背景深厚，相当棘手。因为按耿昌的能量和人脉，摆平此事，应该不是什么问题。但他却说，运作了几个领导，戏不大，老兄接手吧。你清楚，王八蛋们是冲着我来的。"据刘军讲，取保有希望。单就老黑的行为来说，属防卫过当，按法律规定，最多判缓刑。"

"判缓刑对老黑不算什么事，只要不蹲大牢就行。"

"但这只是我们按法律规定的判断，最终结果是什么，还说不准。"

耿昌仰脖灌下一大口酒，"是啊！这事刘军跑前跑后，也难为他了。我看这50万出得值，他爱财，但也是直性子。"

"我不是说你，出口就是50万代理费，钱多烧的。咱俩这关系，你也来这一套？"

老黑案发后，耿昌希望刘军代理，志勇说没问题，谁知刘军却推说手头有案子。志勇大急，我知道你不想搞刑事辩护，也知道你现在手上并没有什么脱不开手的案子，我们在一起这么多年了，你也知道我和耿昌的关系，上与不上，你自己看着办。真要不上，给我说句痛快话。最终，刘军极不情愿地接手了这个案子。当他得知代理费一事，冲刘军发脾气，刘军说，耿总主动付的，又不是我提出来的。

"老兄，别急，别急，你先听我说。这事我还真是有些想法的，一是刘军名气太大，而且我还看出他有点不愿掺和这事；二是老黑这事看起来简单，但背后乱马交枪，我估计会很麻烦；这第三才最重要，我是让我的手下人明白，只要跟着我干，出了事，我会不顾一切摆平的，钱算个狗屁。"

"这第三点还像回事。但我告诉你，如果老黑判不了缓刑，50万还是你的。"

"好，好，就按老兄说的做就是了。"耿昌说完，停了片刻，小心地问，"老兄，说句心里话，我看刘军对你有二心，也不知对不对？"

"对不对都无所谓，至少现在我在中州所说话还是算数的。"他呷了口酒，"不说这个了，我看老黑一出事，你建厂的事又要往后拖了吧？"

"妈的，这事真是让我心烦哪！"耿昌蹙起眉头，"1个多亿砸在那儿，快一年啦，人算不如天算哪！”

他知道，耿昌所言不虚，这事真的令他心烦。

去年夏天，耿昌谋划建一食品加工厂，在县区征了150亩地，价格相当优惠，这是因为市委书记给县委书记打了招呼。此后不到3个月，市委书记突然休息了，县委书记起了心思，直把耿昌弄得头大眼昏。

“县委书记真是只老狐狸，说得比唱得还好听，总说没问题。但对付不了3个小小的钉子户，有公安有法院，还有专业的拆迁队，谁他妈的相信呢！再说，我对那几个钉子户也上了些手段，老黑搞这一路，也算是高手了，停水断电挖路，谁知他们像是吃了豹子胆，真像钉子钉在原地纹丝不动。老兄，你想，几个小小钉子户，后边要是没有高人罩着，早就死几回了，敢和我叫板这么长时间，打死我也不信！”耿昌眼露凶光，恨恨地说，“县委书记还他妈的假模假式地劝我，好事多磨。其实，我明白他就是想让我多出钱。老兄，就说拆迁费的事吧，你知道，我也不是大财主大资本家出身，知道穷人的难处。但一间破厨房张口就是10万，快塌的一间房子开价50万，总共下来要400多万，这他妈的不是讹人吗？我的钱又不是大风刮来的，穷山恶水还真是出刁民呢。书记对我说，要是前些年，一句话，推平去球，现在不行，拆迁出了不少事，还死了人的。一听就是他娘的假话，故意磨叽我。他要放个屁，早拿下了。但这家伙就是不说句囫囵话，死皮赖脸拖着。”

“土地绝对是谁看见都想撕咬一口的肥肉嘛！”

“说得也是，我就是个傻逼也看出来了，市委书记一休息，这小子就起了把每亩的价格提高20万元的想法。当时我以为他是想让我再给他意思意思，后来才清楚，这个王八蛋是想把这块地收回去。朋友私下告诉我，他想高价卖给广东的一家开发商。你知道，南边的人胆肥，出手猛，点子多，他们知道这家伙好色，弄了个外国小娘儿们，把他迷得神魂颠倒。”

志勇的手机叫唤起来，他刚放到耳边，立即传出陈燕的哭声，“张老师，快来，刘军，他，他被公安局带走了。”

“什么，带走了，为什么？”

“他们说是律师妨害作证。”

“你在哪儿？”

“我，刘军的住处。”

“好，我这就过去。”

他关了电话，对耿昌说，刘军被公安抓了，我们现在过去。

耿昌边走边说，凶兆应验了，应验了。还没到了前厅，他大声喊，老黑，动车。一精干的小伙子应声从沙发上跳起来说，耿总，我这就去。说着就往外冲。耿昌苦笑着对志勇说，用惯老黑了，这小家伙是老黑的姑表弟。

小家伙开车真野，直把“路虎”开得像正在追逐猎物的真老虎，一个劲地呜着喇叭，超过一辆又一辆车，转弯时，根本不减速，点刹车，90 度拧过去，轮胎与地面猛烈摩擦发出刺耳的尖啸。

志勇虽然心里火急火燎，但还是说，注意安全。耿昌不动声色，没事，他开车就像自己跑步一样，在部队开车野惯了。

志勇脑子快速转着，怎么也想不明白刘军会被公安带走。

老黑这起案件从法律角度衡量很简单，毫无复杂之处。10 天前，老黑看耿昌为钉子户的事心烦不已，便又带几个人又去现场打探动静。决心死守的 3 个户主显然是早有准备，见老黑过来，依然口出狂言，像是见了仇人，分外眼红。老黑憋着气，因为耿昌没有发话，他不敢造次。但这回实在是憋不住了，谁料他还没动作，一位愤怒年轻户主操起手边的砍刀冲着他就抡了下来，接着又有几条汉子操起家伙对他们开打，随老黑一起来的弟兄片刻就被放倒两个，老黑属久经战阵的斗士，这场面见多了，忍无可忍，不再躲闪，看抡砍刀的家伙再次向他砍下时，顺手夺过刀，不费吹灰之力就把他砍翻在地。现场不远处的大队的警察呼啸着冲过来，而且还朝天鸣枪，场面很大。他们把老黑和 3 个弟兄拧走，2 天后，3 个弟兄在耿昌的关照下，取保候审，被放了出来，老黑却窝在了看守所，5 天后检察院批捕，接着就以故意伤害罪向法院提起公诉。

刘军的基本判断是，证据表明，老黑他们造成两伤的后果虽然严重，但不能以此来排除正当防卫。在防卫的瞬间，面对难以预测后果的不法侵害时，对于防卫方式、防卫程度的选择是极其有限的。

二

小家伙把车开到刘军的住处的楼下，急停。志勇看到楼前聚着不少人在议论着什么，他们好奇地瞅着志勇和耿昌，还有的指指点点。两人根本顾不上这些，径直走进电梯。

刘军房门虚掩着，志勇推开，只见客厅狼藉一片，陈燕裹件睡衣，蜷缩在沙发一角，惊魂未定，簌簌抖个不停，洁白的额头上赫然一红包，很是扎眼。看他俩进来，跳起，纵身扑到志勇怀中，哭得喘不上气来。他扶她坐在沙发上，听她哆哆嗦嗦地诉说着 40 分钟前发生的一幕。

刘军正在客厅给陈燕讲述在县公安局办老黑取保候审一事，门铃响，陈燕起身开门，刚扭开锁，门就轰然洞开，随着她被撞倒在地，冲进几条面色阴沉的汉子，其中一名穿着警服。

刘军跳过来，扶起她，勃然大怒，“你们是什么人，竟敢半夜私闯民宅！”

着警服的是位白白净净的年轻人，显然是个领头的，他冷笑着，“看样子你就是刘大律师，我奉劝你懂点规矩，否则会很难看的。”

刘军冲着他吼：“不错，我就是刘军，现在给我滚出去！”

“白脸”掏出证件一晃，“公安局的。你涉嫌律师妨害作证罪，刑事拘留。”

“你们有什么证据?”

“跟我们走就是了，你会知道的。”

“这是刑事拘留通知书。”

“你把证据告诉我!”

“到底是大律师，嘴还挺硬，给我铐起来，带走!”

他的话音未落，几人立即如狼似虎地扑上来把拼命挣扎的刘军摁倒在地，戴上手铐，拖了出去。陈燕冲上去拉刘军，被一把推倒。

“张老师，他们是暴徒，暴徒啊!”陈燕哭喊着，“他们还用毛巾塞住他的嘴。”

志勇大口吸着烟，脸色阴沉得可怕，明显可见面颊肌肉颤抖。他拍着她的肩膀，“事已至此，冷静些!你和刘军一起办这个案子，应该清楚，他到底有没有妨害作证的行为?”

陈燕怔了半天，“没有啊!案子调查刚结束，我和他正准备辩护词，本来计划和他一起去县里，但他看我发烧，坚决不让我去。自己去县公安局申请犯罪嫌疑人取保。现在还没有开庭，怎么会有妨害作证啊!”

志勇悟到了什么，“这就奇怪了。”

“妈的，这事越弄越大了。”耿昌吸着烟，“看来，我明天还真的再去会会那个老狐狸呢，这个鳖孙!”

“张老师，现在无论怎么样，要先把刘军救出来再说，”陈燕哽咽，嘴唇颤抖着，“他的脾气进去会遭罪的。”

“我们现在都还蒙在鼓里呢，关键是把情况弄清楚。”志勇看陈燕满面通红，而且身体抖个不停，随时要晕过去的样子，伸手摸她的额头，滚烫。“先送你去医院。”

三

或许是“刘军一案”触动了司法机关这架复杂机器的某个既神秘又关键的按钮，它突然启动，并超高速地运转起来，其速度之快、效率之高令人目眩。从公安刑拘、侦查、提请逮捕，到检察院批捕、审查起诉、向法院提起公诉仅用半个月时间。

这么一件普通的刑事案件闹大了!之所以波及甚广，关键还在于媒体不遗余力地渲染、聒噪，看看媒体及网上喧嚣的要点，也确能吸引人的眼球，仅几十万元代理费，就足以惊动社会敏感的神经，并引发深刻的仇恨。除巨额的代理费之外，还有大湖集团莫测的背景，中州律师事务所著名教授、大律师“捞人”，突然戏剧性深陷囹圄等。当然，任何事情只要到了捕风捉影的媒体手中，都会按它们的意愿被弄得面目全非，随之而来的各种猜测、推断、评论多如牛毛，真假难辨，而且还有各种新的版本不断被制造出来，如野火般蔓延，烟熏火燎，一时间，各种言论甚嚣尘上。媒体记者挖空心思追着采访志勇他们，有位新华社记者声称可以写《内参》，直达高层，更有甚者，还有境外媒体嗅到了气息，也千里迢迢飞了过来。

志勇面对乱象不失沉稳，凡此种种，早在多少年前刘军被拘留他已经历过了。他想，似乎是很久没有一个案件如此牵动人们，尤其是司法界的神经，并引发如此热烈的讨论了。然而事实真相到底是什么呢？

阴灰的天空下，县法院大门两侧方形的高台上，两头蹲踞的青色石狮也显得阴暗了，只是鼓凸的四目依然很有神，愤怒地俯视着过往的行人。

一明驾车驶出大门时，斜视了狮子一眼，"我看它们所谓的证据根本不值一驳。小小县城的司法机关，出手如此之快，下手如此狠毒，效率又如此之高，居然能搞出这么大的动静。真他妈的太科幻了！一个名不见经传的百里侯，就敢把大名鼎鼎的律师拿下，由此可见他拥有多么大的权力。看来这可不是石狮子，吓吓人而已，而是长满了獠牙、张开血盆大口的真狮子！起诉书称刘军唆使医生出具虚假伤情证明，证据确凿。但并没有刘军的供述，更没有他的只言片语，就凭一纸证言，检方就敢把他逮捕、起诉？法院就敢受理，并开庭审判？太无法无天了。这不是滥用权力、恶毒构陷又是什么！"

"问题的关键是，我们见不到这位医生，很难核实真假。"后座位上的志勇翻着材料说。

"即使能找到这位医生，他的态度也难说。如网上的段子所言，我们警方的'米兰达警告'是：你有权保持不沉默，但我们很快会让你沉默的。"

志勇脸色阴沉，"见过刘军再说，我考虑，凭他多年的办案经验，绝对不会剑走偏锋，铤而走险的。怎么会有如此低级的失误，居然明目张胆地引诱证人作伪证，怎么可能呢？"

"是啊！刘兄近年办案用战战兢兢、如履薄冰形容一点儿也不为过，再说他是高手，绝对不会犯如此弱智的错误。"

"见到刘军一切就都清楚了。"

四

志勇和一明进入新建的会见室，等待会见刘军。这里窗明几净，不锈钢的铁栅栏闪闪发亮。自进看守所后，一明就发现两名年轻的警察就一直近身尾随，他转身问："你俩是不是准备监听我们会见呢？"

"是，明确告诉你们，我俩是这起'律师伪证案'的专案组的成员。"稍胖的警察很有气势地说，"我们有这个权利。"

一明瞪着他，怒气十足地问："你们知道《律师法》第三十三条，律师会见犯罪嫌疑人、被告人，不被监听的规定吗？"

"知道。"另一名学生模样的警察不紧不慢地说，"但是，我们还知道《刑诉法》第九十六条第二款的规定：'律师会见在押的犯罪嫌疑人，侦查机关根据案件情况需要可以派员在场。'"

一明斜眼看着他，愤愤地想，妈的，这警察是牛！老子要不是为了刘军兄，起身走人，开不了庭才好！让公安和检察院"自摸"去。

"如果我们不会见了，影响开庭，上边追究下来，怎么办？"志勇只觉得怒气在胸中发酵，"是你们的责任还是我们的过错呢？"

"张主任，你就不要为难我们了，我们警察不容易。"学生警察面有难色。

志勇深呼吸，看着他白净的脸，半天才说："那好，想在就在吧，我们没什么见不得人的事。"说完抬头，正看到墙上醒目的警示牌：你的一切言行都在摄录中，请依法会见。他禁不住暗自骂道，妈的，光天化日之下，就敢明目张胆地违法！这难道真是阳光照不到的角落？多少先进的科技设备都用上了，偏偏是法律的光芒照不到这里！转念又想，这实际上也与立法有关，有专家称，《律师法》新，《刑诉法》旧，旧法服从新法；但与此同时，还有专家称，《刑诉法》是上位法，《律师法》是下位法，下位法应服从上位法。立法者就没意识到这一冲突，显然应该意识到了，但改就这么难吗？既然难，为什么还要急于公布，让律师和公安掐架，堂堂法律成何体统，让专家学者郁闷，让老百姓看笑话？

"其实早在1990年联合国就通过了关于律师的基本作用的文件，其中第八条规定：遭逮捕、拘留或监禁的所有人应有充分的机会、时间和便利条件，毫不迟延地、在不被窃听、不经检查和完全保密的情况下接受律师来访和与律师协商。这种协商可在执法人员能看得见但听不见的范围内进行。"一明愤愤不平地说，"但我们就是执行不了。"

身着橘红色马甲，板寸变成了光头，戴着闪亮手铐的刘军从侧门走进来，轻车熟路，坐在椅子上，看似很平静的脸上，现出一丝笑容，"我想你们该来啦！他们还不至于不让会见吧。"

"刘兄，遭罪了。"一明抓紧冰凉的铁栅栏，直直地望着他。

"兄弟，我不是第一次了，挺得过去。"刘军的笑意僵在脸上，"张兄亲自来啦。"

志勇点头的同时，目光被刘军戴手铐的手紧紧攥成拳头所吸引，他明确感到，刘军的笑意背后，是难以掩饰的委屈和愤怒。"放心，我们会把一切都搞清楚的，咱们开始吧。"

刘军沉思片刻，就开始极有条理的陈述。于是，志勇和一明两人就一目了然地看清了事件的整个过程。

刘军在县法院看了"老黑案"的卷宗，受害人只是轻伤。他认为，按法律规定，老黑符合取保候审的条件。于是驱车到医院开具伤情证明，主治医生不在。第二天又去，医生在，但病历取不出来。刘军说急用。医生说，是我给他治疗的，记得受害人的伤情。然后就直接写了伤情证明。刘军拿到此证明后，立即写了重新鉴定申请书，请求法院对受害人的伤情进行法医鉴定。此后，马不停蹄地送到了法院，再后去向县公安局申请老黑取保候审。但他万没料到灭顶之灾就此发生。公安认定刘军唆使医生作伪证，证据是医生第一次的伤情证明与第二次的不一致。第一份："刀伤，深度达骨膜，长度约6.5厘米。"而第二份的长度却变为5厘米。

志勇愤怒了，因为事实完全证明了他的推断，这完全是一起恶毒构陷的案件，但他并没有表现出来，因为他清楚，这里不是地方，只是说："你放心，我们会把一切都搞清楚的。"

刘军说："我相信。"

"我们刚才又在你卡上加了3000块钱，生活上还缺什么吗?"一明问。

"谢谢啦!"刘军仰起脸，长长地叹了口气，"我现在终于真正理解了我的同学和同行，为什么毅然决然放弃了刑辩律师的职业，出家当和尚了。"

"噢，"志勇像是突然想起了什么，"你儿子在我家很听话，你放心就是了。"

刘军被抓的那天恰是周末，志勇想到刘军住校的儿子，因为他知道，刘军离婚后，他儿子与他一起生活。当晚就赶到学校，对他上初一的儿子说，你爸爸去外地开会，让我来接你。他儿子不高兴了，他也不给我打个电话。

"谢谢老兄，谢谢。"刘军布满血丝的眼里顿时涌满泪水，"他这些天一直咳，让他按时吃药。"

"放心，你嫂子带他去医院检查，没大碍，只是嗓子略有些炎症。"

"刘兄，我们该走了，保重!"一明说。

"陈燕怎么样?"刘军问。

"一切正常，怕她控制不住感情，没让她过来。"一明说。

"兄弟，你好好安慰她，她很脆弱。"

"我一定办到。刘兄放心就是。"一明说。

刘军被带走后，志勇冷冷地向两名警察发问，"你们发现我们教唆被告作伪证的行为了吗？发现我们有隐匿毁灭证据之类的行为吗？我实在想不明白，二位在此收获了什么?"

两名警察无语。

"没有发现不要紧，可以编嘛！就像给刘军律师编织事实，罗列罪名一样。"一明轻蔑地说，"我只能说，你们的想象力很丰富，就是较之秦桧之流也是有过之而无不及。"

胖警察狠狠瞪一明一眼，扭头而去。

学生模样的警察小声说："说实话，我们也同情刘律师，但必须奉命行事。"说完，也大步离去。

五

从看守所出来，穿过县城时，志勇看着街景，记起30多年前和耿昌、陆地来此玩耍的情形，那时就是个灰不拉唧的破镇子而已，连条像样的马路都没有。现在旧貌换新颜，鸟枪换炮啦，宽阔的马路，林立的高楼，县委县政府的大楼弄成了大屋顶的仿古建筑，气派非凡，令人联想到首都的某些著名建筑，偌大广场上的喷泉甚是壮观，水注蹿出十几米高。

一明默默驾车疾驰，出县城，行驶在宽阔平展的公路上。

志勇斜靠在车座上无声地望着窗外，秋收后的田野一片荒芜，偶见有半燃烧的玉米秸秆堆，冒着直直的蓝烟，远方厚重的乌云破裂开来，露出镶有金边的红色天空，几缕晚霞血红血红。

他感到胸中塞满破布，堵得反胃恶心，深深责备自己，真是不该逼刘军上这个案子！但又想，如果不是刘军，结果也难以预料。

现在的核心问题是，刘军与那位医生之间到底发生了什么？完全如刘军讲的那样吗？退一万步说，即使他想做手脚，也不会如此直白吧？他的大脑如车轮般快速转动着，更为棘手的是，据陆地私下透露，县委书记高度关注这个案子，抓刘军就是他下的令。这就可以解释，公安和检察院为什么如此急不可待，而且是高效率地运作。果真如此的话，仅仅靠律师辩护能不能为刘军洗清罪名，能不能救他出来，都是难以预测的问题了。

作为律师，他自然十分清楚，律师接手一个刑事案件，事实上面对的不仅仅是具体办案责任人，而是一批公安警察和检察官。公安侦查、法制处审查报捕、主管局长签字同意，进而检察院批捕处批捕、起诉处审查起诉、主管检察长签字同意，案件到法院开庭时，律师如果发现此案是错案冤案，那么参与这一案件的公安和检察的一批人该是如何反应？他们对律师的态度可想而知。律师作为防止公权无辜伤害私权的最后一道门槛，面对的是强大的公检法，其处境艰难、高危自然显而易见。

“你知道刘军的前妻怎么看这事？”正在驾车的一明冒出一句，“拍手称快，奔走相告，逢人就说，老天有眼，恶有恶报，幸亏和他离了婚，否则我就是罪犯的妻子了。”

志勇脱口骂道：“妈的，这娘儿们肯定不正常，歹毒莫过妇人心！”

六

亲历刘军被抓的惨烈，陈燕大受刺激，再加之高烧持续不退，状态很差，愣愣怔怔，似乎是处于疯与正常的临界点。

志勇匆匆走进病房，看仅丰收坐在床边沙发上，忙问，两个女律师呢。丰收说，我让她俩去吃点东西。

病床上的陈燕用力睁开眼睛，急不可待地问刘军的情况怎么样，当听一明说了大概时，她的眼睛直了，喃喃地说，他是硬挺的，一定是硬挺的。上天保佑他不要喝开水死、洗澡死、做梦死，上天保佑！她的神情如同凋零的秋叶，浮肿的双眼呆呆地盯着洁白的天花板，眼角涌出珍珠样的泪水，沙哑的嗓音从嚅动的嘴唇涌出来：

冰川过去了，
为什么到处都是冰凌？
好望角发现了，
为什么死海里千帆相竞？
我来到这个世界上，
只带着纸、绳索和身影，
为了在审判前，
宣读那些被判决的声音。
告诉你吧，世界
我——不——相——信……

她哽咽了，继而大咳，上气不接下气，泪水顺苍白憔悴的脸颊滚滚而下。

一明坐在床头，握住她的手，情不自禁低吟：

我——不——相——信……
纵使你脚下有一千名挑战者，
那就把我算做一千零一名。
我不相信天是蓝的，
我不相信雷的回声，
我不相信梦是假的，
我不相信死无报应。
……

她平静下来，脸上显出似有似无的笑容。

志勇只觉得心如雷击，眼热心酸。

她断断续续说着什么，梦呓一般，慢慢闭上了眼睛。

丰收看志勇吃惊，急忙解释，她整整一天都在等你俩，不吃不睡，医生刚才给她服了镇静药，这会儿药劲发作了。

“案件还没审判，证据也没定性，刘军就被逮捕起诉了，这是什么——”一明满眼泪水，压低声音质问，“这是什么逻辑？还不如青天在上、明镜高悬的县太爷审案来得公平！”

“刑辩律师认真履行职责，很容易与公安和公诉机关发生对抗，这是显而易见的。发生对抗后，他们如果不否定律师，那么就有自己违法办案的嫌疑，在这种局面下，前者自然是最佳的选项了。”丰收冷冷地说，“这也是律师制度设计的不合理之处，侦办律师伪证罪至少也要异地管辖吧，同时，其前提应该是案件被告人终审定罪之后，如果被告人未被定罪，何来的律师伪证罪？我看，如果我们的刑辩制度不加以改进的话，干脆直接废除算了。”

志勇握紧了拳头，一支未点燃的香烟被捻碎了，他问丰收，检察院的万梅那边有何信息。

丰收仰在沙发上，无奈地摇头，“她传过来的消息令人沮丧，县委书记极为狂妄地叫嚣，一个破律师也敢在他的地盘上起哄闹事，倒要看看他有多大排气量！这是其一。其二，更令人沮丧的是，她私下得到的口风是，无论刘军是否自认其罪，法院根据现有的证据都会认定他构成了犯罪，至于如何量刑，目前还没得到确切的信息。鉴于目前的情况，我认为，从法律方面做最大的努力，准备二审当然是一个方面，更重要的是从法律以外下功夫了。”

一明用纸巾擦着眼泪，“发往省委和北京有关朋友和同学的材料已经闹出了动静。他们反馈过来的情况是，已组织了专家论证会，造出了一定声势，同时把真相公布于媒体，肯定引起了高层的关注。从目前局势看，全国各地已有律师以不同的方式声援了，有良心有担当的律师还是有的。我今晚再把会见刘军的详情形成文字，加上我们的判断意见发给他们，让他们进一步熟悉情况。目前在法律框架以外要做的也只有这些了；法律框架内的事按部就班进行就是。3天后就要开庭，但他们就是不让我们见证人。”

志勇的手机响了，看了一眼，“好吧，我半小时就到。”他关了电话，“雷鸣局长要我过去，他还是很支持我们的，过会儿再碰头，有情况给我打电话。”

七

雷鸣因为刘军被抓也是热锅上的蚂蚁似的，不停地给志勇打电话，询问调查取证的进展。因律师属律协管理，律协又隶属司法局领导，所以此案他脸上无光还在其次；如果刘军再被判了，往最小里说，也是他律协对律师管理不力。

雷鸣听完志勇会见刘军的情况，眼瞪得溜圆，突然一掌拍在办公桌上，跳起来，“妈了个巴子，这个王八蛋疯了，难道他真的拿到了尚方宝剑？如果不是，怎么会出这样的狠招呢？”说着又颓然跌坐在皮椅中，无奈地靠在椅背上，大口吸烟。

“无论如何，我还是要真心地感谢你，也代表刘军感谢你。”志勇说。之所以如此，是因为他知道雷鸣已尽了最大的努力，只是由于他身居的位置，必然是心有余而力不足。

刘军案发后，中州所在第一时间，正式向市律协进行了报告，请求它们伸出救援之手，尽管志勇清楚作用有限，但还是让这样做了。说起司法局和律协，一明的气就不打一处来，他说，律协也装模作样地进行了调查，但就是没有结果，只是说案情复杂，正在调查中，对外连个响屁也没放。司法行政机关在司法运作中本来就没什么地位，至多管管监狱和劳教所而已，更遑论号称“律师婆家”的律协了。

刘军被刑拘第二天，雷鸣就传他过去，他怒气未消，拍桌吼，过去只知道司法局地位低，但没料到这么低！在公安局做副职也比在这儿当一把手牛逼多了！一个小小的县公安局副局长就敢对我说，正在侦查，保密。如果我还在公安，就是给他10个胆，谅他也不敢这样说，小样儿！气死我了！

无论怎么样，雷鸣的动作还是让志勇感动至深，刘军被批准逮捕的当天，县司法局就以文件形式要求市律协对刘军进行处理，吊销其律师资格，理由是：违法取证、收巨额代理费、生活作风腐败等等。第三天，市政法委副书记和县委副书记就找上门来，催他尽快落实此事。后来，志勇听司法局政治部主任讲述当时的情形，直呼精彩。

两位领导找到雷鸣，由于熟识，直言让他快刀斩乱麻，搞定这事。那天雷鸣中午喝了几杯，虽未上头，但他佯醉，与两位打哈哈，总得给我点时间，把事情调查清楚吧，现在证据还没坐实，不大合适吧？再说中州所是我省律师事务所的一面旗，还是慎重为好。两位很是不快。雷鸣见状，解释道，两位兄弟知道，我雷鸣是个粗人，但绝不是不仗义的人嘛！为朋友可以两肋插刀，不过也好认个死理。他说着突然停下，面色神秘起来，咱先不谈公事，我让两位看样宝贝。说着走进卧室，当他再出来时，把手中一极为精美的皮匣子轻放办公桌上，小心翼翼地打开，一把寒光闪闪、近一尺长的刀展现在眼前。雷鸣取出，轻抚着刀锋介绍道，这是藏民用传统工艺手工锻打的，剁铁断金都不在话下，好刀，绝对好刀！我这就让两位兄弟开开眼。话音未落，他一个箭步上前，只听唰的一声，一株巴西木的叶子与碗口粗的主干齐刷刷断开，接着转身，又是一声，令人心悸的寒光闪过，胳膊粗的发财树亦如此。雷鸣笑嘻嘻地问，怎么样，眼见为实吧？两位大骇，点头连连，好刀，确实是好刀。他俩这下一定明白了，这头东北虎真要怒将起来，后果不堪设想，正如传言一样。政治部主任急忙解释，局长高了，高了。局长说，是他妈的有点高，但两位兄弟来了，我一定要陪，都安排好了吧。晚上，局长与两位又喝了不少，云山雾罩侃到半夜。3天后，市司法局给予的答复也是正式文件：经调查，未见刘军律师涉及违规违纪行为，待法院判决后再研究。雷鸣说，我明白，县委书记是一方土皇帝，而且这家伙道行不浅，但总得在国家的法度内，按规矩出牌吧。

“刘律师树大招风。”雷鸣说，“不过，我看他们是醉翁之意不在酒，明眼人都看得出来，是冲着耿昌来的，100多亩土地是个什么概念？”

“有伟人说过，巨大的利益背后，必定隐藏着巨大的罪恶。”

“辩护准备得怎么样了？”

“基本就绪，我和一明出庭。”

“一定考虑细些，情况太过复杂。”

“谢谢了，局座！”志勇说着，站起来与他握手。

“实话告诉你，游书记已经两次指责我管理律师不力了，这是个危险的信号！”他拍着志勇的肩膀，“我考虑，一方面，从法律努力；另一方面，你亲自找游书记，把案件向他详细汇报一下，我觉得他还是很看重你的。”

看着雷鸣沧桑的脸，他不无嘲讽地想，司法局局长也不信司法了，“这在我的计划之中，今天会见了刘军，更能肯定这是个错案了。我明天就去向他汇报。”

“好，好，有情况及时与我沟通。”雷鸣叮嘱道。

志勇快步下楼，驱车往所里疾奔。刚进小区大门，手机响了，他看号码，很陌生，本不想接，但还是接了。对方很客气地问，你是中州律师事务所的张志勇主任吧？他说，正是，你是哪位？停了片刻，对方的声音突然变了，显然是换了人。我是游力，你如果不忙的话，请过来一趟。志勇想了十几秒钟，爽快地回答，遵命，游书记。他明白，游力在这个时候召见他，除了因为刘军的事，不会有其他了。他想，这位官场上的高手，正在仕途上高歌猛进，没几年，就从副市长、市长，一路攀升成为市委书记了，而且上下对他口碑甚佳，他任市长时，仅是提高了下岗职工的工资标准一项，就让民众颂为“游青天”。

八

志勇在年轻秘书的引领下，来到宾馆的一个大套间，只见游力背着手伫立窗前，他转过脸，伸手示意，皮笑肉不笑地说：“请坐，张主任。”

志勇点燃香烟，“游书记突然传我过来，有何重要事情？”

游力皱皱眉，看秘书退出后，阴阴地说：“张主任一副风尘仆仆的样子，忙得很？”

“确实忙得厉害，我的同行陷入冤狱，我能无动于衷吗？”志勇生硬地说，“我不敢相信，在党和国家大力倡导法治的今天，居然会出现这样令人震惊的无视法律的事件。”

游力背手踱着方步，“‘刘军律师一案’搞得沸沸扬扬，惊动了省领导，甚至是中央领导，你说如此这般，有助于解决问题吗？我实在是不理解，专门研究法律、运用法律的职业律师怎么也热衷媒体炒作、上访写信这一套呢？”

“游书记什么意思?”他恨恨地想，妈的，这是指着和尚骂秃驴哪，“难道这种乱局是我们中州律师事务所所为吗?”

“至少是推波助澜，网上广为流传的‘关于刘军律师被刑事拘留真相’一文，是你们中州所的杰作吧?”游力不冷不热地说，“据说我省甚至北京一些法学教授、专家也加入进来，而且有几位是你的大学同学。作为学者，尤其是法律界的学者，不应该发出倾向性过强的观点，这会误导舆论，并使事情更加复杂化的。你们作为律师万万不能以逃避法律、规避法律为目的，这是很可怕的。”

“看来游书记的信息特别灵通，而且所言极是。但问题的核心是，你清楚造成这种乱象的起因吗？最先向媒体捅出这件事的并不是我们，而是公安，他们是始作俑者，也不知是出于何种目的，极不负责任地无视事实，甚至颠倒黑白，向媒体大肆散布诸如刘律师道德败坏、私下收取巨额代理费、妨碍作证等，令人想起‘文革’之风。法院还未审判，哪来的罪？这是意在蓄意煽动民众对律师的仇恨，借以影响法庭公正审理。”说起这些，志勇愤怒之情不打一处来，无名火噌噌上蹿，“对如此恶劣的行径，以及媒体的颠倒黑白，妖魔化刘军的叫嚣，我们不发出声音才对？县公安局在没有确凿证据的情况下，就野蛮刑拘刘军律师的事件，确实是我们上传网上的，而且是我让他们做的。中州所的律师被违法刑拘，我们总不能不置一词吧？事实上，我们只是正本清源，还原案情真相。另外，我北京的同学以及一明的同学为此进行学术讨论也属正常，法律人发表些看法实属正常，他们关心的是案件当事人刘军到底是罪与非罪，法律程序是否合法，仅此而已。”

游力踱过来，坐下，端起茶杯，小啜两口，“看来张主任也有气嘛!”

“中州的律师出了这事，我能不痛心疾首吗?”志勇大口吸烟，“我实事求是地告诉你，我们的本意确实是计划在法律框架内进行的，但由于他们不按法律行事，我们才被逼无奈，向上级反映的，包括现在向你汇报，你今天不传我，我明天肯定会找你的。即是如今，我们的主导思想依然是用理性的法律的渠道，合法地实现我们的诉求，而绝不想让这一并不复杂的案件成为一个具有轰动效应的事件，中州所不需要聚焦，根本没必要。想必游书记也知道，有境外媒体执意要采访我们，但我们婉拒了，我们自己的事，没必要让外国人指手画脚，那只能是乱上添乱；还有不少全国著名的刑辩律师来到我们所，其中有的提出免费出庭辩护，我们也婉拒了，中州所律师的水平完全可以胜任这个从法律角度看一点儿也不复杂的案件。我还可以告诉你，是我和赵一明律师出庭辩护。”

“噢，好，这样很好。至少算解决刘军律师一案的正确态度。”游力脸上显出笑意，不紧不慢地说，“我当然是希望在法律框架内解决此事，事实上，国家政治和法律的目的是一致的嘛!”

“理论上如此，实践中绝大多数情况下亦如此。但在某些官员有私心或为私利的情况下，两者冲突时，法律在他们眼中就显得次要了。”志勇问，“我不明白的是，我们的县公安局、检察院也是执法机关，为什么就不能按法律行事呢？”

“他们当然应该按法律行事，这是毫无疑问的。但情况复杂，如果从更广阔的角度讲，怎么说呢？记得我曾不止一次对你讲过，在我国现有的国情前提下，仅依靠法律是难以全面彻底解决问题的，因为我们没有法治的传统，而且目前正处于转型时期。我们党和国家自改革开放以来，如你所知，党的十五大、十六大、十七大，一再倡导依法治国，而且取得了令人瞩目的成就。但我们也应该清醒地认识到，在我们这样一个大国，法治真正深入人心，并不是件轻而易举之事，难道也像1958年搞‘大跃进’，经济上‘赶英超美’，跑步进入共产主义？可能吗？在处理现实问题和社会矛盾上，不能陷入浪漫主义。只要稍稍回顾中国的现代史就可以明白这个道理，民国之初，实行的法治，实行的宪政多党制导致了什么？军阀混战，百姓生灵涂炭啊！话远啦，我的意思是，你，包括我都应该现实地看问题，不能感情用事。你以为如何？”游力问。

“谁也不能否认，中国改革开放近30年，是中国法治大踏步前进的时期，而且我国的法治确实取得了很大的进步，公民的法治意识被日渐唤醒，政府的法治意识不断提高，我们确实处于高歌法治的时代。”志勇说着又燃上一支烟，“游书记，我想说的是，我做律师20年了，并没有感情用事，眼下，就是希望以法律的手段为刘军律师讨个说法而已。我想知道的是，你对此案如何看？”

“噢，因为对此案没有全面了解，没有发言权。但我知道巨额的代理费确实引发了民众的仇恨。”游力自言自语，“耿昌为什么就不懂这些呢？”

“代理费是中州所与耿昌共同协商的，属风险代理，高一点正常，怨不得耿昌，这本是商业秘密。但公安局、检察院彻查了我们中州所的财务账，10年前的都查到了，也不知它们是出于什么样的目的，通过媒体大肆宣扬代理费的数额。”

“果真如此？”

“你可以去调查。”

“你可以肯定刘军律师在此案中没有违规违纪行为吗？”游力神色凝重，“这非常重要，无论是对刘军律师还是对你们中州所。”

“我可以负责任地告诉你，根据我们目前调查所取得的证据，从法律的专业角度来看，结论是，刘军律师的所作所为是在正确履行一名律师的职责。”志勇口气坚定，“至少我们现在没有发现他有违规违纪的证据。”

“我当然愿意相信你，也愿意相信你讲的是事实。但我还是想问，如果刘军律师被判有罪的话，你们将如何运作？”游力问。

“如果公诉方确实依法举出证据证明刘军律师有罪，而且法庭也采纳的话，作为律师，我们尊重法律，尊重法院的判决。但是，如果它们不能依法审理，甚至枉法裁判的话，我们一定会上诉，上诉再败，申诉。因为我们坚信国家正在发展的法治，同时，我们还会求助于行政力量，因为我们更相信党和政府是主持公平正义的。另外，我也可以毫无保留地告诉你，我们在最高院及国务院一些部委还是有不少好朋友的，而且他们已经对此表示了关注。总之，我们会用一切合法的手段，为刘军律师洗清不白之冤。这就是我们的全部思路和目的。”

“明白了。我实在是不愿看到冤案、刑讯、上访、强拆等违法的事件，就像你不愿看到的一样。”

“果真如此的话，游书记可以下令调查刘军这一案件。”

“这不合适吧，我怎么能干涉司法活动呢？所以，我和你一样，寄希望于法院主持正义，公正裁判。”

“噢，你这样考虑的？”

“不如此又能怎么样呢，市委书记带头干预司法程序？”游力微微一笑，“好了，我们暂不谈这个案子了。我知道张主任是豪饮，我请你小酌几杯如何？方才送走信息工业化部一位副部长，现在还没吃晚餐呢。”

他几乎脱口而出：“谢主隆恩。”但又感到脑子很乱，直到现在，他也没理清楚书记传他过来的真正目的是什么。“对不起，恕不能奉陪。他们还等我召开合伙人会议，商量为刘军律师辩护事宜，容我改日陪你畅饮。”

“也好，张主任说话要算数噢！”

“一定。”志勇感到头更晕了。

九

开庭审判如期进行。

一大早审判大厅前就聚集了形形色色的人，其中各路记者居多。开庭前几日他们就怀揣不同目的，赶集般蜂拥而至，一时间，县城的酒店宾馆爆满，生意看涨，热闹非凡。娱乐场所更是如此，消息灵通人士盛传，为数众多的“小姐”也过来赶场，她们以职业的敏感发现了这个难得的商机。

法院自然是未雨绸缪，精心准备。开庭当日，如临大敌，设置警戒线，法警武警执勤站岗，还有牵着德国黑背警犬的公安警察巡逻，进入法庭又是查身份证又是查旁听证，还增加了安检程序，以防不测，一派壁垒森严的大气象。对此，一明愤愤不平，人民法院为人民还是防人民，一件普通的案件如此铺排，实在是司法资源的极大浪费。

审判厅很大很气派，但旁听席至少有两排是空的，门外那么多媒体记者、律师以及民众却不能进来。志勇扫视旁听席，除了两三家重要媒体记者之外，大都是市、县政法口的人马，万梅、丰收和汪静也在旁听席上。

随着一声洪亮的全体起立！大家纷纷站起，法庭顿时静了下来，全体目光聚焦在前台。

主角法官隆重登场了，看胖乎乎的审判长步履僵硬，脸皮紧绷之态，志勇想，这家伙怎么看怎么像个木偶，这或许是场面过于宏伟，或许是案件过于重大，或许是更为复杂的原因？

开庭前，志勇几次约见他，他就是拒而不见。无奈之下，志勇在电话里对他讲，如果刘军律师确实有妨碍作证的行为，那么抓他的公安警察和起诉他的检察机关就是他的对家，在这一案件中，当地公安和检察机关应当回避。如果不回避，就有报复执法的可能，所以要求异地审理。他口气坚定地说，请你相信，我们会公开公正审理的。说完就挂断了电话，直把志勇气得头大，作为法官，也太不专业了，就是搪塞，换个从法律上的说法也行！再打电话，他硬邦邦地说，如果没有新的证据，法庭上见吧。

审判长脚下可能是被什么绊了一下，突然身子倾斜，双臂乱舞，随高靠背椅子一起翻倒，其动静通过性能良好的音响，发出轰轰隆隆的巨大声音，排山倒海一般。他胖大的躯体消失在审判台后面，还带翻了又一把高靠背椅子。两名法官手忙脚乱，旁听席上一阵骚动，有人憋不住笑出声来。

片刻，庞大的上身才从审判台后缓缓升起来。他理理法袍，挥手劝退旁边的法官，小心翼翼在椅子上坐下来，脸上肌肉放松，让不尴不尬的笑意在自然状态下展开，敲响法槌，宣布开庭。随着庭审的进行，他才缓过劲，恢复了法官应有的威严。

两位公诉人，男的40多岁，没几根头发，与秃顶无异，脸上挂着似有似无的笑意，让志勇联想到老谋深算的军师；另一位年轻靓丽，目光冷峻，伶牙俐齿。

公诉人发问："被告人对公诉机关的指控犯罪事实认可吗？"

"纯属编造。"刘军一脸轻蔑，几乎没有正眼看他。

他寒光闪闪的眼睛盯着刘军，"那么，对于去县医院找尚医生索要伤情证明这一事实，你认可吗？"

刘军强压着某种要爆发的情绪，"属实，而且是去了两次，第一次尚医生不在，所以又去了第二次。"

"你第二次见到尚医生，要求他出具受害人的伤情证明时，尚医生说，病历在档案室，而档案室没人。那时你称，在法院看过受害人的伤情证明，伤口大约是5厘米，这样写就行了。对吧？"公诉人再问。

刘军不假思索，"我根本就没有讲过受害人的伤口大约是5厘米以及类似的话。"说完转向审判长，"我提请法庭注意，公诉人询问方式有诱供的嫌疑。"

审判长不置可否。

公诉人微微一笑，"这我就不明白了，尚医生第一份伤情证明白纸黑字，伤口长度6.5厘米，而第二份却是5厘米，这是为什么呢？"

"这是为什么呢？我也很纳闷。"刘军突然提高声音，"更让我纳闷的是，你们凭什么对我提起公诉？在庄严的法庭上，请公诉人回答我。"

"作为大名鼎鼎的律师面对事实居然如此纳闷，这让我感到不可思议。不过，我乐意在法庭再一次回答你。事实上，你纳闷与否并无关系，法庭清楚才是关键。”他说完，转脸对身旁的女检察官说，“宣读证人证言。”

女公诉人立即开口，字正腔圆，而且是纯正的普通话，“我向法庭摘要宣读尚医生的书面证言，其中最关键的是：当时，刘律师很着急地对我说，我在法院看过受害人的伤情证明，伤口长度大约是5厘米，绝对没问题，出了问题我负责。因为我记不清楚伤口的长度，他又急着要，所以，我就相信了这位著名律师，并按他的要求写了伤情证明。”

志勇申请法庭看证言，经审判长同意，法庭工作人员将证言拿过来后，他和一明认真看着一张薄薄的纸上的几行字。

一明突然说：“我们申请法庭，请本案关键的证人，尚医生出庭作证。如果仅凭这一纸真假难辨的证言，就把被告人定罪，是对我国《刑诉法》的嘲弄。”

审判长与身旁的法官耳语，然后说：“尚医生明确表示，不愿出庭作证。”

“侦查阶段，这位证人顺利出现，起诉阶段控方也是顺利见到，但我们律师却怎么也找不到，这是为什么呢?”一明发问。

“我再次告诉你，证人不愿出庭作证。”审判长口气严厉。

“对于法庭不传唤本案关键证人出庭，我们表示抗议，请法庭记录在案。”一明冷冷地说。

“辩护律师要遵守法庭规则，发言应举手示意。”审判长瞪着一明，“你明白吗?”

“明白。”一明满脸嘲讽，“但是我注意到，刚才公诉人没举手示意就发言，法庭为什么不对他提出警告？法律规定公诉人和辩护人在法庭上的地位是平等的。所以法庭对公诉人的行为也该提出训诫。”

审判长讪讪地说：“我再次重申，控辩双方均要遵守法庭的规定。”

“既然法庭坚持不让证人出庭，那么，我先不谈这一纸证言的可信度有多高。我的问题是，这份证言与被告人的供述相互矛盾，如天壤之别。公诉机关为什么要相信这一纸证言，就逮捕了被告人，而置被告人的供述于不顾呢?”志勇问道。

“在本案中，有谁能得到巨大的利益呢?”公诉人一副真理在握状，转脖子仰脸环视法庭，“显然是被告人嘛！我特别提请法庭注意这样一个事实，被告人急不可待地为犯罪嫌疑人办理取保的强烈动机是不言而喻的，因为他收取了50万元之巨的代理费！而证据表明，尚医生除了给受害人疗伤和与被告刘军接触之外，他与此案中的当事人素不相识，从中能得到什么呢？一无所获。所以，逻辑的结论就是，尚医生不可能存在作伪证的动机。”

“我提请法庭注意，收取了多少代理费，与查清本案的关键真相毫无关系。收取的50万元代理费，全部有正规的手续和发票，而且收费的是中州律师事务所，非被告本人。”一明说，“所以，这一问题与本案被告并无关系，就如风马牛不相及一样。”

审判长宽大的脸上渗出了汗，他用纸巾擦完，“请公诉人举出与本案有关的证据。”

公诉人直视审判长，“这难道与本案无关吗？收取巨额的代理费，无疑是助长了被告人铤而走险的心理恶性膨胀，促使其做出违法乱纪之事，这可是50万元巨款哪！”

“我反对！”志勇立即回应，“公诉人一厢情愿地推理不仅可笑，而且与我国《刑法》无罪推定的原则相悖。我们并不否认被告确实有将犯罪嫌疑人取保候审的动机，任何一名律师都会为当事人作无罪或轻罪辩护的，而且也会在能办理取保的情况下，尽可能地办理取保。这是律师的义务和责任。但是，有这样的动机，而且是很强烈的动机，就一定会以违法的手段来实现吗？比如说当下国人都想发财，而且是日思夜想，如果按公诉人的逻辑推断，大家必然都去打家劫舍以非法手段获得财富，然而我们并没有看到这种乱象。”

“反对，强烈反对！”公诉人愤怒了，“我强烈提请法庭制止这种不负责任的胡乱延伸。”

志勇冷笑，“我延伸了吗？只是按你的逻辑推理罢了。本案的关键是：被告人有无威胁、引诱尚医生违背事实改变证据的行为，而不是你大肆演绎的所谓动机之类。”

“我有一个巨大的疑问，这就是为什么公诉机关铁了心要相信证人？作为本案被告的辩护律师，我们没见过这个证人，尽管我们做了种种努力，但自案发至今始终也没见过。所以，对于他的书面证言，无法进行质证，而未经质证，凭什么让我们、更为关键的是让法庭相信这一纸证言的真实性呢？事实上，造谣或者说编织罪名也是个有技术含量的活儿，所以，如果要编得使人相信才算高明，即便是做假案，也不能不顾及专业水准吧。就本案来讲，公诉机关指控的罪名，依据仅是一纸证言，且仅仅是一纸证言，同时，被告人还坚决不认可。难道说，仅此就可以对被告人定罪？果真如此的话，兴师动众开庭审理还有什么意义？”一明情不自禁地站了起来，“这不能不让我想到，中国历史上一个遗臭至今的罪名，这就是‘莫须有’。”

“辩护律师打住，这里是庄严的法庭，不是你胡思乱想的地方！”审判长敲响法槌，“而且被告律师应遵守法庭规定，坐下发言。我再一次对你提出警告！”

一明怔了一下，脸上的表情说不清是哭还是笑，“谢谢审判长的提醒，我虚心接受。而且由于审判长的及时提醒，我意识到了，这里是我们共和国的庄严法庭，是不可以站起来发言的。”他慢慢坐下来，心里骂道，妈的，这庭审为什么这样呆板僵硬，律师只能像小学生一样必须老老实实地坐着，为什么不能像英美国家的律师那样，可以站起来，可以走到陪审团、证人、法官面前，还可以与被告坐在一起，以致外人分不清谁是被告谁是律师。如此有什么不好，难道还怕律师当庭行凶不成？这背后无不显示出对律师的防范心理，绝对像是防范坏人一样。如此，还不如给律师也戴上手铐，身边再站两名法警，就像被告的待遇一样才好呢。他看着高高在上的一脸霸气的审判长，心想，如果他身后墙上挂上“明镜高悬”的大匾，手中的法槌变为惊堂木，刘军身旁的法警换成身着灰袍、手持大棒的衙役的话，就真的走进历史了。

公诉人说：“现有证据表明被告人实施了作伪证的行为，因为他已供认，确实在法院看过受害人的伤情证明，但却谎称伤口是5厘米，引诱尚医生出具了虚假证明。被告人向检察院和公安局提供的第二份伤情证明，完全是通过捏造事实而得到的证据，其行为完全符合《刑法》第三〇六条，辩护人妨害作证罪的构成特征，理应受到法律的追究。”

“我在法院看过受害人的伤情证明是真，但绝没有对尚医生说什么伤口是5厘米之类的话。”刘军愤怒地吼道，“这是公诉人在法庭上公然撒谎，欺骗法庭。我抗议！”

“有理不在声高，请被告人控制自己的情绪。”审判长看看刘军，又看看检察官，“关于被告人的供述真实程度法庭暂不认定，辩护律师对证人证言发表意见。”

“法官英明！”一明说，“我请公诉人重温《中华人民共和国刑事诉讼法》第四十七条，这就是：证人证言必须在法庭上经过公诉人、被害人和被告人、辩护人双方询问、质证，听取各方证人的证言并经过查实后，才能作为定案的证据。”

公诉人立即回敬，“请辩护律师不要忘记，《刑诉法》第四十六条的规定，‘没有被告人供述，证据充分确实的，可以认定被告人有罪和处以刑罚。’我们再看看被告人拿到这纸虚假证据后的表演吧，他急不可待地将其和对犯罪嫌疑人的准予取保候审的辩护意见书递交公安，并气势汹汹地威胁：受害人所受的伤仅是轻伤，完全符合取保候审的条件，如果你们拒绝，我将向有关方面控告。”

志勇嘴角挂着一丝冷笑，“公诉人所言被告人的行为，均是律师正常合法的职务行为。怎么能证明被告人是用非法手段得到这纸伤情证明才是关键所在。并没有证据证明，被告人引诱或威胁尚医生违背事实改变证据，除了那一纸真假难辨的书面证言。被告人始终坚持，他没有任何威胁引诱的行为，而是医生不负责任、违背职业道德出具了证明。更为重要的一点是，被告拿到伤情证明后，对其真实性仍有怀疑，又写了一份书面申请，请法院对受害人的伤情重新鉴定。这怎么能认定被告人以这份虚假证据妨害司法活动呢？根据本案现有的事实和证据，被告人主观上并没有引诱威胁他人作伪证的故意，他依法申请法院重新鉴定的行为即可证明。总之，被告人在本案的行为，绝没有妨害司法机关的正常诉讼活动。”

审判长问公诉人还有无证据向法庭提供，公诉人平静地说：“我们提供的证据，已足以把被告人绳之以法了。”

面如土灰的审判长让辩护律师作最后陈述，志勇摇头，他实在是不想再说什么了。

一明环视法庭，“综观这一案子，任何一位用脑子想问题的人都会看得非常明白，所以，作为辩护律师，对于本案的辩护我已无话可说了。但是在党和国家大力推进法治的今天，我由衷地希望法律人一定要依法办案。想对法官说的是，我希望你成为当代包公，即使你成不了包公，我也可以理解，但恳请你不要践踏法律，构陷冤案，这是做人的底线！向公诉人的进言是，我无意奢望你像当年起诉曼德拉的那位公诉人一样，在法庭上突然走向被告席，握住曼德拉的手说：我不干了，对你的审判违背我的良心。只是恳请你对得起自己的良知。尊敬的法官和公诉人，请回想一下，你们在法学院时老师教你们的程序正义和司法公正，在这个案子上，是逢迎权力还是崇尚法治，由你们来抉择。但我真心希望，多少年过去，当你们再回首这个案件，考问自己的良心时，能无愧地说，我对得起自己的良心！”

整个法庭一片静默。

刘军晃动着戴手铐的双手，满腔激愤地作最后陈述：“这本来就是一起天大的冤案，但公安机关仅凭一纸证言，就将我刑事拘留，这已经是违法了，而检察机关进而又批准逮捕，这就更是错上加错。更令人不可思议的是，居然还提起公诉，法院也煞有介事地开庭审理。这是一场拿公民自由作儿戏的闹剧。然而，闹剧毕竟是上演了。作为律师，我始终信仰法律，除了法律，我还能信仰什么呢？除了法律，我一无所有。所以我现在只能请求法庭，按《中华人民共和国刑事诉讼法》第一百六十二条第二款依法做出判决。”

十

7天后，本来扬言必把黑律师送进监狱的法院并没有判刘军有罪，不过也没判无罪，倒是检察院以证据不能相互印证、形成完整的证据链为由撤诉了。于是，刘军不明不白地走出看守所，重获自由。一场轰轰烈烈的官司，就这样虎头蛇尾地迅速拉上了帷幕，其戏剧性的结果大大出乎了众人的意料，本是憋足了劲，翘首以待高潮迭起，不料竟是如此结局，实在是令人扫兴，就是志勇他们也颇感意外。与此结果相关联的还有，省律师协会已经拟好的“吊销刘军律师执照”准备下发的文件，也“胎死腹中”了。

志勇后来才逐渐清楚了一些内幕，其中自然有他们作为律师的努力，媒体更是功不可没，事情闹得太大了，引起省、市高层的关注。在此背景下，检察院和法院异常谨慎起来，法院已经打印好的判决书终于未敢出笼。据李伟私下透露，判决的内容是：妨碍作证罪，判有期徒刑一年，缓刑两年。

后来传出的信息是，游力视察该县工作时，在县党委班子会议上，大讲依法行政，按法律办事的意义。还语重心长地说，作为市委书记，我对咱们这方土地是有很深感情的，眼下土地是个宝，我想“肥水不流外人田”这个道理各位都明白。大湖集团在你们这里投资办食品加工厂，是好事。这个现代化的加工企业办起来，能解决不少就业，并带动当地经济发展。我考虑，你们一班人带领老百姓富起来才是硬道理，你们都是人民的父母官，要把百姓的疾苦时刻装在心上，不带领百姓致富，做这官还有什么意义呢？

志勇清楚，这话不多，但威力巨大。就在检察院撤诉的当天晚上，游力给他打电话，我说过，期待法律公正的判决，这是法律的胜利。你说呢？志勇感慨万分，如果仅凭法律，刘军一案是个什么结果还真的是难以判断呢。

媒体自然是大张旗鼓地报道了这一案件，颂扬检察院撤诉是勇于担当，严格公正执法的结果，还高屋建瓴地总结道，这是法律的胜利，中国法治的进步等。

事态的发展，确实让人眼界大开。“刘军案”结束10天，老黑赔付了受害人一笔钱，走出了看守所，难缠无比的三个钉子户拿到了耿昌认为公平的拆迁费，退出。施工队伍浩浩荡荡开进，立马开始大兴土木。

志勇对耿昌说，游书记高人，真该呼其为“游青天”哪！耿昌淡淡一笑，书记可没忘了你们中州所，更惦记着你啊！志勇说，我一定践行诺言，与他开怀畅饮！

再后来，县委书记因卖官鬻爵、收受巨额贿赂被纪检委“双规”，同时被“双规”的还有县公安局局长、财政局局长等一干掌握实权的县城官员，而且进入司法程序指日可待了。

十一

中州大学法学院投巨资兴建的模拟法庭气魄不凡，各种设施一应俱全，比真正的法庭还法庭。模拟开庭结束后，刘军走到审判长的位置说：“这次模拟开庭总体不错，从公诉、质证、法庭辩论等一系列程序较为到位，从理论上讲，判决也是罚当其罪。当然，尚有不足之处，比如案件设计简单、法庭辩论不够深入等，还需要总结。同学们还有什么看法，我们交流一下。”

他的话音未落，旁听席上不少学生举起了手。

一名女生站起来，“刘老师，我的问题是，你作为资深刑辩律师，对目前刑事辩护环境如何评价？”

刘军不假思索，“总的来看，刑事辩护的环境有了很大的进步。同学们应该清楚，刑事辩护是实现公平正义极为重要的措施，如果刑事被告人权益得不到保障，令人震惊的冤假错案层出不穷就是必然之事。我们如果把眼光稍放远一些，就会发现，我国的法治进程有了划时代的进步，如律师制度的制定、法院公开审理、废除收容审查条例、法学由绝学到现在的显学等，改革开放之初，我们泱泱大国仅有两部法律，一是宪法；二是婚姻法，而现在，已有239部法律，690部行政法规。所以，改革开放近30年来，我国的法治建设一路前进，摆脱了领导人一句话比什么都管用的时代；摆脱了无法无天的‘公安六条’时代。

“在没有刑辩律师时，国家在司法方面的状态同学们是很难想象的，现在的刑辩律师，是可以大有作为的，这就是伟大的进步。无论是理论还是实践均证明，有刑辩律师比没有刑辩律师好。因为要以法律的名义惩罚一个人，就必须举证证明他有罪，并回答辩护律师的质疑，这个环节的存在，司法审判的随意性受到了限制。但就我的观察和体会，刑事辩护的环境还不尽如人意，刑辩律师执业的障碍，如阅卷难、会见难、取证难尚未从制度上得以保障，刑辩律师在法庭上的声音还相当弱，正确的辩护意见得不到法庭采信的事例不少，社会上对刑辩律师还有相当的误解，每每招来公众的嘲讽和谩骂啊。”

一名戴眼镜的男生站起来，神色沉重，想了片刻才缓慢地说：“刘老师，我们都知道，上个月，你因妨害作证罪被错误地逮捕、审判，尽管最终此案撤诉了。但是，我，还有很多同学都想问的是，对此你有何感想？”

刘军顿时百感交集，他望着从高高的窗子映进来的明亮阳光，足有两分钟，才说：“同学们，说实话，对这个问题，我是一直坚持沉默的，很多媒体穷追不舍地问我这个问题，我的回答只有四个字：‘无可奉告。’但此刻，我面对你们，面对你们期待的眼睛，我觉得没有理由沉默。从看守所走出来的那天，迎接我的是你们，你们手持鲜花迎接自己的老师……我谢谢你们了。”他深深鞠了一躬，“谢谢你们了！”

全场静穆了。

“你们是我的学生，而且是即将走上社会的法学专业的学生，所以，我就更没有理由沉默了。说到我的感受，作为一位有20年刑事辩护经历的律师。”他突然提高了嗓音，某种压抑的情绪不可遏制地爆发出来，“我很愤怒，真的很愤怒！但也很无奈，万般无奈。因为办案，常常进出看守所，我曾想，如果哪一天，我被关进去会是什么样？结果真的就进去了，而且不止一次。当我身陷大牢的日子，放风时，我隔着头顶森森的铁栅栏，仰望寒冷阴灰的天空被风刮得一片干净时，我能想什么呢？一位著名律师顷刻间就成了阶下囚，这本身就令我震惊，更令我震惊的是，我根本不知道为什么会如此。我深深感到司法力量的残酷和可怕，早在20多年前，我就直观地目睹了这种残酷和可怕，当时我在法院实习，在行刑现场，亲眼看着罪犯在枪声中脑浆迸裂，有红有白。杀人是残酷的，以国家的法律杀人也如此。在看守所时，同号房的犯罪嫌疑人看我发呆，说：不管怎么样，你一定要想开些，不能寻短见哪！我清楚，也许是警方对我特殊照顾吧，几名犯罪嫌疑人对我紧跟死盯。还有一名对我说，你这么有名的大律师他们都敢抓，我们平头百姓更算不了什么了。我知道，我不是第一次，也不是第一个。尽管操纵这起冤案的幕后黑手被绳之以法了，但我心中却留下了刻骨铭心的记忆。当然，这也让本来对国家的法治充满希望的我，更加有坚定的信心了。但我们应该清楚的是，前途是光明的，但道路绝不是坦途。

“同学们，我知道你们中不少人立志做刑辩律师，对实现公平正义充满期待，这当然很好。但我作为一名从业20年的刑辩律师有责任告诉你们，刑辩律师绝不像想象的那么美好，高收入、名车豪宅，潇洒地在法庭上展示自己的才华。事实上，刑辩律师很艰难，甚至是充满了风险，当人们直接看到或接触到血淋淋的刑事案件时，学者可感慨一番，然后放下，或遗忘或思考。但刑辩律师不能，因为他与现实联系是如此真实，触手可及。在一个刑事案件中，被告如果被枉法判决，活着的人还可以有未来，还可以希望，而对于死者则永远没有了。唯物主义不相信有冤魂，也不相信报应。我希望同学们对此一定要有清醒的认识，并做好充分的思想准备。刑辩律师，当属高风险的职业。因为代表私权的律师在执业过程中，没有公权力作为后盾，而是单打独斗，比代表公权的法官、检察官和公安警察面临更多的艰辛和困惑。律师事务所有的无非是两样东西而已，一是法律；二是证据。就是凭这两样东西，去维护公民的权利，去防止冤假错案，所以要做一名真正的刑辩律师，不仅要有勇气，而且还要有不怕坐牢的准备，远的不说，其他律师不说，我个人的两次经历就证明，这绝不是危言耸听！

"我上初中的儿子是个品学兼优的公认的好学生，他用天使般纯净的眼神看着我问，爸爸，你真的有罪吗？我说没有。他哭了，那他们为什么还抓你，难道说公安局和检察院都错了？当我看着他那双泪水模糊的眼睛，一个对社会公平正义充满信任的诚实善良孩子的眼睛，我该怎么回答？尽管我相信，中国正在实现法治，建成法治社会也不是遥远的梦，但我仍不知道该怎么回答，不知道……"

学生们神色肃然，一些女生眼中闪着泪光，整个法庭一片寂静，只有刘军浑厚、悲怆的声音在回荡……

十二

看一明伤感兮兮地离去，志勇刚拿起打火机点烟，钟表里的布谷鸟突然嘶哑地叫唤起来，其声断断续续惨不忍睹，就像是脖子上挨了刀一样。显然是电池没电了。他抬头，时针已指向凌晨2点了。一定把这小玩意儿带走。他想着，伸个懒腰，站起来，踱步，打量着真皮沙发，明亮的地板，一长排大书柜，精美的油画……突然意识到，就要告别与自己朝夕相处多年的物什以及这间设施齐全，而且是按自己意愿装修布置的办公室了，心头顿时涌起依依不舍之情，就像要与亲人分别一样。

他踱到阳台上，燃着烟，深深地吸了一口。

深秋的夜透明，清澈天空上的小星星显得十分遥远。如水的月光中，被摘光果实的苹果树，仅剩下残枝败叶，一副凄凉而无助的样子，让他联想到被蹂躏的少女。秋虫的鸣声此起彼伏，吟咏着生命的挽歌，给孤寂的夜又平添了几分深邃的孤寂。突然，那只雪白的大猫很梦幻地出现了，它从树下走过，无声无息，双目如炬，体态优雅如绅士。幽灵样的它又想做什么呢？他想，又会有令人想不到的惊人之举吗？

似乎在很远的地方隐隐传来火车的汽笛声，给这秋夜平添了幽深和惆怅，仿佛在呼唤着什么，又仿佛有几分教堂晚钟的意味。他眼前浮现出大学东边的那座高高的深灰色铁路桥雄伟的身影，这座铁路桥有些年头了，清末时比利时人设计建造的。一时间，他记起小小少年的好时光，那时，他非常好奇地发现铁轨内侧有“汉阳铁工厂”的字样，回去问父亲，才知道是清朝重臣张之洞下令建的工厂，为的就是修建这条铁路。

高出河面十几米的雄伟长堤外是广阔的古黄河冲积平原，这片土地曾是武王伐纣的古战场，发生过血流漂杵的牧野大战。新耕的黄褐色土中，他和伙伴们发现了残矛断剑，还有箭镞，尽管锈迹斑驳，但肯定是远古的，擦洗干净后仍显出森森杀气，也许这些冷兵器都曾品尝过热血吧。夏日，他们偷摘地里的黄瓜、西红柿，那时黄瓜脆脆的，一股清香；西红柿沙沙的，酸甜。现在的黄瓜淡寡寡的，有一股橡胶的味道；西红柿要么说不清是个什么味儿；要么能把牙酸倒。他记得在桥下深蓝色的阴影中，用极简陋的钓具，细竹竿系上粗尼龙线和一分钱两枚的鱼钩，居然钓到一条胳膊粗的鲶鱼，大喜过望之余，激动得两天都没睡着觉，梦中还在欢呼。更难忘的是，伙伴们比谁胆大，个个把牛皮吹得海阔天空，他逞能好胜，声称敢从桥上跳下。伙伴们谁信啊！于是，他把衣服一脱，就顺热乎乎的钢梁攀了上去。当真的站在高高悬在两岸之间的桥顶时，后悔了，在下面看似乎没有多高，上来却似到了万丈深渊之边缘，突然感到自己像是挂在了一片空白之上。他忘不了那种感觉，亮晃晃的阳光，蓝天高远无云，浩浩荡荡的热风，下面河水湍急。他腿发软，头发晕，但再灰溜溜地爬下去肯定是没脸见人了，变小了的河边的伙伴们正在注视着自己呢。咬紧牙，深呼吸，闭眼，满目血红，纵身离开钢梁，身体悬空，自由落下，耳边的风呼啸，像飞起来一样，轰然跌入大河，双脚踩着河底柔软的淤泥了。当他再浮上来时，离桥20米之遥了，岸上的伙伴们奔走欢呼。也许就是此举引起了白雪的注意。后来，她问他，你真的不怕死吗？他说，我怎么不怕，但我的脸面更重要。

他感到有人给他披上外衣，转脸，是陈燕，“张老师，天凉。”

“噢，还没休息？”

她目光忧郁，摇摇头，“睡不着，看你房间还亮着灯。”

“休息吧，我吸完烟也该睡了。”

“我觉得对不起你。”

“什么意思？”

“因为我和刘军，学校领导指责你，方宏又来找你闹。”她眼睛湿润，面色苍白，清冷的月光中越发显得楚楚可怜。

“只要你顺心如意就好。”

她欲言又止，好半天才说，“我是绝不会嫁给刘军的。”

他疑惑了，“刘军和方宏已经离婚了。”

“那是他一厢情愿，我并没有对他承诺什么。”

他更是疑惑了，“怎么回事？”

“我不能和他生活在一起。”她幽幽地说，“人们指责第三者、破坏别人家庭的恶语中伤并不是主要原因，关键是，我俩在很多问题上认识不一致，尽管他对我很好。”

“那你准备怎么办呢？”

她叹息着，“走着看吧，有什么办法呢？”

他仰望夜空，无语。

“张老师，求你一件事，你能答应我吗？”

志勇看着她泪水盈盈的脸，“当然。”

她凝望着他，良久，“带我一起去经纬所吧，我真想和你一起走。”

他一时不知该怎样回答。

她突然扑入他的怀中，“求你了，带我一起走吧，求你了，张老师！”

他轻抚着她的肩膀，“现在不行，但我答应你，等等再说。”

“有你这句话，我就放心了。但我不会等太久的，赵老师已经答应我，他到美国后立即帮我移民。”

“一明怎么没告诉我？”他吃惊地望着她，“你也要背井离乡？”

她搂住他的脖子，头贴在他胸前，轻声地恳求：“抱抱我。”

突然一声凄厉的尖叫，如利刃刺破静谧的夜幕，只见那只大猫从苹果树上跳下，如一道白色的闪电，蹿到了院子大门跟前，纵身跃起，一条极为优雅的弧线画过，它到了门柱顶端，蹲下，两只绿莹莹的眼睛窥视着什么，片刻，不见了身影。

他心头悚然，这猫的尖叫实在是灵异！也许任何动物在特殊时刻，都会发出特殊的声音，但它遇到了什么令它深感特殊的东西呢？

尾 声

志勇半躺在大堤缓坡上的草丛中，呆呆地望着月光下的大河，一种大彻大悟后的空明感灌注了周身，仿佛开了天眼一样。他终于明白：冥冥之中，一切均是不可抗拒的宿命！

河水依旧是西来东去，轻拍着河岸，声声不息，流淌不止，她辞巍巍太行山，过中原大地，直下天津卫，悠悠，不尽大河滚滚流。这条大河上曾经热闹的航运始于东汉，盛于隋唐，两位著名的历史人物功不可没，一位是名声不怎么样的隋炀帝；另一位是名声也不怎么样的曹操。曾几何时，长达2000多千米的滔滔大河中，上百吨的大船畅行无阻，那是何等壮美的景象，方舟巨舫，晨昏漕运，洁净的阳光下，双桅杆、三桅杆上白云样的船帆鼓满了风，船工们豪迈的歌声回荡……谁曾料到，就在20世纪的70年代，河水越来越少，河床淤积，舟船无可奈何地彻底消失了，而且鱼虾绝迹，水中的化学成分越来越诡异，这条大河上演出了几千年的绚丽话剧成为逐渐淡薄的记忆了。难道说，孕育了我们远古祖先生命的长江、黄河以及众多的河也将是如此宿命……

他回味着散伙宴会的情形，五位平时巧舌如簧的合伙人个个惜话如金，只是默默地吃菜，默默地喝酒，气氛凝重，如同葬礼。后来，在酒精的刺激下，才有了些许的话，但也是东一句西一句，不着边际。尽管他们都知道，志勇做出的决定不可能更改，但还请求他再考虑。后来，又祝福一明在太平洋彼岸大展宏图。

一向耻于泪水轻弹的一明泪流满面，哽咽着说，我真是舍不得离开你们三位老兄，还有陈燕小妹，这一走，不知何年才能再见！

陈燕哭得泪人似的，她说，赵老师，你不会忘了对我的承诺吧。

一明抹着泪说，我牢记在心。

丰收和刘军不解其意，但谁也没有开口问。

……

志勇觉得眼睛泛酸，接着，就感到泪水溢出眼眶，顺面颊滚滚而下，直到嘴角。于是，他眼前澄清的天空，圆圆的月亮，还有点点繁星都模糊了……

2012年2月一稿

2012年10月二稿

于河南师范大学